U0153669

思想的・睿智的・獨見的

經典名著文庫

學術評議

丘為君　吳惠林　宋鎮照　林玉体　邱燮友

洪漢鼎　孫效智　秦夢群　高明士　高宣揚

張光宇　張炳陽　陳秀蓉　陳思賢　陳清秀

陳鼓應　曾永義　黃光國　黃光雄　黃昆輝

黃政傑　楊維哲　葉海煙　葉國良　廖達琪

劉滄龍　黎建球　盧美貴　薛化元　謝宗林

簡成熙　顏厥安（以姓氏筆畫排序）

策劃　楊榮川

五南圖書出版公司 印行

經典名著文庫

學術評議者簡介（依姓氏筆畫排序）

- 丘為君　美國俄亥俄州立大學歷史研究所博士
- 吳惠林　美國芝加哥大學經濟系訪問研究、臺灣大學經濟系博士
- 宋鎮照　美國佛羅里達大學社會學博士
- 林玉体　美國愛荷華大學哲學博士
- 邱燮友　國立臺灣師範大學國文研究所文學碩士
- 洪漢鼎　德國杜塞爾多夫大學榮譽博士
- 孫效智　德國慕尼黑哲學院哲學博士
- 秦夢群　美國麥迪遜威斯康辛大學博士
- 高明士　日本東京大學歷史學博士
- 高宣揚　巴黎第一大學哲學系博士
- 張光宇　美國加州大學柏克萊校區語言學博士
- 張炳陽　國立臺灣大學哲學研究所博士
- 陳秀蓉　國立臺灣大學理學院心理學研究所臨床心理學組博士
- 陳思賢　美國約翰霍普金斯大學政治學博士
- 陳清秀　美國喬治城大學訪問研究、臺灣大學法學博士
- 陳鼓應　國立臺灣大學哲學研究所
- 曾永義　國家文學博士、中央研究院院士
- 黃光國　美國夏威夷大學社會心理學博士
- 黃光雄　國家教育學博士
- 黃昆輝　美國北科羅拉多州立大學博士
- 黃政傑　美國麥迪遜威斯康辛大學博士
- 楊維哲　美國普林斯頓大學數學博士
- 葉海煙　私立輔仁大學哲學研究所博士
- 葉國良　國立臺灣大學中文所博士
- 廖達琪　美國密西根大學政治學博士
- 劉滄龍　德國柏林洪堡大學哲學博士
- 黎建球　私立輔仁大學哲學研究所博士
- 盧美貴　國立臺灣師範大學教育學博士
- 薛化元　國立臺灣大學歷史學系博士
- 謝宗林　美國聖路易華盛頓大學經濟研究所博士候選人
- 簡成熙　國立高雄師範大學教育研究所博士
- 顏厥安　德國慕尼黑大學法學博士

經典名著文庫142

尼各馬可倫理學

The Nicomachean Ethics

(古希臘) 亞里斯多德 著
(Aristotle)
廖申白 譯注

經典永恆·名著常在

五十週年的獻禮·「經典名著文庫」出版緣起

總策劃 楊榮川

五南，五十年了。半個世紀，人生旅程的一大半，我們走過來了。不敢說有多大成就，至少沒有凋零。

五南忝爲學術出版的一員，在大專教材、學術專著、知識讀本出版已逾壹萬參仟種之後，面對著當今圖書界媚俗的追逐、淺碟化的內容以及碎片化的資訊圖景當中，我們思索著：邁向百年的未來歷程裡，我們能爲知識界、文化學術界做些什麼？在速食文化的生態下，有什麼值得讓人雋永品味的？

歷代經典·當今名著，經過時間的洗禮，千錘百鍊，流傳至今，光芒耀人；不僅使我們能領悟前人的智慧，同時也增深加廣我們思考的深度與視野。十九世紀唯意志論開創者叔本華，在其〈論閱讀和書籍〉文中指出：「對任何時代所謂的暢銷書要持謹愼的態度。」他覺得讀書應該精挑細選，把時間用來閱讀那些「古今中外的偉大人物的著作」，閱讀那些「站在人類之巔的著作及享受不朽聲譽的人們的作品」。閱讀就要「讀原著」，是他的體悟。他甚至認爲，閱讀經典原著，勝過於親炙教誨。他說：

「一個人的著作是這個人的思想菁華。所以，儘管一個人具有偉大的思想能力，但閱讀這個人的著作總會比與這個人的交往獲得更多的內容。就最重要的方面而言，閱讀這些著作的確可以取代，甚至遠遠超過與這個人的近身交往。」

爲什麼？原因正在於這些著作正是他思想的完整呈現，是他所有的思考、研究和學習的結果；而與這個人的交往卻是片斷的、支離的、隨機的。何況，想與之交談，如今時空，只能徒呼負負，空留神往而已。

三十歲就當芝加哥大學校長、四十六歲榮任名譽校長的赫欽斯（Robert M. Hutchins, 1899-1977），是力倡人文教育的大師。「教育要教眞理」，是其名言，強調「經典就是人文教育最佳的方式」。他認爲：

「西方學術思想傳遞下來的永恆學識，即那些不因時代變遷而有所減損其價值的古代經典及現代名著，乃是眞正的文化菁華所在。」

這些經典在一定程度上代表西方文明發展的軌跡，故而他爲大學擬訂了從柏拉圖的《理想國》，以至愛因斯坦的《相對論》，構成著名的「大學百本經典名著課程」。成爲大學通識教育課程的典範。

歷代經典．當今名著，超越了時空，價値永恆。五南跟業界一樣，過去已偶有引進，但都未系統化的完整舖陳。我們決心投入巨資，有計畫的系統梳選，成立「經典名著文庫」，希望收入古今中外思想性的、充滿睿智與獨見的經典、名著，包括：

- 歷經千百年的時間洗禮，依然耀明的著作。遠溯二千三百年前，亞里斯多德的《尼各馬科倫理學》、柏拉圖的《理想國》，還有奧古斯丁的《懺悔錄》。
- 聲震寰宇、澤流遐裔的著作。西方哲學不用說，東方哲學中，我國的孔孟、老莊哲學，古印度毗耶娑（Vyāsa）的《薄伽梵歌》、日本鈴木大拙的《禪與心理分析》，都不缺漏。
- 成就一家之言，獨領風騷之名著。諸如伽森狄（Pierre Gassendi）與笛卡兒論戰的《對笛卡兒沉思錄的詰難》、達爾文（Darwin）的《物種起源》、米塞斯（Mises）的《人的行爲》，以至當今印度獲得諾貝爾經濟學獎阿馬蒂亞．

森（Amartya Sen）的《貧困與饑荒》，及法國當代的哲學家及漢學家余蓮（François Jullien）的《功效論》。

梳選的書目已超過七百種，初期計劃首為三百種。先從思想性的經典開始，漸次及於專業性的論著。「江山代有才人出，各領風騷數百年」，這是一項理想性的、永續性的巨大出版工程。不在意讀者的眾寡，只考慮它的學術價值，力求完整展現先哲思想的軌跡。雖然不符合商業經營模式的考量，但只要能為知識界開啓一片智慧之窗，營造一座百花綻放的世界文明公園，任君遨遊、取菁吸蜜、嘉惠學子，於願足矣！

最後，要感謝學界的支持與熱心參與。擔任「學術評議」的專家，義務的提供建言；各書「導讀」的撰寫者，不計代價地導引讀者進入堂奧；而著譯者日以繼夜，伏案疾書，更是辛苦，感謝你們。也期待熱心文化傳承的智者參與耕耘，共同經營這座「世界文明公園」。如能得到廣大讀者的共鳴與滋潤，那麼經典永恆，名著常在。就不是夢想了！

二〇一七年八月一日 於

五南圖書出版公司

序

廖申白教授要我在書前寫幾句話，這是我樂意做的事。

廖教授喜歡亞里斯多德的倫理學，我也佩服亞里斯多德（當然，我們都不是完全同意亞里斯多德各種理論的人）。一個研究西方哲學或倫理學的人，如果忽略了亞里斯多德的思想，乃是一件大憾事。德國十八世紀末浪漫主義運動的先驅者施萊格爾（F. Schlegel, 1772-1829）曾說：「一個人，天生不是一個柏拉圖主義者，就是一個亞里斯多德主義者」，這段話在西方哲學界流傳甚廣，直至現在。這是因爲哲學上，柏拉圖被列爲理想主義始祖，重視「理型」（Idea）、「理想」，甚至重視共產的理想國。亞里斯多德重視現實、生命力，主張返於自然，在自然中逍遙，反對君主專制（甚至包括柏拉圖的哲學家皇帝〔Philosopher King〕），擁護立憲政體：人民決定國家的目的，專家依據實行。施萊格爾的話，充分顯示亞里斯多德在整個西方哲學（包括倫理學）史、文化史上地位的重要。事實上，從後來的發展看，施萊格爾的話也是眞的：當柏拉圖的學園（Academy）衰落後，繼起的是亞里斯多德的學園（Lyceum）。亞里斯多德曾明確地說：「我愛我的老師，但我更愛眞理。」可見師徒二人的理想就不一致。希臘滅亡後，有新柏拉圖主義出現。羅馬滅亡後，基督教興起，奧古斯丁（Augustine, 354-430）先是以柏拉圖思想講基督教義，後來又以基督教義講柏拉圖思想。他寫下《天城》（*City of God*）來發展柏拉圖的《理想國》（*Republic*），這本書在歐洲流行了七、八百年。但緊接著出現了湯瑪斯・阿奎那（Thomas Aquinas, 1225-1274），他卻採用亞里斯多德思想來解釋基督教義，這種傳統後來盛行一時。到文藝復興時期、啓蒙運動時期，柏拉圖與亞里斯多德，並立或輪流成爲當時人們崇敬的聖哲。英國的莫爾（T. More, 1478-1535）寫了一部《烏托邦》，是柏拉圖理想國的延伸；培根（F. Bacon, 1561-1626）寫了一部《新大西島》，他是想用科學知識來建立一個理想國，這顯然是受了亞里斯多德思想的影響。所以，從思想史或文化史的發展情況來看，施萊格爾說的話，可說是完全眞實的。柏拉圖、亞里斯多德兩人的思想，確實代表了人類思想和氣質的兩個不同方向。指出這個線索很有價值，可幫助我們對西方思想與文化作深入的理解。

但是，若專就兩人自身思想的發展來講，情況卻不這麼簡單。亞里斯多德在十八歲時到雅典師從柏拉圖，總共有十八年或二十年，直至柏拉圖死。柏拉圖晚年有大變化，亞里斯多德也跟著有大變化，甚至比柏拉圖走得更遠，以致他後來獨自建立Lyceum學園。推其原因，大概是柏拉圖原想借義大利南部敘拉古（Syracus）國君實現理想國，兩次失敗，悲觀失望。而亞里斯多德在馬其頓教太子很成功，亞歷山大大帝也非常尊重老師，老師似乎心境甚佳，覺得十分得意，處處春風和煦。但更重要的原因也許還在於，柏拉圖是以數學推演他的形上學或哲學，亞里斯多德則以生物學、植物學推演他的形上學或哲學，認爲世間每一事物都是由內部力量所推動，注意潛在（potentiality）與現實（actuality）。神是有的，但不是創造世界，而是推動世界，即只是世界的總動力的簡稱。亞里斯多德也由於有這種重視外界自然、客觀社會的現實的志願，所以提倡到自然界中去，到現實社會和政治中去。他把柏拉圖晚年自稱的「次好」（the second best）變爲「首好」或「第一好」（the first best）。

這樣看問題，柏拉圖和亞里斯多德，又是不可分割的。兩人似對立而又非對立。難怪後來的哲學家、倫理學家，以至思想家，雖知理想主義（Idealism）與現實主義（Realism）的區別，但是實際上，極端的理想主義者很少，極端的現實主義也很少。這也說明施萊格爾的話，也對也不對；在抽象意義上是對的，在具體事例上卻並不對。

但我們現在急切要知道的，是亞里斯多德倫理學的哲學基礎。在哲學上或在人生哲學上，他注意到人的靈魂，稱之爲「隱德來希」（*entelekhesia*; Entellechy）或「生生之德」，是人的道德意願（或意志）的根據。這個道理，亞里斯多德在倫理學著作中並未明白地提出來，但他在提出「中道」、追求「適度」時，卻明白地承認現實中充滿矛盾，這就是生命要求表現或表達出來的現象。人人皆有欲望，欲望也是生命的重要部分。他看重欲望，不像理想主義者反對欲望，甚至主張禁欲、絕欲；這是亞里斯多德思想的特點。他認爲「生」（也是生物學上的生）或現實既在解決矛盾，又在產生新矛盾；在道德現象上，善與惡的矛盾，也是現實的變化與規律。這個事實和道理，後來斯賓諾莎有所發揮。他在《倫理學》一書上，首先講道德的形上學或哲學基礎：先講世界的「實體」（substance 或 reality），然後論其屬性（attributes），即心與物（笛卡爾稱之爲 thought 與 extension）；再次講屬性的變化形態（modes），即亞里斯多德指的個別事物、個別形式。這種個別形式，也是千變萬化的形態相遇在一起，當然免不了衝突與矛盾，但斯賓諾莎曾說：「德性就是人的力量的自身」（《倫理學》，中譯本第一七一頁），即善惡都同是一種力量的兩面。他把現象與本體、共相與殊相、動與靜，都視為同源異流，相輔相成：沒有惡，不會有善；沒有醜，不會有美；沒有失敗，不會有成功。甚至意志與理智也是一回事（《倫理學》，中譯本第八十二頁）。這和中國老子講的「道生一，一生二，二生三，三生萬物」、「天下皆知善之為善，斯不善也」、「有無相生，難易相成」，大抵相似。不過，老子重在「無為」，亞里斯多德則重在說明因有對立，還須奮進有為，這卻必須區別。

亞里斯多德可算是西方偉大的博學的哲學家。從他的哲學發展出來的倫理學，也是對西方、對人類作出的偉大貢獻。亞里斯多德的倫理學，在我個人看來，主要的貢獻和特徵有以下幾個方面。

第一，在古希臘時期，倫理道德思想，有兩種傾向。一是從蘇格拉底傳下來的理想主義：「知識即道德」；惡行不外是由於無知與思考錯誤；行為不正常來自「無意」或非志願或被動（involuntary），人並沒有明知故犯的道德弱點（moral weakness; *acrasia*）。亞里斯多德認為，這種思想也是一種極端，把有機會讀書、能求明師的知識分子抬得過高了。但他也不完全拒絕唯智派的理智道德，仍然被列在一般實踐道德之上。

另一傾向，是以普羅泰戈拉斯（Protagras）為代表所宣傳的「人為一切存在事物的尺度」，以人為中心來講道德：所謂人，就是一切現實的人，不論智愚貴賤，皆一律平等。亞里斯多德，並不曾大聲反對「智者」派（Sophist），似乎也關心一般市民，但確實很不尊重當時的奴隸，這是他美中不足之處，但也是當時社會或時代的缺點使之如此。他在這裡最大的貢獻，是看到了倫理學上自願或意願（voluntary）與非自願或非意願（involuntary）的區分，強調了意願或意志的重要。這就爲道德建立了穩固的基礎，開闊了天地。從此，倫理學者們便知道，道德固然有賴於智識和理性，但也依賴於意志或意願；否則道德的範圍就變得既褊狹又乾枯，成爲有特權享受教育者手中玩弄的魔術把戲。在此，亞里斯多德似乎有意調和早期蘇格拉底、柏拉圖與智者派的爭論。他不僅以專章來討論自願與不自願之別，也提出「智性之德」與「意願或意志性之德」的區別：前者或稱爲「哲學智慧」（philosophic wisdom），包括技藝、科學、明智、直覺理性（*nous*, intuition）；後者又稱爲「實踐智慧」或「道德德行」（如希臘民間流傳的勇敢、自制、愼思、公正）。這個區別讓後人知道意志自由的重要，造成中世紀以來關於自由意志的熱烈論戰，也讓康德依據他那個時代的心理學大講關於智、情、意之分，強調道德優於理智；康德的這個論點一直到現在，很少遭受學者們的反對。

第二，亞里斯多德的倫理學，大家都知道以「中庸」爲原則。但很多人對這個「中」或「中庸」似有誤會，以爲這是折中派論調，是一種鄉愿派觀點。其實不然。原來，亞里斯多德所謂「中」，雖然有調和妥協意義，可被鄉愿利用；但更重要的，是面向一個高遠的目的，堅持不偏不倚的態度去接近它，恰如其分地取得它：有如射箭恰中目的，也如天平兩面取得其平。這種「中」或「中庸」在物質世界中，在理智世界中，也許得之較易，但在實踐道德中，牽涉到感情、欲望，卻甚難得其「中」和「平」，即不易「適度」。所以我們不能隨便說自己或他人做的事合於中道。離去中道，也就是走向某一極端。這時我們就必須矯正。有時矯枉，還須過正。[1]這是一般人在日常實踐中過生活的態度，亦即所謂道德的眞正基礎。中，與其說是方法，毋寧說是一種理想或目的。亞里斯多德在這裡，完全順從現實，是徹底的現實主義者（Realist）。「中」是現實主義的理想。正如《中庸》上所說：

> 誠者，天之道也；誠之者，人之道也。誠者，不勉而中，不思而得；從容中道，聖人也。

亞里斯多德認爲，一般人很懂得中道，也力求中庸，還想由此取得快樂幸福，成爲有德之人。我們行德，也只能隨俗逐漸接近目的或理想，不能異想天開。亞里斯多德的倫理思想，顯然並無神祕成分。上世紀美國的希臘哲學史專家富勒（B. A. G. Fuller）曾詳細考證，認爲柏拉圖曾受東方傳入的奧菲克密教（Orphic Mystic）的影響，因而在《美諾篇》（*Meno*）和《斐多篇》（*Phaedo*）中主張「現實」只不過是一場夢境，主張夢境之外還有一眞實的世界：人只有脫離軀體，靈魂才能接近它；靈魂還能轉世。而亞里斯多德的思想，並沒有這種痕跡。

第三，亞里斯多德對正義或公正（justice, righteousness）的論證，至今仍爲學術界（特

---

1 見本書第二卷第七、八、九章。

別是哲學、倫理學、法學、政治學界）奉爲經典論述。公正是貫徹一切德行的最高原則，個人道德要依靠它，社會道德要依靠它。也許這不僅是亞里斯多德個人的創見，而是古代人的普遍認識和普遍道德規範，如古希臘人用 justice 一字表示，古埃及人用 Meat 一字表示，古印度人用 Dharma 一字表示，古希伯來人用 righteousness 一字表示。中國法家始祖管仲講「禮義廉恥」，墨子講「貴義」，也是承認義或公正爲百德之王。但亞里斯多德講公正，其最大特點，也是最大貢獻，則在於走入現實中，詳細對現實中的公正作了重要的也很詳細的分類。他區分社會中有所謂「自然的公正」（justice by nature），有所謂「約定的公正」（justice by convention）。換言之，社會上的關係與行爲規範，幾乎都是「天生之，人成之」。社會上的道德和公正，絕大部分是靠習慣。這一思想，成爲今日西方學術界區別社會和道德生活，分別地講自然（nature）與約成（convention）的先導。亞里斯多德進而又分析分配的公正、矯正的公正、回報的公正、政治的公正。這些創見此後成爲經濟學、法律學、政治學賴以成立的依據，也是亞里斯多德在哲學、倫理學等學科上重大的成就與貢獻。

第四，亞里斯多德在這本《尼各馬可倫理學》中還用了兩卷的篇幅來論述「友愛」，顯示道德倫理生活中，「友愛」占著十分重要的地位。他把家庭中的愛稱爲「家族的友愛」，把它視爲友愛的一種，這種看法大約是受斯巴達社會的影響，或者也是由於雅典的社會生活還是在大氏族時代、還未完全進入家庭生活時期的緣故。不過，他形成這種看法的也許還有個更重要的原因，這就是古代希臘半島上民族複雜、爭戰激烈，動輒全民族滅亡、淪爲奴隸，人們無法過安靜的家庭生活，所以一生只求有朋友互相照顧、慰藉感情，就已覺得足夠快樂幸福了。看古代希臘人人必讀的《伊利亞特》和《奧德賽》，就可知道他們為民族存亡與榮譽而戰鬥的生活何等緊張，哪有工夫想念個人家庭？中國人在這方面，似乎走在他們前面，能很早就說：「孝悌也者，其為仁之本歟？」、「君子有三樂」、「父母具存，兄弟如故」是第一大快樂。但後來，中國人似乎強調「孝」過度了。但亞里斯多德的友愛在後來卻迎來了基督教講的仁愛，這種友愛觀是指在上帝面前人人平等，所有人都是上帝的兒女。基督教作為宗教當然不可取，但它說的人人皆兄弟，連奴隸也在內，是比亞里斯多德講的友愛進了一步。總之，若不先有希臘人重「友愛」的基礎，這種四海皆兄弟的仁愛恐怕也是難受人歡迎的。我們也可換個說法，友愛是仁愛的基礎，仁愛是友愛的擴大。亞里斯多德說：

> 友愛還是聯繫城邦的紐帶。立法者們也重視友愛勝過公正。因為城邦的團結，就類似於友愛——若人們都是朋友，便不會需要公正，若他們僅只公正，就還需要友愛。人們都認為真正的公正，就包含著友愛。[2]

這番話，把友愛與公正列為同等主德，等於中國古代《國語》上說「愛親之謂仁」，「利國

---

2 本書第八卷第一章。

之謂仁」；孟子說仁內義外；墨子講「貴義」，又重「兼愛」（這與南宋文天祥說的「唯其義至，所以仁至」非常接近）。他們都看到道德的本質和特點，只是亞里斯多德的思想受到城邦生活的限制，只注意友愛的重要，未見到大社會所需的仁愛。所以，他還說：

> 與許多人交朋友，對什麼人都稱朋友的人，就似乎與任何人都不是朋友，有少數幾個，我們就可以滿足了。[3]

這是城邦社會中的生活理想、基本道德，也是他們祈求實現的快樂和幸福。當然，我們今天已都聽熟了西方追求的情愛、大同、四海皆兄弟的聲音，也許會嫌友愛太狹小、粗淺；但情愛等思想，確實是從亞里斯多德的「友愛」上逐漸擴大的，正如中國人從「孝」展開大同思想一樣。而在道德上最終的目標，都是治國平天下。

亞里斯多德倫理學的特徵和貢獻，確實很多，我們只舉出這幾點。他的道德觀點或倫理思想，是兩千多年來哲學家、倫理學家的指路明燈：立論持平、深刻、扼要，又易實踐，很少人能夠超過他。

我願意在此告訴今日中國有一些哲學家、倫理學家，如要深入研究，一定要好好學習亞

3 本書第九卷第十章。

里斯多德。學哲學一定要先把倫理學學好；學倫理學也一定要先把哲學學好。否則，不是空談，就是瑣碎平庸，這種人只能做哲學或倫理學的傳道士、宣傳員，對於個人與社會並無益處。亞里斯多德就不是這樣，他的學問，幾乎涉及社會科學自然科學全部，都有獨創見解，也都留下不朽的著作。他做的學問，既能分，又能合；他既能講微分，又能講積分。這是他的勝人之處。我們應該好好地讀他的書。

周輔成

北大朗潤園

譯注者序

亞氏的三部倫理學著作

儘管亞里斯多德生前撰寫過相當多的倫理學對話和其他著作，他名下流傳至今的倫理學著作只有三部：《尼各馬可倫理學》（*Ethica Nicomachea*）、《歐台謨倫理學》（*Ethica Eudemia*）和《大倫理學》（*Magna Moralia*）。這三部著作之中，據多數研究者的意見，前兩部倫理學，就像亞里斯多德留下的其他著作那樣，是據亞里斯多德的授課講義整理而成的，《大倫理學》則是由亞里斯多德後學編寫的前兩部倫理學的提要。亞里斯多德的許多課都是在與學生們漫步交談時講授的。他的授課講義大都是提要式的文稿，講的時候有所依照，或者有時候也有許多現場發揮。所以講義後來大概都多多少少地經過增補和修改。這些增補與修改有些是由他本人，有些是他離開雅典後由他的繼任者們，還有些也許是後來編輯者們參照學生們的聽課筆記做的。[1]據耶格爾（W. Jaeger）和羅斯（D. Ross）[2]等人的看法，《歐台謨倫理學》的形成當在《尼各馬可倫理學》之前。儘管兩者相當接近，但前者比後者更接近柏拉圖的思想，而且在思考的細緻程度、表達的準確和成熟程度上都顯然不如後者。《歐台謨倫理學》的初稿極有可能是亞里斯多德在小亞細亞的阿索斯和米蒂利尼與朋友們交談時醞釀，並在稍後的時期完成的。亞里斯多德在柏拉圖去世後離開雅典來到小亞細亞的阿索斯，在當時的執政者、柏拉圖主義者赫爾米亞斯（Hermias）的庇護下，與同來的色諾克拉底（Xenocrates）、另外兩名更早回到小亞細亞的柏拉圖主義者艾拉斯都（Erastus）和克里斯庫（Coriscus），以及後來來到阿索斯的塞奧弗拉斯托（Theophrastus），共同發展了雅典學園的阿索斯分部。亞里斯多德的《政治學》（*Politica*）的寫作和對動物學的研究都起於那個時期。這部倫理學著作被稱作《歐台謨倫理學》，可能是因爲它曾經過亞里斯多德的一個學生和朋友——來自羅德島的歐台謨（Eudemus of Rhodes）的編輯。亞里斯多德最後離開雅典遷居哈爾克斯之後，歐台謨繼續留任於呂克昂學園，主講數

1 參見耶格爾：《亞里斯多德：他的思想的基本發展過程》（*Aristotle: Fundamentals of the History of his Development*）〔英文版第二版，克萊倫頓出版公司，一九四八年〕第二三〇頁及以後。

2 參見羅斯：《亞里斯多德尼各馬可倫理學》（*Aristotle: The Nicomachean Ethics*）〔阿克瑞爾（J. L. Ackrill）和厄姆森（J. O. Urmson）修訂版，牛津大學出版社，平裝本，一九八〇年〕「導言」。

學。而《尼各馬可倫理學》的名稱的由來，可能是因亞里斯多德欲以此書紀念其父親老尼各馬可（Nicomachus, father of Aristotle），或者是因此書是經他的兒子小尼各馬可（Nicomachus, son to Aristotle）之手編輯而成。不過後一種說法似乎會使《尼各馬可倫理學》公認的權威性打些折扣。在亞里斯多德去世時，小尼各馬可只有十二、十三歲。所以如果此書的確是經小尼各馬可編輯，這也當是在亞里斯多德去世多年小尼各馬可成人之後。不管怎樣，《尼各馬可倫理學》較之《歐台謨倫理學》更爲系統、思想更爲成熟是無可否認的。

這兩部倫理學著作間既令人困惑又使人產生興趣的一點，是《歐台謨倫理學》的第四、五、六卷恰與《尼各馬可倫理學》的第五、六、七卷完全相同。當亞里斯多德的全部手稿輾轉兩百多年呈現於羅馬人安東尼科（Andronicus）——它的第一個學術編輯者面前時，是亞里斯多德本人已經作了這樣的安排並表明這樣的關係，還是安東尼科將《歐台謨倫理學》中的這三卷拿到了《尼各馬可倫理學》中，使之呈現爲我們今天看到的樣子？或者，是兩部講義的編輯者們（無論是不是歐台謨或小尼各馬可）確定了這樣的關係，還是由於其中一部著作的相應部分不慎遺失才產生了這樣的安排？我們迄今所獲得的材料尚不足以澄清這些問題。但是就文本的總體分析而言，至少可以確定一點，即這個部分在這兩部倫理學著作中都可以與上下文承接。的確存在著這樣一種可能性：亞里斯多德在講授《尼各馬可倫理學》時，認爲原有的《歐台謨倫理學》其他各卷需要作較大的改動，這三卷則基本可以照用，所以唯獨這三卷沒有重新改寫。

若我們以主題爲線索，追蹤這兩部倫理學著作各卷之間的聯繫，這種猜測也許可在一定

《歐台謨倫理學》	主題	《尼各馬可倫理學》
第一卷 1-8	善	第一卷 1-13
第二卷 1-5	道德德性	第二卷 1-9
第二卷 6-11	行為	第三卷 1-5
第三卷 1-7	具體的德性	第三卷 6-12
		第四卷 1-9
第四卷 1-11	公正	第五卷 1-11
第五卷 1-13	理智德性	第六卷 1-13
第六卷 1-10	自制	第七卷 1-10
第六卷 11-14	快樂	第七卷 11-14
		第十卷 1-5
第七卷 1-12	友愛	第八卷 1-14
		第九卷 1-12
第八卷 1-3	崇高或完全的德性 幸福	第十卷 6-9

程度上得到印證。因爲，不僅絕大部分主題相同，而且這些主題的被討論的次序也基本相同。所以，幾乎可以斷定，最初一定有一個共同的初步提綱。

因爲不難看出，《尼各馬可倫理學》基本上是《歐台謨倫理學》各卷的依照原順序的改寫與擴展。例外的只是《歐台謨倫理學》第八卷一至三章。這是殘缺的一卷。亞里斯多德這一卷的全貌已不可得見。但是僅存的這三章的理路在於說明理智德性與道德德性的完美結合，卻是可以看得分明的。此種完全的德性，《歐台謨倫理學》的作者在第三章說到，也必須有一標準，這個標準就是按照理智生活。或許，《尼各馬可倫理學》第十卷第六至九章，即奏響全書最輝煌的樂章的幸福論，是從這一思想所做的引申，儘管《歐台謨倫理學》只籠統地把這種生活描述爲朝向一個不發布命令的目的的沉思生活，《尼各馬可倫理學》則進一步把它描述爲我們靈魂的最高部分的合德性的實現活動。

《尼各馬可倫理學》概觀

讓我們走近《尼各馬可倫理學》。

從他的整個哲學出發，亞里斯多德的倫理學總體上是基於對於人的活動的特殊性質的說明的目的論倫理學。我在這裡將著力說明《尼各馬可倫理學》的這種性質。不過，對亞里斯多德的目的論倫理學向來有幸福論與德性論兩種詮釋。我將努力說明，引出這兩種詮釋的原因在於，在亞里斯多德對人的活動的性質的說明中，目的（幸福）與選擇構成基本的、相互聯繫的兩個方面，他的倫理學本質上是基於對人的活動和實現活動的這兩個基本前提的理解的倫理學。我以爲，亞里斯多德的這種倫理學比一些晚近提出的倫理學更切中實踐事務的本質。而且我以爲，我們顯然不應當認爲，今天的「我們」的倫理學的問題已經全然地與「我」的倫理學的問題無關了。因爲畢竟，「我們」裡面依然有「我」。不過，我們先來看看《尼各馬可倫理學》罷。

活動與實現活動

活動（ἔργον）在亞里斯多德的最廣泛的意義上是屬於每種存在物的。[3] 每種存在物的活動，也像它的性質與能力一樣屬於它自身。無生命物也有它們的活動。但是無生命物的活動主要是就它們對於人或生命物而言的合目的性來說的，例如石頭的活動是用來造房子；錘子的活動是釘釘子；豎琴或長笛的活動是用來演奏音樂等，每種生命物都有它特有的活動。植物共同的活動是營養和發育。動物的活動是以它們各自種屬的屬性來感覺和運動。在這種概念中，一種存在物的活動也就是它的種屬的功能，並且具有某種合目的性；目的，即最終完善狀態，蘊涵於活動之中；目的的概念又意味著一種屬的完善的活動與其一般的活動是同種屬的，並表現爲種屬活動的目的。每種較高級的生命物的最終完善狀態就在於它的種屬不同於其他低等生命物的特有的活動，以及那種活動蘊涵的目的。所以，人的活動不在於他的植物性的活動（營養、生長等等），也不在於他的動物性的活動（感覺等等）；人的活動乃在於他的靈魂的合乎邏各斯（理性）的活動與實踐。因爲，理性是人特有的，如果我們假定人具有一種區別於動物的更好的活動，我們就應當把它歸之於靈魂的這個理性部分的活動。

這個特別屬於人的活動，被亞里斯多德稱爲實踐的生命的活動。我們實踐的生命有別於

3 本節內容參照本書第一卷第一章，第二卷第一—二、四—六章。

營養的生命和感覺的生命。因而人的生命活動在本質上不再像植物的和動物的活動那樣僅僅是功能性的。任何其他生命物都未曾達到具有理性和理性的活動的水準。就是這一點把人的活動性質與所有低等生命物的活動區別開來。人的目的也就是我們實踐的生命的目的。其次，實踐的生命的活動也有別於職業的活動。就像樂師、鞋匠都各有一種職業的活動一樣，實踐的生命的活動是我們的非職業的、作爲一般的人的活動，它把職業的特殊的製作活動作爲它的一個類屬。

實踐的生命的活動確定著人的種屬的可能性的範圍。然而它只是人的存在的可能方式，而不是存在的實現。人「是」什麼樣的人決定於他的實現活動（ἐνέργεια），即他在其實踐的生命的活動中所實現的事物。ἐν-在希臘語中的意義是「透過……」、「從……」，έργεια是ἔργον（活動）的名詞轉形，ἐνέργεια的本義即是透過活動而實現、達到的，從活動而來的事物。實現活動，正如苗力田先生[4]所說，也就是實現種的功能的活動。進一步地說，人的實現活動就是實現人的實踐生命的目的的活動。在其自身的——即本質的意義上，實現活動自身就是目的，因它——如活動那樣——自身就蘊涵著目的（最終完善狀態）。然而在相對的意義上，正如格蘭特（A. Grant）[5]所說，它也可以是實現一外在目的

4 苗力田，「品質、德性與幸福」，《中國人民大學學報》一九九九年第五期。

5 《亞里斯多德倫理學》（*The Ethics of Aristotle*）（朗曼斯與格林出版公司，一八八五年），卷一第四二二頁。

的手段。因爲在製作的活動中，實現活動似乎是爲著一個外在產品的完善。我們的實踐生命的活動，在完全的意義上包括理論的、製作的、實踐的活動。三者之中，理論的活動最高，實踐的活動最重要。所以，實踐生命的活動的根本在於實踐理性的活動。實踐的生命在人一生中有特定的發展週期：一個人應當在青年時期學習好的品質，在壯年時期治理，在老年時期傳授智慧。所謂實現活動，如奧斯特沃特（M. Ostwald）[6]所說，其意義就是「積極地」從事這些屬於人的實踐的生命的活動。生命之德生生不息，除非腐敗的生命，每種生命都積極地實現著它的活動，成爲它之所是。這就是亞里斯多德所說的「隱德來希」（ἐντελής）。

這種實現活動的概念包含兩個核心的判別。首先，人的目的的實現不同於其他生命物的目的的實現。人的目的，即幸福，是獲得的而不是以自然的方式達到的。生命物的活動的目的是自然地實現的；人的活動的目的的實現則要借助人的理性運用，因而是實踐的、非自然的。人的實現活動更由於實踐理性的參與呈現更爲積極的狀態。周輔成先生[7]說，亞里斯多德注意到一件事實：人的靈魂的「隱德來希」或生生之德是人的道德意願（或意志）的根

---

6 《亞里斯多德尼各馬可倫理學》（*Aristotle: Nicomachean Ethics*）（鮑伯斯・梅瑞爾公司，一九六二年），第三〇六頁。

7 參見本書〈序〉第三頁。

據。一個人可能只過著動物式的生活，但這只是腐敗的生命。人正常的生命活動必定包含靈魂的「隱德來希」。其次，實現活動不同於功能或能力。功能或能力可以作爲潛質存在，眼睛的視覺功能、手腳的運動功能即使在未加運用時也存在；實現活動則不是人的本質力量的潛質，而是人獲得其本質力量的方式。人並不具有沒有付諸運用的本質力量；這樣的本質力量也就不是他的本質力量。他的本質力量只是他通過其實踐生命的實現活動而獲得的那些力量，因而只在這些力量被付諸運用時才存在。

善作爲目的

人的每種技藝與研究、實踐與選擇，[8]都以某種善爲目的。這深層的解釋就在於，活動是人存在的方式，人唯有在他的實現活動中才能展現其存在。善即某種善的事物。它或者是已在的，或者是我們希望它成爲在的——它具有或是我們希望它將具有某種（某些）我們認爲可歸屬於那類事物的性質，因而它與我們作爲人的本質力量處於對應的關係中。一種善事物或者是已經作爲類而存在，但處於我們的能力之外，因而我們正在透過發展自身能力的活動而獲得；或者是被期望在某個或某些方面比已經存在的事物更善的，因而尚未存在並且正

8 本節內容參照本書第一卷第一—二、四—五、七—八章。

在透過我們的活動而成爲存在的，或成爲我們本質力量的對象的。我們對一事物「是」或「顯得」如何如何的判別都服從於某種改善的期求及其活動。善與美在希臘人的觀念中是不可分離的，美善的事物被稱爲καλόν（高尚、高貴的）。美善是判別的表語，是判別中核心的、所欲言說的內容。而美的同時又意味著眞的。柏拉圖在《費德魯斯篇》（*Phaedrus*）把它們在本體世界中設定爲合一的。在亞里斯多德的哲學中，它從神界下降到人的世界，在這個展開的人的經驗世界中，眞與美善作爲實踐的價值則是可以在理論上加以分別的。

既然技藝與研究、實踐與選擇有多種，目的也就有多種。善的事物不是連續性的事物——它們彼此分離，單獨地作爲我們的目的。但是按照亞里斯多德的看法，各種目的林林總總地並立而互不依賴。因爲，如果一項活動中包含著不同種的活動並且這些活動又各有具體的目的，那麼這項活動本身的目的就是主導性的，就比那些具體的目的更優越，因爲它具有更大的蘊涵。而且，有些事物是因其自身之故，有些事物是因另一些事物之故而被我們追求，有些事物被我們追求是同時因這兩者而被我們追求。在所有我們所追求的事物中，有些事物通常被我們作爲手段而極少作爲目的，有些事物通常作爲目的而極少作爲手段，另一些事物則時而作爲目的、時而作爲手段來追求。而且，作爲單純的手段善的事物往往是因我們的需要而成爲善，當需要滿足後它就不再是善。因其自身之故和既因其他事物之故，又因自身之故而被我們追求的目的，善則通常都對我們顯得是善。所以，不同的善事物在善的終極性上是不同的。我們在存在著需要時和在不存在需要時以不同的事物爲善。因爲，在存在著需要時，我們只以滿足我們當下需要的事物爲善，而在不存在緊迫需要時，我們以那些自身便值得我們追求的事物爲善。後者是總體上對我們是善的，即具有更爲終極性的善。說一個事物自身即善，就是說它在總體上對我們是善或具有更爲終極性的善。這類善是後需要的，即在需要滿足之後對我們而言是善的事物。善的自身的、根本的性質由這種目的性的而不是手段性的善規定。

而如果是這樣，如果我們的目的系列中有某種最終的終點，我們追求它沒有更進一步的原因，就一定存在著某種最高的、我們所有其他追求都是爲著它的那種善。這種最高的善或目的就是人的好的生活或幸福。目的的這種觀念上的聯繫可以從τέλος這個希臘詞的用法上發現。τέλος在希臘語中的意義既是目的、終點，又是最好、最高的狀態。所以目的就是最好的終點。如果終極的目的意味著在我們一生而不是一個時期或階段中的目的，那麼它就是我們的終極的目的或最高善。

實踐與實踐的研究

對《尼各馬可倫理學》的作者來說，[9]倫理學或政治學是一種實踐的研究。實踐、製作與理論沉思是人活動的三種主要形式。理論沉思是對不變的、必然的事物或事物本性的思考

9 本節內容參照本書第一卷第一—三章，第六卷第一—二、四—五、九章。

的活動。它是不行動的活動。實踐（πράξις）或製作（ποιήσις）則是人對於可因自身努力而改變的事物、基於某種「善」的目的的行動的活動。所以實踐或製作是對於我們能力之內的事物，即可能由於我們的原因而成爲這種或那種狀態的事物的。製作（ποιήσις）是使某事物形成的活動，其目的在於活動之外的產品。實踐是道德的或政治的活動，目的既可以是外在的，又可以是實踐本身。實踐表達著邏各斯（理性），表達著人作爲一個整體的性質（品質）。

所以，實踐與製作的研究與理論的研究不同。儘管所有的研究都以獲得對眞的把握爲目的，實踐的研究以及製作的研究卻不同於理論的研究，它們把握眞是爲著「善」的。理論的研究是知識的；實踐的、製作的研究是推理的，而推理與考慮是一回事。理論的科學包括形上學、神學、數學和各自然科學。這些科學的題材不屬於推理或考慮的範圍。凡不變的、必然的（依某種規律而變化的）事物都屬於理論的研究的題材，而不是推理或考慮的題材。實踐或製作的題材是可變、不必然、不確定的事物。然而，並非所有變動的事物都可以成爲實踐或製作的題材。實踐與製作只以那些可實踐、可製作的事物，即可以透過人的實踐與製作的活動而改變其狀態的事物爲題材。推理或考慮，即實踐的或製作的理性，是爲著確定行動並以行動爲終點的理智活動。而我們要對之確定行動的事物，只能是我們的行動能夠對之發揮一定作用，並因此而影響其結果狀態的事物。我們顯然並不考慮其變化完全沒有規律的或完全與我們自身的原因無關的事物。因爲對這類事物，我們無論做些什麼都同樣不能影響其結果。

然而實踐的研究也區別於製作的研究。製作的科學包括技藝與修辭學等。這類研究之所以不同於實踐的研究，是因爲製作活動都有某種外在的目的，即作爲活動的結果的某種產品，而凡是以某種活動以外的事物爲目的的，那目的就顯得比活動更重要，活動就因此而打折扣，成爲是外在目的的手段。例如，各種技藝只因它們能夠製作出產品，修辭學的知識；只因它能使人創作出影響人們的感情與心理的演說，所以是「善」的。製作活動既然只以某種外在「善」爲目的，活動本身就只作爲手段才是「善」，或者從本質上說不是「善」。另一方面，實踐雖然也常常以某種外在「善」——如財富、榮譽、取勝等爲目的，但實踐活動本身也是目的。在這個方面，實踐兼有科學或理論活動的性質。科學或理論的活動目的既在於活動之外又在於活動自身。實踐不是屈從於一個外在的「善」的活動，它自身的「善」也是目的。這種屬於活動自身的「善」就是德性。所以實踐不因它外在的目的，如果它有，而令自身的「善」打折扣。但儘管實踐是自由精神的活動，不同活動實現它自身「善」的程度是不同的。對最好的活動來說，實踐的自身的「善」甚至不顯示爲目的，因爲獲得德性與做符合於德性的事是一回事。我們不是先獲得德性再做符合德性的事，而是透過做符合德性的事而成爲有德性的人。所以重要的只是符合德性的活動本身。而對例如政治的活動來說，活動自身的「善」——德性也像榮譽一樣是基本的目的。

對《尼各馬可倫理學》的作者來說，儘管在理論的科學、實踐的研究和製作的研究這個有差別的序列中，理論的科學占據著最高的位置，它彷彿是科學的王冠，是照耀著所有科學的光，實踐的研究與製作的研究才是最與人的事務相關的。與理論的科學相聯繫的理性活動是我們的靈魂的最高等的東西——努斯的實現活動，似乎超越於人的活動。它是神性的，是我們彷彿要作爲我們之中的神來進行的活動。所以，這種活動顯然只屬於少數人，屬於神學家與哲學家。而且，理論理性的活動本身似乎從不發布行動的命令，它消極無爲，不出於任何利害，因爲它是自足的完善的活動。處於中間的實踐的研究則不存在這兩個缺點。一方面，實踐的研究是對於變動的與多數人相關的人類事務的善的研究，與它相聯繫的實踐理性的活動是屬人的、多數人可以從事的活動。另一方面，實踐理性是積極的，它把可實踐的善作爲目的，發布命令並最終指向這目的的行爲。實踐的研究一方面透射出理論理性的光，一方面又把這光直接投射到人類事務上面。

倫理學與政治學

實踐的研究，[10]即關於人可以實踐、可以獲得的善的研究，包括倫理學和政治學這兩個相互聯繫的科學。不過這兩者不是並列的兩門科學。因爲在這兩者之中，政治學是以人可以獲得的最大的「善」爲對象，因而是最高的科學。

最高的「善」即人的好生活或幸福，亞里斯多德認爲，應當由最高的科學——即政治學

10　本節內容參照本書第一卷第二—三章、第六卷第八章、第十卷第九章。

來把握。這一點以現今人們的觀點看來大概非常奇特，但是在古代希臘人卻非常自然。對古代希臘人來說，一個人只有在城邦中才可能獲得他的幸福或事業的繁榮。因爲，按照亞里斯多德在《動物學》（*Historia Animalium*）所做的分類，人屬於政治性的動物，註定要過社會的生活。作爲這樣的動物，如萊克漢姆（H. Rackham）[11]所說，一個人註定要在社會中，並且要在一個旨在促進每個公民的福利的、組織良好的社會中，獲得他的「善」。所以對《尼各馬可倫理學》的作者來說，政治學的研究首先要弄清楚什麼是人的幸福，或者，人的幸福在於何種生活方式；其次要研究何種政制或政府形式能最好地幫助人維護這種生活方式。欲解答前者，就要研究人的道德或習慣，這就是亞里斯多德在《尼各馬可倫理學》中從事的工作。欲闡明後者，就要研究適合這些道德或習慣的好的、正確的政制，這是他在《政治學》中從事的工作。在《尼各馬可倫理學》第十卷的最後一章，亞里斯多德最清楚地表明這兩步工作間的這種關係。

作爲一種實踐的研究，亞里斯多德認爲，政治學的研究只能獲得粗略的確定性。它不可能提供精確的知識。我們不能要求它像幾何學那樣的精確性。因爲一則，政治學所考察的題材——德性、高尚、公正等行爲，都包含著許多差異與不確定性。二則，善的事物、德

11《亞里斯多德尼各馬可倫理學》（*Aristotle: The Nicomachean Ethics*）（威廉·海恩曼公司，一九二六年），〈導論〉第 xiv 頁。

性對於人的影響也不確定——有的人由於富有而毀滅，由於勇敢而喪失生命。所以，當談論這類題材並且從如此不確定的前提爲出發來談論它們時，我們只能大致地、粗略地說明「眞」：若題材與前提基本確定，結論便基本確定；若題材與前提不很確定，結論也就不很確定。而一門學科如果題材與前提不十分確定，它就需要運用經驗的材料。所以政治學的研究既是一門需要經驗的技藝，又是科學。政治學的研究需要兩個條件，實踐的經驗與實踐理性的發展。政治學研究的目的是實踐而不是單純的知識，沒有生活的經驗便無法研究政治學。然而沒有實踐理性的發展，政治學就將僅僅是技藝而不是科學。而無論是實踐的經驗還是實踐理性，都需要有基本的起點。這種起點就是對我們而言是已知的、好的。所以，希望學習政治學的人，必須預先培養起良好的道德品性：愛所當愛的事物，恨所當恨的事物。而所應當的也就是對一個好人而言是正確的。因爲一事物對一個好人而言具有的性質具有更大的眞實性。一個人對一件事情性質的感覺，本身就是一個起點。如果它對於一個人是足夠明白的，他就不需再問爲什麼。而受過良好道德教育的人已經就具有或是很容易獲得這些起點。所以，倫理學既是政治學的一個部分，又提供著政治學研究的基本出發點。

德性

人所特有的實現活動，[12]即人的實踐的生命的活動，在實現程度上可能有很大的差別。有些人「出色地」實現著這種活動，另一些人則只在很有限的程度上——儘管也還是「積極地」——實現著這種活動。德性（ἀρετή）就是人們對於人出色的實現活動的稱讚。德性的概念，正如奧斯特沃特[13]指出的，在所有希臘倫理學體系中都是根本性的概念。在希臘人的最初用法中，它被用來指武士的高貴行爲，例如在荷馬史詩中，德性的意義幾乎等同於勇敢，以後它也被用來指那些卓越的公民在城邦生活中表現出來的公民的美德或品質，並逐步地用來指任何人、生命物或器物的顯著具有的優點。在廣義上，亞里斯多德把德性的概念用於所有生命物及其實現活動。例如他談到過眼睛的德性、馬的德性等。德性是使一個事物狀態好並使其實現活動完成好的品質。而如果是這樣，那麼德性也就是使一個人好並使他的實現活動完成好的品質。而且，德性在人的例子中便有了特別的意義。因爲，人的活動不是自然地實現，而是以實踐的即積極活動的方式獲得的。在欲望與感情事務上有德性、沒有德

---

12 本節內容參照本書第二卷第一—六章、第三卷第五章、第六卷第一—二、十二—十三章。

13 《亞里斯多德尼各馬可倫理學》（*Aristotle: Nicomachean Ethics*）（鮑伯斯·梅瑞爾公司，一九六二年），第二〇二頁。

性還是有與之相反的性質，使得人的實現活動顯現出如此之大的分別，以至我們把這些方面具有德性的活動與行爲就稱讚爲德性，把具有相反性質的活動與行爲譴責爲惡；把由於養成了習慣而傾向於做前一種行爲的人稱爲好人，把出於習慣而傾向於做後一種行爲的人稱爲壞人。

所以，人的德性在亞里斯多德以及許多其他哲學家通常是指相應於靈魂的非邏各斯的——即欲望的部分的德性。人的靈魂分別有邏各斯的部分和沒有邏各斯的部分。相應地，人的德性可以分爲道德的德性與理智的德性兩部分。理智德性可以由教導生成，道德德性則需要藉由習慣來養成。理智德性又可以分爲理論理性的和實踐理性的。智慧是理論理性的德性，是人最高等的德性。明智是實踐理性的德性，一方面作爲理智德性可以由教導而生成；另一方面由於與道德德性不可分離，其育成又離不開習慣。道德德性即德性既不出於自然，也不反乎自然。人的靈魂有三種狀態——感情、能力和品質。在這三者中，能力是自然所賦予，德性則並非自然使然；自然能力無須運用便存在，德性則唯有運用它才能獲得。所以，我們不稱讚或譴責能力，而是稱讚德性和譴責惡。但是德性也不是感情，因爲一則，稱讚與譴責也同樣只適用於德性和惡而不適用於感情；二則，德性意味著在先的考慮與主動的選擇，感情則不含有這兩種性質。

德性作爲靈魂的實現活動的品質，並不是與實現活動的目的所包含的那些性質相分離的另外一種品質。出色的實現活動與一般的實現活動是同類的。我們稱讚一項競技比賽或一個競技者是有德性的，並不是說除了那項競技活動的完善狀態所應當包含的那些性質之外，它

（他）的活動還具有其他的某種性質。相反，我們指的是，它（他）的活動出色地，即比一般的這類活動更爲突出地具有這類性質。然而，活動既然可以使德性生成也就可以使之毀滅，因爲德性只生成於德性的活動。做不公正的事如果成爲習慣便毀滅公正的德性，正如蹩腳的建築活動毀滅一個建築的德性、好的和糟糕的琴師都出於操琴。所以研究德性就要研究實踐。其次，德性與快樂和痛苦，尤其與快樂相關，而快樂尤其可能毀滅德性。因爲一則，追求快樂的欲望從小就伴隨著人，難於從人的感情中消除；二則，對於快樂，做得正確就使人善良，做得錯誤就使人邪惡；與技藝一樣，德性也是和比較困難的事情，即正確地對待快樂與痛苦，相聯繫的。但是，德性與技藝又有不同，技藝只相關於物件的性質，德性還必須出於一定的心態。因爲，僅當一個人知道他要做的行爲，並且出於意願地、因其自身之故地並且出於一種確定的品質而選擇它時，這行爲才是德性的。

但是，僅僅說德性是使我們好並使我們的活動完成好的品質還是不夠的。還必須說明德性如何是一種這樣的品質，這需要從人的事務的性質來說明。人的事務除了是可變動的之外，還是連續性的。這就是說，人的事務都含有變數，都容許程度上的差別。例如，對快樂可以享受得多一些、少一些或是適度；脾氣可以發得過大、過小或適度。總體上說，在所有連續性的事物中都有過多、過少與適度。德性是使得我們在所有這些事務上做得適度的那種品質。適度有相對於物件的和相對於我們自身的。相對於物件而言的適度是技藝的目標，技藝是使得我們在做事時達到對於物件而言的適度的品質。德性的目標則是在感情與實踐事務上達到相對於我們自身的適度。這兩者的目標都是正確。但是在實踐事務上德性的正確對於我們更好，因爲在這些事務上德性比技藝更好。德性是使得我們能在實踐事務上命中對我們而言的適度，從而使我們好，並且使我們的活動完成好的品質。

選擇與意願

所以，[14]德性就意味著做選擇（προαίρεσις）或者以選擇爲條件。按照亞里斯多德的看法，選擇對於德性的獲得，對於使活動完成得好至關重要。因爲，在實踐的事務上，錯誤可以是多種多樣的，正確的道路卻只有一條。所謂正確，也就是對於我們而言的「眞」。這種眞，如前面說過的，是爲著善的。所以選擇就預含了一個對我們而言是善的目的。我們是因爲有目的才要作選擇，而不是因爲要選擇才確定目的。作了錯誤的選擇，德性便無從獲得。錯誤的選擇主要發生於兩種情形：一是預含了錯誤的、有害的目的，或者那目的儘管顯得是或在偶性上是善，然而在總體上有害；二是目的雖然是善的，手段卻選擇錯了，或者由於沒有能堅持一個正確的選擇而妨害了目的的實現。放縱者把錯誤的——即在總體上有害的事物當作善的，他出於選擇地沉溺於過度的肉體快樂，認爲自己在做正確的事。不能自制者

14 本節內容參照第三卷第一—五章，第六卷第一—二、四—五、八—九章。

則知道什麼是善的，卻無法堅持正確的選擇。斯圖爾特（J. A. Stewart）[15]正確地指出，亞里斯多德的「選擇」概念預設著一種不同於當下快樂的目的的觀念，它指的是在追求著某種善的各種能力中伴有技藝上的正確性的那種能力，這種能力使一個人在面臨危險時做出正確的行爲。選擇意味著在當下顯得令我們愉悅然而總體上有害的事物與本身就有益於善的目的的事物之間作出決定。在這種概念底下，選擇常常是一種困難的決定，它包含著對當下快樂的判定和處理：如果它總體上有害，就放棄它。所以選擇包含技藝然而不是爲著技藝。選擇是爲著獲得德性：我們之所以要作選擇是爲了做得正確，即像一個好人那樣地行爲。獲得技藝在於知道某種技巧，獲得德性則在於正確地選擇。

選擇必定是出於意願的。因爲，只有我們願意去做的事情才成爲我們的選擇。出於意願意味一個行爲是在我們能力範圍之內的，並且我們了解那行爲的性質、對象、目的、手段等。一個完全在外力脅迫下作出的、違反我們意願的行爲顯然不是被選擇的。但是出於意願的行爲未必都是選擇。因爲，出於欲望、怒氣、希望和意見的行爲都可以是出於意願的，但是它們卻不能說是出於選擇。選擇比行爲更能判斷一個人的品質。因爲行爲可能出於欲望、怒氣、希望和意見等，而選擇比欲望、怒氣、希望和意見更能表現出一個人的品質。對

15 《尼各馬可倫理學注釋》（*Notes of the Nicomachean Ethics of Aristotle*）（克萊倫頓出版公司，一八九二年），卷I第七、四十三頁。

於性質、對象等無知的行爲當然不是出於選擇的，但是具有這些具體知識並不等於那個行爲就是出於選擇。選擇除了必須是出於意願的，還必須是經過預先考慮的。考慮也就是推理，是實踐理性的運用。所以好的選擇與實踐理性的德性——明智不可分離。如果具有明智，我們就會善於考慮，也就會作正確的選擇；如果沒有明智，我們就只有依靠聰明。然而我們並不考慮所有的事物。永恆、必然的事物，或全無規律、純粹偶然的事物不屬考慮的範圍。我們考慮的是力所能及而又並非永遠如此的事物，並且，是手段而不是目的。好的考慮是對於適合一個好目的的正確的手段的考慮，然而好的考慮中包含的不是科學的或意見的正確（眞），而是理智的——即相對於我們而言的正確（眞）。因爲理智只顯示一般的道理，要經過考慮才能具體。

如果德性是出於意願和選擇，惡就在同樣程度上如此。在這點上，亞里斯多德反對蘇格拉底的觀點。因爲，如果做一件事情在我們能力之內，不做就也在我們能力之內。放縱者就是出於選擇地追求顯得愉悅然而總體上卻有害的快樂。所以人應當對自己的品質負責任。如同那些令一個人成爲好人的最初的行爲一樣，那些使一個人成爲壞人的最初的行爲也是他本可以不去做的。甚至身體的惡，如果是出於我們自身的原因，也受到人們的譴責。惡的行動的初因在我們自身中。但是一個人一旦成爲了壞人卻不能想成爲好人便成爲好人，這正如一個病人不可能想痊癒就痊癒。

快樂

雖然作選擇與以某種方式對待快樂有關，但選擇並不意味要全然放棄快樂。在快樂的問題上，亞里斯多德顯然對於多數人的意見——即快樂是一種善，抱著尊重的態度。因為他相信「眾口相傳的事，就絕不會是胡說」，[16]並且堅持認為，政治學的研究不應忽略快樂問題。[17]因為一則，快樂似乎與我們的本性最為符合。快樂與痛苦的感覺從小就伴隨著我們所有的人，甚至兒童和動物都追求快樂和躲避痛苦。而且，多數人都認為幸福就包含著快樂。二則，德性與惡都與我們視何種事物為快樂或痛苦有關。愛所該愛的和恨所該恨的，是培養德性的第一步。三則，在快樂問題上有對立的意見。快樂問題上的爭論的核心在於它是不是善的，以及在何種意義上是或不是善的。有些人認為快樂是善的，甚至是最高善。另一些人則認為快樂或者完全不是善，或者不全是善，或者即便是一種善，也必定不是最高善。以人人都追求快樂的事實，快樂是一種善的常識意見，以及柏拉圖關於存在著混雜的快樂的觀點為出發點，亞里斯多德非常智慧地建立了他的快樂理論。不過他的思想一定經歷過發展，因為在第七卷的討論中，他的理論核心在於快樂是一種活動，而在第十卷的討論

16 1153b28。

17 本節內容參照第二卷第三章、第七卷第十一—十四章、第十卷第一—五章。

中，理論核心則在於快樂完善活動。

討論的起點是快樂（ἡδονή）與「令……愉悅」意義的聯繫。快樂意味有些事物令我們愉悅或顯得如此。這可以從快樂一詞的基本的動詞用法ἥδομαι是被動式的，表示是「被……愉悅」的意義這一點看出來。然而在本質上，快樂或許是屬於我們的正常品質的、未受到阻礙的實現活動。這種實現活動自身就令我們愉悅。正常品質是在我們在不存在匱乏的狀態下的品質。向正常品質的回復則是使匱乏得到充實的過程。在正常品質狀態下，我們以總體上令人愉悅的事物爲快樂。而在向正常品質狀態回復過程中，我們甚至從相反的事物，例如苦澀的事物中感受到快樂。這種回復性活動不是因其自身而令我們愉悅，而是當我們處在這種回復的過程中才對我們顯得愉悅的。而且，與正常品質下的快樂相反，回復性的快樂中總是混雜著痛苦。所以，向正常品質回復過程的快樂不是眞正的快樂。

一事物或過程可以在總體上的或相對於某個人的意義上是善的。一個總體上好的事物或過程可能對某個人顯得不是善的；同樣，一個總體上壞的事物或過程有時對某個具體的人卻是或顯得是善的。對好人顯得是善的事物就在總體上是善的。因爲，如前面[18]說過的，事物對好人顯得如何，其自身也就如何。在實踐事務上，德性即是尺度。所以，重要的是使對人來說眞正是善的事物對我們自己也顯得是善。所以快樂有性質上的不同，源自於高尚事物的

18 參見「倫理學與政治學」一節結尾處。

快樂是自身就值得欲求的。正常品質的實現活動的快樂是善而不是惡；不正常的品質狀態下的快樂則只在偶性上是或顯得是善。例如，藥品只對於生病的人才是善、冷的東西只對發熱的人才是善。因爲，正常品質的實現活動與匱乏狀態下的品質的實現活動具有不同的形式，並且以不同的事物爲對象。在肉體快樂方面，必要的肉體快樂是一種善，只當它過度時才是惡。與過度的快樂對立的是必要的快樂而不是痛苦。肉體快樂特別被人們追求是因爲它能驅離痛苦，並且特別強烈，易於爲人們享受。

我們的正常品質的、未受到阻礙的實現活動是善的，必要的肉體快樂是善的。因爲，快樂與痛苦相反且痛苦是惡；獸類和人都追求快樂；而且，如果快樂與實現活動不是某種善，幸福的人的生活就不是令人愉悅的；而如果幸福就在於所有品質的或其中一種品質的未受到阻礙的實現活動，這種實現活動就是最令人愉悅的。不正常品質的實現活動混雜著痛苦不等於快樂是惡；過度的肉體快樂有害也不等於快樂就是惡；不是一種質並不妨礙快樂是一種善。德性也不是一種質，然而德性是一種善，有程度上的差別也同樣如此。因爲，例如公正與勇敢也可以具有得多一點或少一點。快樂是或屬於實現活動而不同於生成、過程或運動。它是某種整體的、完善的事物，無須時間的延續來完善。生成、過程和運動則要經歷時間，因它在每一時刻都不完滿。也沒有什麼事物像目的（最終完善狀態）比過程更好、那樣比快樂更好。因爲實現活動的目的（最終完善狀態）既可以是外在的，也可以是它自身。快樂既是實現活動，也是目的。快樂不產生於我們已經成爲的狀態，而產生於我們對自己的力量的運用。快樂感覺的完善只意味最好狀態的器官與最好的物件相關聯的活動。快樂與感覺的完善的實現活動不可分離並完善著這種活動。

快樂在於品質的實現活動這一理論也引申出另一種關於快樂的種類區別理論。每種實現活動都有其特殊的快樂。每種快樂都屬於一種實現活動並且使得它進行得好。所以，一種活動的特有的快樂必定與另一種活動的不同。一種實現活動爲它自身的快樂所完善而爲異己的快樂所破壞。例如，做數學題目的快樂使得我們的數學演算進行得更好；談話的快樂則會妨礙我們做數學演算。所以，對一種實現活動而言，異己的快樂也如自身的痛苦一樣會毀滅它。實現活動有好的和壞的，相應的快樂也就有好的和壞的。每種動物都有其特殊的快樂。不過在人類中不同的人有完全不同的快樂。完善著好人的實現活動的快樂是眞正的快樂。所以顯然，如果想獲得德性，我們應當以德性的實現活動的快樂爲快樂，並且在肉體快樂方面以享受必要的快樂爲滿足。

幸福

人們都同意，[19]亞里斯多德寫道，人的目的——即人可實踐的最高善，就是幸福。但對

---

19 本節內容參照本書第一卷第四—五章、九—十二章、第六卷第十二—十三章、第九卷第九章、第十卷第六—九章。

於什麼是幸福則有不同意見。實踐的研究需要從人們都承認爲眞的地方出發。如果我們可以確認對一個好人顯得眞的事物比對其他人顯得眞的事物有更大的確定性，研究最好從有良好品質的人所承認的那些事實開始。有三種生活：享樂的、政治的和沉思的。享樂的生活只追求肉體的快樂，是動物式的。政治的生活追求榮譽與德性，但這些也不完善。因爲，幸福是相應於人的特有活動的，在於人合乎德性的活動，而人特有的活動就是他的靈魂有邏各斯的部分的實現活動，所以幸福就是人的靈魂有邏各斯的部分合乎德性的實現活動。然而靈魂有邏各斯的部分又有理論的與推理的兩部分。若幸福是合乎德性的活動，它必定是合乎我們自身中那個最好部分——即努斯的德性的活動。這就是沉思的生活，因爲，努斯的實現活動最完美、最能夠持續、最令人愉悅、最爲自足，既有嚴肅性又除自身外別無目的，且擁有閒暇。這種活動是人的完善的幸福。努斯是我們的眞正自我，是我們之中最好的事物，所以，過著沉思生活的、有智慧的人最幸福。如果可以，人在有幸擺脫了物質需要的紛擾、擁有中等財富之後，應當爭取過這樣的生活。但是我們只有以自身中神性的事物才能過這種生活，因爲努斯是神性的。

亞里斯多德堅持幸福是人的最好的實現活動的觀點，並且把智慧的生活——即沉思生活的幸福判定爲第一好的。但是他充分意識到，這種幸福有半人半神的意味，因之它雖可實踐，卻只能有少數人可以達到。他的幸福論是想要顧及到多數人，以對多數人而言的眞實的善爲指歸，雖然他以爲多數的人是壞的或不好不壞的。因此，在《尼各馬可倫理學》的末卷，亞里斯多德轉達給我們這樣的資訊：合乎第二好的德性——即道德德性的活動是第二好的；它是道德德性的實現活動，是完全屬人的生活，是多數人若關懷自身之完善便可以實行、可以努力獲得的生活。可實踐的幸福，即靈魂有邏各斯的部分的實現活動，對於多數人來說，就在於我們的實踐的生命的合道德德性的活動。合道德德性的活動並不與合理智德性的活動判然分別。相反，按照亞里斯多德的看法，它之所以也是幸福，乃是因它也分有人的最好德性的實現活動——即沉思：努斯與智慧的光透過實踐理性投射於道德德性；理智德性，苗力田先生[20]說：使道德德性的領域拓寬、層次加深、目光放遠，使它們不再局限於個別而成爲普遍；實踐理性的德性——明智的實現活動與道德德性的實現活動不可分離。所以，道德德性之實現活動終歸有理智德性的參與。所以人與動物不同：動物因不分有沉思活動而不分有幸福，人則因分有它而分有幸福。

幸福，亞里斯多德說道，是學得的而不是靠運氣獲得的。一個人不依靠自己的努力，就不可能獲得幸福。因爲幸福在於整個靈魂，尤其是靈魂的欲望部分合乎德性的活動。沒有透過這種活動獲得的靈魂的善，就是擁有全部的外在的善也是枉然。而且，幸福不在於一時一事的合乎德性，不在於不確定的事物，而在於一生中合乎德性的活動。儘管不是到生命終結時才可以作結論，一個人只有不是在一時一事上，而是在一生中都努力合乎德性地活動著，才是幸福的。所以，幸福意味持續的、嚴肅的活動，而不是消遣。消遣也是自身即善

20 苗力田：「品質、德性與幸福」，《中國人民大學學報》，一九九九年第五期。

的，但它不是終極性的目的。我們要消遣是爲恢復精神以繼續嚴肅的追求。

不過幸福也需要外在善作爲補充。沉思的幸福需要得較少些，它只要擁有中等的財富；德性的幸福則需要得多些，因爲有德性的人需要外在的條件成就其德性的活動。人自身不完善，所以作爲人，幸福就需要外在的善。因爲，人們都認爲幸福是自足完善的，而自足完善就意味著所有善事物一應具備。而在所有的外在善中，朋友就是最大的善。我們需要朋友接受我們的善舉和公正行爲，需要朋友來幫助提升品質。因爲，兩個人的智慧就比一個人更高。但是我們需要朋友尤其是由於人活動的特別性質所致。嚴肅的活動需要我們與朋友一起進行才能持續。因爲，人生命的活動主要就在於去感覺和去思考。生命自身就是善的和愉悅的。如果是這樣，如果幸福的人的感覺與思考是最豐富的，我們就需要感覺朋友的感覺、思考朋友的思考。因爲，好人朋友的生命的感覺與思考自身也就是善的。幸福最終是在於我們與朋友一起持續地進行屬人的、合乎德性的活動。

這份匆匆草就的導言目的在於爲初步接觸亞里斯多德倫理學的朋友在閱讀前做一點預備。它並不是對亞里斯多德的倫理學理論的評論性的研究。對於這種評論性的研究，它僅僅構成一種預備的工作。

讀倫理學著作是人一生中的重要經歷。一部好的倫理學著作可以幫助我們懂得什麼是眞正的善以及當如何作選擇。這樣的著作是作者用心寫的，所以也必須用心來讀。年輕人在有足夠準備之前，最好先不要開始讀像亞里斯多德這樣的倫理學著作。人也許是到了中年，尤其在對於人生與社會有了些體驗後，才適合開始讀這樣的書。而且，也許最好是過幾年再讀一遍，反覆讀幾遍。因爲，其中的道理，需要反覆讀才能領悟。讀好的倫理學著作亦有不同的階段：讀到並記住一些詞句、認同一些道理，對生活事務可以提出些意見，此其一；悟到作者的眞實體驗，進而對作者的思想達到一種整體的理解，並可在實踐中借鑒和體會，此其二；對作者的思考可以作批評性的研究，並能旁通若干其他理論，進而對人的生活事務與政治事務作出獨立的、融會貫通的思考，不因人附言，也不因人廢言，並進而對生活事務、政治事務乃至人類的精神有所貢獻，此其三。學無涯，學也無欺；心靈的培育以求眞爲貴，這眞既是對心靈自身的，也是行爲的正。講話眞不易，做事眞就更加難。不過心靈的品質終歸是我們每個人自己的事，讓它一生都偏缺著，我們的生命中畢竟少了許多的東西。而這樣的書，就像我們的先哲孔子的書那樣，可以在多方面幫助我們。

譯注者

二〇〇一年六月於北京

目錄

第一卷　善

一、善作爲目的

每種技藝[1]與研究，[2]以及同樣地，人的每種實踐[3]與選擇，[4]都以某種善爲目的。所以 [1094a]

---

1 τέχνη，或譯技術。在亞里斯多德的倫理學中，⑴技藝是靈魂的理智部分的獲得真或確定性的五種方式之一，是理智獲得與那些不僅可變化而且可製作的事物相關的確定性的方式。理智獲得確定性的其他四種方式分別是：⑵科學（ἐπιστήμη，或譯理論）、⑶明智（φρόνησις）、⑷智慧（σοφία）和⑸努斯（νοῦς）。這五種形式的理智活動的性質、對象和作用都各有區別。亞里斯多德關於這五種理智活動形式的詳細討論見第六卷。

2 μέθοδος，或ζήτησις，或譯探究、探索，是理智對可變動的事物進行的思考活動。在《尼各馬可倫理學》中，亞里斯多德沒有對研究作過定義，但是他似乎把研究作為科學與技藝、智慧與考慮（明智的一種形式）的泛稱（參見1096a12，1098a29，1112b20-22，1142b14）。格蘭特（A. Grant）（《亞里斯多德倫理學》〔朗曼斯與格林出版公司，一八八五年〕卷I第四二一頁）說，研究是「走向科學（理論）的道路」。在此處，亞里斯多德之所以不提科學，是因為科學不專以活動之外的善為目的。技藝與研究、實踐與選擇都相關於可變動的題材並以某種善為目的。

3 πρᾶξις，實踐或行為，是對於可因我們（作為人）的努力而改變的事物的、基於某種善的目的所進行的活動。在亞里斯多德的倫理學著作中，實踐區別於製作，是道德的或政治的。道德的實踐與行為表達著邏各斯（理性），表達著人作為一個整體的性質（品質）。

4 προαίρεσις，意義為自由選擇的、有目的的活動。斯圖爾特（J. A. Stewart）（《尼各馬可倫理學注釋》〔克

有人[5]就說，所有事物都以善[6]爲目的。（但是應當看到，目的之中也有區別。它有時是實

萊倫頓出版公司，一八九二年）卷一第七、四十三頁）提到προαίρεσις是對於一種不同於當下快樂的目的的觀念，指在追求著某種善的各種能力中伴有技術的正確性的那種能力，這種能力使一個人在所面臨的危險中做出正確的行為。依這種詮釋，亞里斯多德的選擇概念是同時包含著意圖與能力的追求目的（善）的實踐。

5　這可能是指數學家、天文學家歐多克索斯（Eudoxus of Cnidus，約西元前四〇〇—前三五〇年）。他曾就學於柏拉圖門下，是亞里斯多德的好友，以品德高尚得到亞里斯多德的稱讚。

6　τἀγαθὸν，善，那個善；由τὸ ἀγαθὸν（那個〔被追求的〕善）合成，是亞里斯多德的特殊用法：ἀγαθόν為形容詞ἀγαθός（善的）之賓格形式。亞里斯多德談論的善有兩種意義：具體的善（ἀγαθός）和最終的善（τἀγαθόν）。具體的善是一個具體的目的。但這種善，如我們在下文中將看到的，有不同的情形：有些只是另一個較遠目的的手段，有些則自身就是目的，但也被作為某種更終極的善的手段而被選擇。最終的善有總體的性質，因為更高的目的都包含了所有低於它的目的。關於亞里斯多德對τἀγαθὸν的特別的用法，我得益於克里斯普（R. Crisp）博士。我在牛津訪問期間曾有機會向他請教。他向我說明，τἀγαθὸν這個亞里斯多德的專門術語在亞里斯多德之後才被某些其他哲學家使用；柏拉圖沒有以這種方式使用過這個術語，儘管他在《理想國》（*Republic*）中使用過τὸ ἀγαθὸν。我在下文中將努力表達出他對於具體的善和終極的（總體的）善的區分，因為這種區分對於他十分重要。具體的善在行文中的通常譯法是「某種善」，指在某個種屬的事物中被視為好事物的東西或「善事物」，指某種善的複數形式，即多種被視為好東西的事物。另一方面，終極的或總體的善，我在行文中譯為「善」，或在亞里斯多德指明的地方譯為「最高善」。

現活動[7]本身，有時是活動[8]以外的產品。當目的是活動以外的產品時，產品就自然比活動更有價值。）由於活動、技藝和科學有許多，它們的目的也就有多種。醫術的目的是健康；造船術的目的是船舶；戰術的目的是取勝；理財術的目的是財富。幾種這類技藝可以都屬於同一種能力，例如製作馬勒的技藝和製造其他馬具的技藝都屬於騎術，騎術與所有的軍事活動又屬於戰術，同樣地，其他技藝又屬於另一些技藝。在所有這些場合，主導技藝的目的就比從屬技藝的目的更被人欲求，因爲後者是因前者之故才被人欲求的。（並且在這裡，選擇的目的是活動本身還是活動以外的其他事物，這兩者並沒有多大差別，剛剛提到的那些科學[9]的情形就是這樣。）

---

7 ἐνέργεια。格蘭特（同上書，卷Ⅰ第四二二頁）說：ἐνέργεια在亞里斯多德的嚴格意義上是含目的於自身之中的活動，而在相對的意義上它也可以是實現一外在目的的手段。在亞里斯多德的概念中，ἐνέργεια作為實現自身目的或同時既是內在的又是外在的目的的活動，與能力有基本的區別。它是付諸運用的能力，而與作為潛質而未產生作用的能力無關。而在廣義上，奧斯特沃特（M. Ostwald）（《亞里斯多德尼各馬可倫理學》〔鮑伯斯．梅瑞爾公司，一九六二年〕第三○六頁）說，ἐνέργεια是指積極的活動狀態，意義甚至比實踐還要廣泛。

8 ἔργα，ἔργον。在亞里斯多德倫理學中，活動是一般意義上的運用肉體與靈魂力量的運動，包括道德的行為活動與技藝的（製作）活動。

9 ἐπιστήμη。科學如本卷注1說過的，是理智把握事物的真或確定性的一種活動方式，這種活動，如文中

二、最高善與政治學

所以，如果在我們活動的目的中有的是因其自身之故而被當作目的的，我們以別的事物爲目的都是爲了它，如果我們並非選擇所有的事物都爲著某一別的事物（這顯然將陷入無限，因而對目的的欲求[10]也就成了空洞的），那麼顯然就存在著善或最高善。那麼，關於這種善的知識[11]豈不對生活有重大的影響？它豈不是像射手有一個標記幫助他一樣，更能幫助我們命中正確的東西？若是這樣，我們就應當至少概略地弄清這個最高善是什麼，以及哪一種科學與能力[12]是以它爲對象的。看起來，它是最權威的科學或最大的技藝的物件。而政治學

所說，其目的或在於活動，或在於活動的某種結果——即知識，這種區分對於科學並不很重要。所以，ἐπιστήμη一詞在亞里斯多德的用法中有時指一種特殊的尋求真及確定性的實現活動，有時指這種活動所產生的那些結果，即知識（在這種用法上，ἐπιστήμη一詞的意義又大致相等於γνῶσις）。這種知識在嚴格意義上是對於事物的不變的性質或本質的。技藝則以可製作的事物為題材並且目的在於活動的結果。所以科學與技藝不同。

10 ὄρεξις。欲求在亞里斯多德的用法中，是人對於任何物件物，例如財富、榮譽、快樂等等的主觀傾向性和由這種傾向性引出的活動。在人的欲求之中，亞里斯多德把對肉體快樂的欲求稱為欲望（ἐπιθυμία）。

11 γνῶσις，γνῶμα經過了解或理解而已經知道具有確定性的東西。

12 δύναμις。亞里斯多德認為能力是靈魂的一種狀態，另外的兩種狀態是感情（感覺）與品質（品性）。

[1094b]

似乎就是這門最權威的科學。[13]因爲正是這門科學規定了在城邦中應當研究哪門科學，哪部分公民應當學習哪部分知識，以及學到何種程度。我們也看到，那些最受尊敬的能力，如戰術、理財術和修辭術，都隸屬於政治學。既然政治學使其他科學爲自己服務，既然政治學制定著人們該做什麼和不該做什麼的法律，它的目的就包含著其他學科的目的。所以這種目的必定是屬人的善。儘管這種善於個人和於城邦是同樣的，城邦的善卻是所要獲得和保持的更重要、更完滿的善。因爲，爲一個人獲得這種善誠然可喜，爲一個城邦獲得這種善則更高尚〔高貴〕、更神聖。既然我們的研究在某種意義上是政治學的研究，這些[14]也就是我們的研究的目的。

三、政治學的性質

我們對政治學的討論如果達到了它的題材所能容許的那種確定[15]程度，就已足夠了。不

---

13 此處，亞里斯多德以科學與技藝兩者說政治學，認為政治學同時兼有兩者的性質。

14 指屬人的善與城邦的善。

15 ἀκριβής。在亞里斯多德的哲學中，確定性是智慧、科學、明智等在宇宙現象、事實與意見中試圖抓住的東西。它包括真與似真（或顯得真、看起來真）兩個主要的形式。它的相反是不確定。

能期待一切理論都同樣確定，正如不能期待一切技藝的製品[16]都同樣精確。政治學考察高尚〔高貴〕[17]與公正的行爲。這些行爲包含著許多差異與不確定性。所以人們就認爲它們是出於約定而不是出於本性的。善事物也同樣表現出不確定性。因爲它們也常常於人有害——今天有的人就由於富有而毀滅，或由於勇敢而喪失了生命。所以，當談論這類題材並且從如此不確定的前提來談論它們時，我們就只能大致地、粗略地說明「眞」；當我們的題材與前提基本爲眞時，我們就只能得出基本爲眞的結論。對每一個論斷也應當這樣地領會。因爲一個有教養的人的特點，就是在每種事物中只尋求那種題材的本性所容許的確切性。只要求一個

---

16 與自然的製品相對。自然的製品是自然、本性使然，技藝的製品是人力、人為使然，這兩者在亞里斯多德的學說中一向是相互區別的。

17 καλόν。καλόν一詞在希臘語中意義極為豐富，指美的、好的、公正的、高尚的等等。總之指人的美善的、正確的行為。萊克漢姆（H. Rackham）（《亞里斯多德尼各馬可倫理學》〔海恩曼公司，一九二六年〕第六頁注）說，καλόν是指對正確的行為的崇敬。以字意來說，英語詞彙 **fine** 表美善的意義已足，但表正確的意義不足，**noble** 則在後一方面亦能充分表達。所以我在行文中將以高尚來譯解它。不過這只是近似的表達。因為，在中文中與古希臘語中，正確與美善這兩個尺度的區別程度上似有不同理解習慣。在中文中，高尚似乎是指遠遠高於正確的行為，正確是容易做到的，美善則不易做到。而在希臘語中，正確、公正大概都是很高的標準。所以正確的行為本身已經具有美善的性質，大概也因這種習慣意義，希臘語中的高尚本身就是高貴的，不同平常的，所以我以高尚〔高貴〕來解讀它的意義。

數學家提出一個大致的說法，與要求一位修辭學家做出嚴格的證明，同樣地不合理。

一個人可以對他已熟悉的事物作出正確的判斷，在這些事物上他是一個好的判斷者。所以，對於某個題材判斷得好的是在那個題材上受過特殊教育的人，在事物總體上判斷得好的人是受過全面教育的人。所以年輕人不適合聽政治學。[18]他們對人生的行爲缺少經驗，而人的行爲恰恰是政治學的前提與題材。此外，年輕人受感情左右，他學習政治學將既不得要領，又無所收獲，因爲政治學的目的不是知識而是行爲。一個人無論是在年紀上年輕還是在道德[19]上稚嫩，都不適合學習政治學。他們的缺點不在於少經歷了歲月，而在於他們的生活與欲求受感情宰制。他們與不能自制者一樣，對於他們知等於不知。[20]但是對於那些其期望 [1095a]

18 韋爾登（J. E. C. Welldon）（《亞里斯多德尼各馬可倫理學》〔麥克米蘭公司，一九〇二年〕第四頁）說，這句話據信是莎士比亞（W. Shakespeare）在寫《特洛伊魯司與克蕾斯達》（*Troilus and Cressida*）中下面一段話時浮現於腦際的：

年輕人，亞里斯多德說他們不適合聽道德哲學。（第二場第二幕）

19 ἦθος，習慣、風俗、道德等；指由於社會共同體的共同的生活習慣和習俗而在個體成員身上所形成的品質、品性。

20 萊克漢姆（同上書，第八頁注）說，此論據在於，即使年輕人能夠獲得倫理學的知識（事實是他們不能獲得，因為倫理學的知識的獲得需要生活經驗），他們也無法運用它去指導行為，因為他們受其感情與欲望的宰制；所以，對倫理學的學習對於他們沒有價值，因為倫理學作為實踐的學問只能為運用的目的而追求。

和行爲合於邏各斯[21]的人，對於這些題材的知識將於他大有幫助。作爲開篇的話，關於什麼人適合學習這門學問，應當以什麼方式來研究它，以及這種研究的目的是什麼，我們就說到

---

21 λόγος是古希臘語中最難今譯的詞彙之一。據其實際的用法，本指說話、言語、演說、談論、詞等，進而也指諺語、傳說、寓言、箴言、警句、明言等，以及包含在這些語言形式中的道理、思想、理性、推理、思慮、意見等。羅斯（D. Ross）（《亞里斯多德尼各馬可倫理學》，載於《亞里斯多德全集》第九卷，牛津，一九二五年。由於牛津版羅斯譯本未具頁碼，引注有所不便，我在下文中所引用的羅斯譯文與注釋皆引自他的後學阿克瑞爾（J. L. Ackrill）和厄姆森（J. O. Urmson）一九八〇年於牛津出版的羅斯譯本的修訂本。下述引文見該書第四頁注）於此處說明λόγος在英語中的翻譯的困難時說：

> 在《尼各馬可倫理學》的所有常見語彙中，λόγος爲最難譯者。直至最近，公認的譯法才是「理性」。但我以爲，在亞里斯多德那裡，λόγος顯然不是指人的理性功能，而是指被理性抓住的某種東西，或是有時也指理性功能的某種運用。對亞里斯多德來說，理性與其對象的聯繫是非常之緊密，所以當邏輯迫使他說出那種理性功能的名稱時，他常常就說是λόγος。

所以羅斯在譯解λόγος時以「理性原則」、「合理理由」、「規則」、「論據」、「推理」、「推理過程」等對譯。在中譯上這個困難當然更大。為讀者能了解亞里斯多德所使用的詞彙，我在這些場合一般以「邏各斯」音譯，而在亞里斯多德將ἀρχή（開端，初始）置於λόγος之前，表達推理的前提和出發點的地方以「起點（或始因）」來譯解。不過值得指出的是，「邏各斯」這一音譯在中文文獻中已形成的所謂「客觀規律」的理解與亞里斯多德之用法的意義相去甚遠。

這裡。

四、幸福作爲最高善

我們再回到開頭來說一說，既然所有的知識與選擇都在追求某種善，政治學所指向的目的是什麼？實踐所能達到的那種善又是什麼？就其名稱來說，大多數人有一致意見。無論是一般大眾，還是那些出眾的人，都會說這是幸福，[22]並且會把它理解爲生活得好或做得好。[23]但是關於什麼是幸福，人們就有爭論，一般人的意見與愛智慧者的意見就不一樣了。

---

22 εὐδαιμονία，在英語中，萊克漢姆（第十頁注 a）說，難於避免以 happiness 來對譯，但也許更確切的表達是 well-being 或 prosperity，因為亞里斯多德所說的不是一種感情狀態而是一種活動。Happiness 在中文中一般譯為幸福，這比較妥當。我在下文中將 εὐδαιμονία 統一地譯為幸福。但英語中的 well-being 與 prosperity 在中文的對譯上都存在困難。Well-being 字面意義為好的存在（或生活），但中文中此種表達的俗成意義一般是指生活的衣食住行的物質的方面，然亞里斯多德的原意是指人的肉體與靈魂活動的圓滿的實現，尤其是指人的靈魂的最好的思想活動的圓滿實現。另一方面，prosperity 本意是指一種圓滿狀態，詞典多解釋為運氣、成功等，都不甚達意。

23 τὸ δ' εὖ ζῆν καὶ τὸ εὖ πράττειν。εὖ ζῆν 即上注所說好的存在（或生活），區別於簡單意義上的存在（或活著）。εὖ πράττειν，斯圖爾特（卷一第四十四頁）說其意義比較模糊。萊克漢姆（第十頁注）認為，因爲一般人把它等同於明顯的、可見的東西，如快樂、財富或榮譽。不同的人對於它有不同的看法，甚至同一個人在不同時間也把它說成不同的東西：在生病時說它是健康；在窮困時說它是財富；在感到了自己的無知時，又對那些提出他無法理解的宏論的人無比崇拜。已經有一些思想家[24]說，除了已經提到的這些善事物，還有另一種善，即善自身，它是使這些事物善的原因。對所有這些意見都作一番考察不會有什麼收穫。我們只考察那些最流行的、多少有些道理的意見，就已經足夠了。

我們也不要忽略，在從起點[25]出發的論據與走向起點的論據之間存在著區別。這個問題

εὖ πράττειν在通常的理解中意義更近於進行得好（faring-well）而不是做（行為）得好（acting-well）。我在此處譯為「做得好」是因為「進行得好」在中文中可能與人的行為或活動的意義離得太遠。

24 這當是指柏拉圖及其繼任者們的觀點。

25 ἀρχῶν λόγοι，τὰς ἀρχάς，或譯最初原理，第一原理。ἀρχῶν與ἀρχὰς都衍生於名詞ἀρχή（最初的東西）。亞里斯多德對ἀρχή及其衍生詞彙的使用非常頻繁，其基本的含義是起點和最初的依據，或相關於思想、意見，以及推理、演繹，或相關於品質、德性，以及行為、事實，用法十分複雜。格蘭特（卷I第四三三頁）認為，亞里斯多德的ἀρχή的基本意義是起點或原理，時常有些含糊。斯圖爾特（卷I第五十五頁）認為，其中既有一般理解的起點或起點（出發點）等等意義，在某些場合又有推理的最初前提的技術性意義。基於對亞里斯多德ἀρχή的這兩種已經得到公認的詮釋，我將在亞里斯多德的用法與思想以及推理等等相關時將ἀρχή譯為起點，在其用法與某種物理上的最初原因相關時譯為始因，以便減少術語上的複雜性。

是柏拉圖正確地提出的。他經常發問：正確的推理應當從起點出發，還是走向它？就像在賽跑時，一個人可以從裁判員那一端跑向另一端，也可以從另一端跑向裁判員那一端。我們當然應當從已知的事物出發。[26]但已知的事物是在兩種意義上已知的：一是對我們而言的，二是就其自身而言的。也許我們應當從對我們[27]而言是已知的事物出發。所以，希望自己有能力學習高尚〔高貴〕與公正——即學習政治學的人，必須有一個良好的道德品性。因爲，一個人對一件事情性質的感覺，本身就是一個起點。如果它對於一個人是足夠明白的，他就不需再問爲什麼。而受過良好道德教育的人就已經具有或是很容易獲得這些起點。至於那些既不具有，也沒有能力獲得這些起點的人，他們應當聽一聽赫西阿德[28]的詩句：

自己有頭腦最好，
肯聽別人的勸告也不錯，
那些既無頭腦又不肯聽從的人

[1095b]

26 斯圖爾特（卷I第四十八—四十九頁）和韋爾登（同上書，第六頁注1）認為，亞里斯多德在這裡並沒有特指柏拉圖的某一篇對話。韋爾登還認為，亞里斯多德可能只指柏拉圖對話中「蘇格拉底」的總的方法傾向。

27 亞里斯多德的著作通常以複數第一人稱（「我們」）寫作。「我們」的意義常常要根據上下文判斷。萊克漢姆（第十頁注）認為，亞里斯多德此處的「我們」是相對於柏拉圖學派而言，指呂克昂學派。

28 Hesiod，希臘詩人，創作時期為西元前八世紀。

是最低等的人。[29]

五、三種生活

我再從前面離題的地方[30]接著說。如果從人們所過的生活來判斷他們對於善或幸福的意見，那麼多數人或一般人是把快樂等同於善或幸福。所以他們喜歡過享樂的生活。有三種主要的生活：[31]剛剛提到的最爲流行的享樂的生活、公民大會的或政治的生活，和第三種，沉思的生活。一般人顯然是奴性的，他們寧願過動物式的生活。[32]不過他們也不是全無道理，

29 《工作與時日》（*Work and Days*），頁二九一—二九五。

30 1095a30。亞里斯多德在此繼續考察關於善或幸福的主要的流行意見。

31 據萊克漢姆（第十四頁注）說，三種生活的說法可追溯到畢達哥拉斯（Pythagoras，西元前五八〇—前五六〇年）。他把這三種人比喻為遊戲中的三種參與者：商人、競賽者和觀者。

32 即只求活著而不追求好的生活的生活。這兩種生活在亞里斯多德的著作中與在柏拉圖的著作中一樣始終是相互區分的。參見亞里斯多德在本卷後面關於人與動、植物共有的植物功能的論述。

因爲許多上流社會的人也有撒旦那帕羅[33]那樣的口味。另一方面，那些有品味的人[34]和愛活動的人則把榮譽等同於幸福，因爲榮譽可說是政治的生活的目的。然而對於我們所追求的善來說，榮譽顯得太膚淺。因爲榮譽取決於給予者而不是取決於接受者，而我們的直覺是，善是一個人的屬己的、不易被拿走的東西。此外，人們追求榮譽似乎是爲確證自己的優點，至少是，他們尋求從有智慧的人和認識他們的人那裡得到榮譽，並且是因德性而得到榮譽。這就顯示，德性在愛活動的人們看來是比榮譽更大的善，甚至還可以假定它比榮譽更加是政治的生活的目的。然而，甚至德性這樣一個目的也不完善。因爲一個人在睡著時也可以有德性，一個人甚至可以有德性而一輩子都不去運用它。而且，有德性的人甚至還可能最操勞，而沒有人會把這樣一個有德性的人說成是幸福的，除非是要堅持一種反論。關於這個題目就說到這裡，因爲我們在普通哲學討論[35]中已經談得很多了。第三種生活，即沉思的生

33 Sardanapallus，傳說中的一位亞述王。萊克漢姆（第十四頁注b）說，阿森紐司（Athenaeus）記錄了他的墓誌銘的兩段話：一段說「吃吧！喝吧！玩吧！其餘不必記掛」；另一段說「我吃的和我享受的快事仍為我有，而所有財富則離我而去」。

34 χαρίεις，體面的、優美的、有魅力的、機智的，亞里斯多德在這裡指上層社會中另一種人，不過這種人仍然不是愛智慧者。依據他引用的赫西阿德的詩句，這大概是指肯聽別人的智慧的人。

35 τὰ ἐγκυκλία φιλοσοφήματα。關於亞里斯多德這一提法的意義，研究者中一直有不同意見。韋爾登本與斯圖爾特本都成書於上世紀末，韋爾登（第八頁）認為這是指呂克昂學院舉辦的對公眾的哲學講演，相當於

[1096a]

活，我們將留到以後考察。[36]牟利的生活[37]是一種約束的生活。而且，財富顯然不是我們在尋求的善。因爲，它只是獲得某種其他事物的有用的手段。人們也許更願意把前面提到的三種對象[38]當作目的，因爲它們是因其自身而被我們所愛的；但是顯然它們也不是目的，儘管

「公開講演（ἐξωτέρικοι λόγοι）」，斯圖爾特（卷一第六十八、一六二頁）則認為ἐξωτέρικοι λόγοι未必是指對公衆的通俗講演，最好是把它理解為「在其他地方」這樣廣泛些的短語。斯圖爾特並說新近的研究者多放棄了亞里斯多德是指某類通俗講演的看法。不過成熟於晚些時的萊克漢姆譯本（第十六頁注）堅持了韋爾登的見解，並以為這一提法與亞里斯多德《論靈魂》（*De anima*）（407b29）中所說的「公衆討論 τοῖς ἐν κοινῷ γινομένοις 所指相同。韋爾登與萊克漢姆的看法恰好與拉爾修（D. Laertius）《名人傳》（*Lives of Eminent Philosophers*）（第一卷）中的判斷相合。拉爾修距亞里斯多德的年代較近，他的判斷很可能較為正確。所以我在此以「普通討論」譯解。

36　1177a12-1178a8，1178a22-1179a32。

37　牟利的生活，亞里斯多德指的不是家庭的經濟生活，而是以賺錢為目的的生活，例如《政治學》（*Politics*）中提到的交易（1257a6-19）、商販（1257a17，1258a39，b12-25）、雇工（1258b25-27）、放貸（1258b2-9, 25）的生活。在這些生活方式中，亞里斯多德認為這些生活方式是反自然、反本性的。例如高利貸者為放貸而節衣縮食、運動員為保持體重而節食。

38　即快樂、榮譽、德性。

也有許多支持[39]它們作爲目的的論點，不過我們可以先談到這裡。

六、柏拉圖的善概念

也許，我們最好先考察一下普遍善的概念，研究一下它的含義是什麼，儘管這種討論令人爲難，因爲它要談及我們自己的朋友[40]所提出的理論。不過我們最好還是這樣選擇。的確，爲了維護眞而犧牲個人的所愛，這似乎是我們，尤其是我們作爲愛智慧者[41]的責任。因爲，雖然友愛與眞兩者都是我們的所愛，愛智慧者的責任卻首先是追求眞。宣導這一理論的人們對於他們排列了先後次序的事物從不提出型[42]（所以他們不提出一個涵蓋所有數的型）

---

39 萊克漢姆此處作「反對」。此處依婁布希臘文本和羅斯英譯本。亞里斯多德此處的意思似乎是說，那些支持的論據也都不能勝過上面已提出的反駁。

40 指柏拉圖及其繼任者。希臘語中朋友（φίλος）的意思為「所愛者」，或者指愛者，或者指被愛者，是一個人對之傾注友愛感情的另一個人。所以亞里斯多德在下文中說到為了真而犧牲個人的所愛。

41 φιλόσοφους，即今天所說的哲學家。

42 ἰδέα。柏拉圖的關於事物的普遍本質的概念，由εἶδος變形而來。汪子嵩等的《希臘哲學史》（卷二）（人民出版社，一九九三年）（參見第六五七—六六〇頁）引證陳康先生，指出ἰδέα與εἶδος來源於動詞εἴδω（看，觀看），並取陳先生建議將此兩者譯為「相」。羅念生（參見同上）認為此兩詞所指為「型」，具體物之原的概念。[43]但是他們卻既用善來述說實體，也用善來述說性質和關係。而絕對或實體在本性上優先於關係，關係似乎是實體的派生物或偶性。[44]所以，不可能有一個型適合這兩種不同的善。其次，善像「是」一樣有許多種意義（它可以述說實體，如神或努斯；可以述說性質，如德性；可以述說數量，如適度；可以述說關係，如有用；可以述說時間，如良機；可以述說地點，如適宜的住所等等），所以它不可能是一個分離的普遍概念，否則它就不可能

貌。我以為在中文中「型」的譯法比「相」更好。因為它一則與視覺形象相聯繫，二則含有原貌之意。但鑒於 εἶδος 為亞里斯多德及其他一些哲學家通用，我在下文中將它譯為「型式」（區別於亞里斯多德的「形式」）。柏拉圖專門的概念 ἰδέα，我將譯為「型」。

43 亞里斯多德認為在有先後次序的事物中無法提出一個普遍的定義，這種定義只有對互不包含的事物的種提出。例如在《政治學》（1275a34）中他注意到在有先後次序的各種政體中無法提出一個普遍的政體的定義。參見斯圖爾特（卷I第七七—七九頁）。斯圖爾特認為，亞里斯多德所針對不是柏拉圖學派的「型式數字（εἰδητικοὶ ἀριθμοί）」，而是「科學數字（μαθηματικοὶ ἀριθμοί）」。科學數字中的每一個都把前面的數字包含於內，例如2＝1＋1，3＝2＋1，4＝3＋1或2＋1＋1，等等。柏拉圖學派在這樣的事物系列中不提出普遍的、分離的型式概念。然而，柏拉圖學派卻在同樣具有先後次序的善事物中提出了普遍的、分離的善的型式概念。亞里斯多德的第一項批評是針對柏拉圖學派的型式論的邏各斯上的這種矛盾而提出的。

44 συμβεβηκός，亞里斯多德有時也用 τύχης，偶性是亞里斯多德的一個重要的性質概念，相對於「自身」或「本性」。

述說所有範疇，而只能述說某一個範疇。第三，既然凡屬於同一個型的事物必定是同一門科學的對象，那麼本就應當有一門科學研究所有的善事物。但事實上，甚至對屬於同一範疇的善事物都有許多科學來研究。例如：時機在戰爭上由戰術學來研究，在疾病上由醫學來研究；適度在食物上由醫學來研究，在鍛鍊上由體育學來研究。此外，如果同一個關於人的定義既適用於「人自身」又適用於一個具體的人，「某物自身」是否眞有什麼含義就很可疑，因爲，就「人自身」和一個具體的人都是人而言，它們沒有什麼區別。若是這樣，「善自身」與具體的善事物，就它們都是善的而言，也就沒有什麼區別，「善自身」也並不因其永恆就更善，因爲長時間的白並不比一天的白更白。

[1096b]

畢達哥拉斯學派對善的說明似乎更眞切些。他們把數目一歸在善事物之中。[45] 斯珀西波斯[46]似乎在追隨他們。但是這個問題我們在別的地方[47]再談罷。

我們可以看出一種反對意見，即這種理論所說的不是所有的善事物；那些因其自身而爲

45　畢達哥拉斯派說一是善，而不是像柏拉圖學派那樣說善是一。參見萊克漢姆第二十頁注。

46　Speusippus，柏拉圖的侄子，繼柏拉圖之後主持雅典學園。

47　參照《形上學》（*Metaphysica*）986a22-26，1028b21-24，1072b30-1073a3，1091a29-b3，b13-1092a17。亞里斯多德在這些地方談到畢達哥拉斯派的觀點，並且把這些觀點放置在一種柏拉圖的觀點背景下作對比的考察。

我們所愛、所追求的善事物是因屬於一個單獨的型式[48]而被稱作善的；任何產生或保持著這些善或阻止著它們的對立物的善事物，都是因作爲它們的手段而被稱爲善的。這樣，善事物就可以有兩種：一些是自身即善的事物，另一些是作爲它們的手段而是善的事物。那麼，我們就把自身即是善的事物與那些有用的事物區分開，考察一下自身即善的事物被稱爲善，是否是因爲它們屬於一個單獨的型式。哪種事物是自身即善的呢？是那些無須其他事物之故自身就被追求的事物，如智慧、視覺以及某些快樂與榮譽嗎？因爲，儘管我們也因其他事物而追求它們，我們還是把它們算作自身即善的事物。或者，除了善的型[49]之外便再沒有事物自身即善嗎？若是這樣，這個型式[50]就是空洞的。而如果所提到的那些事物也屬於自身即善的事物，善的概念就必須顯現於所有同類事物中，就如白要顯現於白雪與白漆中一樣。然而榮譽、智慧與快樂的概念卻是不同的。所以，善不是產生於一個單獨的型。

但是不同事物是在何種意義上被稱爲善的呢？它們肯定與那些只碰巧地被稱爲善的事物不同。它們是由於出自或趨向於同一個善而被稱爲善呢？還是由於某種類比而被稱爲善，就

---

48 εἶδος。格蘭特（卷I第二〇五、四四三頁）與斯圖爾特（卷I第八十五頁）認為，亞里斯多德此處使用這個詞與柏拉圖的型式概念有區別，其意義是種（形式）。

49 ἰδέα。

50 εἶδος。

像如果視覺是身體的善，努斯[51]就是靈魂的善以及其他一些例子一樣？[52]不過我們暫時得把這個問題放在一邊。因爲對這個問題的縝密研究，屬於哲學的另一個分支。[53]對於善的型也只得這樣。就算有某種善是述說著所有善事物的，或者是一種分離的絕對的存在，它也顯然是人無法實行和獲得的善。而我們現在在研究的是人可以實行和獲得的善。然而有人可能認爲，對於善的型的知識，作爲可以幫助我們獲得那些可實行和獲得的善事物的手段，還是值得去獲得的。因爲，有了這樣一種型，我們就更清楚哪些事物對我們是善的；清楚了哪些

[1097a]

51 νοῦς。在《尼各馬可倫理學》（*Nicomahean Ethics*）中，νοῦς在具體的意義上，如本卷注1已說明的，是靈魂的διάνοια（理智）部分的獲得真或確定性的五種方式之中的最高的方式。在較廣泛的意義上，亞里斯多德有用它指整個διάνοια或它的把握與可變動的題材相關的真的部分。參見本書第六卷注14和注23。在這種意義上，νοῦς就是或接近於διάνοημα。所以有些譯者將νοῦς譯為理智。但是鑒於亞里斯多德賦予了νοῦς那種具體的意義，並且以διάνοια作為理智的活動方式的總概念（參見他在第六卷的討論），我認為對這兩個術語做不同的處理比較適宜。我將以「努斯」來音譯亞里斯多德的νοῦς概念，以理智來譯解διάνοια一詞。這兩者間的聯繫相信不致因這樣的處理而受到損害。

52 這後一種觀點是亞里斯多德主張的。善事物被視為善，不是因它們共屬於某種善的型式，而是因它們在類比的意義上是善，或相對於某種目的或某個其他的事物是善。類比是透過與某個其他事物的關係對一事物的述說。參見《範疇篇》（*Categoria*）第七章。

53 亞里斯多德在這裡所指的應當是形上學。

事物是善的，就更能夠獲得它們。這個論點雖然有幾分道理，但是卻不合乎科學的實際；因爲，儘管所有科學都在追求某種善並且盡力補足自身的不足之處，它們卻不去理會這種善的知識。若它眞有如此重要的幫助，所有的技匠就不會不知道它、不去追求它。很難看清善的型式將給一個織工、一個木匠什麼幫助；也很難看出，對善的型進行沉思如何能使一個人成爲一個更好的醫生或將軍；因爲，一個醫生甚至不抽象地研究健康，他研究的是人的健康，更恰當地說，是一個具體的人的健康，因爲他所醫治的是一個具體的人。但是這個話題就談到這裡。[54]

54 亞里斯多德本章對柏拉圖學派的善型式理論的批判有四個要點：（一）從範疇論來看，(1)如果善既述說在先的範疇（實體），又述說後面的範疇（性質與關係），它就不可能是一個分離的型式；(2)如果它可以述說這些不同範疇的事物，它就不是一個單獨的概念；(3)善不是某一門科學研究的對象，即使只述說某一個範疇的事物的善也可以是不同科學研究的對象。（二）從所指（意義）來看，以善的型式同時指善的概念和某一善事物是膚淺的。（三）從述說的對象來看，善的型式甚至不適用於述說那些自身即善的事物，因為它們是以不同方式而善的。（四）從我們研究的目的來看，善的型式也與倫理學無關，因為它是不可實行和不可獲得的。

七、屬人的善的概念

我們再回到所尋求的善，看看它究竟是什麼。它看來在每種活動與技藝中都不同。醫術的善不同於戰術的善，其他類推。那麼每種活動和技藝中的那個善是什麼？也許它就是人們在做其他每件事時所追求的那個東西。它在醫術中是健康，在戰術中是勝利，在建築術中是一所房屋，在其他技藝中是某種其他東西，在每種活動和選擇中就是那個目的，其他的一切都是爲著它而做的。所以，如果我們所有的活動都只有一個目的，這個目的就是那個可實行的善，如果有幾個這樣的目的，這些目的就是可實行的善。這樣，我們就從一條不同的理路達到了與前面[55]同樣的結論。但是我們還要進一步說清楚。如果目的不只一個，且有一些我們是因它物之故而選擇的，如財富、長笛，總而言之工具，那麼顯然並不是所有目的都是完善的。[56]但是最高善顯然是某種完善的東西。所以，如果只有一種目的是完善的，這就是

---

55 本卷第二章第一段。從論據上考察，亞里斯多德在那裡從活動的那些「因其自身而被欲求的目的」解說善；而在此處，他是從人的「可實行的、可獲得的」目的解說善，從論據上有所前進。「從一條不同的」，亞里斯多德此處使用的是μεταβαίνον，意思是通過、繼續。羅斯解讀為通過一條不同的路，大概是基於上述的論據上的考量。斯圖爾特（卷I第九十一頁）則認為這裡沒有足夠理由把它理解為通過一條不同的路，毋寧說當理解為一步一步地達到結論。這兩種理解可能各有其理由，因為亞里斯多德在這裡表達得並不很明確。

56 τέλειος。在希臘語中，完善的一詞的詞根即是目的（τέλος），目的是活動的終點或已完成的東西，完善的

我們所尋求的東西；如果有幾個完善的目的，其中最完善的那個就是我們所尋求的東西。我們說，那些因自身而值得欲求的東西比那些因它物而值得欲求的東西更完善；那些從不因它物而值得欲求的東西，比那些既因自身又因它物而值得欲求的東西更完善。所以，我們把那些始終因其自身而從不因它物而值得欲求的東西稱爲最完善的。與所有其他事物相比，幸福似乎最會被視爲這樣一種事物，因爲，我們永遠只是因它自身而從不因它物而選擇它。而榮譽、快樂、努斯和每種德性，我們固然因它們自身故而選擇它們（因爲即使它們不帶有進一步的好處，我們也會選擇它們），但是我們也爲幸福之故而選擇它們。然而，卻沒有一個人是爲著這些事物或其他別的什麼而追求幸福。從自足[57]的方面考察也會得出同樣的結論。人們認爲，完滿的善應當是自足的。我們所說的自足不是指一個孤獨的人過孤獨的生活，而是指他有父母、兒女、妻子，以及廣言之有朋友和同鄉，因爲人在本性上是社會性的。[58]但是這裡又必須有一個限制。因爲，如果這些關係要擴展到一個人的祖先和後代，以及朋友的

[1097b]

也就是目的（終點）或已完成的東西的性質。

57 αὐτάρκεια，自足，自身完備：αὐτ-，自身；ἀρκεια 來源於動詞 ἀρκέω，意思是保持、幫助充足地供給。所以 αὐτάρκεια 由在希臘語中是指能夠自身（從神佑或自然界）獲得或產生的一切資源的豐足而無所匱乏、無所依賴的狀態。這個概念在希臘語常常與幸福的概念聯繫在一起。

58 φύσει πολιτικὸν ὁ ἄνθρωπος：或者，人在本性上是政治的。亞里斯多德在《政治學》（1253a2）中加上了ζῷον，意為生命物、動物。

朋友，那就沒有完結了。不過，這個問題還是留到後面[59]討論。我們所說的自足是指一事物自身便使得生活值得欲求且無所缺乏，我們認爲幸福就是這樣的事物。不僅如此，我們還認爲幸福是所有善事物中最值得欲求的、不可與其他善事物並列的東西。因爲，如果它是與其他善事物並列的，那麼顯然再增添一點點善，它也會變得更值得欲求。因爲，添加的善會使它更善，而善事物中更善的總是更值得欲求。所以幸福是完善的和自足的，是所有活動的目的。

不過，說最高善就是幸福似乎是老生常談，我們還需要更清楚地說出它是什麼。如果我們先弄清楚人的活動，這一點就會明瞭。對一個吹笛手、一個木匠或任何一個匠師，總而言之，對任何一個有某種活動或實踐的人來說，他們的善或出色就在於那種活動的完善。同樣，如果人有一種活動，他的善也就在於這種活動的完善。那麼，我們能否認爲，木匠、鞋匠有某種活動或實踐，人卻沒有，並且生來就沒有一種活動？或者，我們是否更應當認爲，正如眼、手、足和身體的各個部分都有一種活動一樣，人也同樣有一種不同於這些特殊活動的活動？那麼這種活動究竟是什麼？生命活動也爲植物所有，而我們所探究的是人的特殊活動，所以我們必須把生命的營養和生長活動放在一邊。下一個是感覺的生命的活動。

[1098a]

59 本卷第十、十一章；第九卷第十章。

但是這似乎也爲馬、牛和一般動物所有。剩下的是那個有邏各斯的部分的實踐的[60]生命。（這個部分有邏各斯有兩重意義：一是在它服從邏各斯的意義上有，另一則是在擁有並運用努斯[61]的意義上有。[62]）實踐的生命又有兩種意義，但我們把它理解爲實現活動意義上的生命，這似乎是這個詞的較爲恰當的意義。如果人的活動是靈魂的遵循或包含著邏各斯的實現活動；如果某個什麼人的活動與某個好的什麼人的活動在根源上同類（例如一個豎琴手和一個好豎琴手，所有其他例子類推），且後者的德性上的優越總是被加在他那種活動前面的（一個豎琴手的活動是演奏豎琴，一個好豎琴手的功能是出色地演奏豎琴）；如果是這樣，並且我們說人的活動是靈魂的一種合乎邏各斯的實現活動與實踐，且一個好人的活動就是良好地、高尚〔高貴〕地完善這種活動；如果一種活動在以合乎它特有的德性的方式完成時，就是完成得良好的；那麼，人的善就是靈魂的合德性的實現活動，如果有不只一

---

60 實踐的在亞里斯多德用語中始終是有選擇目的的行為，至於這目的是倫理的還是也包括技藝的，有不同的解說。依格蘭特（卷一第四四九頁）的意見，亞里斯多德所說的實踐專門是指倫理的或道德的行為的。這種行為的目的在於行為之中，或者是自身即是善的事物。斯圖爾特（卷一第九十九頁）根據人的更高的沉思活動不是倫理的或道德的這一亞里斯多德論據，認為亞里斯多德的實踐是指包含倫理的以及更高的思辨的有選擇目的的運用的活動。

61 ἔχον καὶ διανοούμενον 具有和運用努斯。

62 括弧內的短語，格蘭特（卷一第四四九頁）認為是後人所加。

種的德性，就是合乎那種最好、最完善的德性的實現活動。不過，還要加上「在一生中」。一隻燕子或一個好天氣造不成春天，一天或短時間的善也不能使一個人享得福祉。[63]以上是對於善的一個概略的說明。恰當的方式是先勾畫一個略圖，然後再添加細節。似乎每個人都能在這幅略圖上面添加些什麼，並說出他所勾畫的東西。而時間在這裡也是一個好的發現者和參與者，技藝的進步就是在時間中實現的。因爲任何人都能夠塡充其中的空缺。同時，我們又必須記住前面[64]所說過的話：我們不能要求所有的研究同樣確定，而只能在每種研究中要求那種題材所容許的、適合於那種研究的確定性。木匠與幾何學家都研究直角，但是方式不同；木匠只要那個直角適合他的工作就可以了，幾何學家關照的則是眞，他要弄清直角的本性與特性。我們在其他題材上也應當這樣做，這樣才不會抓住了次要的東西而忽略了主要的東西。同時，也不需要在所有問題上要求同樣的起點。有時它是已變得明白無誤——就如始因那樣的事實。事實就是最初的東西，它就是一個起點。不同的起點是以不同的方式獲得的，有的是透過歸納，有的是透過感覺，還有的是透過習慣等等而獲得的。對每種起點，我們必須以它的本性的方式理解，必須正確地定義它們，因爲它們對於爾後的研究至關重

[1098b]

63 μακάριος，神佑的或至高的福分，在詞源上由形容詞μάκαρ衍生：μάκαρ在荷馬與赫西阿德筆下用於說那些神以及死後被接納到福人島享得福祉的人們。

64 本卷第三章。

要。起點是研究的一半，它使所要研究的許多問題得以澄清。

八、屬人的善概念的辯護

我們不能僅僅把這個起點[65]當作某些前提和從中引出的邏各斯，而且應當借助這個問題上的那些普遍意見來研究它。因爲，如果一個前提是眞實的，所有的材料就都與它吻合；如果它是虛假的，所有事實就與它衝突。善的事物已被分爲三類：一些被稱爲外在的善，另外的被稱爲靈魂的善和身體的善。[66]在這三類善事物中，我們說，靈魂的善是最恰當意義上

65 即前面關於人的善或幸福的定義。

66 這種區分，斯圖爾特（卷I第一一九頁）說，可能在柏拉圖和亞里斯多德之前很久就有了，例如柏拉圖在《菲力布斯篇》（*Philebus*）（48）、《歐敘弗倫篇》（*Euthyphron*）（279）和《法律篇》（*The Laws*）（743）中，就將善事物分為外在的、身體的、靈魂的三類；但是只是在呂克昂學園裡，三類善才與對幸福的討論緊密聯繫起來。他還認為，在亞里斯多德和他的學生們中間，大概有像下面這樣的這三類善的某種對比表：

身體的善	靈魂的善	外在善
健康（ὑγίεια）	節制（σωφροσύνη）	財富（πλοῦτος）

的、最眞實的善，而靈魂的活動[67]也應當歸屬於靈魂。所以我們的定義是合理的，至少按照這種古老的、被哲學家們廣泛接受的觀點是這樣。其次，我們的定義把目的等同於某種活動也是正確的，因爲這樣，目的就屬於靈魂的某種善，而不屬於外在的善。第三，那種幸福的人既生活得好也做得好[68]的看法，也合於我們的定義，因爲我們實際上是把幸福確定爲生活得好和做得好。此外，人們所尋找的幸福的各種特性也都包含在我們的定義中了。有些人認

身體的善	靈魂的善	外在善
強壯（ἰσχύς）	勇敢（ἀνδρεία）	高貴出身（ἀρχή）
健美（κάλλος）	公正（δικαιοσύνη）	友愛（φιλία）
敏銳（εὐαίσθησια）	明智（φρόνησις）	好運（εὐτυχία）

亞里斯多德談到三類善的其他地方有《修辭學》（*Rhetorica*）（1360b25）、《政治學》（1323a22）、《歐台謨倫理學》（*Ethica Eudemia*）（1218b32）、《大倫理學》（*Magna Moralia*）（1184 b2）。

67 τὰς ψυχικὰς περὶ ψυχὴν，ψυχικὰς是形容詞ψυχικός的複數賓語形式，意義為精神的、活的。亞里斯多德以此指靈魂有生命力的活動。韋爾登（第十八頁）說，τὰς ψυχικὰς περὶ ψυχὴν在英語中沒有適合的對應語。我在此姑且以「靈魂的積極活動」譯之。

68 參見本卷第四章。

爲幸福是德性，另一些人認爲是明智，另一些人認爲是某種智慧，還有一些人認爲是所有這些或其中的某一種再加上快樂，或是必然地伴隨著快樂。另外一些人則把外在的運氣也加進來。這些意見之中，有的是許多人和過去的人們[69]的意見，有的是少數賢達的意見，每一種意見都不大可能全錯，它們大概至少部分或甚至在主要方面是對的。我們的定義與那些主張幸福在於德性或某種德性的意見是相符的。因爲，合乎德性的活動就包含著德性。但是，認爲最高善在於具有德性還是認爲在於實現活動，認爲善在於擁有它的狀態還是認爲在於行動，這兩者是很不同的，因爲，一種東西你可能擁有而不產生任何結果，就如一個人睡著了或因爲其他某種原因而不去運用他的能力時一樣。但是實現活動不可能是不行動的，它必定是要去做，並且要做得好。在奧林匹克運動會上桂冠不是給予最漂亮、最強壯的人，而是給予那些參加競技的人（因爲勝利者是在這些人之中）。同樣，在生命中獲得高尚〔高貴〕與善的是那些做得好的人，而且，他們的生命自身就令人愉悅。因爲，快樂是靈魂的習慣。[70]當一個人喜歡某事物時，那事物就會給予他快樂。例如，一匹馬給愛馬的人快樂，一齣戲劇給予愛劇的人快樂；同樣，公正的行爲給予愛公正的人快樂，合乎德性的行爲給予愛德性

[1099a]

69 羅斯此處作「老年人」。萊克漢姆、韋爾登均作古老的、過去的。從亞里斯多德使用的 παλαιοί 來看，很可能是指過去的人們。

70 亞里斯多德此處使用的是 ἥδεσθαι，指在過去的經驗中自然形成的東西。

的人快樂。許多人的快樂相互衝突，因為那些快樂不是本性上令人愉悅的。[71]而愛高尚〔高貴〕的人以本性上令人愉悅的事物為快樂。合乎德性的活動就是這樣的事物。這樣的活動既令愛高尚〔高貴〕的人們愉悅，又自身就令人愉悅。所以，他們的生命中不需要另外附加快樂，而是自身就包含快樂。因為，除了我們所說過的，不以高尚〔高貴〕的行為為快樂的人也就不是好人。一個人若不喜歡公正地做事情，就沒有人稱他是公正的人；一個人若不喜歡慷慨的事情，就沒有人稱他慷慨，其他德性亦可類推。若是這樣，合乎德性的活動必定自身就令人愉悅，但它們也是善的和高尚〔高貴〕的，而且是最善和最高尚〔高貴〕的。因為，好人對於這些活動判斷得最好，而他們的判斷就是這樣的判斷。所以幸福是萬物中最好、最高尚〔高貴〕和最令人愉悅的，這些特性不是像提洛島上的銘文

公正最高貴

71 這種衝突產生的原因，按照亞里斯多德的看法，在於一般人或不能自制者，儘管也企望對於他是善的東西，愛的只是那些由於某種偶性才令他愉悅的事物（1166b10-11）。那些愉悅和快樂並不是本性上令人愉悅和快樂的。所以，他一會愛這樣東西，一會愛那樣東西，因而總是今天為昨天的沉溺和放縱而後悔。而且，他常常同時愛那些本性上不相容的事物，或者以這一部分本性愛一樣東西，以另一部分本性愛另一樣東西。所以，在他的各種欲望中，或者，在他的欲望與他的追求、他的善的願望之中，始終存在衝突。參見萊克漢姆第四十頁注。

健康最良好
實現心之所欲最令人愉悦

所說的那樣彼此分離。因爲最好的活動同時擁有它們。而我們所說的幸福也就是那些或那一種最好的活動。不過，如所說過的，[72]幸福也顯然需要外在的善，因爲，沒有那些外在的手段就不可能或很難做高尚〔高貴〕的事。[73]許多高尚〔高貴〕的活動都需要有朋友、財富或權力這些手段。還有些東西，如高貴出身、可愛的子女和健美，缺少了這些，福祉就會暗淡無光。一個身材醜陋或出身卑賤、沒有子女的孤獨的人，不是我們所說的幸福的人；一個有壞子女或壞朋友，或者雖然有過好子女和好朋友卻失去了他們的人，更不是我們所說的幸福的人。所以如所說過的，幸福還需要外在的運氣[74]爲其補充，這就是人們把它等同於好運

[1099b]

72 1098b26-29。

73 高尚〔高貴〕的事，亞里斯多德在這裡是指富有公民出資舉辦的公益活動。在雅典，富有的公民有義務資助公益活動，例如為合唱團或戲劇演出提供服裝、道具和演出經費等。亞里斯多德這裡所說的做高尚〔高貴〕的事的外在手段，主要指這些物質的資料的提供。參見萊克漢姆第四十二頁注。

74 τύχη，τύχας，運氣或命運。在亞里斯多德的倫理學中，τύχη 是從個人的實踐與活動的方面來考察的。τύχη 對於一個人的實踐是外在的而不是本己的東西。好運（εὐτυχη，εὐτύχας）對一個人的實踐產生促進的作用，厄運（ἀτυχή，ἀτυχάς）對之產生阻滯的作用，但是它們對於實踐與活動的目的與選擇而言並不是根

（不過另一些人把它等同於德性[75]）的原因。

九、幸福的獲得

從這裡產生了一個問題，幸福是透過學習、某種習慣或訓練而獲得的，還是神或運氣的恩賜？如果有某種神賜的禮物，那麼就有理由說幸福是神賜的，尤其是因爲它是人所擁有的最好的事物。不過這個問題也許更適合由另一項研究[76]來討論。不過，即使幸福不是來自神，而是透過德性或某種學習或訓練而獲得的，它也仍然是最爲神聖的事物。因爲德性的報償或結局必定是最好的，必定是某種神聖的福祉。從這點來看，幸福也是人們廣泛享有

本的事物，儘管重大的厄運可能嚴重地阻滯實踐和活動。然而，對於幸福或完善的實踐來說，運氣作為條件又是需要的。參見下面兩章的討論。

75 對於括弧裡的話，萊克漢姆及其他一些注釋家，如吉法紐司（O. Giphanius）、萊姆索爾（G. Ramsauer）、蘇斯密爾（F. Susemihl），認為是後人所添加，不過斯圖爾特（卷Ⅰ第一三〇頁）持相反看法。他認為，既然亞里斯多德在本章的主旨是闡述與幸福在於德性的觀點相符合的幸福概念，在說明那些把幸福歸諸於外在的運氣的人們的觀點時提到幸福在於德性的觀點是很自然的。斯圖爾特的理解可能更為合理一些。

76 萊克漢姆認為，亞里斯多德此處所指也許是神學。從字面看，這既可能是指另一項研究，也可能是指另一個研究領域，意義不甚明確。

的。因爲，所有未喪失接近德性的能力的人，都能夠透過某種學習或努力獲得它。而如果幸福透過努力比透過運氣獲得更好，我們就有理由認爲這就是獲得它的方式。因爲在自然中，事物總是被安排得最好。在藝術以及所有因果聯繫，尤其是在最好的因果聯繫中，也都是如此。如果所有事物中最大、最高貴的事物竟聽命於運氣，那就與事物的秩序相反了。

我們對幸福的定義也有助於回答這個問題，因爲我們已經把幸福規定爲靈魂的一種特別的活動，[77]並且把其他的善事物規定爲幸福的必要條件或有用手段。這個結論[78]還與我們在一開始[79]說過的話相符合。我們在那裡說，政治學的目的是最高善，它致力於使公民成爲有德性的人、能做出高尚〔高貴〕行爲的人。所以，我們有理由說一頭牛、一匹馬或一個其他的動物不幸福，因爲牠們不能參與高尚〔高貴〕的活動。由於這一理由，小孩也不能說是幸福的，因爲他們由於年紀的原因還不能做出高尚〔高貴〕的行爲。當人們說他們幸福時，那是在說希望他們將來會幸福。幸福，如所說過的，[80]需要完全的善和一生的時間，因爲，人一生中變化很多且機緣不卜，並且最幸運的人都有可能晚年遭受劫難，就像史詩中普利阿摩

[1100a]

77　1098a16。
78　即幸福決定於我們自己，而不是決定於命運。
79　1094a27。
80　1098a18-20。

斯[81]的故事那樣。然而沒有人會說遭受那種劫難而痛苦地死去的人是幸福的。

十、在世幸福

這是不是說，只要一個人活著他就不幸福呢？我們是否要同意梭倫所說的要「看到最後」？[82]而如果我們眞要確立這樣一種理論，一個人不是要在死後才眞正幸福嗎？這眞是一

---

81 Πριάμος，**Priamus**，特洛伊城的最後一個國王，據說有五十多個兒子和許多女兒，曾被希臘人看作是最幸運的人。但在特洛伊戰爭中，他的許多兒子戰死，他自己也在城破後被阿喀琉斯（Achilles）的兒子所殺。

82 對梭倫的意見的記述見於希羅多德（Herodotus）的《歷史》（*Historiae*）第一卷三十—三十三。梭倫訪問呂底亞國王克洛伊索斯（Croesus），克洛伊索斯向他展示他的貴重華美的珍寶，但是梭倫不認為克洛伊索斯因此就是最幸福的人。他對克洛伊索斯說：

> 人間的萬事眞是無法逆料啊！說到你本人，我認爲你極爲富有並且是統治著許多人的國王，然而對於你的問題，只有在我聽到你幸福地結束了你的一生時，才能給你回答。擁有最多的東西，把它們保持到臨終的那一天並安樂地死去的人，國王啊！我看才能給他加上幸福的頭銜。

對於梭倫的意見，亞里斯多德的不同意處主要在於，幸福本性上在於活動的方式而不是在於命運；我們應當根據一個人的活動的性質，而不是根據命運，作出關於他是否幸福的判斷；當由於當事人的合乎德性的活動的品質而有充分把握作出判斷時，就不應當只在人去世之後才作出。

個荒唐的觀念，對於主張幸福是一種活動的我們就更荒謬。而如果我們不是說一個死去的人才幸福，如果梭倫的話也不是這個意思，而是說只有當一個人死去時他才最終不再會遭受惡與不幸，因而才能可靠地說是至福的人，這同樣會引起爭論。因爲人們認爲，某些惡與善會在人死後降臨在他頭上，就如它們在活著的人不知覺時落到他們身上一樣，例如子女或後人的榮譽與恥辱、好運與不幸。但是這種說法也有一個困難。假如一個人一生直至晚年都享得福祉且幸福地離世，也可能有許多變故降臨在他的後人身上，一些人可能是好人並且得到應得的好運，另一些人則可能相反，這些後人與這位祖先的關係可能是有遠有近的。如果這位死者的幸福也要隨著他家人的運氣而變化，有時幸福，有時不幸，那是很荒謬的。另一方面，如果說祖先完全不受後人的運氣所影響，甚至在很短的一個時期中也不受這種影響，那也是荒謬的。我們先回過來談第一個困難。[83]因爲它對我們正在考慮的問題也許有啓發。如果我們應當看到最後，應當到一個人死後再說他以前而不是現在是享得了福祉的，這顯然十分荒謬。因爲，我們竟由於顧慮運氣的可能變故而不願意說一個活著的人幸福，由於認爲幸福是永恆的、不受可能的變故影響的，由於認爲活著的人還可能經歷某種變故，而不能在他還幸福的時候說出這一眞實的事實。顯然，如果遵循這種運氣的觀念，我們就要此時說

[1100b]

83　即本章開首提出的問題。亞里斯多德在這裡共提出三個問題：是否要到一個人死後才能說他幸福？人是否死後才不受惡與不幸的影響？人的幸福與否究竟是否受後人的命運的影響？這裡他先從第一個問題開始討論。

一個人幸福，彼時說一個人不幸，就要把幸福的人說成是「一個福禍不定的存在」。所以，遵循這種觀點看來是錯誤的，因爲，幸福和不幸並不依賴於運氣，儘管我們說過[84]生活也需要運氣。造成幸福的是合德性的活動，相反的活動則造成相反的結果。這裡討論的這個問題也進一步肯定了我們的幸福定義，因爲，合德性的活動具有最持久的性質，它們甚至比科學更持久。在這些活動中，最高級的活動就更加持久，因爲那些最幸福的人，把他們的生命的最大部分最持續地用在這些活動上。這大概就是這些活動不易被人忘記的原因。[85]所以，幸福的人擁有我們所要求的穩定性，並且在一生中幸福，因爲，他總是或至少經常在做著和思考著合乎德性的事情；他也將最高尚〔高貴〕地、以最適當的方式接受運氣的變故，因爲他是「眞正善的」、「無可指責的」。[86]但是運氣的變故是多種多樣且程度上十分不同的。微小的好運或不幸當然不足以改變生活，但是重大的有利事件會使生命更加幸福（因爲它們本身不僅使生活錦上添花，而且一個人對待它們的方式也可以是高尚〔高貴〕的和善的）。[87]

84 1099a31-b7。

85 亞里斯多德在這裡的看法似乎是：基於知識的科學活動容易被人忘記，基於品質的合乎德性的活動則不容易被忘記，因為德性的品質一旦獲得，比科學的知識更穩定。參見韋爾登第二十五頁注。

86 出自柏拉圖的《普羅塔格拉斯篇》（*Protagoras*）（339）所引西蒙尼德斯（Simonides）的詩句。

87 對於好運，亞里斯多德也像對待其他因其自身之故而被我們選擇的外在善一樣，從它們自身的善和對於我們的善或有用性（相對的善）這兩個方面來解說。一方面，它們自身即是善的；另一方面，它們對於我們是適而重大而頻繁的厄運則可能由於所帶來的痛苦和對於活動造成的障礙而毀滅幸福。不過，就是在厄運中高尚（高貴）也閃爍著光輝。例如，當一個人不是由於感覺遲鈍，而是由於靈魂的寬宏和大度而平靜地承受重大的厄運時就是這樣。如果一個人的生命如所說過的——決定於他的活動，一個享得福祉的人就永遠不會痛苦，因爲，他永遠不會去做他憎恨的、卑賤的事。我們說，一個眞正的好人和有智慧的人將以恰當的方式，以在他的境遇中最高尚（高貴）的方式對待運氣上的各種變故。就像一個將軍以最好的方式調動他手中的軍隊；一個鞋匠以最好的方式運用他手中的皮革，以及其他匠師那樣。若是這樣，幸福的人就永遠不會痛苦，儘管假如他遭遇了普利阿摩斯那樣的不幸，他就不能說享得了福祉。幸福的人不會因爲運氣的變故而改變自己，他不會輕易地離開幸福，也不會因一般的不幸就痛苦，只有重大而頻繁的災禍才使他痛苦；他也不易很快從這種災禍中恢復過來並重新變得幸福，除非經過一段長時間，並且在其間取得了重大的成功。那麼，我們是否可以說，一個不是只在短時間中，而是在一生中都合乎完滿的德性地活動著，並且充分地享有外在善的人，就是幸福的人？或者是否要加上，他還一定要這樣地生活下去，直至這樣地死去？因爲我們主張幸福是一個目的或某種完善的東西，而一個人的將來卻是不可預見的。若是這樣，我們就可以在活著的人們中間，把那些享有並將繼續享有我們所說的那些善事物的人稱爲至福的人，儘管所

[1101a]

合的，因而對我們是一種善，或者我們對它們的利用是一種善。參見 1099a31-b1。

說的是屬人的至福。關於這個問題就說到這裡。

十一、後人的命運對幸福的影響

如果說一位已故者的後人或朋友的運氣對於他的幸福完全沒有影響，又未免太過絕情，並且也與人們所持的觀點相悖。但是生命中的變故是大量的，不僅性質不同，程度上也有差異。逐一地詳加討論將使討論曠日持久、永無終結，對此作一概括的討論就已足夠。既然我們自己的意外事件有的會對生命造成重大影響，有的則不甚重要，朋友的各種意外也是如此；而且，變故是發生在一個人在世時還是發生在他死後，也是很不同的。這種區別遠遠大於被認爲是眞實地發生的罪行和只在舞臺上表演的罪行間的區別，我們應當考慮到這些區別。也許，還應當把對已故者眞能分享善與惡的懷疑也考慮進來。這些考慮似乎顯示，即使善與惡的確影響到已故者，這種影響不論就其本身還是就對於他們的作用而言，都只是微乎其微的；或者如果不是無關緊要的，這種影響的程度與性質也不足以使一個不幸者變得幸福，或使一個享得福祉的人失去幸福。[88]所以，已故者似乎在一定程度上受朋友的好運或不

---

88 在本章中，亞里斯多德對第三個問題，即人的幸福與否是否受後人的命運的影響，作對辯的推理。他的目的是確定討論這個問題的前提（προτάσις）。對辯推理的前提，亞里斯多德在《論題篇》（*Topica*）（100a30）中說，有兩個性質：首先，它不能與人們宗教的、道德的感情相抵觸，所以，懷疑已故者是否全

幸的影響。但是這種影響達不到使幸福者不幸或使不幸者幸福的程度。

十二、稱讚與幸福

在回答了這些問題後，我們來考慮，幸福是我們所稱讚的東西，還是我們所崇敬的東西，因爲它顯然不屬於作爲能力而存在的[89]事物。我們稱讚一事物，似乎是因爲它具有某種性質並與某個其他事物有某種關係。我們稱讚一個公正的人、勇敢的人，總之一個有德性的人，以及稱讚德性本身，是因那種行爲及其結果之故。我們稱讚一個強壯的人、一個善跑者，是因他具有某些自然的性質，且與某種善的、出色的事物相聯繫。從對眾神的稱讚可以看出這一點。按照人的標準稱讚神，的確是荒謬的，但是我們正是這樣稱讚他們的，因爲如所說過的，稱讚總要以另一個東西爲參照。[90]而如果稱讚的本性就是這樣，適合於最好的

無感受後人的幸福與不幸的能力是絕情的，是不適合對辯推理的；其次，它不可以與流行的意見相衝突，除非有事實根據，所以，不可以以已故者可能是沒有感受能力的這種意見為前提。但是，這種懷疑的意見如果存在，它也應當被考慮進來。亞里斯多德因而得出下文中的結論：斯圖爾特（卷I第一四九頁）說，亞里斯多德在這裡儘管不願意否定「已故者能夠分享善與惡」這個流行的意見，他卻毫不遲疑地弱化了它的意義。

89 τῶν γε δυνάμεων，或作為潛能而存在的。

90 就是說，稱讚一個事物總要以某種出色的東西（好的結果或傑出的事物）作比照。既然在稱讚神時找不到可

事物的就不是稱讚，而是更偉大、更善的東西。這其實是很明顯的事，比如我們說到神和像神那樣的人時，是說他們是至福的或幸福的。適合於善的事物也同樣不是稱讚。沒有人會像稱讚公正的行爲那樣稱讚幸福。我們說幸福是至福，是把它看作更善、更神聖的東西。歐多克索斯說明快樂屬於最高善的那個理由也是對的。他認爲，快樂儘管是一種善卻得不到稱讚，這件事顯示快樂像神和善一樣，是比那些受到稱讚的事物更好的東西，那些事物就是因它們才被認爲是善的。稱讚是對於德性的，人由於德性而傾向於做高尚（高貴）的事；而歌頌[91]則是對完成了的行爲的，無論是身體的行爲還是靈魂的行爲。對這個問題的進一步的探討，應當是頌詞研究者們的事情，但我們顯然可以從上面所說的得出結論，幸福是受崇敬的、完善的事物。從幸福是一個起點這個事實也可以看出這一點，因爲我們做所有其他事情都是爲了幸福，而屬於起點的和善事物的原因的東西，我們認爲，也就是値得崇敬的和神聖的東西。

比照的東西，人們便只能以自身作為比照。

91 ἐγκώμια，或作讚頌，按照亞里斯多德的看法，是展示性演說的主要的形式。亞里斯多德區分三種主要的修辭演說，除展示性演說外，其他兩種分別是議事演說和法庭演說。展示性演說，亞里斯多德認為，主要是對於行為的結果或者已經完成了的行為（ἔργα）的。稱讚與歌頌雖然都是展示性演說的形式，但它們有所區別。稱讚適用於行為、選擇或實踐（πρᾶξις）。歌頌則只適用於完成的行為或成果。所以歌頌是對於更完全的善的。參見《修辭學》第一卷第三章，第九章。

[1102a]

十三、德性引論

既然幸福是靈魂的一種合於完滿德性的實現活動，我們就必須考察德性的本性，這樣我們就能更清楚地了解幸福的本性。眞正的政治家（例如克里特和斯巴達的立法者，以及其他的類似立法者）都要專門地研究德性，因爲他的目的是使公民有德性和服從法律。如果對德性的研究屬於政治學，它顯然就符合我們最初的目的，但我們要研究的顯然是人的德性，因爲，我們所尋求的是人的善和人的幸福：人的善，我們指的是靈魂的而不是身體的善；人的幸福，我們指的是靈魂的一種活動。但若是這樣，政治家就需要對靈魂的本性有所了解，就像打算治療眼睛的人需要了解整個身體[92]一樣。而且政治家對靈魂本性更需要了解，因爲政治學比醫學更好、更受崇敬聰明的醫生總是下功夫研究人的身體，政治家也必須下功夫研究靈魂。不過，他應當著眼於他的特殊對象，並且研究到適合他目的的程度。追求過分的確定性將要求繁冗的工作，這會超出我們的目的。在普通討論[93]中，對於靈魂的本性這個話題已

92　萊克漢姆此處譯作，「打算治療眼睛或身體其他部分的人必須了解它們的（即眼睛的）肌體組織」。他認為亞里斯多德此處似乎在反駁「打算治療眼睛的人也必須了解整個身體」，後者是對柏拉圖《查米得斯篇》（*Charmides*）中觀點的概括。不過從文意來看，這兩種表達沒有原則的不同。

93　ἐξωτερικοὶ λόγοι 原意為外面或外層的討論，接近於第五章提到的 τὰ ἐγκύκλια φιλοσοφήματα（普通討論）。關於對這兩個短語所指的不同理解見本卷注33。以斯圖爾特（卷II第一六二頁）的看法，這兩

經談得很充分。這些內容，如靈魂有一個無邏各斯的部分和一個有邏各斯的部分的說法，我們可以在這裡採用。（至於這兩個部分是像身體或其他可分的事物的部分那樣地分離的，還是只在定義上相區別，而在本性上就如曲線的凹面和凸面那樣不可分，對我們目前的問題並不重要。）在無邏各斯的部分，又有一個子部分是普遍享有的、植物性的；我指的是造成營養和生長的那個部分，我們必須假定靈魂的這種力量存在於從胚胎到發育充分的事物的所有生命物中。這比假定後者中存在一種不同的能力更合理些。這種能力的德性是所有生物共有的，而不爲人所獨有；因爲，這部分活動在睡眠時最爲活躍，而好人與壞人的區別則在睡眠時最小。（所以人們說，在生命的一半時間裡，快樂的人與痛苦的人沒有區別。）這是很自然的，因爲睡眠是靈魂在可以辨別善與惡那個方面的不活動狀態。在睡眠中，只有極小程度的身體活動影響到靈魂，並使好人的夢不同於常人的夢。這一點就說到這裡。我們可以放下這個營養的部分，因爲它不屬於人的德性。靈魂的無邏各斯的部分還有另一個因素，它雖然是無邏各斯的，卻在某種意義上分有邏各斯；因爲我們既在自制者中，也在不能自制者 [1102b]

個提法的意義是接近的，但未必有文獻或具體課程活動上的指意。萊克漢姆（第六十二頁注b）則認為 ἐξωτερικοὶ λόγοι 所指的不完全與 τὰ ἐγκυκλία φιλοσοφήματα 相同，後者指某種通俗性的哲學討論活動，前者一般指亞里斯多德學派的那些熟知的理論與論點，不過在此處可能特別是指雅典學院中的那些信條。

中稱讚他們靈魂有邏各斯的部分，這個部分促使他們做正確的事和追求最好的東西。但是在他們的靈魂中，還有一個和這個部分並列的、反抗著邏各斯的部分，就像痲痺的肢體，當我們要它向右時，它偏偏向左。靈魂中的情形也是這樣，不能自制者的衝動總是走向相反的方向。在身體中我們看得到這個部分在反向地行動，在靈魂中則看不到，但是在靈魂中顯然有一個不同於邏各斯部分的部分在抵抗、反對著邏各斯的部分（至於這兩者是在何種意義上不同對我們並不重要）。然而這第二個部分，如所說過的，[94]又似乎分有邏各斯，至少在自制者身上它聽從邏各斯；在節制者或勇敢者身上，它更是聽從邏各斯，因爲他們的本性是完全合於邏各斯的。這樣說，這個無邏各斯的部分就是雙重性的，因爲，那個植物性的部分不分有邏各斯，另一個部分——即欲望的部分，則在某種意義上——即在聽從（實際上是在考慮父親和朋友的意見的意義上，而不是在服從數學定理的意義上聽從[95]）邏各斯的意義上，分有邏各斯。這個無邏各斯的部分在一定程度上可以受到邏各斯的部分的影響，這一點表現在我們的勸誡、指責、制止的實踐中。另一方面，如果欲望的部分更適於說是有邏各斯的，那

[1103a]

94　1102b14。

95　羅斯（第二十七頁注）說，在英語中不可能準確地說出 λόγον ἔχειν（有邏各斯），只能譯成 have a rational principle（有理性），或 take account of（考慮）、account for（提出，說出）；亞里斯多德的本意是說，那個無邏各斯的部分（欲望）只在它能服從理性向它提出的一個邏各斯的意義上分有邏各斯，而不是說它能夠提出一個邏各斯，就像許多人能夠考慮父親的勸告而不能說出一個數學定理一樣。

麼靈魂的邏各斯的部分就是分爲兩個部分的：一個部分是在嚴格意義上具有邏各斯，另一個部分則是在像聽從父親那樣，聽從邏各斯的意義上分有邏各斯。德性的區分也是與靈魂的劃分相應的，因爲我們把一部分德性稱爲理智德性，把另一些稱爲道德德性。智慧、理解和明智是理智德性，慷慨與節制是道德德性。當談論某人的品質時，我們不說他有智慧或善於理解，而是說他溫和或節制。不過一個有智慧的人也因品質而受稱讚，我們稱那些值得稱讚的品質爲德性。

第二卷　道德德性

一、道德德性的獲得

所以，德性分兩種：理智德性[1]和道德德性。[2]理智德性主要透過教導而發生和發展，所以需要經驗和時間。道德德性則透過習慣養成，因此它的名字「道德的」也是從「習慣」這個詞演變而來。[3]由此可見，我們所有的道德德性都不是由自然[4]在我們身上造成的。因

1 διανοητικὴ ἀρετή。διανοητική，理智的，是διάνοια（理智）的形容詞形式。亞里斯多德通常在既有聯繫又有區別意義上使用διάνοια和νοῦς，參見本書第一卷注51、第六卷注4和注14。亞里斯多德對理智把握真的各種方式的討論，見後面的第六卷。

2 ἠθικὴ ἀρετή。ἠθική是ἦθος（道德、風俗）的形容詞。參見本書第一卷注19及下注。

3 在希臘語中，母音字母η音長，ε音短；ε轉變為η是母音發音上的強化；ἔθος是陽性單數名詞，意義是習慣；在轉變為ἦθος時，習慣的原意仍然保持，但融合了一些較具體的意義，如狀態、品性、品質、脾氣等等；在轉變為形容詞時，加進了母音ι，以改變發音的節奏，形式演變為ἠθικός，其意義也更接近名詞中那些較具體的意義，即狀態、品性、品質等等。所以在希臘語中，「倫理的」或「道德的」（這兩者在希臘語中是同一個詞）是指透過習慣而獲得的品性、品質，即人們所說的道德。

4 φύσει，自然、出生、起源、性等等，我們通常可以把它理解為由自然造成的作為原因的東西。我們將在作者把它作為主動者來述說的地方譯為自然，在把它作為由自然所造成的性質的地方譯為本性。依據亞里斯多德的原意，本性的也就是出於自然的。

爲，由自然造就的東西不可能由習慣改變。例如，石頭的本性是向下落，即使把它向上拋千萬次，它不可能透過訓練形成上升的習慣；火也不可能被訓練得向下落。出於本性而按一種方式運動的事物都不可能被訓練成以另一種方式運動。因此，德性[5]在我們身上的養成既不是出於自然，也不是反乎於自然的。首先，自然賦予我們接受德性的能力，而這種能力透過習慣而完善。其次，自然饋贈我們的所有能力都是先以潛能形式爲我們所獲得，然後才表現在我們的活動中（我們的感覺就是這樣，我們不是透過反覆看、反覆聽而獲得視覺和聽覺的；相反，我們是先有了感覺而後才用感覺，而不是先用感覺而後才有感覺）。但是德性卻不同：我們先運用它們而後才獲得它們，這就像技藝的情形一樣。對於要學習才能會做的事情，我們是透過做那些學會後所應當做的事來學的。比如，我們透過造房子而成爲建築師；透過彈奏豎琴而成爲豎琴手。同樣，我們透過做公正的事成爲公正的人；透過節制成爲節制的人；透過做事勇敢成爲勇敢的人。這一點也爲城邦的經驗所見證。立法者透過塑造公民的習慣而使他們變好，這是所有立法者心中的目標，如果一個立法者做不到這一點，他也就實現不了他的目標。好政體與壞政體的區別也就在於能否做到這點。第三，德性因何原因和手段而養成，也因何原因和手段而毀滅。這也正如技藝的情形一樣，好琴師與壞琴師都出於操琴；建築師及其他技匠的情形也是如此。優秀的建築師出於好的建造活動，蹩腳的建築

5 德性在本卷及以下幾卷，通常指道德德性。

師則出於壞的建造活動。若非如此，就不需要有人教授這些技藝了，每個人也就天生是一個好或壞的技匠了。德性的情形也是這樣，正是透過與我們同邦人的交往，有人成爲公正的人，有人成爲不公正的人；正是由於在危境中的行爲的不同和所形成的習慣的不同，有人成爲勇敢的人，有人成爲儒夫。欲望[6]與怒氣也是這樣，正是由於在具體情境中以各種方式行動，有人變得節制而溫和，有人變得放縱而慍怒。簡言之，一個人的實現活動如何，他的品質[7]也就如何。所以，我們應當重視實現活動的性質，因爲我們是如何的就取決於我們的實現活動的性質。從小養成這樣的習慣還是那樣的習慣絕不是小事，正相反，它非常重要，或寧可說，它最重要。[8]

---

6 ἐπιθυμία，指對於與肉體生活有關的那些快樂，例如性快樂與食欲相聯繫的那些快樂的主觀傾向。所以，ἐπιθυμία 在亞里斯多德的用法中是更廣泛的 ὄρεξις（欲求）的一個部分，因為肉體快樂是快樂的一個特殊的部分。參見本書第一卷注1。

7 ἕξις，來源於動詞 ἔξ-εἰμι，字首 ἐξ- 為出來即離開人之自然之意，動詞 εἰμί 的基本意義是在，生活。所以，ἕξις 的基本意義是出來而形成（在）的東西，即人的品質狀態，是指人自身中作為與感情與行為的選擇的原因的東西。亞里斯多德認為，ἕξις 既不反乎於自然（本性），又由於是出來而形成的東西而不再是自然（本性）。亞里斯多德在討論品質時有時用 διάθεσις，兩個詞一般是在相同的意義上替換地使用的。

8 亞里斯多德這裡的核心論點，即德性既不出於自然也不反乎於自然，要旨如上所示有三：(1)我們的接受德性的能力為自然所賦予，所以德性不反乎於自然，然而它又要透過習慣才形成，所以又不是出於自然；(2)德性

二、實踐的邏各斯的性質

既然我們現在的研究與其他研究不同，不是思辨的，而有一種實踐的[9]目的（因爲我們不是爲了解德性，而是爲使自己有德性，否則這種研究就毫無用處），我們就必須研究實踐的性質，研究我們應當如何實踐。因爲，如之前所說過的，[10]我們是怎樣的就取決於我們的實現活動的性質。

我們的共同意見是，要按照正確的邏各斯去做（這種邏各斯是什麼，以及它與其他德性的關係，我們將在後面[11]討論），但是，實踐的邏各斯只能是粗略的、不很精確的。我們

能力不同於其他功能，我們要先去做它要求做的事，然後才可以獲得它，以這點而言，德性不是出於自然；(3)德性由於是在好的活動中養成的品性，所以也會毀滅於同樣的但是壞的活動，所以德性既不是出於自然也不是毀滅於自然的。在這三點中，第一點是最初的和優先的，後兩個論點都從它引申。在述說這三個論點尤其是第三點時，亞里斯多德似乎始終在把技藝或藝術作為類比來參照。

9　πραγματεία。

10　1103a31-b25。

11　第六卷第十三章。

一開始[12]就說過，只能要求研究題材所容許的邏各斯。而實踐與便利[13]問題就像健康[14]問題一樣，並不包含什麼確定不變的東西。而且，如果總的邏各斯是這樣，具體行爲中的邏各斯就更不確定了。因爲具體行爲談不上有什麼技藝與法則，只能因時因地制宜，就如在醫療與航行一樣。[15]不過，儘管這種研究是這樣的性質，我們還是要盡力而爲。

首先我們來考察這點，即不及與過度都同樣會毀滅德性。這就像體力與健康的情形一樣（因爲我們只能用可見的東西來說明不可見的東西），鍛鍊過度或過少都損害體力。同樣，飲食過多或過少也會損害健康，適量的飲食才造成、增進和保持健康。節制、勇敢和其他

[1104a]

12 第一卷第三章。亞里斯多德在那裡談到我們所能要求的研究的確切性問題。

13 συμφερόντα，有益、有利，指對於某個外在目的的實現或獲得有用處。

14 亞里斯多德時常將道德與健康加以比較。格蘭特（卷I第四八八頁）說，亞里斯多德喜歡把健康當作身體結構的一種相對的而不是絕對的平衡狀態，正如把道德當作靈魂的一種相對的而不是絕對的平衡狀態。

15 所以，存在著三類事物。第一類是不變的事物，它們是科學與智慧的對象。第二類是可以有某種普遍法則的可變事物，例如文法與演奏豎琴，它們的不變法則是科學的對象，其可變的方面是技藝與明智的對象。第三類是具體的、個別的可變事物，它們是不確定的，不存在普遍的技藝法則，是具體的製作活動的對象。這些具體的活動與行為中，有些是準技藝的，例如航海術與醫療。醫療是獲得或恢復身體的平衡狀態的活動，航海術是獲得船舶在海上的平衡狀態的活動。與此相似，實踐（行為）是使靈魂獲得道德的平衡狀態的具體的活動。

德性也是同樣，一切都躲避、都懼怕，對一切都不敢堅持，就會成爲一個懦夫；什麼都不怕，什麼都去硬碰，就會成爲一個莽漢。同樣，對所有快樂都沉溺，什麼都不節制，就會成爲一個放縱的人；像鄉巴佬那樣對一切快樂都回避，就會成爲一個冷漠的人。所以，節制與勇敢都是爲過度與不及所破壞，而爲適度所保存。

但是德性不僅產生、養成與毀滅於同樣的活動，而且實現於同樣的活動，[16]其他那些較爲可見的性質也是這樣。比如體力來自多吃食物和多鍛鍊，而強壯的人也進食多和鍛鍊多；德性也是這樣，我們透過節制快樂而變得節制，而變得節制了就最能節制快樂；勇敢也是一樣，我們透過培養自己藐視並面對可怕的事物的習慣而變得勇敢，而變得勇敢了就最能面對可怕的事物。

三、快樂與痛苦作爲品質的表徵

我們必須把伴隨著活動的快樂與痛苦看作是品質的表徵。因爲，僅當一個人節制快樂並且以這樣做爲快樂，他才是節制的；相反的，如果他以這樣做爲痛苦，他就是放縱的。同樣，僅當一個人快樂地，至少是沒有痛苦地面對可怕的事物，他才是勇敢的；相反的，如

[1104b]

16 這句話的意義與第一章結尾相銜接，下面的討論在意義上又有所發展。

果他這樣做帶著痛苦，他就是怯懦的。這是因爲，道德德性與快樂和痛苦相關。首先，快樂使得我們去做卑賤的事，痛苦使得我們逃避做高尚〔高貴〕的事。所以柏拉圖說，[17]重要的是從小培養對該快樂的事物的快樂感情和對該痛苦的事物的痛苦感情，正確的教育就是這樣。其次，如果德性與實踐與感情有關，而每種感情和實踐又都伴隨著快樂與痛苦，那麼德性也由於這個原因而與快樂與痛苦相關。這一點也見證於快樂和痛苦被用作懲罰的手段這件事。因爲懲罰是一種治療，而治療就是要借助疾病的相反物來產生作用。[18]第三，如之前說過的，[19]靈魂的品質在本性上與那些會使它變好或變壞的事物相聯繫。如果我們追求或躲避不應該追求或躲避的快樂或痛苦，或者，如果我們在不適當的時間，以不適當的舉止，或是以其他不適當的方式追求或躲避它們，快樂與痛苦就成爲品質變壞的原因。由於這個原因，有人就把德性規定爲某種不動心或寧靜的狀態。[20]但是他們說得過於絕對，沒有加上正

17 《法律篇》653a-c。

18 例如，熱要用冷來降溫治療，反之亦然。亞里斯多德這裡表達的觀念是，如果一種惡是由過度的快樂造成，其治療的手段便是施加痛苦——即懲罰，如果一種惡是由痛苦造成，其治療就必定是快樂。人們這樣使用著快樂與痛苦，由此可知它們與德性有關。

19 1104a27-b3。

20 不動心，ἀπαθείας，即不受感情之紛擾的狀態。羅斯（第三十二頁）和萊克漢姆（第八十一頁注）認為此處是指斯珀西波斯（Speusippus），斯圖爾特（卷Ｉ第一八〇頁）和韋爾登（第三十九頁注）認為是指昔尼克

確或錯誤的方式、時間等限定。所以我們要這樣說，德性是與快樂和痛苦相關的、產生最好活動的品質，惡是與此相反的品質。以下的考慮可以進一步說明這一點。首先，有三種東西爲人們所選擇，即高尚（高貴）的[21]東西、有利的東西和令人愉悅的東西；有三種東西爲人們所躲避，即卑賤的東西、有害的東西和令人痛苦的東西。在所有這些事物上，好人都做得正確，壞人則做得不正確，這尤其是在快樂這個方面。快樂既爲人與動物所共有，又伴隨著選擇的物件。因爲，即便高尚（高貴）的和有利的事物也顯得令人愉悅。[22]其次，快樂從小就伴隨著我們，所以我們很難擺脫掉對快樂的感覺，因爲它已經深深植根於我們的生命之中。第三，我們或多或少地都以快樂和痛苦爲衡量我們行爲的標準，所以我們現在的研究無可避免地與快樂與痛苦相關。因爲，是正確地還是錯誤地感覺到快樂或痛苦對於行爲至關重

[1105a]

學派。亞里斯多德在措辭上是指某一個人，所以指斯珀西波斯的可能性較大些。斯珀西波斯堅持以不動心為目標（στοχάζεσθαι τοὺς ἀγαθοὺς ἀοχλησίας）的態度。不過這是希臘時代許多哲學家的觀點，例如德謨克利特（Democritus），以及斯多葛學派等等。

21 如第一卷注17說明的，希臘語中的καλόν指美的、好的、公正的、高尚的等等。其反面αἰσχρόν指醜的、壞的、不公正的、恥辱的或卑賤的。亞里斯多德在倫理學著作中使用的καλόν和αἰσχρόν，不僅是在審美的意義上，而且是在道德的意義上的。

22 換言之，好人所選擇的事物並不因它高尚（高貴）而不令人愉悅。因為高尚（高貴）的事物本身就令人愉悅。

要。第四，戰勝快樂比赫拉克利特所說戰勝怒氣[23]更難，而技藝與德性卻總是與比較難的事務聯繫在一起的，因爲事情越難，其成功就越好。由於這種原因，德性與政治學也就必然地與快樂與痛苦相關。因爲，對快樂與痛苦運用得好就使一個人成爲好人，運用得不好就使一個人成爲壞人。所以說，德性與快樂和痛苦相關；德性成於活動，要是做得相反，也毀於活動；同時，成就著德性也就是德性的實現活動。

四、合德性的行爲與有德性的人

可能提出這樣的問題，在什麼意義上才可以說，行爲公正便成爲公正的人，行爲節制便成爲節制的人？[24]因爲，如果人們在做著公正的事或做事有節制，他們就已經是公正的或節制的人了。這就像一個人如果照文法說話就已經是文法家，照樂譜演奏就已經是樂師了一樣。但是技藝方面的情形並不都這樣。因爲，一個人也可能碰巧地或者由於別人的指點而

23 赫拉克利特（Heracleitus）《殘篇》（*Fragments*），105。原話是：困難的是戰勝怒氣（萊克漢姆〔第八十二頁〕說，怒氣（θυμῷ）在荷馬（Homer）史詩的意義上也就是欲望），無論你想從這種勝利中獲得什麼，都要以靈魂的損失為代價。這在亞里斯多德的時代可能是流傳甚廣的名句。亞里斯多德在《歐台謨倫理學》（1223b23）和《政治學》（1315a30）中都引用了赫拉克利特的這句話或類似的話。

24 參照 1103a31-b25，1104a27-b3。

說出某些合文法的東西。可是，只有當他能以合語法的方式，即借助他擁有的語法知識來說話時，他才是一個文法家。[25]而且，技藝與德性之間也不相似。技藝的產品，其善在於自身，只要具有某種性質，便具有了這種善。但是，合乎德性的行爲並不因它們具有某種性質就是，譬如說，公正的或節制的。除了具有某種性質，一個人還必須是出於某種狀態的。首先，他必須知道那種行爲。[26]其次，他必須是經過選擇而那樣做，並且是基於那行爲自身而選擇它的。第三，他必須是出於一種已確定的、穩定的品質而那樣選擇的。說到有技藝，那麼除了知這一點外，另外兩條都不需要。而如果說到有德性，知則沒有什麼重要，這另外的兩條卻極其重要。它們所述說的狀態本身就是不斷重複公正的和節制的行爲的結果。因此，雖然與公正的或節制的人的同樣的行爲被稱爲公正的和節制的，一個人被稱爲公正的人或節制的人，卻不是僅僅因爲做了這樣的行爲，而是因爲他像公正的人或節制的人那樣地做了這樣的行爲。所以的確可以說，在行爲上公正便成爲公正的人，在行爲上節制便成爲節制的人。如果不去這樣做，一個人就永遠無望成爲一個好人。但是多數人不是去這樣做，而是

[1105b]

25 所以合乎技藝的活動有些是出於技藝的，這是本義上的技藝的活動，有些則是出於某種偶然條件，例如巧合或經別人指點，這是合乎技藝的活動。

26 在第三卷第一章中，亞里斯多德把「知道那種行為」進一步地解釋為對於所做的事的環境與性質是有意識的。這是亞里斯多德與蘇格拉底的行為觀點的共同之點。但是接下去對於選擇和品質狀態的討論則是與蘇格拉底的觀點（儘管他並沒有表明這種背景）的不同處。參見第三卷第二章。

滿足於空談。他們認爲他們自己是愛智慧者，認爲空談就可以成爲好人，這就像專心聽醫生教導卻不照著去做的病人的情形；正如病人這樣做不會使身體好起來一樣，那些自稱愛智慧的人滿足於空談也不會使其靈魂變好。

五、德性的定義：種

我們接下來討論德性究竟是什麼。既然靈魂的狀態有三種：感情、能力與品質，德性必是其中之一。[27]感情，我指的是欲望、怒氣、恐懼、信心、愉悅、愛、恨、願望、嫉妒、憐憫等，總之，是指伴隨著快樂與痛苦的那些情感；[28]能力，我指的是使我們能獲得這些感

27 亞里斯多德未曾說明他根據什麼把靈魂的狀態區分為感情（πάθη，πάθος）、能力（δύναμεις）、品質（ἕξις）三者。格蘭特（卷I第四九六頁）說，亞里斯多德的這一區分的前提是他的性質學說。性質作為基本範疇，在《範疇篇》（8b25-9a33）中分為：⑴品質與習性；⑵能與不能的性質；⑶感受性；⑷廣延與形狀。這四種性質中，顯然最後一種不適用於靈魂，因此，靈魂的狀態只有餘下的三種。所以，我們應當把亞里斯多德在這裡說的靈魂狀態理解為靈魂的性質狀態。

28 把幾種主要的英譯本對亞里斯多德的這組感情名詞的譯名加以對照也許對於讀者有些幫助：

ἐπιθυμία	appetite, desire	欲望
ὀργή	anger	怒氣

φόβος	fear	恐懼
θράσις	confidence, courage	信心
φθόνος	envy	妒忌
χαρά	joy	愉悅
φιλία	friendly felling, love, friendship	友愛
μῖσος	hatred, hate	恨
πόθος	longing, regret	願望、悔恨
ζῆλος	emulation, jealousy	嫉妒、攀比、仿效、競爭
ἐλεός	pity	憐憫

亞里斯多德所列的感情種類，與中國傳統的喜、怒、哀、樂、愛、惡、欲七分法，既有一些相同點，又有很大的區別。就相同點來說，χαρά 相當於喜，ὀργή 相當於怒，φιλία 接近於愛，μῖσος 接近於恨（惡），ἐπιθυμία 相當於欲。不過其中的含義又有些相異處，就不同處來說，亞里斯多德，大概也是西方人對感情的區分傳統，也把一些其他的感情，例如信心、妒忌、憐憫等列入主要的感情之列。這些在希臘語與中文中還大致地可以找到接近的對應語。在中文中，主要困難在於表達希臘詞 πόθος 與ζῆλος 的意義。πόθος，亞里斯多德用以指一個人的希望、嚮往、願望等等。πόθος 是對於某種善的事物的，因而不同於完全不分有邏各斯的、盲目追求著快樂的欲望；但是 πόθος 中又同時包含著對由於沒有做出正確的選擇而未能夠實現願望的悔恨，所以韋爾登將 πόθος 譯做悔恨。ζῆλος 的原意極為複雜，有熱情、激情、嫉妒、仿效、崇拜等意義，

情，例如使我們能感受到憤怒、痛苦或憐憫的東西。品質，我指的是我們與這些感情的好的或壞的關係。例如，如果我們的怒氣過盛或過弱，我們就處於與怒的感情壞的關係中；如果怒氣適度，我們就處於與這種感情好的關係中。其餘感情也可類推。德性與惡不是感情。因爲首先，我們並不是因我們的感情，而是因我們的德性或惡而被稱爲好人或壞人的。我們被稱讚或譴責也不是因我們的感情（一個人不是因感到恐懼或憤怒而受到譴責，也不是因怒氣本身而受到譴責，而是因以某種方式發怒而受到譴責），而是因我們的德性與惡。其次，我們憤怒或恐懼並不是出於選擇，而德性則是選擇的或包含著選擇的。[29]第三，我們說一個人被感情「感動」，可是對於德性與惡，我們則不說他被「感動」，而說他被「置放於」某種狀態中。[30]同樣由於這些原因，德性也不是能力。因爲首先，我們不是僅僅由於感受到這些

與 φθόνος 的意義有接近的方面。φθόνος 指對於他人的善的妒忌感情，ζῆλος 則有出於此種妒忌而不甘示弱、起而競爭、意欲超過的感情。不過譯作競爭可能會帶來更大的誤解，因為它在中文中主要被理解為一種活動而不是一種感情。ζῆλος 我在文中譯作攀比，是因為在中文中沒有對應的詞。

29 韋爾登（第四十三—四十四頁）將此句譯為：「在某種意義上是選擇的，或不存在於無選擇之中」。

30 διάκεισθαι 動詞 διάκειμαι 的被動形式，原意是處於某種狀態，被塑造成，或被置放於某某狀態等等。斯圖爾特、羅斯、萊克漢姆譯作 be disposed 是比較妥當的。在英語中也同在古希臘語中相類似，這個動詞的被動語態並不必然顯示行為者被某個其他事物影響，它通常的意義是指被自己以往的行為塑造。所以一個人的品質狀態在希臘語中被稱為 διάθεσις 或 ἕξις，意思是被塑造成的品質狀態。動詞 κινέω 的被動形

感情的能力而被稱爲好人或壞人，而被稱讚或譴責的。其次，能力是自然賦予的，善與惡則並非自然使然。但是這點我們已經談過了。[31]既然德性既不是感情也不是能力，那麼它們就必定是品質。這樣我們就從種類上說明了德性是什麼。

六、德性的定義：屬差

但我們不只要說明德性是品質，而且要說明它是怎樣的品質。[32]可以這樣說，每種德性

式κινέισθαι在意義上則十分不同，它通常是指被某個其他事物影響而動，如被移動，被感動，因為感受即接受，因而是受動的而不是主動的。亞里斯多德此處以這種對比說明，德性與惡在於我們自身，不同於感情（他的理論認為，一個人不等同於他的感情），我們的品質不是受動而致的感情，而是因以某種方式對待感情而形成的傾向。

31 1103a18-b2。

32 在對德性作了最基本的、基於活動的說明之後，前面的第五章，如格蘭特（卷I第四九五頁）所說，是從性質範疇對德性的述說。這一章則是從數量和關係兩個範疇述說德性。從數量而言，德性是數量上連續而可分的那種實踐事務上的一種數量。在這種事務上也有較多、較少與中間。從關係而言，德性與這些事物上的過多與過少的數量相關。然而它不單純是相對於過多或過少而言的中間，而是在這兩者之間的、相對於實踐者的、幾何比例的中間（關於亞里斯多德的幾何比例的概念，見第五卷第三章的討論），即適度。

都既使得它是其德性的那事物的狀態好，又使得那事物的活動完成得好。比如，眼睛的德性既使得眼睛狀態好，又使得它們的活動完成得好（因爲有一雙好眼睛的意思就是看東西清楚）；同樣，馬的德性既使得一匹馬狀態好，又使得牠跑得快，令騎手坐得穩，並迎面衝向敵人。如果所有事物的德性都是這樣，那麼人的德性就是既使得一個人好又使得他出色地完成他的活動的品質。後面這點的意思我們已經說明過，[33]但是對德性的本性的研究也有助於說明這一點。在每種連續而可分的事物[34]中，都可以有較多、較少和相等，這三者既可以相對於事物自身而言，也可以相對於我們而言，而相等就是較多與較少的中間。就事物自身而言的中間，我指的是距兩個端點距離相等的中間，這個中間於所有的人都是同一個一。相對於我們的中間，我指的是那個既不太多也不太少的適度，它不是一，也不是對所有的人都

33 1097b22-1098a20。

34 這可能如彼得斯（F. H. Peters）（《亞里斯多德尼各馬可倫理學》〔基根保羅出版公司，一八九三年〕第四十四頁）所說，是亞里斯多德學派內部對事物的數量方面的一種劃分。在數量上連續的事物不同於在數量上間斷的事物，前者如線、面、體、時間、地點等等，後者如數目、語言。連續的事物在任何部分都可以分割，分離的事物則只在那些可以分離的地方才可以分割，例如語言中可以自然地分割的是音節，在音節之中不能再加以分割。參見《範疇篇》第六章。亞里斯多德學派的觀點是，對連續的事物，我們可以根據意願取得較多或較少，對分離的事物則不可能這樣做。

相同的。[35]例如，如果10是多，2是少，6就是就事物自身而言的中間，因爲6－2＝10－6，這是一個算術的比例。[36]但是相對於我們的中間不是以這種方式確定的，如果10磅食物太多，2磅食物太少，並不能推定教練將指定6磅食物，因爲這對於一個人可能太多或太少——對米洛[37]來說太少，對一個剛開始體育訓練的人又太多，賽跑和摔角也是這樣。每一個匠師都是這樣地避免過度與不及，而尋求和選擇這個適度，這個不是事物自身的而是對我們而言的中間。如果每一種科學都要尋求適度，並以這種適度爲尺度來衡量其產品才完成得好（所以對於一件好作品的一種普遍評論說，增一分則太長，減一分則太短。這意思是，過度與不及都破壞完美，唯有適度才保存完美）；如果每個好技匠都在其作品中尋求這種適度；如果德性也與自然一樣，比任何技藝都更準確、更好，那麼德性就必定是以求取適度爲目的的。我所說的是道德德性，[38]因爲首先，道德德性、感情與實踐相關，而感情與實踐中

[1106b]

35 萊克漢姆（第九十頁注）解釋說，取相對於事物自身的中間，意思是使取走的部分相等於留下的部分，即一半；取相對於我們的中間，意思是取相對於我們的正確的數量（因為已經假定在任何一點上都可以分割），不過這個數量必定是處在過多與過少之間的那個恰好。

36 亞里斯多德談論事物的數量關係時區分算術比例的關係與幾何比例的關係，不過他在此處稱為算術比例的數的關係更適合被稱作算術數列。

37 一個著名運動員。

38 所以亞里斯多德是說，這個對相對於我們的適度的分析不適用於理智德性。照亞里斯多德的看法，理智即靈

存在著過度、不及與適度。例如，我們感受的恐懼、勇敢、欲望、怒氣和憐憫，總之快樂與痛苦，都可能太多或太少，這兩種情形都不好。而在適當的時間、適當的場合、對於適當的人、出於適當的原因、以適當的方式感受這些感情，就既是適度的又是最好的。這也就是德性的品質。在實踐中也同樣存在過度、不及和適度。德性是同感情和實踐相聯繫的，在感情和實踐中過度與不及都是錯誤，適度則是成功並受人稱讚。成功和受人稱讚是德性的特徵。所以，德性是一種適度，因爲它以選取中間爲目的。其次，錯誤可以是多種多樣的（因爲，正如畢達哥拉斯派所想像的，惡是無限，而善是有限[39]），正確的道路卻只有一條（所以失敗易而成功難——偏離目標很容易，射中目標則很困難）。也是由於這一原因，過度與不及是惡的特點，而適度則是德性的特點：

> 善是一，惡則是多。[40]

魂有邏各斯的部分除了不是靠習慣養成外，也不具有連續的事物的那種可分割的性質。

39 畢達哥拉斯學派從一種神祕的數的意義出發，認為有限的事物是善的，無限的事物是惡的。

40 出處不詳，韋爾登（第四十七頁）認為可能出自某個畢達哥拉斯學派作者之手。斯圖爾特（第二〇〇頁）和萊克漢姆（第九十四頁注）認為這句詩應接在上面的第二個括弧中的話之後。格蘭特（卷I第二五四頁）這樣說明畢達哥拉斯學派的這種觀點：

> 他們談論的是相對於他們自己的心靈的善。有限是可計數的，是心靈能夠把握的；無限是不可計數的、

所以德性是一種選擇的品質，存在於相對於我們的適度之中。這種適度是由邏各斯規定的，就是說，是像一個明智的人會做的那樣地確定的。德性是兩種惡——即過度與不及的中間。在感情與實踐中，惡要麼達不到正確，要麼超過正確，德性則找到並且選取那個正確；所以雖然從其本質或概念來說德性是適度，從最高善的角度來說，它是一個極端。[41]

但是，並不是每項實踐與感情都有適度的狀態。有一些行爲與感情，其名稱就意味著惡，例如幸災樂禍、無恥、嫉妒，以及在行爲方面，通姦、偷竊、謀殺等等。這些以及類似的事情之所以受人譴責，是因爲它們被視爲自身即是惡的，而不是由於對它們的過度或不及，所以它們永遠不可能是正確，並永遠是錯誤。在這些事情上，正確與錯誤不取決於我們是否是與適當的人、在適當的時間或以適當的方式去做的，而是只要去做這些事就是錯誤的。如果認爲，在不公正、怯懦或放縱的行爲中也應當有適度、過度與不及，這也同樣荒 [1107a]

心靈無法把握的、無法還原爲法則的、不可知的。在這種意義上，無限對畢達哥拉斯學派是一個厭惡的對象。所以，他們舉出善的與惡的兩種對立事物，把奇數算在善的一邊，把偶數放在惡的一邊。（因爲）他們把無限的概念與偶數聯繫起來。

41 格蘭特（卷I第五〇二頁）此處有一重要評論。他寫道，這段話是對於德性的一個意義深刻的闡述，說明適度一方面是對於德性法則的一種形上學的表達，即它是兩種惡之間的適度，需要借助理解來把握；然而從善的觀點來看，德性又僅僅是一種極端，即要離開惡或與惡相對立；亞里斯多德的這段闡述表明他始終在一種抽象的道德觀點與一種具體的道德觀點之間尋找平衡。

謬，因爲這樣，就會有一種適度的過度和適度的不及，以及一種過度的過度和一種不及的不及了。但正如勇敢與節制方面不可能有過度與不及，因爲適度在某種意義上也如同一個極端，在不公正、怯懦或放縱的行爲中也不可能有適度、過度與不及，因爲一般來說，既不存在適度的過度與適度的不及，也不存在過度的適度或不及的適度。

七、具體的德性引論

然而我們不應當只是談論德性的一般概念，而應當把它應用到具體的事例上去。因爲在實踐話語[42]中，儘管那些一般概念適用性較廣，那些具體陳述的確定性卻更大些。實踐關乎那些具體的事例，我們的理論也必須與這些事例相吻合。我們可以從德性表[43]中逐一地討

42 πράξεις λόγοις，實踐的事務以語言說出的東西。實踐的事務，在亞里斯多德的用法上主要是與倫理的、政治的目的性的行為和活動相關的事務。

43 萊克漢姆（第九十八頁注）說，亞里斯多德在講課時顯然列出了一份德性表，表示每種德性是在哪兩種極端之間。這個推測很可能是正確的，因為在《歐台謨倫理學》（1220b37-1221a12）中，我們看到他列舉了一份。我們不可能充分確定這是否就是同一份德性表，但是即使不是同一份，它們也至少十分接近。為了讀者理解的方便，我把這份德性表的希臘原文及其主要英譯和中譯名整理成附錄（見「附錄二」）列舉於書後。其中的英譯名主要是出現於所參照的幾個英譯本的，不過，關於義憤的不足形式，亞里斯多德在《歐台謨倫

論。恐懼與信心方面的適度是勇敢。其過度的形式，在無恐懼上的過度無名稱（許多品質常常沒有名稱），在信心上過度是魯莽。[44]快樂和痛苦——不是所有的，尤其不是所有的痛苦——方面的適度是節制，[45]過度是放縱。我們很少見到在快樂上不及的人，所以這樣的品質也無其名，不過我們可以稱之爲冷漠。在錢財的接受與付出方面的適度是慷慨，過度與不 [1107b]

理學》中說是無名稱，《尼各馬可倫理學》中則以ἐπιχαιρεκακία（幸災樂禍）名之，此表中所依據為《尼各馬可倫理學》。

44 斯圖爾特（卷一第二一二頁）引證米奇萊特（Michelet）對亞里斯多德此段陳述的要旨作了如下說明：

（過度）		（不及）	
恐懼的不及——（無懼）	勇敢	恐懼的過度	怯懦
信心的過度——魯莽		信心的不足	

斯圖爾特說，在這兩端中存在一種不同：恐懼的過度和信心的不足兩者總是不可分，它們構成同一種惡——怯懦；然而恐懼的不及和信心的過度則可能分開而構成兩種惡。恐懼的不及，米奇萊特稱為無懼，一種消極的惡，後者即亞里斯多德所說的魯莽，是一種積極的惡。他說，由於怯懦通常被視為一種不及的惡，亞里斯多德便把「無懼」與「魯莽」都作為過度來說明。我在這裡用「無懼」而不是「無畏」，是因為在中文的習慣理解中，無畏與勇敢基本是同義的，而無懼則不是一個已經俗成的詞。

45 σωφροσύνη明智、謹慎、自我控制等。參見本書第三卷注109。

及是揮霍和吝嗇。這兩種人的過度與不及剛好相反：揮霍的人在付出上過度而在接受上不及，吝嗇的人則在接受上過度而在付出上不及。我們暫且作這一粗略而概要的說明，就眼下的目的而言這已足夠了。我們還將在後面[46]更縝密地考察這些品質。[47]在錢財方面還有其他一些品質。其中那種適度的品質是大方（大方的人不同於慷慨的人，前者與對大筆錢財的處理有關，後者只與對小筆錢財的處理有關），其過度形式是無品味或粗俗，不及形式是小氣。大方的過度與不及，不同於慷慨的過度與不及，我們將在後面[48]談到這種區別。榮譽與恥辱方面的適度是大度，其過度形式是人們所說的虛榮，不足形式是謙卑。[49]正如慷慨與大方的區別，如前面說過[50]的，在於它只涉及對小筆錢財的處理一樣，也有一種品質以這種方式與大度相聯繫，而只與對微小的榮譽的處理有關。因爲，對微小榮譽的欲求也可以有適

---

46 見第四卷第一章。該處對慷慨、吝嗇與揮霍作了更詳盡的討論。

47 韋爾登（第四十九頁注3）將「我們暫且……考察這些品質」括起來，理由是這幾句話打斷了對錢財的使用上的德性的討論。

48 第四卷第二章，1122a20-29, b10-18。

49 μικροψυχία。我在這裡沒有譯為謙虛，因為謙虛在中文中被視為一種美德。不過在基督教的道德中，謙卑也被視為一種德性。參見包爾生（F. Paulsen）《倫理學體系》（*A System of Ethics*）第三編第六章第四節。所以這裡討論的某些德性觀念只在希臘時代有較大的適用性。

50 1107b17-19。

度、過度與不及。過度地欲求這種榮譽的人稱爲愛榮譽者，在欲求這種榮譽上不及的人則被稱爲不愛榮譽者，而欲求得適度的人則無名稱。這些品質也都沒有名稱，只有愛榮譽者的品質被稱爲好名。結果，那兩種極端反倒要占據適度品質的位置。我們自己也有時把有適度品質的人稱爲愛榮譽者，有時又把他們稱爲不愛榮譽者；有時稱讚愛榮譽的人，有時又稱讚不愛榮譽的人。這是什麼原因，我們下面[51]將會討論，不過現在，我們還是先按前面的敘述方式把其他的德性講完。在怒氣方面，也是存在著過度、不足與適度，它們可以說沒有名稱，不過，既然我們稱在怒氣上適度的人是溫和的人，我們姑且稱這種品質是溫和。在兩種極端的人之中，怒氣上過度的人可以被稱爲慍怒的，這種品質可以稱爲慍怒；怒氣上不足的人可以被稱爲麻木的，而這種品質也可以稱爲麻木。此外，還有三種品質相互間有些相似，又有所不同。它們都與語言與行爲的共同體[52]有關。不過，一個是關係到這種語言與行爲的誠實性，另兩個則關係到語言與行爲的愉悅性；其中一個表現於娛樂的愉悅性中，另一個則存在於生活的所有場合中。我們必須對它們加以討論，以便能更加看清，在所有事務

[1108a]

51 1008b11-26，1123b14-18。

52 κοινωνία，共同體，即透過交談、交往、交易、交流而形成的有共同的話語與理解背景的社會群體。亞里斯多德認為社會的行為以及道德德性，如友愛與公正，都存在於一定的共同體之中。關於友愛與共同體的關係的討論，見第八卷第九章。

中，適度的品質都會受到稱讚，而那些極端則既不正確，又不值得稱讚，而是應受譴責。大多數這類品質也是無名稱的，但是我們必須像在其他那些地方一樣，盡力地給出它們的名稱，以便使我們的討論明白易懂。在交往的誠實性方面，具有適度品質的人可以被稱作誠實的人，這種適度的品質也可以稱作誠實；[53]在虛僞的品質中，誇大自己的形式可稱作自誇，這種人可稱作自誇的人；貶低自己的形式可稱作自貶，這種人可稱作自貶的人；在娛樂的愉悅性方面，具有適度品質的人是機智的，這種品質是機智；過度的品質是滑稽，這種人也就是滑稽的人；具有不及的品質的人是呆板的，這種品質也就稱爲呆板；在一般生活的愉悅性方面，那種讓人愉悅得適度的人是友愛的，這種品質也就是友愛；過度的人，如果是沒有目的的，便是諂媚；如果是爲得到好處，便是奉承。那種不及的、在所有這些事務上都令人不愉快的人，則是好爭吵的、乖戾的人。還有一些適度的品質是感情中的或與感情相關的[54]品質。因爲儘管羞恥不是一種德性，一個知羞恥的人卻受人稱讚。[55]在這些事情上，我們也

53 ἀληθινός，真誠、誠實，衍生於名詞 ἀληθής（真）。亞里斯多德在第四卷第七章中說，這種交往的誠實品質沒有名稱，所以誠實在此處其實是亞里斯多德為討論得明白而「盡力給出的名稱」。

54 亞里斯多德在這裡談到的，似乎是只涉及感情而不訴諸行為的品質，所以與前面談過涉及行為的感情或伴有感情的行為的品質有所不同。

55 萊克漢姆（第一〇五頁）將「儘管羞恥不是一種德性，一個知羞恥的人卻受人稱讚」置於「具有適度品質的人則是有羞恥心的」之後，認為這是句序上的誤置。

說一個人是適度的，或者另一個人是過度的。例如，羞怯的人對什麼事情都覺得驚恐，而在羞恥上不足的人則對什麼事情都不覺羞恥，具有適度品質的人則是有羞恥心的。此外，義憤是妒忌與幸災樂禍之間的適度，這些都與我們爲鄰人的好運所感受的快樂或痛苦有關。義憤的人爲鄰人的不應得的好運感到痛苦；妒忌的人在痛苦上更盛於義憤的人，他爲別人的一切好運都感到痛苦；[56] 而幸災樂禍的人則完全缺少此種痛苦，而是反過來爲鄰人的壞運氣感到高興。[57] 我們在後面還有機會討論這些品質。[58] 關於公正，由於它是在多種不同意義上使用 [1108b]

---

56 萊克漢姆（第一〇五頁）認為此處遺漏了「義憤的人則為他人不應得的不幸感到痛苦」。

57 χαίρειν，字面意義是為某某事務感到高興。格蘭特、斯圖爾特和羅斯都認為亞里斯多德此處說的是幸災樂禍者為鄰人的壞運氣感到高興。羅斯（第四十三頁注）說，亞里斯多德的意思必定是，妒忌者為鄰人的所有好運，不論是否應得，感到痛苦；幸災樂禍者則為鄰人的所有壞運氣，不論應得與否，感到高興，如他把話說完整，他必定會看到這兩者之間沒有對立。這種意見與格蘭特的是一致的。格蘭特（卷I第五〇八—五〇九頁）也認為，亞里斯多德在此處有一種混淆，因為一個人可能同時既妒忌又幸災樂禍。而且，妒忌的人為好人的成功感到痛苦，但幸災樂禍的人也並不為好人的成功感到高興，而是為他的壞運氣感到高興，說這兩者構成對立的兩個極端似乎是個錯誤。不過斯圖爾特（卷I第二一六頁）建議把亞里斯多德指出的分別看作一個邏輯的區別。以許多人的感情經驗來說，我以為格蘭特與羅斯說明的經驗可能是真實的。妒忌與幸災樂禍的確可能發生於同一個人的感情中。但是也可能有這樣的情形：有人不存在妒忌而只懷著幸災樂禍的感情。所以不妨說亞里斯多德所指出的也仍然是一種事實，儘管也許不是最重要的一種。

58 參見第三卷第六章至第四卷第九章對於上面談到的各種德性的進一步的討論。

的，我們將在討論這些品質之後[59]區分這些意義，並且說明它們各自在何種意義上是適度的品質（我們也將以同樣的方式討論邏各斯的德性）。[60]

八、適度和過度與不及的關係

所以，有三種品質：兩種惡——其中一種是過度，一種是不及，和一種作爲它們的中間的適度的德性。這三種品質在某種意義上都彼此相反，[61]兩個極端都與適度相反，兩個極端之間也彼此相反。適度也與兩個極端相反，正如相等與較少相比是較多，與較多相比又是較少一樣，適度與不及相比是過度，與過度相比又是不及，在感情上和實踐上都是如此。例

59 第五卷。

60 ὁμοίως δὲ καὶ περὶ τῶν λογικῶν ἀρετῶν。這句話被格蘭特（卷I第五〇九頁）加上了括弧，理由是：(1)亞里斯多德在《尼各馬可倫理學》和《歐台謨倫理學》的其他地方從未將「邏各斯的」這一限定語用於德性之前；(2)亞里斯多德也不可能說他將表明理智德性是「適度（中間）」，所以(3)這極可能是後人所加。

61 在這一章，格蘭特（卷I第五〇九頁）說，亞里斯多德提出了德性與兩個極端中每一個極端的關係是某種相反者的關係的思想。亞里斯多德在《範疇篇》（第七、八章）中說，德性作為性質與關係包含有相反者。但不是德性與德性相反，而是每種德性都與作為惡的其他性質相反。不過，亞里斯多德分析說，一種德性很可能與兩種相關的惡中的一種（而不是另一種）更為對立和相反。

如，勇敢的人與怯懦的人相比顯得魯莽，與魯莽的人相比又顯得怯懦；同樣，節制的人與冷漠的人相比顯得放縱，與放縱的人相比又顯得冷漠；慷慨的人與吝嗇的人相比顯得揮霍，與揮霍的人相比又顯得吝嗇。所以每種極端的人都努力把具有適度品質的人推向另一端，怯懦的人稱勇敢的人魯莽；魯莽的人又稱勇敢的人怯懦，餘類推。但儘管兩個極端與適度相反，最大的相反卻存在於兩個極端之間。因爲首先，兩個極端相互間的距離比它們各自與適度品質的距離更大些，這正如較多離較少、較少離較多的距離比它們各自與相等的距離更大一樣。其次，有些極端與適度之間還有某種程度的相似，如魯莽與勇敢、揮霍與慷慨，但是兩個極端之間卻總是表現出最大的不相似。既然相互遠離的事物被規定爲相反物，那麼越相互遠離的事物也就越相反。在某些情況，不及與適度較爲相反；在另一些情況，過度與適度又較爲相反。例如，與勇敢較爲相反的不是作爲過度的魯莽，而是作爲不及的怯懦；與節制較爲相反的不是作爲不及的冷漠，而是作爲過度的放縱。其原因有二。一是由於事物自身的性質：由於兩個極端中有一個與適度的品質較接近、較相似，我們就不把這個極端，而把它的相反者與它相對立。例如，由於魯莽顯得比怯懦更接近於勇敢，我們把怯懦而不是把魯莽看作勇敢的相反者。因爲，離適度的品質越遠的極端就顯得越與它相反，這就是事物自身中的原因。第二個原因是我們自身的性質：那些我們越是出於自身本性而愛好的事物，就越顯得與適度的品質相反。例如，我們比較傾向於快樂，所以比較容易放縱（而不是做事體面）。[62]我們把我們本性上更容易去愛好的那些事物視爲適度品質的相反者。所以作爲過度的放縱就更被看作是與節制相反的。

九、適度的獲得

我們已經詳盡地說明了道德德性是適度，以及它是這種適度的意義，即第一，它是兩種惡——即過度與不及的中間；第二，它以選取感情與實踐中的那個適度爲目的。就是由於道德德性是這樣的適度，做好人[63]不是輕鬆的事。因爲，要在所有的事情中都找到中點[64]

---

62 ἡ πρὸς κοσμιότητα。κοσμιότητα，行為合體面之意。斯圖爾特（卷Ⅰ第二一八—二一九頁）認為亞里斯多德在這裡指的是節制，理由是κόσμιος（體面的）與σώφρων（節制的）在希臘語中意義非常接近。但是斯本格爾（L. von Spengel）和萊克漢姆（第一〇九頁）認為它可能為後人所加。

63 σπουδαῖος，好的，引申為好人、誠實的人。亞里斯多德說好人常常使用σπουδαῖος、ἀγαθός、ἐπιείκει三個詞。由於ἐπιείκει來源於ἐπιείκεια（公道），我在文中譯為公道的人；σπουδαῖος和ἀγαθός基本上是在相同意義上使用，我在文中譯為好人。

64 μέσον。這裡說的中點及下面所說的圓心顯然都是在數學與幾何學的意義上說的。韋爾登（第五十五頁）說，亞里斯多德在這裡似乎忽略了他在前面區分的相對於事物的（即數學與幾何學的）中間與相對於我們的適度之間的區別。

是困難的。譬如，不是每個人都能找到一個圓的圓心，只有一個懂得這種知識的人才能找到它。同樣，每個人都會生氣，都會給錢或花錢，這很容易，但是要對適當的人、以適當的程度、在適當的時間、出於適當的理由、以適當的方式做這些事，就不是每個人都做得到或容易做得到的。所以，把這些事做好是難得的、值得稱讚的、高尚〔高貴〕的。要做到適度，首先就要按照卡呂普索[65]所指點的，

牢牢把住你的船
遠離那巨濤與浪霧，[66]

避開最與適度相反的那個極端。因爲在兩個極端之中，有一個比另一個錯誤得更嚴重些。既然要準確地選取適度非常困難，我們不得已而求其次的選擇[67]就只能是如諺語所說——在兩惡中擇其輕。而兩惡取其輕的最好的辦法，就是如上所說明的方法。其次，我們要研究我

[1109b]

65 Καλυψὼ，Calypso，希臘神話中提坦巨人之一阿特拉斯（Atlas）的女兒，俄古癸亞島上的仙女。下面的話，亞里斯多德認為是她奉宙斯（Zeus）之命放奧德賽（Odysseus）回鄉時提醒他的。實則這句原話是奧德賽對他的舵手轉達埃亞島的仙女喀耳刻（Circe）預先提出的警告的話。

66 《奧德賽》（*Odysseus*）第十二章二一九。

67 次好的選擇，希臘的諺語是「只要風停了，我們就得操槳划船」。

們自身容易去沉溺於其中的那些事物（因爲不同的人會沉溺於不同的事物）。借助我們所經驗的快樂與痛苦，我們便可以弄清楚這些事物的性質。然後，我們必須把自己拉向相反的方向，因爲只有遠離錯誤，才能接近適度。這正如我們在矯正一根曲木時要過正一樣。第三，在所有事情上，最要警惕那些令人愉悅的事物或快樂，因爲對於快樂，我們不是公正的判斷者。所以正確的做法是，像年長的人對待海倫[68]那樣對待快樂，並且在每個這樣的情況都複誦他們所說過的話。[69]如果我們像他們那樣地打發快樂，我們就不大可能做錯。總之，這種做法能夠幫助我們選中適度。但這當然是一件困難的事情，尤其是在具體的情況中。譬如，我們很難確定一個人發怒應當以什麼方式、對什麼人、基於什麼理由，以及該持續多長時間。我們有時稱讚那些在怒氣上不足的人，稱他們溫和；有時又稱讚那些容易動怒的人，稱他們勇敢。然而，儘管我們不譴責稍稍偏離正確——無論是向過度還是向不及的人，我們的確譴責偏離得太多、令人不得不注意到其偏離的人。至於一個人偏離得多遠、多嚴重就應當受到譴責，這很難依照邏各斯來確定，這正如對於感覺的題材很難確定一樣。這些事情取決於具體情狀，而我們對它們的判斷取決於對它們的感覺。所以十分明白，在所有品質中適度的品質受人稱讚，但是我們有時要偏向過度一些，有時又要偏向不及一些，因爲這樣才最容易達到適度。

---

68 'Ελένη，Helen，海倫。

69 《伊里亞德》（*Iliad*）第三章一五六－一六〇。

第三卷　行爲；具體的德行

壹、行爲

一、意願行爲

既然德性與感情、實踐相關，既然出於意願的感情和實踐受到稱讚或譴責，違反意願[1]的感情和實踐則得到原諒，甚至有時得到憐憫，研究德性的人就有必要研究這兩種感情和實踐的區別。[2]這種研究對立法者給予人們榮譽或施以懲罰也同樣有幫助。看起來，[3]違反意

---

1 ἑκούσιον，出於意願的，字首 ἑκ- 意義為出於-。ἀκούσιον，違反意願的，字首 α- 就其語源學意義來說有兩種意義：反-或非-（無-）；在有些詞彙中指前者，在另一些詞彙中是指後者，亞里斯多德在本卷的用法基本上是前種意義。此外，亞里斯多德還區分了第三種意願性，οὐχ ἑκούσιον，即非意願或無意願的。但是正如萊克漢姆（第一一六頁注）所說，亞里斯多德在後面的討論中又常常把無意願的感情與行為當作違反意願的來談論，這似乎與 α- 的語義上的雙重性有關。

2 德性，ἀρετή，在希臘人的概念中是與意願聯繫在一起的。斯圖爾特（卷I第二二四頁）說，ἀρετή 是⑴可稱讚的品質和⑵選擇的品質。我們稱讚出於意願的感情和行為，選擇的也就是出於意願的，是意願在人身上的特殊的形式。

3 δοκεῖ，似乎是、看起來。亞里斯多德習慣於以此方式引入一個人們普遍承認的、可以作為談論的出發點的意見。

願的行爲是被迫的或出於無知的。一項行爲，如果其始因是外在的，即行爲者就如人被颶風裹挾或受他人脅迫那樣對這始因完全無助，就是被迫的行爲。但是，如果人們所做的行爲是由於懼怕某種更大的惡，或出於某種高尚〔高貴〕的目的，它是出於意願的還是違反意願的，就可能有爭論。例如，如果一個僭主以某人的父母或子女爲人質，迫使他去做某種可恥的事，如果做了就釋放他的親屬，如果不做就將他們處死，情形就是這樣。在船遭遇風暴時拋棄財物也屬於這類情形。因爲一般來說，沒有人會自願拋棄個人的財物。但是，爲了拯救自己和同伴，頭腦健全的人就會這樣做。所以，這些實踐是混合型的，[4]但是更接近於出於意願的。因爲，在那個特定的時刻，它們是被選擇的，而行爲的目的就取決於做出它的那個時刻。行爲是出於意願的還是違反意願的，只能就做出行爲的那個時刻而言。因此，那個人[5]的行爲是出於意願的，因爲發動他的肢體去行動的那個始因是在他自身之中的，而其初因在人自身中的行爲，做與不做就在於人自己。所以，這些行爲[6]是出於意願的，儘管如果拋開那個環境它們便是違反意願的。因爲，沒有人會因其自身而選擇這種行爲。這些混合型

---

4 μικταί，即部分是出於意願的，部分是違反意願的。亞里斯多德討論倫理學和政治學的問題時，區別兩種極端的情形和中間的情形是他的基本的方法。第二卷對道德德性的討論和此處對行為的討論都採取了這種方法。

5 即上文中所說的，不得不按照那個僭主的命令去做的人和在遭遇風暴時拋棄個人財物的人。

6 韋爾登（第五十九頁）在此處加上了「在實踐的意義上」。

[1110a]

行爲在有些時候，即當人們做恥辱的和痛苦的事是爲著偉大而光榮的目的時，甚至受到讚揚。在相反的情況它們則受到譴責。因爲，沒有高尙〔高貴〕的目的，或只爲微小的目的而承受巨大的恥辱是壞人的特點。另外一些混合型的行爲則得到原諒，儘管不是受到稱讚。例如當某人是由於超過人性限度，因而是無法忍受的壓力而做了錯事時，情況就是這樣。不過，有些行爲是我們即使受到了強制也不大可能做的，或者是我們寧可受盡蹂躪而死也不肯去做的。例如，歐里庇德斯的戲劇中的阿爾克邁翁被迫殺死母親[7]的那種理由就是可笑的。[8]我們有時很難決定，究竟應當犧牲什麼、選擇什麼；或者，究竟應當爲獲得某種東西

---

7 歐里庇德斯（Euripides）的一個已佚失的戲劇中的故事。厄里費勒（Eriphyle）——阿爾克邁翁（Alcmaeon）的母親，因接受一條項鍊賄賂而引誘她丈夫安菲阿拉俄斯（Amphiaraus），阿戈斯的國王，參加征討忒拜的戰爭。臨行時，由於預見到自己將喪命疆場，安菲阿拉俄斯要求兒子阿爾克邁翁和安菲洛斯科（Amphilochus）在他死後向厄里費勒復仇，並詛咒他們若不服從就將遭饑饉和無子之報應。阿爾克邁翁害怕遭到報應，照父親的遺囑殺死了母親厄里費勒。他為此發瘋，並被復仇女神厄里倪厄斯（Erinyes）追殺。

8 亞里斯多德在這裡討論了四種混合型的而又多少存在著選擇的行為：(1)為著偉大而高尚〔高貴〕的目的，這種行為甚至受到稱讚；(2)只為著微小的善，這種行為受到譴責，是壞人的品性；(3)由於超出人性限度的壓力而做出的錯誤行為，這種行為接近於然而又不是被迫的行為，這種行為常常得到原諒；(4)極其恥辱或卑賤的、人們通常寧可飽受蹂躪而死也不大會做的行為，一個人如果做了這種行為，即使是由於超出人性限度的壓力，仍常常得不到原諒。在(3)、(4)這兩種行為中，後一種行為之所以得不到原諒，是因為人們對這些行為

而忍受些什麼。但是更加不易的是堅持已作出的決定。因爲在這類情況下，所預期的東西總是令人痛苦的，而被迫去做的事情又總是恥辱的。正因爲這樣，不屈從於強迫才受到稱讚，屈從於強迫才受到譴責。那麼什麼樣的行爲才應當叫做被迫的？在一般意義上，始因在當事者自身之外且他對之完全無助的行爲就是被迫的。但是，如果一項行爲儘管就其自身而言是違反意願的，然而在一個特定時刻卻可以爲著一個目的而選擇，其始因就在當事人自身中。這種行爲就以其自身而言是違反意願的，但是以那個時刻和那個選擇來說又是出於意願的，這類行爲更像是意願的行爲。因爲，實踐屬於個別[9]的範疇，而這類個別行爲是出於意願的。究竟選擇哪種行爲更好，這很難說清楚。因爲，具體情境中有許多差異。[10]但是，如果有人說，快樂和高尚（高貴）的事物也是強制的（從外部強制著我們的），他就把一切行爲就都說成是被迫的了。因爲首先，我們每個人所做的一切都是爲著這些事物的；其次，那

[1110b]

的惡的恐懼甚至比對痛苦死亡的恐懼更大。所以如果有人做了這樣的事情，他必定是選擇那樣做的。

9 ἕκαστα，原意是每一個、每一件事物。

10 伯尼特（J. Burnet）（《亞里斯多德倫理學》（麥修恩公司，一八九九年），第一一六頁）說，像行為這樣的事物沒有不是發生在這種具體情境中的，所以，說某一類行為是違反意願的，是不真實的，只能說這個或那個行為是違反意願的，在這裡不可能找到科學的規則。斯圖爾特（卷I第二三三頁）說，我們應當這樣理解亞里斯多德，即在討論痛苦的環境下的行為的意願性時，我們必須把行為本身視為一個「個別事務」，一定不要提出關於它的善的一般問題。

些被迫的、違反意願的行爲伴隨著痛苦，而那些旨在獲得令人愉悅的事物的行爲則伴隨著快樂。而且，只譴責外在事物而不責怪我們太容易被它們俘虜，只把高尚〔高貴〕行爲的原因歸於自己，把卑賤行爲的原因歸於快樂，也是很荒唐的。所以似乎是，一個行爲僅當其始因在外部事物上且被強迫者對此全然無助時，才是被迫的。

出於無知的行爲在任何時候都不是出於意願[11]的，然而它們只是在引起痛苦和悔恨時才是違反意願的。誠然，如果一個人由於無知而做某件事情，但是對這種行爲並無內疚感，我們當然不能說他那樣做時是出於意願的。因爲，他並不知道他在做些什麼；然而，既然他不覺得痛苦，也不能說他那樣做是違反其意願的。一個由於無知而做了某件事並感到悔恨的人，才可以說在那樣做時是違反其意願的；不感到悔恨的人，既然是另外的一種，可以說是無意願[12]的。因爲，既然存在區別，最好這種人有自己特殊的名稱。出於無知而做出的行爲和處於無知狀態的行爲[13]也存在區別。一個喝醉的人或處於盛怒中的人，所做的事不被認

11 οὐχ ἑκούσιον，或非意願的（韋爾登）。

12 οὐχ ἑκών 意義上與 οὐχ ἑκούσιον 相同。ἑκών 為 ἑκούσιον 的變異形式。亞里斯多德在此處希望給無悔恨的無知行為者命名，所以使用了一個替換的詞彙。

13 τὸ δι᾽ ἄγνοιαν πράττειν τοῦ ἀγνοοῦντα。出於無知的行為，即由於對行為本身和環境無知識或不知情而做出的行為，所以出於無知而做出的行為是無知者的行為。處於無知狀態的行為，即對行為本身和環境處於無意識狀態，這種行為不是一個本無知識的人的行為，而是一個有知識但沒有實際地去運用知識的人的行

爲是出於無知，而被認爲是由於醉酒或盛怒，儘管他在那樣做時的確不是有知，而是處於無知之中。我們應當承認，所有的壞人都不知道他們應當做什麼、不應當做什麼，這種無知是

為。後一種行為，類似於我們在中文中所說的不經心或由於疏忽而做出的行為。這兩種行為的區別，斯圖爾特（卷Ⅰ第二三四—二三六頁）說，出於無知而做出的行為是不可避免的，處於無知狀態的行為則是可以避免的。他還進一步說，出於無知而做出的行為照亞里斯多德的觀點只是個別（ἡ καθ᾽ ἕκαστα，mere particulars），處於無知狀態的行為則是完全的無知（ἡ καθόλου ἄγνοια）。所以照亞里斯多德的看法，處於無知狀態的行為才是真正意義上出於無知的行為。這從中文方面理解有一定障礙，其原因在於中文中無知與無意識這兩種意義幾乎是分開的，然而在希臘語中這兩層意義在語彙上同源：動詞ἀγνοέω原本這兩層意義都包含，在動詞ἀγνωμονέω中由於不經心或無意識而無知的意義才分離出來。我在文中把後者譯為處於無知，這不是一個貼切的譯法，但是譯為處於疏忽將更為不妥，因為這將完全喪失這個詞中對行為本身與環境的知識的含義，以及在那個環境下行為者仍有選擇（意願）的含義。由於希臘語語彙中的這種區分，那種處於無知狀態的行為才是無知的行為的充分的意義。因為行為者對自己的行為的結果負有責任，對自己所形成的不經心的品質負有責任。不過，斯圖爾特（卷Ⅰ第二三六頁）認為，亞里斯多德說出於無知而做出的行為是無意願的或違反意願的會造成混亂。嚴格地說，這種（偶然的）無知行為的當事人只是不能對行為的結果負責任，因為他沒有能力預見這種後果，但是不能說他在行動時是違反其意願的，儘管他事後悔恨。不過，依斯圖爾特此種見解，出於無知的行為就不存在行動時違反意願的情況。這個問題在倫理學中的確是一個需要討論的重要問題。

不公正的行爲，總之，是惡的原因。[14]然而，把由於不知何種事物有益而做錯的行爲說成是違反意願，是不妥當的。因爲，選擇上的無知所造成的並不是違反意願（而是惡）。違反意願的行爲並不產生於對普遍的東西無知（這種無知受到人們譴責），而是產生於對個別的東西，即對行爲的環境和對象的無知。原諒和憐憫是對於對這些個別事物的無知。因爲，一個對這一切都不知道的人，自然是在違反其意願做事。也許最好先確認這些個別事物的性質與數目。一個人的無知，在於對自己是什麼人，在做什麼，在對什麼人或什麼事物做什麼的無知；有些時候，也包括對要用什麼手段？例如以某種工具做；爲什麼目的？例如爲某個人的安全而做；以及以什麼方式？例如溫和的還是激烈的去做等等的無知。一個人除非瘋了，否則絕不會對這些全然不知。他顯然也知道誰在做事情，一個人怎麼會不知道自己呢！但是，他可能不知道他在做什麼。例如，人們會像埃斯庫羅斯在說到那些祕密時所說的，「話從他們嘴邊說溜了」，或「他們不知道那不能說」。[15]或者，他們會像一個弓弩手辯解

[1111a]

14 這句話所指的應當是蘇格拉底的觀點。

15 奧斯沃特（第五十六頁）引證克雷芒（Clement of Alexandria，西元二—三世紀基督教哲學家）《斯特羅麥忒斯》（*Stromateis*）第二卷第十四章：埃斯庫羅斯（Aeschylus）在阿雷奧帕古斯（Areopagus）被控在其悲劇中洩露了得墨忒爾（Demeter，希臘古神，傳說她女兒把她的宗教密儀洩露給埃勒夫西斯人）的密儀，埃斯庫羅斯以不知道那是祕密請求赦免並被判無罪。劇中的一句話，「它到了我嘴邊」，成了諺語。亞里斯多德此處所指的可能是這句話。

的那樣，只是想告訴人家弓弩如何使用，卻不小心把箭放了出去；其次，人們有時會像麥羅帕[16]那樣，錯把兒子當敵人，或是把一個尖銳的矛頭誤作戴著套子的矛頭，或把一塊重石頭誤作輕石頭。或者，他會把藥水給別人喝，[17]想救人性命，卻反把人毒死。或者，他會在練習拳擊時，原想輕輕一擊，卻致人傷殘。[18]所以，無知是與所有這些個別方面聯繫著的。對任何一件事，特別是對那些最重要的東西，即行爲的環境[19]與後果無知，其行爲就是違反意願的。不過，要說一個行爲處於這種無知狀態而違反當事者的意願，它還必須是痛苦並引起了他的悔恨。[20]

---

16 Merope，歐里庇德斯戲劇《克萊斯豐提斯》中克萊斯豐提斯（Cresphontes）之妻，她險些誤把自己的兒子殺死。亞里斯多德在《詩學》（*De Poetica*）中（第十四章）也提到這個故事。

17 各校本此處不盡相同。考德（Codd）校本此處為 ποτίσας，意思是把東西給人家喝。鮑尼特（M. Bonite）校本此處為 παισάς，意思是失手猛擊。韋爾登（第六十三頁）採取此校本，譯作原想救人卻失手將人擊斃。伯內斯（A. Bernays）校本為 πίσας，意義與 ποτίσας 同，羅斯（第五十二頁）與萊克漢姆（第一二七頁）採取此校本。此處採取羅斯與萊克漢姆。

18 羅斯（第五十二頁）此處譯作「致人喪命」。亞里斯多德此處使用的是 πατάξειν，擊傷與擊殺兩種意義都有。

19 萊克漢姆（第一二七頁）此處作「行為的性質」。

20 萊克漢姆（第一二七頁）此句作：我們可以依據這些方面的無知、公正地稱一個行為為違反當事者意願的，既然違反意願的行爲是被迫的或出於無知的，出於意願的行爲就是行動的始因在了解行爲的具體環境的當事者自身中的行爲。把出於怒氣和欲望的行爲稱爲違反意願的行爲似乎不妥。因爲首先，照這種說法，我們就不能再說其他的動物，以及孩子，能夠出於意願的行動了。其次，是任何出於怒氣與欲望的行爲都是違反意願的，還是高尚〔高貴〕的行爲是出於意願的，卑劣的行爲是違反意願的？既然出於同樣的原因，[21]做這樣的區別當然荒唐。但是，說我們是在違反意願的追求我們應當欲望的東西，這也不合理。對有些事情我們應當生氣，對有些事物，如健康和學習，也應當欲求。第三，人們都認爲，違反意願的東西是痛苦的，符合於欲望的東西則是令人愉悅的。第四，出於推理而犯錯誤與出於怒氣而犯錯誤，這兩者在違反意願這點上又有什麼區別呢？它們都是應當避免的。違反邏各斯的感情[22]也同樣是人的感情，出於怒氣與欲望的行爲顯然也同樣是人的行爲，把它們視爲違反意願的是沒有道理的。

[1111b]

但是有一個前提，即當事者對那樣做感到痛苦和悔恨。

21 指怒氣或欲望。

22 ἄλογα πάθη。πάθη與θυμός的區別在於，它指的只是一般所說的感情或激情。

二、選擇

在說明出於意願的行爲和違反意願的行爲之後，我們接下來討論「選擇」。[23]它顯然與德性有最緊密的聯繫，並且比行爲更能判斷一個人的品質。選擇顯然是出於意願的，但兩者並不等同，出於意願的意義要更廣些。因爲首先，兒童和低等動物能夠出於意願行動，但不能夠選擇；其次，突發的行爲可以說是出於意願的，但不能說是出於選擇的。有些人把選擇等同於欲望、怒氣、希望[24]以及某種意見，這顯然都不對。首先，選擇不像欲望和怒氣

23 προαίρεσις，我已經在前面（第一頁注4）說明，亞里斯多德的選擇概念是同時包含著意圖與能力的追求目的（善）的實踐。一些譯者鑒於其相關於目的與意圖的含義，用意圖來譯解，但是在中文中意圖與實踐或行為有很大距離。在大多數情況，我將以「選擇」來譯解這個詞，只在作者強調其目的時作必要變通。而且，在亞里斯多德的用法上，προαίρεσις主要是對手段和方法的選擇，即在行為的時刻在可能的範圍中對最能實現目的的手段和使用這種手段的方法的選擇。這種選擇，由於不是對於目的的，所包含的目的性意圖已經不是目的本身，而是從屬性的目的性意圖。但是亞里斯多德在後面的第六卷第七、八章中似乎採取了對目的或對目的和手段兩者的選擇的概念。參見萊克漢姆第一一八頁注。

24 βουλή，或βούλησις，動詞形式為βούλομαι，意思是希望、願望、想、願意、選擇等等。βουλή或βούλησις在英語譯本中通常譯為wish或will，後者在中文中又常常被翻譯為意志，然而它的本意是希望最終將發生的事，所以遺囑在英語中稱作will。因βουλή或βούλησις意義上包含（對目的的）選擇，亞里斯多德在本章中

那樣，爲無邏各斯的動物所共有。其次，不能自制者的行爲是出於欲望的，而不是出於選擇的。與此相反，自制者的行爲則是出於選擇的，而不是出於欲望的。第三，欲望和選擇相反，欲望卻不與欲望相反。[25]第四，欲望是對於令人愉悅的或痛苦的事物，選擇則不是。選擇更不是怒氣，出於怒氣的行爲和出於選擇的行爲相去甚遠；選擇也不能說是希望，雖然這兩者顯得很相近。首先，選擇絕不是對於不可能的東西的。如果有人說，他能對不可能的東西進行選擇，他一定是說傻話。希望則可以是對於不可能的東西的，例如不死。其次，希望可以是對於自己力所不能及的東西的，例如希望某個演員或運動員在競賽中獲勝。但沒有人能選擇這樣的事情，人們只選擇透過自己的活動可以得到的東西。第三，希望更多的是對於目的的，而選擇則是對於手段的。例如我們希望的是健康，選擇的是能夠使我們健康的東西；又如，我們希望幸福並且說我們幸福，但是說我們選擇幸福就不妥當了。因爲一般來說，選擇似乎總是對於我們力所能及的事物的。選擇也不可能是意見。[26]首先，意見是對

討論到選擇和希望的關係。

25 萊克漢姆（第一三〇頁）注：這就是說，你無法同時感覺兩種相互矛盾的欲望（儘管你可以感覺到兩種不相容的欲望，但是不可能同時既欲望著一個事物又欲望著不去欲望它），但是你可以同時既欲望著做一件事又選擇不去做。

26 δόξα，關於事物的一般的或總體上的意見。δόξα 的動詞形式是 δοξάζω，意思是想、相信、認為、以為，與做、實踐、行為等等相對立而言。所以，在希臘語中，δόξα 不是就做什麼而言的，而只與是什麼有關。所

於所有事物的，它既可以是對於我們力所能及的事物的，也可以是對於永恆的和不可能的事物的。其次，意見只有眞和假的區別，沒有善與惡的區別。而選擇的區別則主要在於善與惡。所以，人們不大可能把選擇等同於一般意見。但是選擇也不等同於某種具體意見。[27]因爲首先，我們成爲具有某種品質的人，是由於對於善的或惡的東西的選擇，而不是關於何者善、何者惡的意見。我們選擇的是獲得善的東西或避開惡的東西，我們提出意見則是關於某物是什麼，它對誰有益，或者對某人如何有益的。我們不就去獲得什麼或避開什麼的問題提出意見。其次，我們稱讚一個選擇，是由於它選擇了正確的東西；我們稱讚一種意見，則是由於它眞實。第三，我們只選擇知其爲善的東西，對之提出意見的則是我們並不完全知道的東西。第四，最善於選擇的人並不是那些最善於提出意見的人。有些人善於提出意見，但是卻由於惡而做了錯誤的選擇。至於是意見先形成，還是選擇和意見同時形成，這並不重要。因爲，我們要研究的不是這個，而是選擇是否等同於某種意見。[28]然而如果選擇不是前

[1112a]

以 δόξα 與知識有相關的關係：知識是對於充分了解的事物提出的認識或見解；意見則是對於還不充分了解的事物提出的認識或見解。

27 δόξα τις，即對於某某事物是善或惡的見解，與上文的一般意義上的 δόξα 相區別。

28 亞里斯多德此段對選擇與意見的區別的討論的主要論點可要述如下：⑴選擇不同於一般的即不涉及具體物件的意見，因為ⓐ意見可以涉及不可能的事情，選擇只是對於可能的事情的；ⓑ意見的不同在於真與假，選擇的不同在於好與壞。⑵選擇也不同於具體的意見，因為ⓐ我們選擇的是得到什麼和避開什麼，而這些不是意

面說到的那些東西，它究竟是什麼，又屬於哪種事物？它顯然屬於出於意願的行爲，但並非所有出於意願的行爲都是選擇。那麼我們是否可以認爲，選擇是包含著考慮在先的意願的行爲？其實，選擇這個名詞就包含了邏各斯和思想，它的意思就是先於別的而選取某一事物。[29]

三、考慮

我們是考慮[30]所有事物，或者，是所有事物都可以考慮，還是有些事物不能作爲考慮的題材？我們所說的考慮的題材，並不是指瘋子和傻子所想到的東西，而是指有理智的人所考慮的事情。我們不會去考慮永恆的事物，例如去考慮宇宙，或者正方形的對角線和邊的不等關係。我們也不會去考慮總是以同一方式運動的事物，無論是出於必然的，出於自然

見的題材；(b)選擇受稱讚的是它的善，意見受稱讚的是它的真；(c)選擇某某事物是因為認為它善，對某物提出意見則沒有這種考慮；(d)善於提出意見的人並不一定是善於選擇的人。

29 就是說，選擇不僅像知識與意見一樣，包含著邏各斯與理智，而且（也是更重要的）包含著預先的考慮。所以，它就是包含了考慮在先的意願的行為（即實踐）。

30 βουλεύσις，考慮、考量，或思慮、思量。在這一章中亞里斯多德的目的在於對考慮的題材（對象）作出規定。

的，還是出於某種其他原因的，例如冬至和日出。[31]我們也不去考慮經常不以同一方式出現的事物，如乾旱和降雨，以及找到珍寶這類碰運氣的事情。對於人間的事務，我們也不是全都加以考慮，例如，沒有一個斯巴達人考慮爲西徐亞人設計最好的政體，[32]因爲，這些事情不是我們力所能及的。所以其次，我們能夠考慮和決定的，只是在我們能力以內的事情（這也是我們唯一還沒有討論過的東西，因爲被看作原因的東西中包括自然、必然和運氣的東西，以及努斯和人爲的東西）。每一種人所考慮的都是他們可以努力獲得的東西。對於像科學那樣準確和完善的事物，例如文法，不需要考慮（因爲我們對於一個詞該如何拼寫沒有什麼疑問）。但是，那些既屬於我們能力之內又並非永遠都如此的事情，如醫療或經商，就需要作考慮。我們考慮航海的事多於鍛鍊的事，因爲航海的事更不確定，其他這類技藝也一

[1112b]

31　斯圖爾特（卷I第二五七、二五九頁）指出，儘管亞里斯多德一般地以必然（ἐξ ἀνάγκης）述說無機界的運動法則，以自然（φύσις）述說有機界的運動法則（例如出生、生長），他也用自然來述說無機界的法則，例如第二卷第一章談到的石頭的本性（自然）。所以，斯圖爾特說，亞里斯多德所說的必然與自然不能被視為完全相互排除的，但是在他的用語中，自然的東西是在必然所許可的範圍之內的，所以必然的東西是優先的。

32　在萊克漢姆本（第一三五頁）中，「對於人間的事務，我們也不是全都加以考慮。例如，沒有一個斯巴達人考慮為西徐亞人設計最好的政體」，被置於「我們能夠考慮和決定的，只是在我們能力以內的事情（這也是……）」之後。

樣。而且，我們考慮技藝多於科學，因爲對技藝更難判斷。考慮是和多半如此、會發生什麼問題又不確定，其中相關的東西又沒有弄清楚的那些事情聯繫在一起的。在重大事情上，如果我們不相信自己能夠作出判斷，我們就會邀請其他人一起考慮。此外，我們所考慮的不是目的，而是朝向目的的實現的東西。醫生並不考慮是否要使一個人健康，演說家並不考慮是否要去說服聽眾，政治家也並不考慮是否要去建立一種法律和秩序，其他的人們所考慮的也並不是他們的目的。他們是先確定一個目的，然後考慮用什麼手段和方式來達到目的。如果有幾種手段，他們考慮的就是哪種手段最能實現目的；如果只有一種手段，他們考慮的就是如何利用這一手段去達到目的，這一手段又需要透過哪種手段來獲得。這樣，他們就在所發現的東西中一直追溯到最初的東西（因爲進行考慮的人似乎像上面所說的那樣，研究的是解析一個幾何圖形那樣的方法。[33]當然，似乎並非所有的研究，例如數學的研究，都是考慮，但所有的考慮卻都是研究，並且，分析的終點也就是起點[34]）。如果恰巧碰到不可能的事情，

33 亞里斯多德此處在以幾何證明的過程類比考慮的過程。在幾何證明中，我們假定一個幾何命題成立，然後分析使它成立的條件，「把它分析成越來越簡單的成分，直到達到某種自明的、足以作為解決那個問題的出發點的東西」（斯圖爾特卷I第二五二頁；參見羅斯第五十七頁注、韋爾登第七十頁注和萊克漢姆第一三八頁注）。在亞里斯多德看來，考慮的研究有時也是在這樣地研究方法。

34 τῇ γενέσει。亞里斯多德此處的意思，似乎是指完成一種考慮的起點。考慮就是考慮做事情要從哪裡著手。所以找到了這個點（起點），考慮便完成，行動便開始。

例如需要錢卻得不到錢，那麼就放棄這種考慮。而所謂可能的事情，就是我們自身能力可達的那些事情，這在某種意義上也包括我們的朋友力所能及的事情，因爲這種行爲的始因是在我們自身。[35]人們所研究的，有時是工具，有時是利用這些工具的方法。在其他情況[36]也是這樣。所研究的有時是用何種手段，有時是以何種方式利用它。所以，如之前所說過的，人似乎是行爲的始因。考慮就是對以自身努力可以去做的事情的考慮，而行爲都是爲著別的事物的。[37]所以，所考慮的東西並不是目的，而是達到目的的手段。同時，我們所考慮的也不是個別的東西，例如這是不是一塊麵包，以及是不是照應該的樣子烤出來的。這些事情是感覺[38]的對象，如果考慮不斷繼續下去，就會陷入無窮。考慮的對象也就是選擇的對象，除非是選擇的對象已經確定了，因爲這時，考慮的那個結論已經被選擇了。一個人如果已經把行爲的始因歸於自身，歸於自身的那個主導的部分，[39]他也就不用再考慮該怎麼做的問題了。

[1113a]

35　因為，朋友就是另一個自身（1166a34）。在希臘的古老的友愛觀念中，朋友是屬於自身的，是自身力量的延伸。

36　如果亞里斯多德在前面所說的是指對技藝的考慮，這裡接下去說的，就是其他活動中對方法的考慮，就像萊克漢姆（第一三九頁）所建議的那樣。或者也可以把這兩種所指反過來領會。

37　就是說，行為都是為著某種目的的，都是手段而不是目的本身。

38　αἰσθήσεως，感覺、知覺。

39　即有邏各斯的或理性的部分。

因爲，我們自身中作選擇的也就是這個部分。[40]這可以由荷馬述說的古代政體[41]的例子得到說明。在這些政體中，王向人民宣布他的選擇。既然所選擇的是我們在考慮之後所期求的東西，那麼選擇也就是經過考慮之後的、對力所能及的事物的期望。因爲，在選擇了某種經過考慮而確定的事物時，我們也就會按照所作的考慮而期望它。關於選擇，我們就概要地說明到這裡，我們已經表明它的題材的性質，以及它是對於朝向目的的實現的東西。[42]

四、希望

如前面說過的，[43]希望卻是對於目的的。但是有人說，所希望的東西是善，有的人則

---

40 所以，如果是靈魂的有邏各斯的部分在作選擇，我們便不再需要作考慮。

41 按照亞里斯多德的看法，荷馬述說的古代政體是未退化的王政。這種政體中的主導的部分是王。人的有邏各斯的（理性的）部分告訴他應當選擇什麼，正如王向臣民宣布法律。

42 亞里斯多德本章對於選擇的題材的討論在結構上分三個部分：(1)選擇的題材不是我們能力以外的事務，例如(a)瘋子或傻子所考慮的東西，(b)永恆法則，(c)必然或自然的變化，(d)無規則性的變化，(e)偶性的或碰巧的事情，(f)超出我們能力的人類事務；(2)選擇的題材是那些在能力之內而又不確定、需要作判斷的事務；(3)選擇的題材不是目的，而是達到目的的手段。

43 本卷第二章。

說，所希望的是顯得善的東西。[44]然而，那些認爲所希望的東西是善的人無法避免一種結論，即如果一個人的選擇不正確，他所希望的東西就不是他眞正希望的（因爲假如他希望的是他眞正希望的東西，這就應當是善；但是在所假定的這種情形下，他希望的東西卻對他是惡）。另一方面，那些認爲所希望的是顯得善的東西的人也不能逃避一個結論，即除了對每個個人顯得善的東西，並沒有什麼事物自然地就顯得善。然而對於不同的人顯得善的東西，卻是不同的甚至可能是對立的。如果這兩種結論[45]都不令人滿意，那麼是否應當說，在一般的或眞正的意義上，所希望的東西就是善；而每個個人所希望的，則是對於他顯得善的東西：好人所希望的善，就是他眞正希望的善，壞人所希望的善，則碰到什麼就是什麼（正像在身體方面，那些眞正有益的東西，就對那些體質好的人有益，對那些生病的人，有益的則是另外一些東西，如苦的、甜的、熱的或硬的東西等等[46]）？因爲，好人對每種事物都判斷得正確，每種事物眞的是怎樣，就對他顯得是怎樣。每種品質都有其高尚〔高貴〕的東西和愉悅的東西，而好人與其他人最大的區別似乎就在於，他能在每種事物中看到眞，他彷彿

44 這兩種意見中，前者是柏拉圖的觀點，後者是智者派的觀點。參見柏拉圖《高爾吉亞篇》（*Georgia*）466及以下。

45 指上面兩種觀點各自不能避免的結論。

46 即其眞實的本性是苦的、甜的等等的東西。

就是事物的標準和尺度。[47]許多人似乎是被快樂引入歧途的，因爲它們儘管不是，卻顯得是某種善。結果，人們都把快樂當作善來選擇，而把痛苦當作惡來逃避。

五、德性、惡與能力

既然希望是對於目的的，實現目的的手段則是考慮和選擇的題材，那麼與手段有關的行爲就是根據選擇而確定的，就是出於意願的。但是德性的活動也是與手段相關的，德性是在我們能力之內的，惡也是一樣。因爲，當我們在自己能力範圍內行動時，不行動也在我們的能力範圍之內，反之亦然。所以，如果做某件事是高尚〔高貴〕的，不去做是卑賤的，那麼如果去做那件事是在我們能力之內的，不去做就同樣是在我們能力範圍之內的；如果不去做某件事是高尚〔高貴〕的，去做是卑賤的，[48]那麼如果不去做那件事是在我們能力之內的，去做就同樣是在我們能力範圍之內的。既然做還是不做高尚〔高貴〕的行爲，做還是不做卑 [1113b]

47 亞里斯多德的觀點總體上處於柏拉圖與智者派之間。希望在一般意義上是對於善的，在經驗意義上是對於顯得善的事物的；但對好人顯得善的也就是真正善的，因為他的品質使他對何事物是善的看法與事物本身的邏各斯一致。這裡值得注意的是，在確定善的根據時，亞里斯多德最終引入了真的尺度。

48 αἰσχρὸν，醜的、恥辱的、卑賤的。

賤的行爲，都是我們能力範圍之內的事情；既然做或不做這些，如我們看到的，[49]關係到是一個人是善還是惡，做一個好人還是壞人就是在我們能力範圍之內的事情。有句話說，

沒有人願意作惡，也沒有人不願意享得福祉。[50]

這說得對也不對。說沒有人不願意享得福祉是對的，但是說沒有人願意作惡卻不正確。不然，我們就至少要推翻前面所說的，並且承認，人不是像是作爲父親那樣地是他自己行爲的始因。而如果我們前面所說的那些是對的，如果我們不能把我們行爲的始因說成是在我們之外的，那麼其始因是在我們自身的行爲就是在我們能力範圍之內的，就等於是出於我們意願的。這一點在私人和立法者自己的活動中都可以得到見證。因爲首先，私人與立法者都懲罰和報復做壞事的人——除非那個人的行爲是被迫的或出於他不能負責的無知的[51]，並褒獎行

49　1112a1-4。

50　斯圖爾特（卷I第二七五頁）引證伯格克（T. Bergk），認為此語出於梭倫，萊克漢姆（第一四四頁）也持這種意見。

51　參見本卷第一章（1110b25-1111a2）對出於無知的行為的討論。格蘭特（卷II第二十七頁）對於亞里斯多德這一段話的觀點有一出色的評論：「這一〔褒獎與懲罰的〕事實並不足以否定一個形上學的理論，即立法、法官、罪犯等都是在由於不可抗拒的因果鏈而做著他們所做的事情。但是在倫理學上和政治學上，亞里斯多

爲高尚（高貴）的人，以鼓勵後者，遏止前者。但是，沒有人會鼓勵我們做任何我們能力之外、且不是出於我們意願的事情。因爲，要說服我們不覺得熱、不覺得痛或不覺得餓是沒有用的，[52]我們還是依然感覺到它們。[53]其次，如果一個人是應當對於他的無知負責任的，我們還要因這種無知本身[54]而懲罰他。[55]例如，對於醉酒後肇事的人加倍量刑，[56]因爲肇事的始因是在醉酒的人自身——他無知的原因是他喝醉，而他本可以不喝醉。第三，如果一個人本應當知道法律的規定，並且獲知它也並不困難，卻由於不知道它而犯了罪，我們也要懲罰他。此外，我們也懲罰其無知是出於疏忽的犯罪者，我們認爲他們本不應當無知，因爲他們有能力做事小心。有人可能提出爭論，說有的人也許天生就不會做事小心，但是，這些人還是對自己這種不會做事小心的品質負責任。這正像如果他們由於做事不公正或把時光消磨在

[1114a]

德的論點足以確立一個實踐的自由假定。任何一個理論體系都必須考慮這個假定。」

52 亞里斯多德在此處以感覺作類比。

53 即，即使有人努力說服我們，我們還是同樣感覺到熱、痛和餓等等。

54 本書第三卷注13已說明，亞里斯多德把疏忽的無知（處於無知），即具有相關知識然而失之疏忽的無知，視為本來意義上的出於無知。

55 這句話是接著上文「除非那個人的行為是被迫的或出於他不能負責的無知的」，在討論與之相反的情形。

56 這是一條畢達庫斯（Pittacus of Mitylene）法。《政治學》1274b19：畢達庫斯法的一個特點是人在醉中犯罪，課刑加重。

飲酒上面而變得不公正或放縱，自己就要對這件事負責任一樣。因爲首先，一個人的品質就決定於他怎樣運用他的能力。這從人們爲著競賽活動而訓練自己的例子就可以看出來：他是不間斷鍛鍊的。如果一個人不知道品質是養成於行爲的，他就是無感了。其次，說一個做事不公正或行爲放蕩的人並不希望成爲不公正的人或放蕩的人是不合邏各斯的。如果一個人不是不知道，卻做著會使他變得不公正的行爲，那麼就必須說他是出於意願變得不公正的。[57]但是這並不意味著，只要他希望，就能夠不再不公正並且變得公正；這就好比一個病人不可能希望痊癒，病就眞的痊癒。當然，他可能是出於意願、由於生活不節制或者不聽從醫生的話而得的病。若是這樣，他曾經是能夠不得病的，但是一旦他失去了這個機會，他就無法再那樣了；[58]這就好比你把石頭扔出去，就無法再收回來，但你是能夠不把它扔出去，因爲行爲的始因在你自身。同樣，不公正的人或放縱的人一開始是能夠不變得那樣的，所以他們是出於意願變得不公正的或放縱的。但是在他們已經變得不公正或放縱之後，他們就必然是不公正的或放縱的了。第三，不僅靈魂的惡，而且身體的惡有時也是出於意願，因而受到譴責。儘管沒有人會譴責一個人長得醜陋，我們卻譴責一個人由於不當心或缺乏鍛鍊而造成的

57 「如果一個人不是不知道，卻做著會使他變得不公正的行為，那麼就必須說他是出於意願變得不公正的」這句話，萊克漢姆（第一四七頁）放在「其次……」之前。

58 即不得那種病，或想不得那種病就真的不得。

醜陋。對於身體的孱弱和發展障礙也是這樣，沒有人會譴責一個生來失明或由於得病或意外而失明的人，相反，我們反而憐憫他；但是我們譴責一個因不節制或放縱而失明的人。所以在身體的惡之中，受到譴責的是由我們自己的原因造成的惡，而不是我們不能對之負責任的那些惡。若是這樣，我們所譴責的其他的惡就也是在我們能力之內的。可能有人會說[59]：「我們都追求對自己顯得善的東西，但是它們對我們顯得善這件事卻不在我們能力之內。而每個人的善觀念又是由他的品質決定的。所以，如果一個人在某種意義上對自己的品質負有責任，[60]他也在某種意義上要對自己善的觀念負責任。如果一個人對自己的善觀念不負責任，就沒有人對他所作的惡負責任——每個人就都是出於對其目的的無知而做事情的，並且認爲這樣做就將獲得他的最大的善，他追求其目的的行爲也就不是出於選擇的行爲。所以一個人似乎需要天生具有一種視覺，使他能形成正確的判斷和選擇眞正善的事物。一個生來就具有善品質的人就是在作這種判斷上也有自然稟賦的人。因爲，這種稟賦是最好、最高尚

[1114b]

59 下面這段話，似乎是亞里斯多德用他自己的話來描述反對者對他的觀點的反駁，引號為本文中原有的（見萊克漢姆第一四八、一五〇頁）。其要點有四：⑴一事物對我們顯得善這件事並不在我們的能力之內；但是⑵亞里斯多德要求我們對這件不在我們能力之內的事負責任，因為他認為我們對自己的品質負有責任；⑶如果我們承認亞里斯多德的要求是合理的，我們就需要有一種天生的（由自然賦予的）稟賦，使我們天生能夠辨別真正是善的事物；⑷而有了這種稟賦，我們也就有了好的品質，就無須再自己對自己的品質負責任。

60 這是指亞里斯多德自己的觀點。

〔高貴〕的饋贈，它不是我們能夠從別人那裡獲得或學會的，而是像生來就具有那樣始終具有的東西。[61]具有這樣的稟賦也就是具有完善而高尚〔高貴〕的本性。」如果[62]這種說法是對的，那麼爲什麼德性比惡更加是出於意願的呢？對好人和壞人來說，目的都一樣是由自然或不論什麼確定的，而人們無論做什麼，其活動都是指向這目的的。那麼，一種被一個人視爲目的的東西是否並非由自然賦予，而是部分取決於他自己？或者，是否目的是自然賦予，德性卻出於意願——因爲好人做事情都是出於意願？無論答案是何者，惡都像德性一樣是出於意願的。因爲在壞人身上，儘管不是在他對於目的的選擇中，也同樣存在著行爲的原發性。所以，如前面說過的，如果德性是出於意願的（因爲，我們自己是品質的部分原因，

---

61 亞里斯多德在這裡使用的語言有柏拉圖的背景，例如柏拉圖在《美諾篇》（*Meno*）中說德性是神的饋贈，所以接受者無法傳之於他人。

62 亞里斯多德下文中所作的回應的要點有三：(1)首先，反對者的意見中有一個基本的矛盾——他們願意承認德性的意願性，而不願意承認惡的意願性。這表明德性的意願性，即德性是我們對之負責任的品質，是一種一致的意見，這種意見可以作為討論的一個出發點（事實上他也把這作為他整個倫理學討論的一個出發點）。然而他們在否認我們對於自己的惡負有責任的同時，也否認了德性是部分決定於我們自身。所以他們是自我矛盾的。(2)不論人的目的是部分決定於自己，還是儘管目的是從一開始就被決定，而德性（作為手段）決定於我們自己，惡都與德性一樣是出於意願，因而也是我們應當對之負責任的。所以，(3)我們善（目的）的觀念取決於我們部分對之負有責任的品質。

而正是由於我們具有某種品質，才會確定這樣那樣的目的），惡就也是出於意願的，因爲對這兩者來說情況是相同的。

我們已經概略討論德性的一般性質，表明了德性的種（即它們是適度、是品質[63]）、表明了德性使我們傾向於去做，並且按照邏各斯的要求去做，產生著德性的那些行爲[64]（以及德性是在我們能力以內的和出於意願的）。但是品質出於意願的情況與行爲不一樣。對於行爲，只要我們了解具體情況，我們可以自始至終掌握。而對於品質，儘管我們可以在初始時掌握它，我們卻察覺不到它的細微的發展，正如我們察覺不到病的發展一樣。但是由於品質是在我們能力之內的，它們仍然是出於我們的意願的。[65]

---

63 括弧裡面的話，萊克漢姆（第一五四頁注）認為是後人所加。關於品質是德性的種，參見第二卷第五章最後部分和第六章開頭部分。

64 關於德性養成於一定的行為，參見第二卷第二章。

65 從「但是品質出於意願的情況與行為不一樣」開始的這一段話，一些作者，如斯本格爾和斯卡利格（J. J. Scaliger），認為從所討論的內容應放在上段結尾處。另幾位注釋者，如斯圖爾特（卷I第二八一頁）和萊克漢姆（第一五三頁注），認為應在更前面些（1114a22），即接在「但是在他們已經變得不公正或放縱之後，他們就必然是不公正的或放縱的了」的後面，或者是那段話的注釋。不過，這段話很可能是亞里斯多德對於從第二卷第五章到目前（第三卷第五章）為止，對德性性質的一個總結。從這點看，這段話在這裡是與上下文相關的。

但我們還是再回過來談談那幾種德性，[66]談談它們的性質，與之相關的題材，以及它們與這些題材相關的方式。在討論的過程中我們也會說清楚有多少種德性。

66 即在第二卷第七章概略說明過的那些德性。亞里斯多德下面轉向對在那裡提到過的幾種具體德性的討論。

貳、具體的德性

六、勇敢的範圍

我們首先來談談勇敢。我們已經說明白了，[67]勇敢是恐懼與信心方面的適度。顯然，使我們恐懼的是可怕的，即一般所說的壞的事物。所以，人們有時把恐懼定義爲對可怕事物的預感。[68]誠然，我們對所有壞的事物都感到恐懼，如恥辱、貧困、疾病、沒有朋友、死亡，但是我們並不認爲勇敢是與所有這些事物相聯繫的。因爲首先，對有些壞的事物感到恐懼是正確的、高尚〔高貴〕的，不感到恐懼則是卑賤的，例如恥辱，對恥辱感到恐懼的人是公道的、[69]有羞恥心的[70]人，對恥辱不感到恐懼的人則是無恥的人。人們有時在類比意義上稱一個無恥的人勇敢，是因爲他與勇敢的人有個類似之處，即勇敢的人也是無恐懼的。其次，儘

---

67 1107a33-b4。

68 這可能是指柏拉圖。柏拉圖在《萊克斯篇》（*Laches*）中（198-201）把勇敢規定為關於恐懼與信心的知識，認為恐懼的原因是「未來的惡」。

69 ἐπιεικής，公道的、適宜的、體面的、公平的、公正的。亞里斯多德關於公道和公道的事務的討論，見第五卷第十章。

70 αἰδήμων，面對著羞恥的、值得尊敬的，由名詞羞恥心（αἰδώς）演變而來。

管對貧困、疾病，總之，對不是由於惡、也不是由於我們自身而產生的壞事物，當然不應當感到恐懼，但是對這些事物不感到恐懼不等於勇敢（儘管我們也在類比意義上說他勇敢）。因爲，有些人在戰場上怯懦，在使用錢財上卻很慷慨、很有信心。此外，一個人如果害怕妻子或孩子受到侮辱，害怕妒忌或諸如此類的事情，也不等於怯懦；一個人如果在要受鞭刑時也表現出很有信心，[71]也不等於勇敢。[72]那麼勇敢是對於哪些可怕的事物而言的呢？也許就是那些最重大的可怕事物？因爲勇敢的人比任何其他人都更能經受危險，而死就是所有事物中最可怕的事物。因爲死亡就是終結，一個人死了，任何善惡就不會再降臨到他頭上了；但是，勇敢又不是與所有情況下的死相聯繫的，例如，在海上落水時和在疾病中敢於面對死就算不上勇敢。那麼在哪些情況敢於面對死才算是勇敢？也許是那些最高尚〔高貴〕的情況，也就是在戰場上？因爲，戰場上的危險是最重大、最高尚〔高貴〕的，所以不論是城邦國家還是君主國家，都把榮譽授予在戰場上敢於面對死亡的人們。所以，恰當地說，勇敢的人

---

71 θαρραλέος，大膽的、有信心的；由動詞 θαρρέω 派生。如本書第二卷注44已說明的，亞里斯多德在指勇敢時，使用的是 ἀνδπεια，信心的過度狀態在他看來與恐懼的不及，即不恐懼或不知、不覺恐懼的狀態，屬同一極端。

72 亞里斯多德此處的核心論點是，雖然勇敢是無恐懼，但無恐懼不等於勇敢。因為：(1)對某些事物（如恥辱）感到恐懼是正確的；(2)對某些事物，即那些不是由於我們自身原因而產生的壞事物（如疾病），不感到恐懼也不等於勇敢；(3)對某些事物（如妻子受辱）感到恐懼也並不等於怯懦。

是敢於面對一個高尚〔高貴〕的死，或敢於面對所有瀕臨死亡的突發危險——即戰場上的那些危險的人。這並不是說，勇敢的人在海上落水時和在疾病中會對於死感到恐懼，不過他的無恐懼與船員的那種無恐懼並不一樣。因爲勇敢的人此時不抱得救的希望，但是也抵抗著死；而船員則出於經驗而抱有得救的希望。而且，我們表現出勇敢是在我們可以英勇戰鬥和高尚〔高貴〕地死去的場合，而在這樣的災難中這兩者都不可能。[73]

[1115b]

七、勇敢的性質

可怕的事物並非對所有人都同樣可怕。但是，有些事物的可怕是超出人的承受能力的，所以這些事物至少在感覺上對每個人來說都是可怕的。那些處於人的承受能力之內的則在數

73 格蘭特（卷Ⅰ第三十二—三十三頁）在此處有一出色的評論。他說，亞里斯多德對於勇敢的說明，雖然在某些方面與柏拉圖的觀點對立，在某種程度上卻得益於柏拉圖對於勇敢的說明。柏拉圖在《普羅塔格拉斯篇》（349-351, 350-361）中認為勇敢是關於真正安全和真正危險的事物的知識，然而在《萊克斯篇》（198-201）中又認為，如果勇敢是知識，它就不是上述那種知識，而是關於善與惡的知識；在《理想國》（*Republic*）（430 b）中，勇敢則被描述為靈魂不受危險的驅使而始終保持正確的邏各斯的能力。亞里斯多德在接受所有這些說明的同時，把它們確定為靈魂的一種品質（而不是能力）和道德的（而不是理智的）德性，即面對一個高尚〔高貴〕的死而無畏懼地戰鬥的品質或德性。

量和程度上差別甚大（那些激發人的信心的東西也是這樣）。人能夠多勇敢，勇敢的人就能夠多勇敢。[74]所以，儘管他也對那些超出人的承受能力的事物感到恐懼，他仍然能以正確的方式，按照邏各斯的要求並爲著高尚（高貴）之故，[75]對待這些事物。這也就是德性的目的所在。一個人對於這些事物的恐懼可能過度或不及。他也可能對其實沒有那麼可怕的事物感到了恐懼。錯誤或者是在於對不應當害怕的事物，或者是以不適當的方式、在不適當的時間感到恐懼。信心方面的情形也是這樣。所以，勇敢的人是出於適當的原因、以適當的方式以及在適當的時間，經受得住該經受的，也怕該怕的事物的人。[76]（因爲，勇敢的人總是

---

74 亦即，人的能力界限也就是勇敢的人勇敢的界限。因為如上文所說的，超出人的能力的可怕事物也是勇敢的人無法承受的。

75 關於德性的行為方式的性質，亞里斯多德在此處區分了「按照邏各斯的要求」（ὡς ὁ λόγος）和「為著高尚之故」（τοῦ καλοῦ ἕνεκα）兩者。前者相關於行為的正確性，後者相關於行為的目的。希臘詞 καλόν，如已指出的，具有高尚（高貴）、美好等多方面的意義。萊克漢姆（第一五八頁注）建議在此處以適合性（fitness）來表達 τοῦ καλοῦ。但適合性是一個正確性的要求，而不是目的的高尚性的要求。

76 在把勇敢規定為為著一個高尚（高貴）的目的而面對巨大的突發危險的品質（見第六章）之後，亞里斯多德在本章進一步討論勇敢所包含的承受（痛苦、危險等等）含義。承受與柏拉圖所說的「保持」是基本一致的。但承受不再是對理智的正確知識的保持，而是對面對危險的道德德性的保持。亞里斯多德提出這樣的問題：勇敢意味著承受一切，還是有所限定？他首先肯定，勇敢只意味著承受人所能夠承受的事物。因為，存在著

以境況所允許的最好的方式，並按照邏各斯的要求去感覺和行動。每個人的每個實現活動的目的都是與他的那種品質相符合的。勇敢的人也是這樣，他的勇敢是高尚〔高貴〕的，因而勇敢的目的也是高尚〔高貴〕的。因爲每種事物的品質就決定於其目的。[77]所以，勇敢的人是因一個高尚〔高貴〕的目的而承受著勇敢所要求承受的那些事物，進而做出勇敢所要求做出的那些行動的。）在那些極端的人之中，在無恐懼方面過度的人沒有專門名稱（我們曾說過，[78]許多品質都沒有名稱）。不過，如果一個人任何事物都不懼怕，就像克爾特人據說連

超出人的承受能力的事物。對這些事物，勇敢的人自然也抱有恐懼，但是他是以正確的、恰當的方式，並且為著高尚〔高貴〕之故，抱著對這些事物的恐懼。所以，勇敢是在於承受的方式與目的，而不只在於所承受的可怕事物的巨大。

77 實現活動的目的既是一個外在的事物，又是行為本身的美好、完善。勇敢的人的勇敢總是為著一個高尚〔高貴〕的事物（目的）的，同時也總是為著行為本身的美好與高尚〔高貴〕的。因為勇敢的人就是這樣的人。格蘭特（卷II第三十六頁）於此處說，在亞里斯多德的這個表達裡面，目的（τέλος）處於動機與完善之間，即它既是動機又是完善。

78 1107b2, b29, 1198a5。

地震和巨濤都不懼怕[79]那麼，我們就會說他不正常和遲鈍。在（面對眞正可怕的事物時[80]）信心上過度的人是魯莽的。但是，魯莽的人也常常被視爲自誇的人和只是在裝作勇敢的人。這種人希望的是在面對可怕的事物時，顯得是在像一個勇敢的人那樣地行動，所以，在能模仿勇敢的人的情況[81]他就總是去模仿。因此，大多數魯莽的人內心裡是怯懦的——他們在沒有危險的情況表現得信心十足，可是卻不能眞正經受危險。在恐懼上過度的人是怯懦的，因爲他對不該怕的事物也怕，而且是以不適當的方式；怯懦的人同時也在信心上不及，不過他的品質主要表現在對於所出現的痛苦的過度恐懼上。所以，怯懦的人是那種事事都怕的沮喪的人。勇敢的人則正好相反，因爲一個對事物抱有希望的人自然就有信心。所以說，怯懦的人、魯莽的人和勇敢的人都是與同樣的事物相聯繫的，差別在於對待這些事物的方式不同。前兩種品質是過度與不及，第三種則是適度的、正確的品質。其次，魯莽的人在危險來到之前衝在前面，但當危險到來時卻退到後面；勇敢的人則在行動之前平靜，在行動時精神振奮。

[1116a]

79 這似乎是指某句詩文。參見《歐台謨倫理學》1229b28。與亞里斯多德幾乎同時的歷史學家艾弗羅斯（Ephorus）的著作中也有同樣的述說（參見斯圖爾特卷I第二八九頁）。

80 萊克漢姆（第一六一頁注）認為括弧中的話是後人所加，理由是亞里斯多德說信心時的參照不是可怕的事物，而是無恐懼的程度。

81 就是說，在如此模仿而不會有過於危險的情況。

所以，如上所說，勇敢是在所說過的那些情況，[82]在對待激起信心或恐懼的那些事物上的適度。它如此選擇和承受是因爲這樣做是高尚〔高貴〕的，不這樣做是卑賤的。[83]但是，以死來逃避貧困、愛或其他任何痛苦的事物卻不是一個勇敢的人，而毋寧說是一個怯懦的人的所爲，因爲在困難之中，逃避是更軟弱的行爲。而一個人這樣做不是因爲這樣面對死是高尚〔高貴〕，而是因爲這樣可以逃避可怕的事物。

八、相似於勇敢的其他品質

勇敢的性質就是這樣。但是，勇敢這個名稱也被用到其他五種品質上面。首先是公民的[84]勇敢，它最像是眞正的勇敢。公民們承受危險似乎是因爲怯懦的行爲將會招致法律的懲

---

82 本卷第六章。

83 參見 1115b11-24。

84 πολιτικός，政治的、憲法的、公民的。公民的勇敢這一提法，按格蘭特（卷II第三十七頁）說，最早見於柏拉圖《理想國》（430c）。斯圖爾特（卷I第二九二頁）與萊克漢姆（第一六二頁注）說，柏拉圖所說的公民的勇敢與亞里斯多德所說的有一重要的不同。柏拉圖所說的公民的勇敢是指「基於關於什麼東西可怕、什麼東西不可怕的正確的意見上」的勇敢，與奴隸的和獸類的勇敢相對。亞里斯多德所指的公民的勇敢儘管也不同於奴隸的勇敢（他所討論的第五種即「無知的勇敢」最接近柏拉圖意義上的奴隸的勇敢）和獸類的勇敢

罰和輿論的譴責，以及勇敢行爲將得到榮譽。所以，那些在其中儒夫受到輕蔑、勇敢的人得到榮譽的民族，似乎都是最爲勇敢的民族。荷馬透過例如狄俄墨得斯和赫克托耳來刻畫的也正是這種勇敢：

波呂達馬斯首先就會責備我；[85]

狄俄墨得斯，

赫克托耳日後準會在特洛伊城内誇口：

（他所討論的激情的勇敢最接近所謂獸類的勇敢），但仍然不是真正的勇敢。因為它是出於對榮譽的期求或對恥辱的躲避，而不是出於對美善即高尚（高貴）的期求。

85《伊里亞德》第二十二章一〇〇（赫克托耳〔Hector〕）——

天哪！要是我退入城門，

波呂達馬斯首先就會責備我。

波呂達馬斯（Polidamas）是赫克托耳的朋友，曾阻止赫克托耳單獨領兵出城作戰。赫克托耳也同樣出於對朋友的愛護，未接受他的意見。這句話是赫克托耳在後悔當初應當接受波呂達馬斯的共同出戰的意見時說的。

> 「是我把泰鐸斯的兒子[86]……」。[87]

這種勇敢與我們在上面描述過的勇敢[88]最爲相似。因爲，它是出於德性（即羞恥感[89]）的，是出於對某種高尚（高貴）（即榮譽[90]）的欲求，和爲著躲避某種受人譴責的恥辱的。由軍官迫使著這樣做的人們的勇敢也可以算作這一類，[91]不過這種勇敢要低一等。因爲，它不是出於羞恥，而是出於恐懼，它想躲避的也不是恥辱而是痛苦。他們的軍官迫使他們勇敢作戰，例如赫克托耳對他的士兵們說，

---

86 指狄俄墨得斯（Diomedes），其父泰鐸斯（Tydeus）是攻打忒拜城的七將領之一。

87 《伊里亞德》第八章一四八——

> 是我把泰鐸斯的兒子打回了戰船。

88 即第六、七章所說明的真正的勇敢。

89 關於羞恥，參見第二卷第七章。亞里斯多德說，羞恥儘管不是一種德性，但是它是一種「感情中的或與感情相關的品質」。此處亞里斯多德稱羞恥為一種德性似與第二卷的見解有差異，不過在品質的概念上仍然是有聯繫的。

90 榮譽是政治生活的目的之一（政治生活也追求德性，參見第一卷第五章），它是一種具體的高尚（高貴）而不是一般意義上的高尚（高貴）。

91 所以，亞里斯多德區分了公民的勇敢的兩個亞類：出於榮辱感的和出於強制即出於恐懼的，前者高於後者。

> 我要是看到誰在戰場上後退，
> 就把他拿去餵狗。[92]

還有些將軍，把隊伍駐紮在陣地，誰後退就鞭打他們，或者在營地的後面挖掘壕溝等等，這些都是強迫的手段。但是，一個人的勇敢不應當出於強迫，而應當出於高尚〔高貴〕。其次，對某些特殊事務的經驗也被當作勇敢。所以蘇格拉底就認爲勇敢是知識。另外一種這類勇敢則表現在各種境遇，特別是職業士兵[93]的特殊的戰爭經歷中。因爲在戰爭中有許多僞詐，對於這些僞詐，只有那些職業士兵才最有機會去經歷。所以，他們顯得勇敢是因爲別人不了解這些事務的性質。經驗還使得他們善於攻防，因爲他們善用武器，並且配備有最好的攻防武器。所以在作戰時，他們就像拿武器的人在對付徒手的人，像訓練有素的運動員在對付生手。因爲，即使是在比武上，最好的戰士也不是最勇敢的人，而是最強壯、最有訓練的人。然而，當危險過大或者對方在人數和裝備上過於占優勢時，職業士兵就會變得怯懦，因

[1116b]

92《伊里亞德》第二章三九一。亞里斯多德所引用的不完全是原話，而且這些話不是赫克托耳而是阿加門農（Agamemnon）說的。

93 οἱ στρατιῶται，不同於來自公民的戰士，羅斯和萊克漢姆譯作 professional soldiers（職業軍人）。萊克漢姆（第一六五頁注）認為亞里斯多德此處所指的是外國雇傭軍人（ξένοι）。

爲他們總是最先逃跑，而公民士兵則戰死在崗位上，就像赫爾墨斯[94]神廟戰鬥[95]中的情形。因爲對公民士兵來說，逃跑是恥辱的，他們寧願戰死也不願逃跑而生還。而職業士兵從一開始就是依賴於他們的力量上的優勢，所以一旦了解眞實情況，他們就會逃跑。他們懼怕死甚於懼怕恥辱。這不是眞正的勇敢。第三，怒氣[96]也被人們視爲勇敢。一個人被一種怒氣激發時，就像一頭在衝向射傷牠的獵手的野獸。這種人被認爲是勇敢的。因爲勇敢的人都具有一種怒氣，怒氣首先就是衝向危險的熱情。所以荷馬寫道：「他的力量在於憤怒」、「喚起他們的力量與怒火」、「他怒火滿腔」、「熱血沸騰」。[97]因爲所有這些都表現著怒氣的激發與衝動。而勇敢的人則是由於高尚〔高貴〕而勇敢，儘管怒氣也提高著他們的勇敢。另一方面，野獸是由於痛苦的驅動而行動的。牠們攻擊人是因爲牠們受到傷害或驚嚇，因爲如果牠

94 Ἑρμαίς，Hermes。在希臘神話中，赫爾墨斯是宙斯和邁亞（Maia）之子，宙斯的傳令使，在稍後的神話中，赫爾墨斯成了畜牧業與牧童的保護神。

95 西元前三五三年發生於克羅尼亞的聖戰。在戰鬥中，克羅尼亞的公民士兵們被福奇斯人擊敗和俘獲，由彼奧提亞人為幫助克羅尼亞的公民而雇傭的軍隊則從戰場上逃跑。

96 θυμός，怒氣、激情、衝動、精神等等。

97 前三句引語出自《伊里亞德》第十六章五二九，第五章四七〇，第二十四章三一八；第四句則不是出於荷馬，而是出於詩人忒奧克里托斯（Theocritus）。

們處於森林（或沼澤）[98]中就不會去攻擊人，所以野獸算不上勇敢。當牠們由於傷痛而衝向危險時，牠們並未預見到自己將要遭遇的危險；如果這也是勇敢，那麼驢在饑餓的時候，就也稱得上是勇敢了。因爲，不論你怎麼抽打牠們，牠們也不會離開食物。（通姦者們由於欲望也會做出許多大膽的事情。）[99]但是，由怒氣激發的勇敢又似乎是最爲自然的勇敢，如果再加上選擇或目的，那就是眞正的勇敢了。人也是憤怒時就痛苦，報復時就快樂。但是，出於這種情形的人儘管驍勇，卻算不得勇敢。因爲他們的行動不是出於高尚（高貴）、出於邏各斯，而是出於感情。[100]但是，他們和勇敢的人又有些相似。第四，樂觀的人也算不得勇敢。因爲，他們是由於多次戰勝敵人，才在危險時刻抱有信心的。不過，他們與勇敢的人很相似，因爲這兩種人都有信心。勇敢的人有信心是由於前面說過的原因；[101]而樂觀的人有信心則是由於己方力量的優勢和無遭受痛苦之虞（喝醉酒的人的行爲也和這差不多，因爲醉

[1117a]

---

98 拜沃特（I. Bywater）（《亞里斯多德〈尼各馬可倫理學〉》（第波格拉芙諾・克萊倫頓尼亞諾公司，一八四七年）第五十七頁）於此處把「或沼澤」括起來，認為是重複或為後人所加。

99 韋爾登（第八十六—八十七頁）和羅斯（修訂本第六十九頁）在此處有「由於痛苦或激情而衝向危險並不是勇敢」。

100 πάθος，感情、激情。

101 1115b11-24。

酒使得他們樂觀）。[102]當結果有違於他們的預想時，他們就會逃跑。而勇敢的人，如已說過的，[103]則敢於面對對於人來說是可怕的或顯得可怕的事物，因爲這樣做是高尚〔高貴〕，不這樣做是恥辱。所以，面對突發的危險，表現出無畏懼和不受紛擾，似乎比在所預見的危險面前的此種表現更是勇敢。前者表現更加是出於品質的，因爲它無法事先準備。面對已預見到的危險而如此表現，可以是出於推斷和邏各斯的；面對突發的危險而如此表現，則必定是出於品質的。最後，對所面臨的危險無知的人也顯得勇敢。這種人與樂觀的人有些相似，但是不及樂觀的人，因爲他們不具備自信。所以樂觀的人還可以堅持一段時間，而被假象欺騙的無知者，如果發現或懷疑情況不是他們所想像的那樣，就會溜掉，就像阿爾戈斯人在錯把斯巴達人當成西錫安人時所做的那樣。[104]關於勇敢的人的特點和那些被當成勇敢的人的特點，我們就已經說完了。[105]

---

102 括弧裡的話，韋爾登（第八十七頁）認為是一個註腳。

103 參見本卷第七章。

104 戰鬥於西元前三九二年發生於科林斯的長城。斯巴達人誤用了西錫安人（Sicyonians）的裝束。此事見於色諾芬（**Xenophon**）《希臘史》（*Hellenica Historiae*）第四卷第四章第十節。

105 在本章，透過提出一個構成對勇敢的性質的否定性的說明，亞里斯多德完成了對於勇敢的性質的討論。勇敢在這裡被依次地區分為：⑴公民的勇敢；⑵經驗的勇敢；⑶出於怒氣的勇敢；⑷樂觀（斯圖爾特作「希望」）的勇敢；和⑸無知的勇敢。這五種類比意義上的勇敢似乎是按照等級的秩序排列的——每一種都優越於它後

九、勇敢與快樂和痛苦

勇敢總是與信心和恐懼這兩方面相關，但與這兩者相關的程度並不相等。它與會引起恐懼的事物的相關程度更大一些。因爲，在引起恐懼的事物面前不受紛擾、處之平靜，比在激發信心的場合這樣做更是眞正的勇敢。如前面說過的，[106]人們有時就把能承受痛苦的人稱作勇敢的人，所以勇敢就包含著痛苦，它受到稱讚也是公正的，因爲承受痛苦比躲避快樂更加困難。不過勇敢的目的卻似乎是令人愉悅的，只是這種愉悅被周圍的環境掩蓋著。這就像競技的情形一樣。因爲，儘管拳擊手所預見得到的那個目的，即花環與榮譽，是令人愉悅的，其血肉之軀所受到的那一次次擊打卻是痛苦的，他們的全部訓練活動也是痛苦的。這些痛苦的活動在數量上如此之大，以至那個最後的目的倒成了小事情，好像也不包含什麼快樂了。如果勇敢的情形也與此相似，它給勇敢的人帶來的死亡與傷痛對於他就是痛苦的。他承受這些痛苦並非是出於意願：他肯承受它們是因爲這樣做是高尚〔高貴〕的，不這樣做是卑賤的。而且，他在德性上越完善，他所得到的幸福越充足，死帶給他的痛苦就越大，因爲，他的生命最値得過，而他又將全然知曉地失去這最大的善，這對他必定是痛苦的。但是

[1117b]

106　1115b7-13。面的那些（那種）勇敢，最接近真正的勇敢的是第一種，即公民的勇敢。

他的勇敢並不因這痛苦而折損，而且也許還因此而更加勇敢。因爲他所選擇的，是在戰鬥中寧可犧牲生命也要做得高尚〔高貴〕。[107]所以說，在獲得果實之前，並非對所有的德性的運用都令人愉悅。[108]不過，這樣的人也許不能成爲好的職業士兵。那些不那麼勇敢、除了自己

---

107 格蘭特（卷II第四十五頁）說，亞里斯多德的這番話明顯表現出對犧牲概念的意識；這個概念是在亞里斯多德之後才在人類的心靈中培育起來的。以亞里斯多德的看法，勇敢的人實際上總在承受痛苦，何以他還要討論他的愉悅？斯圖爾特（參見卷I第三〇一—三〇二頁）說，談論這種愉悅絕不等於可以抵消勇敢者的軀體所承受的痛苦。在《普羅塔格拉斯篇》和《斐多篇》（*Phaedo*）中，蘇格拉底的意思是，很少有人能夠理解他，因為蘇格拉底談論的不是對幸福的意識，而是幸福的型（理念）。一位殉道者為高尚〔高貴〕的原因而死，我們並不認為他的死是無痛苦（至少是肉體的痛苦）的，或者他的肉體的痛苦被他的精神上的愉悅感所抵消。同時我們也不能認為他的接受死亡是為著死後的名譽，因為按亞里斯多德的解說，這樣的勇敢者最充分了解他的死使他失去的是他的最大的善，那個有豐富價值的生命。然而人們的確說這樣的勇敢者在接受死時也感受到愉悅，並且相信他（勇敢者）的確感受到愉悅，儘管這種愉悅抵消不了其肉體所承受的痛苦。這種判斷的真正理由是人們實際上同意，在少數個別情況，做正確的事無須參照公衆的意見和行為，勇敢者的實踐的就是這樣做的結果。勇敢者，或照亞里斯多德的說法，真正的勇敢者，都是有選擇這樣做的。他們在巨大痛苦中可能體驗到的那種愉悅，我們有理由這樣判斷，可能就是基於這一原因。

108 參見第二卷第三章。對勇敢的運用尤其如此。其他的德性一旦作為品質形成，便獲得成果，對於它們的運用便不是痛苦，而是愉悅。一個人如果以節制為快樂，他就是節制的人；一旦成為節制的人，就自然以節制為

的生命外就再沒有什麼好喪失的人倒更可能是好的職業士兵。因爲他們願意去面對危險，也願意爲一點點錢而出賣他們的生命。關於勇敢，我們就談到這裡。從所談過的內容裡，不難了解它的性質，至少是大致的瞭解。

十、節制的範圍

在談過勇敢之後，我們接下來談一談節制。[109] 因爲勇敢和節制是靈魂無邏各斯的部分的快樂，然而對勇敢德性的運用，其成果卻在最終。所以與其他德性相比，勇敢是始終伴隨著對痛苦的承受的德性。參見斯圖爾特卷I第三〇三頁。

109 很難在中文中對譯希臘詞彙 σωφροσύνη，它意味著明智、適度、謹慎、自制、高雅、體面，包含了道德德性的所有這些與明智相關的含義。據格蘭特（卷II第四十七頁）研究，儘管柏拉圖在《克拉底魯斯篇》（*Cratylus*）（411e）中「不很恰當地」把 σωφροσύνη 解說為健全的靈魂（σωτηρία φρόμησεις），σωφροσύνη 很快就獲得了與快樂相關的意義。所以，柏拉圖在《理想國》（430e）中在這種意義上把 σωφροσύνη 解說為對快樂與欲望的控制。亞里斯多德對 σωφροσύνη 的討論是從界定它所相關的那種特殊快樂開始的。但是，柏拉圖與亞里斯多德的討論都顯然是把 σωφροσύνη 看作是健全的心靈對快樂的控制。這種觀念是希臘生活觀念的反映。因此，僅僅把 σωφροσύνη 理解為節制欲望的行為是片面的。所以韋爾登（第四十九頁注2）說，在英語中以 temperance 轉達 σωφροσύνη 的意義是不全面的。但由於 σωφροσύνη 在德性。我們已經說過，[110]節制是在快樂方面的適度（因爲它與痛苦不大相關，而且與痛苦的關係和快樂的關係不同），放縱也是表現在快樂這方面的。所以，我們現在明確說明與節制放縱相關的是哪些快樂。我們首先要在肉體的快樂與對榮譽的愛和對學習的愛這樣的靈魂的快樂之間作一下區分。因爲愛榮譽或愛學習的人只對榮譽和學習這些事情感到快樂，這種快樂所影響的不是肉體，而是靈魂，但是我們並不就這些快樂說一個人節制或是放縱。在其他的與肉體快樂無關的那些快樂上，我們也不說一個人是節制或是放縱。對那些喜歡打探消息和傳播逸事的人，我們說他們嚼舌，而不說他們放縱；對那些因爲損失錢財或朋友亡故而痛苦的人，我們也不會說他們放縱。[111]所以說，節制是與肉體快樂有關的。但是它也不是與所有的肉體快樂都有關。因爲，那些以視覺的對象，例如以顏色、形體和繪畫爲快樂的人，我們既不說他們節制，也不說他們放縱。不過在這些事物上，也有享受快樂是適度還是過度或不及的問題。聽覺的對象也是這樣。誰也不會說沉溺於音樂或表演的人是放縱的，或在這些事上適度的人是節制的。對於喜歡嗅覺上滿足的人，我們也不說他們是節制還是放縱，

[1118a]

中文中已有節制這一俗成的譯名，我將仍然沿用這個譯名。

110 1107b4-6。

111 在靈魂的快樂與痛苦裡面，亞里斯多德只列舉了愛榮譽的快樂、愛打探的快樂和某些感情的這些與靈魂的較低等的部分相關的內容。因為只有這些較低的部分的與快樂或痛苦相關的問題，才有時被懷疑是與節制和放縱相關的。

除非是在偶然情況下。例如，如果有人喜歡聞蘋果、玫瑰或薰香的氣味，我們不會說他們放縱；但是如果有人喜歡油香或佳餚的氣味，我們就會說他們放縱。因爲，放縱的人喜歡這種氣味，是由於這種氣味使他們聯想到他們想吃的那些東西。當然，別的人們如果餓了也會覺得飯香，但只有放縱的人才總是喜歡食物的氣味，因爲這些食物是他們欲望的對象。[112]動物也沒有這些感覺上的快樂，除非是偶然的。狗並不喜歡野兔的氣味，牠喜歡的是吃野兔，那種氣味只是告訴牠們野兔在哪裡；獅子也並不喜歡牛的叫聲，而是喜歡吃牛。牠只是透過那種聲音知道牛走近了牠，所以才顯得是喜歡那種聲音。同樣，牠喜歡的也不是因爲看見「一隻家養的或野地裡的羊」[113]而高興，牠高興的是牠又能得到一頓美餐。所以，節制與放縱是人與動物都具有的，所以顯得很奴性和獸性的快樂相關的。這些快樂就是觸覺與味覺。但是，就是味覺也不都是有關的。因爲，味覺的活動是分辨味道，比如品酒師分辨酒的味道，廚師給菜餚添加味道，但是對味道的分辨並不給人以快樂，至少是對於放縱的人們來說算不上快樂。放縱的人想得到的毋寧說是享受這些味道的快樂，而要得到這種快樂只能借助觸覺，觸覺既存在於所謂性交的快樂上，也存在於享受食物與飲料的快樂上。所以，某位貪

112 萊克漢姆（第一七六頁注）認為從「當然……」至此處的這兩句話與上文文意不協調，有為後人所加之嫌。

113 《伊里亞德》第三章二十四。

食者[114]才會希望他的脖子比天鵝還長，這說明他的快樂在於接觸的感覺。[115]所以，與放縱相關的感覺是那種最爲普遍的感覺。放縱受到譴責也是正確的，因爲這種感覺不是我們作爲人獨有的感覺，而是我們作爲動物所具有的感覺。沉溺於這種快樂，最喜歡這些快樂而不是別的快樂，是獸性的表現。我們在這裡所說的不是那些最高雅的觸覺快樂，例如在健身房裡由於摩擦而產生熱的感覺。放縱的人喜歡的那種觸覺的快樂不是屬於整個身體的，而只是身體的某個部分的。 [1118b]

---

114 τις ὀψοφάγος，貪吃食物的人。斯圖爾特（卷I第三一〇頁）認為這指的是菲洛克塞努斯（Philoxenus），亞里斯多德在《歐台謨倫理學》1231a16 指出了他的名字。不過萊克漢姆（第一七六頁注）認為這顯然是某個悲劇中一個人物，而不是一個真實的人。

115 亞里斯多德討論視覺的、聽覺的、嗅覺的、味覺的和觸覺的快樂的方式，表明他是依照等級次序對它們加以排列的：在這個次序中味覺以及觸覺是處於最低等的地位的，它們是人與動物都共有的快樂；比它們高等的感覺快樂只為人類所具有；而味覺快樂實際上只是肉體的喉部的觸覺的快樂。格蘭特（卷II第四十八—四十九頁）與斯圖爾特（卷I第三〇八頁）都對亞里斯多德的上述論點提出了質疑。問題在於，是否有些動物不僅有視覺、聽覺、嗅覺，而且有視覺、聽覺或嗅覺的快樂，而不是偶然才有這些快樂？狗似乎對人與車輛的活動有明顯的興趣（斯圖爾特）；貓對薄荷的氣味有明顯的喜好；蛇則似乎對音樂有特別的愉悅感（格蘭特）。如果這被證明是真實的，這至少說明，亞里斯多德關於動物在觸覺以外的其他感覺方面不能感受快樂的論點是不可靠的。

十一、節制的性質

在欲望之中，一類似乎是普遍的，另一類則是特殊的、由於習慣而養成的。例如，食欲是正常的，每個沒有食物的人都會想要乾燥的或液體的食物，有時則是兩者都要。當一個人年輕而強壯時，性欲[116]——如荷馬[117]所說——也是如此。但是並不是每個人都喜歡以同種方式來進食或性交，也不是每個人都喜歡同樣的事物或與同樣的異性性交。所以這些欲望又是特殊的。不過，這其中還是有某種正常的東西。因爲，儘管不同的人對不同的事物感到愉悅，人們都認爲有些東西比另外一些東西更令人愉悅。[118]在正常的欲望上，很少有人做錯，而且只可能有一種錯，即過度。因爲，正常的欲望只是補足所需，吃喝到腸胃發嘔的程度必定是超過常量的，所以在這方面做錯的人被稱作貪食者，因爲他們在進食上超出了滿足需要的常量。只有極其卑賤的人才會這樣做。但是在那些特殊的快樂上，則有許多人會做錯，並且是以各種不同的方式做錯。因爲，雖然那些被說成是「愛某某事物的人」可能或者是由於

116 亞里斯多德此處用εὐνῆς，直譯為婚床。

117 《伊里亞德》第二十四章一三〇。

118 所以，個人的偏好在兩種意義上是正常的：第一，它是特定的個人的本性的表現（斯圖爾特，卷I第三一四頁），每個人的本性不同，所以他們的偏好也不同（萊克漢姆，第一七八頁注）；第二，它們是在一定限度之內的，它們都不賦予那些偶性的事物以優先性（斯圖爾特，同上）。

愛了不適當的對象，或者是愛到多數人莫及的程度，或者是以不適當的方式來愛，才被這樣稱呼的，放縱的人卻在這三方面都是錯誤的。他們愛著不適當的（實際上有害的）對象，即使他們所愛是適當的對象，他們也是以不適當的方式來愛，並且愛到超過多數人的程度。所以，在快樂方面過度是自我的放縱，是應受譴責的。在痛苦方面，節制與勇敢的情形有些不同。一個人並不是因爲他面對了痛苦而被稱爲節制的，也不是因爲他無法面對痛苦就被稱爲放縱的。放縱的人被稱爲放縱是因爲他由於沒有得到快樂而不適當的感覺痛苦（由快樂造成的痛苦）；而節制的人被稱爲節制，則是由於他在沒有得到快樂或回避快樂時不感覺痛苦。

所以，放縱的人欲求所有快樂或那些最突出的快樂。他受欲望的宰制，只追求這些快樂而不追求其他的東西。所以，他感覺著兩種痛苦：得不到快樂的痛苦和渴望著快樂的痛苦，因爲欲望就包含著痛苦，儘管因快樂而痛苦十分荒謬。而缺少對快樂的愛或是在這種愛上不及的人則是很少的。這種冷漠不是人的本性。甚至其他的動物也區分食物的種類，喜歡某種食物而不喜歡別的食物。一種存在物如果對什麼都不感到快樂，在這種事物與那種事物之間不會做任何區分，就不是人類。一個這樣的人沒有專有的名稱，因爲很少有這樣的人。[119]節制的人在這些事物上處於這兩者之間，他不以放縱的人最喜愛的那些事物爲快樂，

[1119a]

119 亞里斯多德所談到的標準，是「體面的」、身體健康的希臘城邦公民。在這一群體之中，亞里斯多德說，很少有「對什麼都不感到快樂，在這種事物與那種事物之間不會做任何區分的人」。這種少見的人，在第二卷

相反地，他厭惡那些事物。他也不以不適當的事物爲快樂，對於這些事物中的令人愉悅的事物也不會過度的快樂，在沒有這些事物時他也不感覺痛苦或產生對這些事物的欲望。或者，他也感覺到適度的痛苦和欲望，而不會不適當，以及在不適當的時候感覺到這種痛苦和欲望。對那些既令人愉悅又有益健康並且適合的事物，他將適度期望獲得之；對其他那些令人愉悅的事物，如果它們不妨礙這些目的，不有悖於高尙〔高貴〕或超出他的能力，他也是這樣。[120]因爲，如果不遵守這些限制，對這類快樂的享用就會超過配得。[121]而節制的人在這些事物上則遵循邏各斯的指引。

十二、放縱

與怯懦相比，放縱更加是出於意願的。因爲首先，放縱出於快樂，怯懦則出於痛苦；快樂是我們所選擇的東西，痛苦則是我們所躲避的東西。其次，痛苦遏制和毀滅一個人的本

第七章和此處被描述為冷漠的人。但是，亞里斯多德的這種判斷並沒有普遍的適用性。

120 亞里斯多德在上面區分了四類作為快樂的對象的事物：(1)只令放縱者愉悅的錯誤的事物；(2)令（正常）人愉悅但不適當的事物；(3)令（正常）人愉悅且適當的事物；(4)令（正常）人愉悅且中性的事物。在這四類事物中，亞里斯多德顯然認為，只有第三類才構成適當的目的。

121 ἀξίας，配得的東西，即與一個人的德性相稱的東西。

性，而快樂則沒有這種作用，所以放縱更是出於意願的。因此，放縱更是受譴責的對象。因爲，養成面對快樂的誘惑的習慣要容易些，因爲生活中有許多這樣的誘惑，而且這樣做沒有什麼危險，而養成面對可怕事物的習慣則正相反。但是，與具體的怯懦表現相比，怯懦的品質還更出於意願一些。因爲，怯懦的品質本身沒有痛苦，而具體的怯懦行爲卻充滿痛苦，以致使人驚惶失措，丟棄武器，做出恥辱的行爲。所以怯懦的行爲都顯得是出於被迫的行爲。與此相反，在放縱的人這方面，那些具體的行爲都是出於意願，因爲那些行爲是出於欲望和期望的。而放縱的品質卻不那麼是出於意願，因爲沒有人想成爲放縱的人。

放縱[122]這個詞我們也用在形容兒童的錯誤行爲上。這種行爲與成人的放縱有些類似。[123]這兩者究竟何者是原因，何者是結果，對於我們目前的討論並不重要。然而，較後產生的東西是出於較先產生的東西[124]卻是顯然的，這個類比[125]看來倒是不錯的。因爲，那些追求著卑賤而且又生長得很快的東西應當時時受到管教。而這些正好是欲望和兒童的特點。因爲兒童就像放縱者那樣受欲望驅遣，而在兒童身上，對於快樂的欲求又是最強烈的。所以，如果這

[1119b]

122 放縱（ἀκολασία）在希臘語中的本意是「沒有受過管教的」，其詞源意義來自動詞 κολάζειν，即管教、訓導或懲罰。

123 參見《歐台謨倫理學》1230a38-b8。

124 即成年人的放縱出於兒童時的嬌縱。

125 即以「沒有受過管教的」來比喻和說明成年人的放縱行為和兒童的錯誤的行為。

種欲求不被訓導成聽從最初原理的，它就會走得很遠。因爲，一個愚蠢頭腦對快樂的欲求是永遠無法滿足的，它的每一次運用又加強著它的內在傾向，直到這些欲望——如果它們是強烈的、有力的——最終排除掉推理的力量。所以，我們的欲望應當是適度的和少量的，並且不違背於邏各斯。我們所說的服從、受過管教的品質也就是指這種狀態。因爲，正如一個兒童應當按照他的教師的指導去生活，我們欲望的部分也應當服從邏各斯的指導，所以，一個節制的人的欲望應當合乎邏各斯。因爲，這兩者都以高尙（高貴）爲目的。節制的人欲求適當的事物，並且是以適當的方式和在適當的時間，這也就是邏各斯所要求的。關於節制我們就說到這裡。

第四卷　具體的德性（續）

一、慷慨

我們接下來談談慷慨。[1]它似乎是財富方面的適度。我們不是在戰爭事務上或稱讚一個人節制的那些事務上說一個人慷慨，也不就他的判斷而說一個人慷慨，而是就一個人給予和接受[2]財物的行爲，尤其是給予的行爲說他慷慨。所謂財物，我們指的是可以用錢來衡量

---

1 ἐλευθεριότητος，慷慨、自由、大方。在亞里斯多德的描述中，它是處於吝嗇與揮霍之間的德性。自文藝復興時代發現希臘人文主義以來，對ἐλευθερία的詮釋注入了強烈的自由精神（liberality）的色彩。自由精神是屬人的，即區別於人的動物本能的特殊精神活動。斯圖爾特（卷I第三二一頁）說，在討論勇敢與節制這兩種同對人的動物本能的調節有關的德性之後，慷慨和《尼各馬可倫理學》接下去討論的德性，不再是與純粹動物本能相關的，而是與對特別屬於人的感情調節相關的德性。格蘭特（卷II第五十五—五十六頁）稱亞里斯多德關於慷慨以及下面關於大方和大度德性的討論是關於人的自由精神的討論。韋爾登（第一〇六頁注）說，像英語中的liberality一樣，ἐλευθερία意味著「自由（寬宏）」和「體面（可尊敬）」兩種意義。他認為亞里斯多德沒有意識到這兩種意義上的區別。這種情況的合理解釋似乎是這兩種意義在希臘語中有非常緊密的聯繫，沒有明確的區分。慷慨的人，ἐλευθέριου，也就是有自由精神的值得尊重的人，這種人，自近代以來在西方傳統上被譯解為所謂紳士（gentleman）。

2 λῆψιν，在希臘語中與給予（δόσιν）相反，指得到、收到、接受、獲得、拿、偷，總之，指一切與給出財物相反的取得財物的行為。在本章的討論中，我一般譯為接受、得到、拿。在亞里斯多德的那種比較抽象的意

其價值的東西。揮霍[3]和吝嗇[4]是財物方面的過度與不及。吝嗇這個詞，我們通常用來說那些把財物看得過重的人，可是我們對揮霍這個詞的用法有時要複雜些。因爲，我們也稱那些不能自制的、花錢鋪張的人揮霍。所以揮霍被認爲是特別惡劣的品質，因爲它集中了幾種不同的惡，但這不是這個詞本來的用法。因爲，一個揮霍的人指的是一個有某種特定的惡的 [1120a]

義上使用這一術語時，我譯為索取。

3 ἀσωτία。對這個希臘詞的漢譯存在很大的困難。ἀσωτία 由 α- 與 σωτία 構成，σωτία 來源於動詞 σώζω，後者的意義為積攢財物、保持自身安全。在希臘語中攢錢和使自己安全是同一個意思，所以 ἀσωτία 的本意是說一個人不知積攢，在用錢和給予上不加慎思。所以，亞里斯多德說，揮霍是和給予人對小事物有關的品質，是在給予人小事物方面的過度。我們在中文中也許沒有關於給人以小事物方面過度的品質的專門概念。一般地說，我們在使用慷慨和揮霍這兩個品質概念時，通常都是指對大事物的處理方面的品質。這種情形可能使我們以「揮霍」來了解亞里斯多德的 ἀσωτία 成為問題。不過用浪費來譯解 ἀσωτία 又會產生一個更大的問題。浪費在中文中通常指自己在消費上的過度，而和給予的行為沒有太大關係，所以我在這裡仍然沿用揮霍這個譯名，但是指出它在理解上可能引起的偏差是必要的。

4 ἀνελευθερία，吝嗇、卑賤、奴性等意義。在希臘語中，它就是慷慨（ἐλευθερία）的反義詞。所以亞里斯多德認為，在慷慨、吝嗇和揮霍這三種品質中，吝嗇比揮霍更與適度的品質——即慷慨——對立。值得指出的是，在希臘語中吝嗇與卑賤、奴性在意義上有緊密的聯繫。這種聯繫植根於希臘城邦中自由公民對工匠職業的看法。

人，這種惡就是浪費他的財物。一個揮霍的人是一個由於自己的過錯而自我毀滅的人。浪費財物就是毀滅自己的一種方式，因爲財物是生活的手段。我們這裡所說的揮霍就是在這個意義上說的。對有用的事物，[5]既可以使用得好，也可以使用得很差。而財物就是有用的事物，對一種事物能夠作最好的使用者，也就是具有與那種事物有關的德性的人。所以，對財物使用得最好的人是具有處理財物的德性的人，即慷慨的人。花錢和把財物給予他人似乎與對財物的使用有關，得到財物和保持財物似乎同對財物的占有有關。慷慨的人的特徵主要是在於把財物給予適當的人，而不是從適當的人那裡，或不從不適當的人那裡得到財物。因爲首先，德性是在於行善而不是受到善的對待，在於舉止高尚〔高貴〕而不只是避免做卑賤的事情。而行善和舉止高尚〔高貴〕也就是給予，受到善的對待和不做卑賤的事也就是接受。其次，人們感謝的是給予者而不是不去接受饋贈的人，稱讚就更是如此。第三，不索取比給予要容易些，因爲人們寧願不取於人，也不願捨棄己之所有。第四，我們稱讚給

---

5 χρεία，用處、好處、益處、買賣、公職等等，廣義上指有用的東西。在希臘語中，名詞 χρῆμα（錢）和 χρήματα（財富）即由 χρεία 衍生，意義是一種有用的東西。所以給予的意義，在亞里斯多德的原意上，也就是給人有用的、有利於他的生命的保存的東西。這種給予，如我們從亞里斯多德下文的討論中看出的，是指對有用的東西的一種好的使用。

予者是因他慷慨，稱讚那些不索取的人[6]則是因他們公正而不是慷慨。對那些索取的人，[7]我們則根本不稱讚，在所有有德性的人之中，慷慨的人似乎最受歡迎。因爲，他們對他人有助益，而他們的益處就在於他們的給予。德性的行爲都是高尚（高貴）的，都是爲著高尚（高貴）的事。慷慨的人，也像其他有德性的人一樣，是爲高尚（高貴）的事而給予，他會以正確的方式給予——以適當的數量、在適當的時間、給予適當的人，按照正確的給予的所有條件給予。他在給予時還帶著快樂，至少是不帶著痛苦。因爲，德性的行爲是愉悅的或不帶痛苦的。德性的行爲最不可能是痛苦的。那些把財物給錯了人，或者不是爲著高尚（高貴）的事而是爲某種別的原因而給予的人，我們不說他們慷慨，而是用某個別的名稱。[8]在給予時感到痛苦的人也不是慷慨的，因爲他喜歡財物甚於高尚（高貴）的行爲，這不是一個慷慨的人的特徵。慷慨的人不取不當取之物，因爲一個不看重財物的人不會這樣做；慷慨的人也不願意索取，因爲一個總是給別人好處的人不大容易去接受好處。如果他要索取，他也只取自適當的地方，比如取自自己的財產，不是作爲高尚（高貴），而是出於必需，以便使

[1120b]

6　即上文所說的不去接受饋贈的人。這種人，亞里斯多德應是指不索取不當之資源和不索取超過其應得的份額的人，而不是指不索取任何事物的人。

7　即取屬於自己的那一份或取其應得的人。

8　即揮霍的人。

自己還能夠給予。他也不會不珍惜自己的財產，因爲他希望用這些財產去幫助他人；他也不會不問對象就給予，以便他能夠保有些東西，在適當的時間或高尙（高貴）的場合，給予適當的人。[9]慷慨的人也常常在給予上過度，以致留給自己的東西過少，因爲不會關照自己正是一個慷慨的人的本性。所謂慷慨是相對於一個人的財物而言的，因爲慷慨並不在於給予的數量，而在於給予者的品質，而這種品質又是相對於給予者的財物而言的。所以，給予的數量少的人也可能是一個較爲慷慨的人，如果他只有很少的東西來給予的話。人們認爲，那些不是靠自己掙得，而是靠繼承而得到財產的人，可能較爲慷慨。因爲，他們不知道何爲貧乏。而且，人總是更珍惜他自己創造的東西，例如父母珍惜其子女、詩人珍惜其作品。慷慨的人不大容易富有，因爲，他不喜歡索取和保有而喜歡給予。而且，他看重財富不是因財富本身，而是因財富是給予的手段，所以人們譴責命運，說最應富有的人反而最不富有。[10]但是這其實又很正常。因爲與別的事物一樣，不付出辛苦去保有[11]它，便不可能有財富。但

9 所以，慷慨的人是：(1)正確地（適度地）；(2)愉快地給予，而且(3)雖然不願意索取，但是為了給予也適度索取的人。

10 因為人們認為，最應當富有的是慷慨的人，因為他們肯幫助他人。然而他們恰恰最不富有。命運的安排似乎與人們的希望正好相反：那些吝嗇的、不肯幫助他人的人，即那些從事卑賤職業的人，反倒變得富有。亞里斯多德的這番評論，如本卷注4所說過的，與希臘時代公民社會對工匠階級的看法有關。

11 對財物的處置有保持和使用兩面。慷慨的人的德性在於對財物作好的使用，而不是在於努力地保有它。

是，慷慨的人並不把財物給予不適當的人，或是在不適當的時間給予。因爲如果那樣做，他就不是在做慷慨的事情，也將沒有財物可以給予適當的人了。因爲慷慨的人，如前面說過的，是根據他的財物來給予，並且是給予適當的人，過度了就是揮霍。所以，我們不說一個僭主揮霍，因爲，他無論怎樣給予和花費，都不會耗盡資財。既然慷慨是給予和索取財物方面的適度，慷慨的人就不僅要在小事和大事上都一樣愉快的把適當數量的財物給予或用在適當的人身上，而且要從適當的資源中索取適當數量的財物。因爲，既然德性是在這兩個方面的適度，慷慨的人就要在這兩方面都做到他應當做的。適度的索取與適度的給予如影隨形，不適度的索取則與適度的給予相反。所以，兩種相互一致的索取和給予總是同時出現在同一個人身上，相反的索取和給予則顯然不是這樣。[12] 如果一個慷慨的人偶然以某種不正確、不高尚（高貴）的方式花費，他就會感到痛苦，但是，這會是一種溫和的、正確的痛苦。因爲，對該愉悅的事物愉悅、對該痛苦的事物痛苦，並且以適當的方式，是有德性的人的特點。而且，慷慨的人由於在錢財上較好說話，也容易上當。因爲，由於不看重錢財，錢要是沒花到應當的數量，他就會比錢花得過多還要難過，他可不同意西蒙尼德斯所說的那番

12 所以慷慨的人總是正確地給予和正確地索取。揮霍的人和吝嗇的人在這兩方面都不正確（他們不可能在一方面不正確而在另一方面正確），揮霍的人在給予上過度而在索取上不及；吝嗇的人在給予上不及而在索取上過度。

話。[13]另一方面，揮霍的人在這些方面也是錯的，因爲，他們對該愉悅的事物不感到愉悅，對該痛苦的事物不感到痛苦。這在下面的討論中可以看得更清楚。我們說過，[14]揮霍和吝嗇是在給予和索取方面的過度與不及，因爲我們把花費視爲一種給予。揮霍是在給予上（而不是在索取上[15]）過度，在索取上不及。吝嗇則是在給予上不及，在索取上過度，但給予和索取在這裡只是就小事情說的。揮霍的這兩個特點[16]很少同時出現於同一個人身上（因爲，一個人如果什麼都不索取就很難給予；一個人如果這樣的給予很快就會資財告罄，所謂揮霍者就是指這樣的人）。不過，這種揮霍者[17]還是比吝嗇的人好得多，他的毛病容易隨著年齡的

---

13 西蒙尼德斯，Σιμωνίδος，Simonides，古希臘詩人。關於亞里斯多德引述的西蒙尼德斯的話，斯圖爾特（卷Ⅰ第三二五—三二六頁）引證阿森紐司和斯托巴烏司（A. Stobaeus）的述說作為佐證。格蘭特（卷Ⅱ第六十二頁）引證亞里斯多德的《修辭學》1391a8-12：

> 在智慧與財物的問題上，當希厄羅的妻子問西蒙尼德斯做一位富人好還是做一位有智慧的人好時，他說：「做一個富人好。因爲我經常看見有智慧的人在富人的門前消磨時光。」

羅斯（第八十二頁）認為亞里斯多德所指是西蒙尼德斯的這句話。

14 1119b27。

15 萊克漢姆（第一九六頁注）懷疑此語為後人所加。

16 即上文所說的，在給予上過度而在索取上不足。

17 即同時具有這兩個特點的揮霍者。

增長或由於生活的貧困而得到糾正，他能夠學會適度。因爲，既然他給予而不索取，他就有慷慨的人的品性，儘管他在這兩方面都做得不適當和不正確。如果他透過訓練或別的途徑學會做得適度，他就會是一個慷慨的人，就會把財物給予適當的人，並且不索取不適當的財物。這就是我們認爲這樣的人並不是壞人的原因——在給予上過度而又什麼都不索取的人是一個愚笨的人，而不是一個壞人或無恥的人。這種揮霍的人遠遠強過吝嗇的人，這不只因爲前面說過的原因，也因爲這種人對許多人都有益處，而吝嗇的人則對任何人，甚至他自己，都沒有益處。[18]但是大多數揮霍的人，如剛才說過的，[19]都不僅不適當地給予，而且索取不適當的資財。就索取不當資財這方面來說，他們同樣是吝嗇的。他們急切地索取，因爲他們想花費而又由於資財很快告罄而難以做到。其次，由於他們做事情不是爲高尚（高

---

18 亞里斯多德把前面所說的揮霍者，即在給予上過度而在索取上不及的揮霍者，視為本來意義上的揮霍者，而把下文談到的大多數揮霍者，即不只在給予上過度，而且也在索取上過度的揮霍者，視為是類比意義上的揮霍者，認為前者大大勝於吝嗇的人，後者則在索取方面同吝嗇的人相同，因為他（本來意義上的揮霍者）對許多人有益處，並且他的錯誤可以透過學習和訓練來糾正。格蘭特（卷II第六十三頁）對亞里斯多德這裡提出的看法提出反駁。他認為，如果揮霍的人如亞里斯多德所承認的容易使不該得到財物的人得到財物，他就不可能對很多人有益。而且，由於揮霍所造成的損失是不可挽回的，從結果上說，毋寧說揮霍比吝嗇還無可救藥。

19 1121a16-19。

貴），所以他們不加考慮、不作區分地到處索取。因爲，他們急於給予，並且不在意以何種方式和從哪裡索取。因此，他們的給予也算不上是慷慨，因爲，這些饋贈本身就不高尚（高貴），其目的與方式也不高尚（高貴）。有時，他們使得本來應當貧困的人富有，對那些值得尊敬的人卻不予周濟，並且大量犒賞那些奉承者和使他們快樂的人，所以，他們大都是花錢鋪張的放縱者，沒有高尚（高貴）的目的而只知追求快樂。因此，揮霍的人[20]若不加調教就會成爲放縱的人，而如果得到細心的教育，他就可以養成這種適度的、正確的「慷慨」。與此相反，吝嗇則是不可救治的（因爲衰老和任何一種衰弱都使得人變得吝嗇）。吝嗇比慷慨更加是與生俱來的，因爲大多數人都喜歡得到錢財而不是給予錢於人。吝嗇這種惡許多人都有，且形式上多種多樣。吝嗇似乎有許多種類，因爲，吝嗇有兩個方面：在給予上不及和在索取上過度；這兩種毛病並不總是同時存在於同一個人身上，它們有時是分離的：有些人是在索取上過度，有些人是在給予上不及。那些被稱作「小氣鬼」、「奸巧的人」、「守財奴」的人，都是在給予上不足。但他們並不覬覦別人的財物，也不想把它們占爲己有。有的人不將他人財物占爲己有是因爲他有某種公道意識，[21]或者不願意去做卑賤的事（因爲有

[1121b]

20 即大多數揮霍者，而不是上文說過的在給予上過度而在索取上不及的，即本來意義上的揮霍者。

21 ἐπιείκεια 公道，也作適宜、體面、公平。在 ἐπιείκεια 的英譯方面一直有比較大的差別。例如羅斯此處譯作「榮譽」、韋爾登譯作「公平」、萊克漢姆譯作「可尊敬的動機」。許多譯者往往在不同的地方採用不

些人似乎是，至少他們是這樣說的，為著日後不致被迫去做卑賤的事情而積攢錢財的。那種連歐蒔蘿籽都要劈開來用的人[22]以及類似的人也屬於此類，這種人之所以被稱為吝嗇是因為他們在不願給予上做得過度）。有的人不拿他人財物占為己有則是由於害怕。因為，要是把別人的東西拿來占為己有，自己的東西就難免不被別人拿走，所以，他們寧願既不索取也不給予。另一些人則在索取方面過度，他們什麼都要，不論是誰給予都接受，如那些從事卑賤的[23]職業的人，拉皮條者[24]和諸如此類的人，以及那些放高利貸者。這幾種人都是在索取不當資財，並且索取得超過其應得。他們的共同處顯然是貪婪，[25]他們都是因貪婪，而且是

[1122a]

同的譯法。由於亞里斯多德把 ἐπιείκεια 作為一個概念使用，我認為在一般的意義上理解亞里斯多德所說的 ἐπιείκεια 似乎更好，並將在下文中統一將它譯作公道。亞里斯多德關於公道的概念與詳細討論，見後面第五卷第十章。

22 κυμινοπρίστης，把歐蒔蘿籽劈開的人，由名詞 κύμινον（歐蒔蘿）衍生，歐蒔蘿為一種草本植物，其籽是一種重要的香料和調味料。亞里斯多德此語與中文中一個銅板都要掰開來花的人同義。他以此指為積攢錢財而過度儉省的人。他將此種人也歸類在給予上太過不及的人。但是他顯然把這種人視為這類人中特殊的一種，即在對自己的給予上都太過不及的人。

23 ἀνελευθέρος，吝嗇的、奴性的、低賤的。

24 πορνοβοσκοί，字面意義為縱容私通的人。

25 αἰσχροκέρδεια。

因貪小便宜，而背上壞名聲的。對那些從不應當的地方獲取巨大財富的人，如洗劫城市、掠奪廟宇的暴君，我們不說他們吝嗇，而說他們惡、不敬、不公正。然而，那些擲骰者或悄悄地偷走人家衣服的人，[26]以及那些搶劫者，則屬於吝嗇的人之類。因爲他們的所爲都出於貪婪，正是由於貪婪，他們才去施展伎倆和忍受那種恥辱。搶劫者爲了劫貨而冒生命的危險，擲骰者則從他本應去給予的朋友那裡騙得東西；這兩種人從這兩種不應當的地方索取，都是出於貪婪，諸如此類的索取都是吝嗇的表現。所以，人們自然而然地把吝嗇視爲慷慨的相反。因爲，吝嗇不只是比揮霍更大的惡，而且，其錯誤的程度大大超過前面所說明過的[27]揮霍。對於慷慨與和它對立的惡，我們就談到這裡。

二、大方

接下來應當談談大方，[28]因爲它也是與財富有關的德性。但大方不是像慷慨那樣同所有

---

26 κυβευτής，擲骰者；λωποδύτης，原意是偷別人衣服的人，韋爾登（第一〇六頁注）說，在希臘語中，這個詞指的是在某人洗澡時拿走他的衣服的人。亞里斯多德下文中將擲骰者與搶劫者作為兩類不同的人來討論，以前者指用伎倆，以後者指用暴力從朋友那裡取得財物的人。以此推論，他在這裡說的，應是指第三類從朋友那裡不正當地獲取，即在朋友不易察覺時悄悄拿走他的財物的人。

27 1119b34-1120a4。

28 μεγαλοπρέπεια，字首 μεγαλο- 意義為巨大，πρέπεια 意義是相稱、適合，總體的意義為大而相宜。在亞里

處理財富的行爲都有關，而只是對於花錢的鋪張說的。而且，它指的是在數量上超過慷慨的花費。正如其字面上的意思，大方意味著大數量的適度的花費，但是數量的大是相對而言的。花錢造一艘三層艦誠然是鋪張，但與造一座神殿的費用卻不可相提並論。所以花費的適度是相對於花錢的人自身，又相對於花錢的情況和對象的。一個人如果把大量的錢花在微不足道的事物上，例如那個說「我過去常把錢給路邊的流浪漢」[29]的人，就不等於大方。只有把大筆錢花在重要事物上的人才是大方的。因爲，儘管大方的人是慷慨的，慷慨的人卻未必是大方的。在大方上不及是小氣，[30]過度是虛榮、粗俗等等。虛榮、粗俗不是指在適當的對象上花錢過度，而是指在不適當的對象上和以不適當的方式大量地花錢來炫耀自己。對這些惡我們後面[31]再談。大方的人是花錢方面的藝術家。他能看出什麼是適合的對象並且有

斯多德時代，μεγαλοπρέπεια有為公益花費數額巨大的錢款的意義。在雅典，富人有為城邦公益提供贊助的義務。萊克漢姆（第二〇四頁注）說，亞里斯多德在討論時考慮的是雅典富有階級的 λειτουργία（公益服務），例如為城邦裝備三層艦，為合唱團提供服裝和設備，以及支付雅典參加全希臘運動會的代表團的費用等等。

29 《奧德賽》第十七章四二〇。這是奧德賽在裝扮成一個曾經富有的乞討者時說的話。

30 μικροπρέπεια。

31 1123a19-33。

品味的花大錢。（因爲正如我們在開始就說過的，[32]一種品質是由它的實現活動和對象決定的。）所以大方的人的花費是重大的和適宜的，其結果也是重大的和適宜的。因爲只有這樣，那大筆的花費才與結果相稱。所以說，結果應當相稱於花費，花費也應當相稱於甚至超過結果。其次，大方的人是爲高尚（高貴）而花大量的錢，因爲爲著高尚（高貴）是所有德性的共同特徵。此外，大方的人還將高興地、毫不吝惜地花費。因爲，精心地算計是小氣的行爲。大方的人願意去考慮如何最美好、最體面的實現自己的設計，而不願意算計這樣做要花多少錢以及怎樣才能最省錢。所以大方的人必定是慷慨的，因爲慷慨的人也願意以適當的方式花適當數量的錢。既然大方和慷慨都是在錢財的花費方面，大方的人的「大」也就表現在適當的方式和適當的數量這兩者的大上面。大方的人能夠用同樣的錢創造出更宏大的作品。因爲，一筆財產的德性與一件作品的德性不是同一回事，最有價值的財產是最值錢的東西，如黃金，最有價值的作品則是最宏大、最高尚（高貴）的東西（因爲，這樣一件作品喚起觀者的崇敬，大方的活動也是這樣），一件巨大作品的德性就在於它的宏大。在有些事情上花錢鋪張我們認爲是榮耀的，這些花費包括與敬神相關的祭品、建築、犧牲和所有與神事有關的花費，以及與公共榮譽相聯繫的公益捐助，例如義務的爲合唱團提供設備、修建三層

[1122b]

32 參見 1123b21-23，1104a27-29。

艦，或舉辦體面的公共宴會。但是，如前面說過的，[33]在所有這些事情上我們也必須考慮到那個花錢的人的情形：他是什麼人，他有多少資源。因爲，花費總要相對於他的資源，不僅要適合那個場合，也要適合那個給予者。所以，一個窮人不可能大方，他沒有條件把大筆錢花在適當的事物上。他如果努力表現得大方，那就是愚蠢，因爲他那樣花錢既不自量力，方式也不當。一筆花費只有花得適當才是有德性的。這樣大筆的花費對那些自己掙得或從祖先或親戚繼承了適當的財產的人則是適當的。對那些有地位、名望的人也是這樣，因爲地位、名望這些東西有巨大價值。所以，大方的人基本上就是這些人，大方的品質也如上面說過的[34]表現在這樣的大筆花費[35]上。因爲這些花費最算得上（巨大而榮耀的）花費。至於私人的[36]花費，首先，那些一生只有一次的事情，如結婚或類似的事情，那些引起全城人或有地位的人關注的事情，以及迎送外邦客人，送禮或回贈禮品，都是最適合的場合。因爲，一個大方的人不是爲他自己而鋪張，而是爲公眾的目的而花錢，他的禮品也有點類似於祭

[1123a]

33 1122a24-26。

34 1122b19-23。

35 即用於神事的和公益（如建造三層艦）的這兩種大筆花費。

36 ἰδίων 屬於私人的。亞里斯多德將此種花費區別於上面談到的兩種花費。ἰδίων 源於動詞 ἰδιοτεύω（作為一個私人而生活），在希臘語中，這等於說對於某一門手藝或技藝是外行。所以亞里斯多德在談到上面兩種花費時談到花錢的技藝（1122a35）。這與下面對於私人花費的討論形成對照。

品。其次，大方的人也要以與他的財產相稱的方式建造其宅邸（因爲一幢建築也是一件公共裝飾）。他願意把錢花在那些恆久存在的事物上（因爲這些事物是最高尙〔高貴〕的）。而且在每種場合他所花的錢都要相稱（因爲，給神的祭品不應和給人的禮品一樣，建一座神殿的費用也不應和修一座墓的費用一樣）。此外，既然鋪張總是就花錢所做的事情來說的，既然大方就是在大事上花最多的錢，在一個特定情況下花費相對於那個情況的大量錢，既然花錢鋪張不等於結果就偉大（因爲最漂亮的球或罐作爲給一個孩子的禮物是了不起的，可是其花費卻微不足道），那麼大方的人的特點就在於無論他把錢花在哪裡，都創造出一種宏大的成果（因爲這樣的一種成果才不容易被超過），一種與那個花費相稱的成果。

這就是大方的人的特點，過度的——即那種粗俗的人，如前面說過的，[37]總是在花費上超過適度。因爲，他把大筆錢花在微不足道的事物上，毫無品味地炫耀。例如，他用婚宴般的規模招待夥伴，或給一個喜劇中的合唱團裝備紫色長袍，就像麥加拉人所做的那樣。[38]

---

37 1122a31-33。

38 萊克漢姆（第二一二頁注a）說，在阿里斯托芬（Aristophanes）戲劇的前幾幕，合唱團以燒炭翁、騎兵、刻毒的人、雲朵等角色作為插敘出現在舞臺上。他們不著特別的外衣，代表作者對著觀眾說話，在這幾幕中他們著紫色長袍就不妥當，在後幾幕中，他們慢慢變成了伴唱者，像悲劇中的合唱團，整齣喜劇在某種勝利進軍式的氣氛中結束。這時，他們著紫色長袍（就像埃斯庫羅斯的《歐門尼得斯》（*Eumenides*）的合唱團所著的鮮紅色長袍那樣）就還算妥當。麥加拉人的喜劇則是以另外的方式表現出粗俗品味。參見《大倫理學》

他做這些事情不是爲高尚〔高貴〕，而是因爲他想炫耀其富有，因爲他認爲人們會因爲這些事情而崇拜他。他在該多花錢的地方花得極少，在不該多花錢的地方卻花得很多。另一方面，小氣的人則在所有這些事情上都不及。在花了一大筆錢之後，他會爲了一點小事而把事情搞壞。他做事總是遲疑，總是考慮如何能花錢最少，即使花了很少的錢也心疼，也覺得花得過多了。這兩種品質都是惡。但是它們並不使人特別丟臉，因爲它們對別人並無損害，也算不上特別醜惡。

三、大度

大度[39]顧名思義就是與重大的事物相關的。我們先來看看它是與哪種重大事物有關，至於是考察這種品質還是考察表現著這種品質的人，並不重要。人們認爲，一個大度的人是自

39 第一卷第二十六章；《歐台謨倫理學》第三卷第六章。μεγαλοψυχία。這個希臘詞的中文轉換有很大困難，其字首 μεγαλο- 的意義是宏大的，ψυχία 意義是精神、靈魂，所以其字面意義是宏大的靈魂。其本意上可以指超越於人的事物，即神。在屬人的意義上，它相當於中文所說寬廣的胸懷，偉大的力量。但是寬廣的胸懷和偉大的力量在中文中不是一個品質的概念。我在下文中將其譯為大度。之所以譯為大度，一是大與 μεγαλο- 的意義相合，而是大度在中文中的不計較小事的意義也與這個希臘詞的意義相合。但是它離亞里斯多德解說的自視重要和配得重要性兩個意義仍然距離比較遠。

[1123b]

視[40]重要，也配得上那種重要性的人。因爲，超過自己的配得[41]而自視重要的人是愚蠢的，沒有一個有德性的人這樣愚蠢和可笑。關於大度的人就先說這些。只配得微小的事物，並且自視微渺的人是節制的，[42]但不是大度的人。因爲大度意味著大，正如俊美意味著身體修長；身材矮小的人只能說是標緻、勻稱，而不能說俊美。一個自視重要，卻配不上那種重要性的人是虛榮的，儘管不能說所有自我評價過高的人都是虛榮的。自我評價低於其配得的人，無論其配得是重要的、中等的或低等的，只要他的評價低於這配得，則是謙卑[43]的。所有謙卑的人之中，最謙卑的是配得上重大的事物而又自視渺小的人。因爲，如果他所配得的眞的更低些，他還能再說些什麼呢？所以，大度的人就其自視重要來說，是處在一個極端上的，然而就他的這個看法的正確性（他對自己的配得評價得正確）來說他又是適度的。而另一些人則對他們的配得評價得過度或不及。如果大度的人是自視重要並且也配得重要的以及最重要的事物的人，他就會關注一種特別的目標。人的配得是相對於外在的善的，我們

---

40 δοκέω，想、認為、想像。亞里斯多德此處似乎是指一個人對他自己顯現的那種狀態，即他對於他自己的評價（δοκῶ μοί）。萊克漢姆此處轉譯為 claim（要求），這似乎太過偏離。

41 ἄξιος，配得的東西，即一個人因其勞績、優績或優點而配得到的東西。

42 σώφρων。

43 名詞形式為 μικροψυχία，即狹小的靈魂，其意義正與 μεγαλοψυχία 相對。

會把我們願意奉獻給神的，把有地位的人們最爲追求的，以及我們指定給最高尚（高貴）的行爲的那種善，視爲最大的外在善。這種善也就是榮譽。榮譽就是最大的外在善。所以，大度的人就是對於榮譽和恥辱抱著正確的態度的人。毋庸證明，大度的人所關切的是榮譽。因爲偉人們據以判斷自己和所配得的東西的主要就是榮譽。謙卑的人的自我評價既低於他的配得，也低於大度的人的自我評價。虛榮的人則是在自我評價上超過他自己的配得，而不是超過大度的人的自我評價。[44]既然大度的人配得最多，他必定屬於最好的人。因爲一個人越是好，他配得的就越是多；一個人如果最好，他就配得最多。所以，眞正大度的人必定是好人。而且，大度的人似乎對每種德性都擁有得最多。一個大度的人不大可能在撤退時拼命奔跑，也不大可能對別人不公正。因爲，既然對於他沒有東西更爲重大，他怎麼還會去做恥辱的事情呢？[45]縝密考察過這種品質，我們就會覺得，說一個大度的人不一定是好人是荒唐的。如果他是壞人，他就根本不配得榮譽。因爲，榮譽是對德性的獎賞，我們只把它授予好

44 謙卑的人的自我評價低於其配得，也低於大度的人所自我評價的和所配得的，因為他所配得的沒有大度的人的那樣多；虛榮的人的自我評價超過其配得，但是也超不出大度的人所自我評價的和所配得的，因為他的配得同樣沒有大度的人那樣多。參見萊克漢姆第二一六頁注。不過，如前面說過的，把τὸ ἀξίωμα（所配得的）解釋為要求似有偏離。

45 即，既然做恥辱的事對於他不再有任何更大的價值——因為他已經擁有最大價值，他怎麼會有做那些事情的動機呢？

[1124a]

人。所以大度似乎是德性之冠：它使它們變得更偉大，而且又不能離開它們而存在。所以做一個眞正大度的人很難，因爲沒有崇高[46]就不可能大度。[47]所以，與大度的人特別相關的重大事物主要是榮譽與恥辱。[48]他對於由好人授予的重大榮譽會感到不大不小的喜悅。他覺得他所獲得的只是他應得的，甚至還不及他應得的。因爲，對於完美的德性，榮譽不是充分的獎賞。[49]不過他將接受好人所授予的這種榮譽，因爲好人沒有更重大的東西可以給他。但對於普通人的微不足道的榮譽，他會不屑一顧，因爲他所配得的遠不只此；對於恥辱他同樣不

---

46 καλοκἀγαθίας。斯圖爾特（卷一第三三九頁）說，在《歐台謨倫理學》中，這個詞指使人直觀或神性的品質，但是在此處似乎沒有特別的意思。

47 這句話，萊克漢姆（第二一八頁注）說，似乎是柏拉圖《普羅塔格拉斯篇》（339）討論的西蒙尼德斯的詩句「做一個好人是很難的」（ἄνδρ᾽ ἀγαθὸν μὲν ἀλαθέως γενέσθαι χαλεπόν）的回應。柏拉圖在對話中判斷，西蒙尼德斯的原意是說「做（是）一個好人難，成為一個好人不難」。亞里斯多德此處是在接著西蒙尼德斯的話說「做一個大度的人更難」，因為做一個大度的人首先就要做一個好人。參見1100b21。

48 這裡的討論回到了本章開頭（1123a35）提到的問題。

49 韋爾登（第一一四頁注）說，這句話顯示亞里斯多德說的大度的一種已經不再被使用的意義，即它是一種完滿的（即也要求具備其他德性的）德性。在這種意義上，即使是從好人那裡，大度也得不到充分的報償，因為好人所能給予的東西達不到大度的人本身的配得。

屑一顧，因爲恥辱對於他不可能是公正的。所以，如前面說過的，[50]儘管大度的人主要關切榮譽，他同時也適度的關切財富、權力和可能會降臨到他身上好的或壞的命運。他既不會因好命運而過度高興，也不會因壞命運而過度痛苦，因爲，甚至榮譽對於他好像也談不上是重大的事物。[51]（財富和權力都是因榮譽而值得欲求，至少是，擁有財富和權力的人是想憑藉它們得到榮譽。）而把榮譽都看得不重要的人，也會把別的事物看得不重要，所以大度的人往往被認爲是目空一切。財富也被認爲會使人變得大度，因爲人們認爲，出身高貴的人以及擁有權力或財富的人配得榮譽，因爲他們比別人更優越，而一種事物只要在某方面更優越，就應得到更大的榮譽。所以財富使人更大度，因爲人們就是因爲財富而從有些人那裡得到榮譽。但眞實的情況是，只有好人才配得榮譽，儘管我們認爲一個既有德性又幸運的人更配得榮譽。無德性而徒有財富的人既不配自視重要，也不配被稱作大度，因爲重大的東西和大度，一個沒有完善的德性的人是不可能與之相配的。不僅如此，那些徒有財富的人甚至會蔑視一切、目空一切。因爲，沒有德性就很難恰當地處理這些善事物，而這種人由於既沒有能力處置它們，又認爲自己比別人優越，所以蔑視別人，並且隨心所欲地行事。因爲，他們

[1124b]

50　1123b15-22。

51　大度的人既配得重大的事物，又對這種重要性有正確的自我評價。所以對於他，沒有什麼外在善，甚至重要的外在善——榮譽，算得上重大。

仿效大度的人而又不像他，而且只仿效他們有能力仿效的方面，所以他們只是蔑視別人，卻不能做事情合乎德性。大度的人蔑視別人是有道理的（他的判斷眞實），可是多數人卻是沒有根據地蔑視別人。大度的人不糾纏瑣碎的事情，也不喜歡冒險，因爲值得他看重的事物很少。但是他可以面對重大的危險，當他面對這種危險時，他會不惜生命，因爲他認爲，不能爲活著而什麼都犧牲掉。[52]他樂於給人好處，而羞於受人好處，因爲給予人好處使得他優越於別人，受人好處使得別人優越於他。對所受的好處他願意回報得更多些，因爲這不僅回報了那個給了他好處的人，而且使那個人反過來受了他的好處。大度的人始終記得他給人的好處，不記得他受於人的好處（因爲受惠者是被施惠者超過的人，而大度的人想做一個超過別人的人）。他喜歡聽到有人提起他給予別人好處，不喜歡有人提起別人給予他的好處。這大概就是忒提斯不向宙斯提起她曾對他做過的善舉，[53]以及斯巴達人不提他們給予雅典人的幫助，而只說雅典人給予他們的幫助[54]的原因。大度的人的特點還在於，他無求於人或很少求

---

52 ἀφειδὴς τοῦ βιοῦ ὡς οὐκ ἄξιον ὂν πάντως ζῆν，不能只為了生命而什麼都犧牲掉。斯圖爾特（卷一第三四二頁）說，亞里斯多德此處是在表明，生命的主要目的是活動而不是感情，他欲描繪的是大度的人的具體特徵，但他所描繪的這種大度的人似乎比斯賓諾莎的理想人和康德的自律人更抽象。

53 《伊里亞德》第一章 393, 503-504。事實上忒提斯（Thetis，阿喀琉斯的母親）向宙斯提到了她曾經給予宙斯的幫助。

54 亞里斯多德此說依據不詳。因為據色諾芬《希臘史》（第六章第五節三十三），斯巴達人在向雅典人請求幫

於外人，而願意提供幫助。他對有地位、有財富的人高傲，對中等階級的人隨和。因爲，超過前者是困難的和驕傲的事情，而超過後者則很容易。對於前者高傲算不得低賤，而對於後者高傲則有如以強凌弱那樣粗俗。此外，大度的人也不爭那些普通的榮譽，不去在別人領先的地方與人爭個高低。他並不急切地行動，除非關涉到重大的榮譽。他也不會忙碌於瑣事，而只是做重大而引人注目的事情。他一定是明白表明自己的恨與愛（因爲隱瞞意味著膽怯），關心誠實甚於關心別人的想法，並且一定是言行坦白（因爲，既然持著蔑視，他就會坦然直言，除非在用自貶的口吻[55]對普通人說話的時候）。他不會去討好另一個人，除非那是一個朋友（因爲這樣做是奴性的，所以說所有的奉承者都是奴性的，而所有低賤的人[56]都是奉承者）。他也不會崇拜什麼，因爲之於他，沒有什麼事物是了不起的；他也不會記恨什麼，因爲大度的人不會記著那麼多過去的事情，尤其是別人對他所做的不公正的事情，而寧願忘了它們。他也不會議論別人什麼，既不談論自己也不談論別人。因爲他既不想聽人讚

[1125a]

助以抵禦忒拜人的入侵時，特別強調他們曾給予雅典人的幫助。參見羅斯，第九十三頁注；斯圖爾特，卷一第三四三頁。

55 εἰρωνεία。參見 1108a20-23。亞里斯多德此處顯然指蘇格拉底的方式。這種方式亞里斯多德視為是一種在真誠上不及的談話方式，但是他此處似乎是說，在與普通人交往時〔常常〕不得不使用〔像蘇格拉底那樣的〕這種方式。

56 οἱ ταπεινοί。

美，也不希望有人受譴責（他也不愛去讚美別人）。所以，他不講別人的壞話，甚至對其敵人，除非是出於明白的目的而羞辱他們。對於避免不掉的小麻煩，他從不叫喊或乞求別人幫助，因爲在這些事情上喊叫或乞求幫助就意味著很看重它們。他願意擁有高尚〔高貴〕而不實用的事物，而不是那些有利益的、有用的事物。因爲擁有前者更顯示出一個人的自足。此外，一個大度的人還行動遲緩、語調深沉、言談穩重。因爲，一個沒有多少事情可以看重的人不大可能行動慌張，一個不覺得事情有什麼了不起的人也不會受到刺激，而語調尖厲、行動慌張都是受刺激的反應。[57]

大度的人就是這樣的。這種品質上不及的是謙卑的人，過度的是虛榮的人。這兩種人也不被當作壞人，[58]因爲他們並不傷害別人，而是做錯了事情。謙卑的人剝奪了自己所配得的重要性，而且，他似乎是對他自己不好。因爲，由於不認爲自己配得那種重要性（而且似乎

---

57 黑格爾認為，亞里斯多德在這一節的討論是以亞歷山大為模型的。那種傑出的天才與惡構成那個人的巨大靈魂。斯圖爾特（卷I第三三六頁）認為，儘管亞里斯多德的討論可能有某種這樣的聯繫，但未必在以某個人為模型。行動遲緩、語調深沉、言談穩重畢竟只是一個這樣的大度的人的外部特徵。也許可以這樣說，就像荷馬史詩中某些英雄的某些方面一樣，亞歷山大的某些方面，例如他的高貴地位以及某些品質，被亞里斯多德納入了大度的人的理想圖景。

58 正如小氣的人和粗俗的人那樣。參見1123a32-34。小氣與粗俗、謙卑與虛榮的共同特點是並不傷害別人，因而更個人化的品質。

不認識自己），[59]他沒有去追求那些，否則他就會去追求的善事物。我們並不認爲這樣的人愚蠢，而是認爲他們過於謙讓。不過這種評價反而使他們的情況更糟。因爲，人們追求的都是相應於他們的那種善，而他們卻由於認爲自己不配得而放棄那種高尚〔高貴〕的活動和對那些善事物的追求。另一方面，虛榮的人則愚蠢、對自己無知，並且還明白表現出這種缺點。他們常常追求與他們自身不相稱的榮譽，然後又被發現了本來的面貌。他們講究穿著，注重外表，希望人人都知道他們多麼幸運。他們還不時地談論自己，好像這樣就能受人尊重。但是謙卑比虛榮更加與大度相反，因爲它更普通，也更加是惡。

所以，如前面所說過的，[60]大度是與重大的榮譽相聯繫的品質。[61]

---

59 萊克漢姆（第二二七頁）認為括弧中的話是後人所加。它很可能是為點明討論是針對著蘇格拉底而加的。從上下文看，亞里斯多德對蘇格拉底式的自貶（亦作自嘲）的謙卑的批評在於：⑴它不是出於對自己的重大價值的正確的判斷，和⑵它使人沒有去追求他本應追求的重大的東西。參見亞里斯多德在下面第七章關於自貶的討論。

60 1107b26，1123a34-b22。

61 亞里斯多德關於大度的這一章是非常重要的。我們需要理解的是他透過對大度德性的描述而賦予它的在其倫理學體系中的重要地位。大度，與慷慨等等一樣，作為基於人的本性而又充分發展了的人的自由精神，是對於最為重要的一種屬人的外在善——榮譽，而且是最重大的榮譽的欲求方面的適度德性。因它是相關於最重要且最重大的外在善的，所以它自身也是最重要且最重大的。格蘭特（卷II第七十二頁）曾出色地評論

四、在對待小榮譽方面的德性

在榮譽這方面，如在一開始談到這個問題時就說過[62]的，也有一種品質與大度相聯繫，就像慷慨與大方相聯繫那樣。因爲，這種品質和慷慨都與重大的事物無關，它們都是在處理中等或細小的事物上的適度。正如在索取和給予財富方面有適度、過度和不及一樣，在對榮譽的欲求上也有過度、不及和適度。我們既譴責愛榮譽者在欲求榮譽上過度或欲求不當的榮譽，也譴責不愛榮譽者甚至在高尚〔高貴〕的行爲上也不嚮往榮譽。但有時我們又如 [1125b]

亞里斯多德對大度德性的說明的下述特點。第一，它是對大度德性是什麼的說明，而不是對大度應當如何的說明。而在做這種說明時，亞里斯多德不是把大度作為責任，而是把它作為與責任相區別的東西，即作為德性或善，來說明的：大度的人不做壞事不是因為它是錯誤的，而是因為它不值得一做。第二，這種說明是基於大度的人對其生命的重要性——這重要性表現於所配得的善（即重大的榮譽）——的自尊或自愛的。這顯示道德德性自身的根基是某種愛和某種恨（厭惡），即有德性的人對屬於他那種人的善的愛和對相反者的厭惡，理智只是幫助與指導。第三，這種說明基本上是對並非屬於人的、人所未曾達到的態度的描述，所以它的心理學是一個例外的大度的人的心理學，而不是普通人的心理學。關於後面這一點，斯圖爾特（卷I第三三五頁）寫道：「亞里斯多德的大度的人不是一個真實的人。他是哲學中的一個理想，就如悲劇中的菲洛克忒忒斯（Philoctetes）與安提戈涅（Antigone）一樣。他是亞里斯多德對人的德性的沉思的一個具體表現。」

62 1107b24-27。

在開始談到這個問題時所說的，[63]稱讚一個愛榮譽者有抱負和愛高尚〔高貴〕的行爲，稱讚不愛榮譽者謙讓和節制。顯然，愛某某事物有多種含義，我們在說愛榮譽時，所說意思並不相同。當我們稱讚它時，我們是指比大多數人更愛榮譽；當譴責它時，我們是指愛榮譽過度。適度的品質沒有名稱，所以兩個極端相互爭執，彷彿那個位置等著它們來占據。但是，凡有過度和不及的地方就有適度，而在對榮譽的欲求上的確有過度和不及，所以在欲求榮譽上也一定會有適度，在榮譽方面我們所稱讚的就是那種沒有名稱的品質。相對於愛榮譽它似乎是不愛榮譽，相對於不愛榮譽它又是愛榮譽，相對於這兩者，它又是既愛榮譽又不愛榮譽。其他德性的情形似乎也是這樣。不過在榮譽這方面，由於適度的品質沒有名稱，對立存在於兩個極端之間，而不是存在於它們各自與適度的品質之間。

五、溫和

溫和是怒氣方面的適度。這種適度的品質實質上沒有公認的名稱，兩種極端的品質也沒有名稱。我們用溫和來稱呼這種適度的品質，雖然它有些偏向於那個沒有名稱的不及。過度的品質也許可以稱爲慍怒，因爲我們討論的感情是怒氣，儘管引起怒氣的原因多種多樣。一

---

63 1107b33。

個人如果在適當的事情上、對適當的人、以適當的方式、在適當的時候、持續適當長的時間發怒，就受到稱讚。既然溫和受到稱讚，那麼這樣的人就是一個溫和的人（因爲，溫和的人其實就是一個脾氣平和，不受感情左右，而按照邏各斯的指導，以適當的方式、對於適當的事情、持續適當的時間發怒的人，儘管他由於寧願原諒別人而不是復仇而顯得偏向不及）。而不及，不論把它叫作麻木還是別的什麼，則受到譴責。因爲，那些在應當發怒的場合不發怒的人被視爲是愚蠢的，那些對該發怒的人、在該發怒的時候也不以適當方式發怒的人也是愚蠢的。人們認爲，這樣的人對事情好像沒有感覺，也感受不到痛苦。一個人如果從來不會發怒，他也就不會自衛，而忍受侮辱或忍受對朋友的侮辱是奴性的表現。過度也是就這些方面說的（因爲一個人可能對不適當的人、在不適當的事情上、以不適當的方式——太快或持續太久——發怒）。但這不是說這些方面的過度都會同時發生在一個人身上，這種情形不大可能出現。因爲，惡會自己破壞自己，如果它成就了完整的惡，那就將令人不堪忍受了。易怒的人怒氣來得快，他對不適當的人、在不適當的事情上表現不適當的怒氣。但他的怒氣去得也快，這是他的優點，之所以如此，是因爲他不控制自己的怒氣。由於脾氣急躁，他的怒氣會立即發洩出來，但發洩了，怒氣也就過去了。暴躁的人是脾氣最急躁的人，他們不論什麼情況，一有事情就會發怒。他們的名字也因此而得。[64]慍怒的人怒氣則較

[1126a]

64 ἀκρόχολος 由字首 ἀκρο- 和 χόλος 組成，ἀκρο 的意思是聽到，χόλος 的意思是發怒，ἀκρόχολος 的原意是聽

難平息，而會持續很長一段時間，因爲他們壓抑自己的怒氣，不過，他們一旦報復了，這怒氣就會過去。因爲報復產生的是快樂而不是痛苦，這種快樂消除了他們的怒氣；如果得不到這種發洩，怒氣就一直壓在他們心裡。由於他們不把這怒氣表現出來，也就沒有人去平息它們，而一個人自己消化怒氣需要很長時間。這樣的人對自己、對朋友都是最麻煩的。我們把在不適當的事情上以不適當的方式發怒的人、發怒持續時間過長的人，以及不報復和懲罰別人怒氣就不會平復的人，稱爲怪僻的人。[65]我們把溫和視爲是與過度而不是與不及相反的。這不僅因爲過度的情形較爲常見（因爲人更傾向於報復），而且因爲脾氣壞的人更難相處。

我們在前面說過的那番話[66]在這裡顯得更爲清楚。我們很難確定一個人發怒應當以什麼方式、對什麼人、基於什麼理由；也很難確定，發怒持續多長時間，或者自何時開始，就

到一點事情就發作的人，相當於中文口語中所說的「一觸即發」或「聽風就是雨」的人。

65 亞里斯多德在這裡描述的這四種在怒氣上過度的人，雖然都是因對不適當的人和就不適當的事發怒而不正確，但在方式上表現得各不相同。⑴易怒的人太易於發怒，但發怒持續時間短；⑵暴躁的人（ακροχόλοι）的錯誤在於發怒（發脾氣）不分場合；⑶陰鬱的人（πικροί）在發怒的持續時間上不適當——他們的怒氣會持續過長的時間而難於平息；⑷怪僻的人（χαλεποί）則似乎集中了暴躁的人與陰鬱的人的錯誤，發怒既不分場合又持續時間過長。而易怒的品質，即怒氣來得快也去得快的品質，則似乎與後三種品質相互破壞，似乎是四種過度的形式中的錯誤最輕者。

66 1109b14-26。

不再正確而成爲錯誤。因爲，我們並不譴責一個稍稍偏離——無論朝過度還是朝不及——的人。我們有時稱讚那些在怒氣上不及的人，稱他們溫和，有時又稱讚那些易動怒的人，稱他們勇敢，認爲他們有能力治理。所以，一個人偏離得多遠、多嚴重就應當受到譴責，這很難依照邏各斯來確定。這些事情取決於具體情狀，而我們對它們的判斷取決於對它們的感覺。然而十分明白，適度的品質，即對適當的人、就適當的事、以適當的方式發怒的品質，受稱讚，過度和不及則受譴責——輕微的偏離受輕微的譴責，較大的偏離受較重的譴責，最大的偏離受最重的譴責。所以，我們應當追求的顯然是適度的品質。關於怒氣方面的品質我們就談到這裡。

六、友善

[1126b] 在人群中，在共同生活以及交談和交易中，有些人是諂媚的，[67] 他們凡事都贊同，從不反對什麼，他們認爲自己的責任就是不使所碰到的人痛苦。另一些人則相反，他們什麼都反對，從來不考慮給別人帶來的痛苦，這種人被稱作乖戾的。顯然，這些品質都是受譴責的，那種中庸的品質才是受稱讚的。一個人正是由於這種適度的品質，才會以適當的方式贊

---

67 ἄρεσκοι，討好的、逢迎的、諂媚的人。

同所該贊同的，反對所該反對的。但是這種適度的品質沒有名稱，雖然它與友愛很相似，因爲，有這種適度品質的人，如果再具有一份感情，就是我們所說的「好朋友」了。這種品質與友愛的區別，在於它不包含對所交往的人的感情。這樣的人做事情適度，[68]不是出於愛或恨的感情，而是因爲他就是那樣的人。他與熟人和生人、與親近的人和不親近的人交遊，都舉止適度，只不過是相應於每一種人的適度。因爲，對陌生人和親朋好友表現出同等程度的關心是不適當的，使他們同等程度地痛苦也是不適當的。我們已經在一般意義上說明具有這種品質的人在交往中會做事情適度。我們還要說明，他總是爲著高尚〔高貴〕和有益的目的而努力使人快樂而不使人痛苦。因爲，他關心交往的快樂與痛苦。一旦促進別人的快樂對自己是不體面的、有害的，他就會拒絕那樣做，而寧願選擇讓他們痛苦。同樣，如果默認另一個人的行爲將給那個人帶來恥辱或傷害，而反對那個人的行爲只會給那個人帶來些微的痛苦，他就反對而不是贊同。對地位高的人和普通人，熟人和不太熟識的人，以及有種種其他區別的人們，他將以適合那些人各自的不同方式與他們交往。雖然他會因快樂自身之故而促進它，並努力避免造成痛苦，他還是要考慮後果。他要看看這樣做的後果是否更好，即是否高尚〔高貴〕和有益。爲了以後的更大快樂，他可以施加一點小小的痛苦。這種適度品質就是這樣，儘管它沒有名稱。而那些努力討好別人的人，如果是沒有目的的就是諂媚，如果是

[1127a]

68　即贊同該贊同的事情，反對該反對的事情。

有目的的就是奉承。[69]那些對於什麼都不贊同的人，正如我們已說過的，[70]是乖戾的。看起

69 諂媚者與奉承者的區別，亞里斯多德認為，在於他們贊同鄰人的一切時，是否有某種卑賤的目的，例如獲得錢財或某種其他好處。諂媚者沒有這種目的而贊同一切；奉承者則出於一個卑賤的目的而贊同一切。在這樣的分析中，奉承顯然比諂媚更加與適度品質對立：有一個壞目的比沒有這樣一個目的距離抱持一個高尚（高貴）的目的更遠。斯圖爾特（卷II第三五四—三五五頁）引證塞奧弗拉斯托（Theophrastus）——亞里斯多德的後繼者的看法。諂媚，塞奧弗拉斯托在《品質論》（*Characteristics*）中寫道，

> 可以界定為不帶有最好的意圖而刻意造成快樂的談話方式。諂媚者是這樣一種人：他老遠地就對你喊著「我的朋友」；在表達過敬意之後，他會用雙臂擁抱你；他會給你一點點照顧，然後問什麼時候可以去看望你，臨別時還會說一通恭維的話。

而奉承者，他寫道，

> 是這樣一種人：在與另一個人同行時，他會說，「您注意到別人在怎樣看您嗎？在雅典，只有對於您，人們才會有這種崇敬的眼光……」。他還會邊這樣說著，邊從他的庇護者的外衣上撿起落在上面的一片羽毛。或者，假如有一根稻草落在其庇護者的頭髮上，他會輕輕地拈起它，然後笑著說，「您瞧，才兩天沒見您，您的白髮可添了不少。不過，別人到了您這個年紀，白髮還要多」。然後，他會讓他的同伴安靜下來，聽這位偉人講話，並且會稱讚那位同伴聽得專心，而且要讓那位同伴知道他說的是眞話。或者，他會對於一個平淡無味的笑話開懷大笑，就好像是情不自禁地笑出來的那樣。

而且，按照傑伯（Jebb）——塞奧弗拉斯托的英譯者的看法，亞里斯多德與塞奧弗拉斯托所說的是那種更為低劣的奉承。他說，κολακεία 的意思與英語詞 flattery 的意思大不相同，前者還要粗俗些，指的是一種過分誇張的奉承。

來好像只有這兩種極端在相互對立，這是因爲這種適度的品質沒有名稱。

七、誠實

自誇與之對立的那種適度的品質也是與這些事情相關的，並且也沒有名稱。先來描述一下這些品質是有幫助的，因爲，在一個個說明這些品質後，我們就能更充分理解品質的性質。如果我們看到在這些情況德性都是適度，我們也就會相信所有德性都是適度的品質。我們已經說明[71]在共同生活中與提供快樂或痛苦有關的那些行爲，我們接著要說到與語言、行爲和外在表現的誠實與虛僞[72]有關的那些行爲。依照一般的理解，自誇的人是表現出自己具有某些受人稱讚的品質，實際上卻並不具有或只是些微具有；自貶的人是表現得自己不具有他實際上具有的品質，或者貶低他具有的程度；有適度品質的人則是誠實的，對於自己他在語言上、行爲上都實事求是，既不誇大也不縮小。無論誠實還是虛僞都可能或者有目的，或者沒有目的。而如果一個人沒有特殊的目的，他的語言和行爲就表現著他的品質。就其本身而言，[73]虛僞是可譴責的，誠實則是高尚〔高貴〕的和可稱讚的。所以，具有這種適

71　第六章。

72　ψεῦδος，謊言、虛僞。

73　即不是就其目的而言。

度品質的誠實的人是可稱讚的；虛僞的人，尤其是自誇的人，則是可譴責的。我們就來談談誠實的人與虛僞的人，先從前者說起。我們要說的，不是守約的或涉及公正與否的那些事務上的誠實（因爲適用於這些事務的是另外一種德性），而是一個人不涉及那些事務時出於品質的語言和行爲上的誠實。[74]這樣一個誠實的人被視爲有德性的人，因爲，他在無關緊要的時候都愛講眞話，在事情重大時就更會誠實。他會拒絕不誠實的行爲，認爲那是恥辱，因爲他以往不論後果怎樣都不會做事不誠實。我們所稱讚的正是這樣的人。這樣的人會傾向於對自己少說幾分。因爲，既然說過頭是討人嫌的，對自己少說幾分也許更好些。那種沒有什麼目的而喜歡自誇的人，在品質上比有目的的還低些（因爲，他要是有目的的就不會自誇了），[75]但這種人只是愚蠢而不是惡。[76]那些出於目的而自誇的，如果是爲著名譽或榮譽，

[1127b]

74 因為，那些事務上的誠實是對於具體的是非的，正是對這些是非判斷的誠實與否表現著一個人是否公正。而這裡所說的誠實只是一種交往與交談方式上的誠實，這種誠實不涉及對於是非與利害關係的態度，是一種自由的品質。

75 亞里斯多德此番評論是基於榮譽是外在善的判斷。為某種目的而自誇的人通常是為著榮譽，而榮譽是最大的外在善。亞里斯多德這裡是說，沒有目的而自誇的人甚至不如這樣的人，因為他不是為得到榮譽這樣一種善而自誇。

76 關於這種沒有目的而出於品質的自誇者，塞奧弗拉斯托描述道：「當他在一所租用的房子裡時，他會（對每個不了解這點的人）說，這是他的家宅，但是他準備賣掉，因為對他來說太小了。」見斯圖爾特，卷Ⅰ第

就不算太壞；如果是爲著錢或可用來得到錢的東西，其品質就比較壞。因爲，使得一個人成爲自誇者的不是能力，而是選擇；一個人是因爲形成了自誇的品質才是一個自誇者的。這就好比，有的人說謊是因爲喜歡說謊，有的人說謊則是爲得到榮譽或好處。[77]爲得到榮譽而自誇的人表現得自己具有的是那些受稱讚和尊敬的品質。爲得到錢而自誇的人表現出自己具有的，則是對鄰人可能有用的品質，例如預言或治病的本領。這後一類的品質[78]一個人是否眞的具有比較好隱瞞。[79]大多數人喜歡表現出自己具有這後一類的品質，也正是因爲它們既

三五八頁。

77 從「因為，……」到這裡的這兩句話，羅斯（第一〇二頁）和克里斯普（《亞里斯多德尼各馬可倫理學》〔劍橋大學出版社，二〇〇〇年〕第七十七頁）用括弧括起來，似乎把它們當作是對上一句的注釋。亞里斯多德此處的表達比較含糊，需要作些說明。格蘭特（卷II第八十八頁）引證《修辭學》卷I 1335b20，認為亞里斯多德是指，為得到錢而自誇的人與喜歡自誇的人的區別在於前者是出於選擇，而不只是基於能力，正如詭辯者與辯證者的區別不在於理智而在於道德。所謂選擇，即出於目的或意圖的對手段的選擇。亞里斯多德接下去的話表明，他認為為得到錢財（或可用來得到錢財的東西）而自誇與出於這種（卑賤的）目的而說謊具有同樣的性質。不過，亞里斯多德在前面又說，並非出於目的的自誇表現著一個人的品質。而如果無目的的自誇與為著卑劣目的的自誇都是品質的表現，即都是出於選擇，他在這裡說明的區別就不具有實質性。

78 即對鄰人可能有用的品質。

79 相較之下，一個人是否具有那些受尊敬的品質，例如是否辦事公正，則不易隱瞞。

可能對鄰人有用，你又不大好說他不具有。[80]有些貶低自己的人似乎比自誇的人高雅些。因爲，他們的目的似乎不是得到什麼而是想避免張揚，他們尤其否認自己具有的，如蘇格拉底常做的那樣，也是那些受人尊敬的品質。[81]而那些在細微末節的小事上貶低自己的人，被人稱做僞君子，這種人是眞正讓人看不起的。有時，這種自貶又實際上成了自誇，就像斯巴達人的裙子[82]那樣。因爲，與過度一樣，過分的不及也是一種誇張。但是，在一些不那麼明顯和突出的事情上適當的用一點自貶倒也不失高雅。[83]

80 亞里斯多德在此共討論了三種自誇者：⑴沒有目的，只是因喜歡自誇而自誇的人。這種人品質上雖然並不惡，但比較低等，因為他們甚至不是為了榮譽而自誇。⑵喜歡為得到榮譽而自誇的人。這種人是本來意義上的自誇者。其品質也並不惡，因為他欲表現得自己具有的是那些受人尊敬的品質。⑶喜歡為得到錢或可用來得到錢的東西而自誇的人。這種人在品質上是惡的，因為他表現得自己具有對鄰人可能有用的品質是為著得到錢財；而且他這樣做是出於狡計：對這些品質別人不好確定他是否真的具有。參見斯圖爾特，卷I第三五八頁。

81 與喜歡為榮譽而自誇的人表現得自己具有的相同的那些品質。

82 斯圖爾特（卷I第三六五頁）和萊克漢姆（第二四四頁注）都認為，這可能是指雅典人模仿的斯巴達裙。這種裙子大概因其過分簡單而顯得誇張。

83 亞里斯多德此處討論了兩種情形的自貶：⑴不失高雅的自貶，這種自貶是在那些受尊敬的品質上貶低自己；⑵偽君子式的自貶，這種自貶是在有能力做的小事情上貶低自己。關於亞里斯多德對這種自貶的謙卑的批與誠實的人相對立的似乎是自誇的人，因爲自誇是比自貶更壞的品質。

八、機智

生活中也有休息，休息中總會有消遣性的[84]交談，在這方面，似乎也有一種有品味的交談。跟他人談些什麼以及如何與他人談，聽他人談些什麼以及如何聽，這些方面都有做得是否恰當的問題；與什麼人談或聽什麼人談這方面也有恰當不恰當的問題。顯然，在這些

[1128a]

評，參見本書第四卷注55。這兩種自貶在亞里斯多德的討論中都有對蘇格拉底的指涉。斯圖爾特（卷II第三五八頁）引證傑伯的話說，亞里斯多德指的本來意義的自貶是第二種自貶。斯圖爾特認為，柏拉圖通常在偏離誠實這種譴責的意義上使用自貶（或自嘲）一詞，但是他沒有使蘇格拉底自稱為自貶者。《尼各馬可倫理學》保留著自貶的這種基本的意義，但是把它用來指蘇格拉底式的自嘲。不過當自貶被用來指逃避普通人的注意的策略時，它又被視為不失高雅的。不過塞奧弗拉斯托把自貶譴責為一種完全惡的品質。斯圖爾特又說，在希臘人的生活中，除了這兩種自貶之外，還有阿那凱西斯（Anacharsis）所說的「純粹消遣性的自貶」，這種自貶被塞奧弗拉斯托描述為藉由隱瞞真實感情與意圖而誤導他人的昔尼克式快樂。（同上，第三五九頁）

84 παιδιας，παιδια（消遣）的形容詞形式。消遣在亞里斯多德看來是生活的必要組成部分，但不是生活的終極目的。參見第十卷第六章的有關討論。

方面，一個人既可能做得過度，也可能做得不及。那些在開玩笑上過度的人被視爲滑稽或品味低級的人。這種人什麼玩笑都開，目的只在於引人一笑，全不考慮禮貌和如何不帶給被開玩笑的人不快。那些從來不開玩笑、也忍受不了別人開他玩笑的人被看作是呆板的和固執的。[85]詼諧地開玩笑的人被稱作機智的，意思就是善於靈活地轉向的。[86]因爲，機智的妙語彷彿就是品質的活動。我們判斷一個人的品質如何要根據他的品質的活動，正如判斷他的身體如何要根據其身體的活動一樣。由於玩笑的題材俯拾即是，由於多數人都過度的喜歡玩笑和嘲弄，甚至滑稽的人也會被稱爲機智的，因爲人們覺得他們有趣。但儘管如此，我們上面所說的也已經說明機智不同於滑稽，而且兩者相去甚遠。這種適度的品質的另一個特點是得

---

85 σκληροὶ，固執的、不靈活的、難對付的人。

86 機智，希臘語是εὐ-τραπελία，εὐ- 意義是好，τραπελία為動詞τραπέω的變化形式，意義是全方位的靈活調整。所以εὐ-τραπελια是指在交談中善於有品味地轉換話題和談話方式的靈活與機智。

體。[87]具有談話得體的品質的人只說、只聽適合一個慷慨的人[88]說和聽的東西，因爲，這樣的人在說玩笑和聽玩笑方面都有其適合的語言。出身高貴的人的玩笑也不同於卑賤的人的玩笑，有教養的人的玩笑也不同於沒有教養的人的玩笑。這種區別可以從過去的喜劇與現在的喜劇的對比中看出來。過去的喜劇用粗俗的語言取樂，現在的喜劇則是用有智慧的語言[89]引人發笑，這兩者在禮貌上有很大的區別。我們是否可以把適度的玩笑界定爲不會不適合慷慨的人的、不會給聽者帶來痛苦而會給他帶來快樂的那類玩笑？或者，這類玩笑是否不可能作出規定？不同的人喜歡的和討厭的東西是不同的。但一個人願意說的必定也是他願意聽的，因爲，他肯接受的也就是他願意做的。所以，有的玩笑他不會去開，因爲玩笑是一種嘲弄，而立法者們禁止我們嘲弄某些事物。也許他們也應當禁止某些形式的玩笑。所以，溫和

---

87 ἐπι-δεξιότης，達到正確或適度之意，一譯老練：ἐπι- 意義是達到，δεξιότης 來源於 δεξιά，意義是正確的一邊，許諾過的、同意過的東西，所以從詞源上看，ἐπι-δεξιότης 就有達到雙方都同意的即相互適合的東西的意義。如許多希臘詞一樣，這個希臘詞的中文翻譯也有較大困難。原有的「老練」譯法，似乎偏向於技藝的一面，而與對於它的道德德性的討論語境有些不合。「老練」的譯法適合現代法學的自由裁量實踐的程度似乎好一些。「得體」的譯法偏重了達到正確、適度的一面，然而在表現交談者自由運用相互適合的談話技巧方面又有不足。

88 ἐλευθερίου。斯圖爾特、萊克漢姆、韋爾登解釋為紳士。參見本書第四卷注1。

89 ὑπόνοια 懷疑、猜測、意見等等。

的、慷慨的人必定是像上面說到的那樣的，[90]就好像他就是自己的法律。這種適度的品質就是這樣，稱它是機智或說話得體都可以。滑稽的人則屈服於他開玩笑的衝動，只要能引人發笑，不論對自己還是對別人，他都不會放過機會。他總是說些有教養的人不會去說的笑話，其中有的甚至連他自己都不願意聽。[91]呆板的人對於社交性談話沒有積極幫助。他什麼玩笑也不會開，什麼玩笑都接受不了，然而休息與娛樂卻是生活的一個必要部分。

我們已經討論過與某種語言和行爲的交流有關的三種適度的品質。它們的區別在於其中的一種是與誠實相關，另外兩種則與交談和交往的愉悅相關。在後兩者中，一個表現在玩笑活動中，另一個則表現在一般社交生活中。

[1128b]

六、羞恥

羞恥不能算是一種德性。因爲，它似乎是一種感情而不是一種品質。至少，它一般被定義爲對恥辱的恐懼。它實際上類似於對危險的恐懼。因爲，人們在感到恥辱時就臉紅，在感到恐懼時就臉色蒼白。這兩者在一定程度上都表現爲身體的某些變化。這種身體上的變

---

90 即有些玩笑不去開。

91 這句話韋爾登（第一三二頁）作「他總是說些有教養的人不會去說甚至不會去聽的笑話」。

化似乎是感情的特點，而不是品質的特點。這種感情並非適合所有年紀的人，而僅僅適合年輕人。我們認爲，年輕人應當表現出羞恥的感情，因爲他們由於聽憑感情左右而常常犯錯誤，感到羞恥可以幫助他們少犯錯誤。我們稱讚一個表現出羞恥的年輕人，但是不稱讚一個感到羞恥的年長的人。我們認爲，年長的人不應當去做會引起羞恥的事情。既然羞恥是惡的行爲引起的感情，好人就不會感覺到羞恥，因爲他不應當做惡的事情（至於那些事情是本身就是可恥的還是被人們看作是可恥的，這倒沒有什麼分別，這兩種事情都不該做）。羞恥是壞人的特點，是有能力做可恥的事情的人所特有的。說由於一個人在做了壞事之後會感到羞恥，我們就應當說他是有德性的，這是荒唐的。因爲，那個引起羞恥的行爲必定也是出於意願的行爲，而一個有德性的人是不會出於意願做壞事的。羞恥只是在這種條件下才是德性：如果他[92]會做壞事情，他就會感到羞恥。[93]然而德性的行爲則不是有條件的。而且，雖然無恥——即做了壞事而不覺得羞恥是卑賤的，這也不說明如果去做壞事就會感到羞恥是德性。自制[94]也不是一種德性，而是德性與惡的一種混合。不過這一點我們在後面[95]再談。現

92 指有德性的人。

93 此句是虛擬語氣，其真實意義當為：好人不會做壞事，所以也不會感到羞恥。

94 ἐγκράτεια，或譯自我控制。

95 第七卷。

在我們先來談談公正。[96]

96 斯圖爾特（卷Ⅰ第三六九—三七〇頁）對本章的文本的完整性提出質疑，理由是第二卷第七章中對羞恥的扼要說明在這裡有遺漏，例如：⑴在那裡接著談到了義憤，本章結尾處卻沒有提到；⑵那裡把羞恥仍然當作羞怯與無恥之間的適度來討論，本章則似乎完全沒有把羞恥當作這種適度，而僅僅把它視為一種假言意義的德性。他認為，很可能是由於歷史的偶然事故，這一章關於兩個極端的討論的部分佚失，而最後的兩句話，即對自制與羞恥的比較和對後面關於公正的討論的提及，可能是編輯者所加。這種分析是否正確也許還需要以後的考證來說明。不過他在說明亞里斯多德在這裡的討論的那個結論——即只有壞人才會羞恥——的片面性時是有道理的。因為普遍的道德常識似乎是，做了錯事而感到羞恥的人不應當與做了錯事而不知羞恥的人同樣是壞人。然而這種區別在亞里斯多德看來似乎並不重要。我們也許應當設想，一個人是好人並不意味他始終不會有任何出於不公正的意願的行為，然而一旦發生了這樣的情況，他必定為之感到羞恥，並且這種羞恥感必定將制止他日後做出類似的不公正行為。

第五卷　公正[1]

1 格蘭特（卷II第九十五頁）認為，第五卷對公正的討論使第四卷的討論主題「從中間被打斷了」，並列舉一些文本分析的證據，判斷第五至七卷是由編訂者根據亞里斯多德的一個學生歐台謨（Eudemus）的亞里斯多德講義抄本補進來的。問題在於，離開了直接的史料證據，這種判斷至多只是一種猜測。斯圖爾特（卷I第三七五頁）指出，格蘭特和萊姆索爾所提出的一些文本證據不足以證明第五至七卷的作者與其他各卷的不是同一個作者。而且，亞里斯多德的確有可能在討論了具體的道德德性之後進入對公正的討論，以便在恰當的時候完成對學生的授課。我認為，從閱讀和研究的角度，我們不妨仍然把《尼各馬可倫理學》看作亞里斯多德的一個完整的授課講義文本，儘管個別部分有可能經過了編者的加工。

一、公正的性質與範圍

關於公正與不公正，[2]我們先要弄清楚它們是關於什麼的，公正是何種適度的品質，以及它是哪兩種極端之間的適度。我們仍然按照前面一卷的步驟來進行研究。[3]

我們看到，所有的人在說公正時，都是指一種品質，這種品質使一個人傾向於做正確的事情，使他做事公正，並願意做公正的事。同樣，人們在說不公正時，也是指一種品質，這種品質使一個人做事不公正，並願意做不公正的事。我們先把這個意見作爲討論的基礎。因

[1129a]

2 δικαιοσύνη，ἀδικίας。δικαιοσύνη指按照公正的精神或原則做事的品質，來源於名詞τὸ δίκαιον（公正的原則），ἀδικίας的意義正與δικαιοσύνη相反，是不按照公正的精神或原則做事的品質。

3 在亞里斯多德對道德德性的討論中，對公正的討論最為詳細。伯尼特（第二〇三頁）說，這不僅是因為公正問題重要，而且是因為公正問題比其他德性的問題更為複雜。這種複雜性在於，儘管公正也像其他德性那樣是作為某種適度的品質討論的，它卻與其他德性不同，涉及的不只是兩個極端與它們之間的適度的品質三項因素，而是涉及兩種人與兩份份額這四個因素。另一個原因是，亞里斯多德區別了作為自身的總體的公正，即與平等或不平等的人對物的據有方面相區別的一般的公正。由於這種公正也具有實質的意義，對公正的討論不僅要在具體的水準上，而且要在總體的水準上加以討論。亞里斯多德對公正的討論由此顯示出極大的複雜性。

爲，品質的情況與科學[4]和能力[5]是不同的。一種科學或能力是透過相反的事物而達到的一或相同，[6]而一種品質則是相反品質中的一種，它只產生某一種結果，而不是產生相反的結果。例如，健康不產生不健康的行爲，而只產生健康的行爲。健康的步行的意思就是像健康的人那樣地步行。[7]

對於兩種相反品質中的一種品質，我們可以或者從與它相反的品質來了解它，或者從表現著它和與它相反者的那些題材來了解它。[8]因爲，如果我們了解身體的良好狀態，我們也就從這種狀態了解到身體的不良狀態。同時，我們從那些處於良好狀態的身體了解到身體的

4　ἐπιστήμη，此處亦可解為理論，在亞里斯多德的哲學中，科學與理論是同義的。

5　δύναμις，能力、功能、力量。參見本書第二卷注27。

6　δύναμις μὲν γὰρ καὶ ἐπιστήμη δοκεῖ τῶν ἐναντίων ἡ αὐτὴ εἶναι。

7　所以作為品質的健康不同於作為知識或能力的醫學。醫學是關於健康與疾病（健康的相反物）的，健康則只產生健康的行為。

8　因為，科學是借助相反物而達到的一或相同。斯圖爾特（卷I第三七九—三八〇頁）說，亞里斯多德在這裡似乎突然意識到上面談到的品質與科學（以及能力）的區別的邏輯上的意義。對一種品質的依據其自身的了解是從它產生的一系列行為來了解（它與它所產生的東西是一）。而對一種品質的科學的（理論的）了解則可以透過它的缺乏（στέρησις）來了解（科學或能力是借助相反物而達到的一）。這兩者在亞里斯多德看來並無矛盾。

良好狀態，從身體的良好狀態了解到什麼樣的身體是處於良好狀態的。如果身體的良好狀態在於肌肉的結實，那麼身體的不良狀態必定在於肌肉的鬆弛，使肌肉結實的事物也就是使身體狀態良好的事物。

其次，兩組相反的詞語中，如果一組是在多種意義上使用的，另一組也就同樣如此。例如，如果「公正」有多種意義，「不公正」以及「不公正的」也就同樣如此。公正與不公正都是多種意義的。可是，由於這些不同的意義緊密聯繫著，它們的同名異義之處就不易覺察、不甚明顯。只是在極其不同的事物共用一個名稱時，這種同名異義的情況才比較明顯（因爲在此種情況下，意義的外在的差別十分顯著），例如 κλεὶς 這個詞我們既用來指動物的脊索，又用來指鎖門用的鑰匙。[9]我們先弄清楚我們說一個人不公正時有多少種不同的意義。我們把違法的人和貪得的、不平等[10]的人，稱爲不公正的，所以顯然，我們是把守法

---

9 最早提到 κλεὶς 的這種相關性的，格蘭特（卷II第一〇〇頁）引證普魯塔克說，是馬其頓的腓力二世（Philip II of Macedon）。亞里斯多德似乎是透過這種相關性看到了詞的多種意義間的一種複雜情況——它們常常因為接近而不為人們所注意。不過希臘語中 κλεὶς 的這兩種意義的相關性在中文的轉換中可能有所損失。

10 ἄνισος，不平等的、不同等的、不公平的。ἴσος 為平等的、同等的、成比例的、公平的之意，ἄνισος 的意義正與之相反。平等與不平等，在最一般的意義上是指兩個事物的相等與不等。不過在與公正相關的問題上，平等與不平等主要不是指兩個人的能力（財富、地位等等）與貢獻上的相等或不等，也不僅僅是指他們各自占有或得到的份額的相等或不等，而是就兩個人的能力、貢獻的比例與他們所得到的分配份額的比例之間的

的、公平的人稱爲公正的。因此，公正的也就是守法的和平等的；不公正的也就是違法的和不平等的。[11]首先，由於不公正的人是所取過多的人，他必定是在那些善的事物上取得過多。我們不是指所有的善事物，而是指與好運、厄運有關的那些善事物。這些善事物在一般 [1129b]

相等或不等的關係（參見第三章）。所以，其本來的意義就包含了：⑴兩個同等的人與他們的兩份份額的關係，和⑵兩個不同等的人與他們的兩份份額的關係這兩種情形。就前一種情形說，兩個人的比例是1:1。設若兩個人所占份額之比也是1:1，這便是平等；若不是如此，便是不平等。這種平等關係，亞里斯多德稱之為算術（比例）的平等。後一種情況，姑且以兩人的比例是1:2的情形為例。雖1:2意味兩人地位不相等，但設若兩人所占份額之比也是1:2，這便是平等；若不是如此，便是不平等。這種平等關係，亞里斯多德稱之為幾何（比例）的平等。這種幾何比例的平等的概念顯然與中文中使用的平等的概念有很大的不同。中文中的平等概念，基本上是指兩個人的實際地位相等，即兩個人之比為1:1，兩份份額之比亦為1:1的情形。上述之後一種情況，在中文中不是被看作平等，而是被看作不平等。當這種不平等仍然可以接受時，它就被視為公平的，反之便被視為不公平的。然而在古代希臘的觀念裡，平等只意味著兩個人之比與兩份份額之比的相等。注意到這種區別對於理解亞里斯多德的公正與不公正的概念是重要的。

11 δικαιοσύνη（公正的精神或品質）與 ἀδικίας（不公正的精神或品質）在希臘語中同法律的概念有密切的聯繫。δίκαιος（公正的）在其詞義上同時就是符合法律的、遵守法律的。δίκαιος 源於動詞 δικάζω（裁決、判決），後者又來源於名詞 δίκη，意義是法律、秩序、審判、公正。所以在希臘語中公正與維護法律的秩序的意義原本是密不可分的。

意義上始終是善的，但是對一個具體的人卻並不始終是善。人們祈禱和追求的就是這些善事物。不過，他們倒是應當在追求對他們而言是善的事物時，祈禱那些始終是善的事物對於他們也能夠是善。不公正的人所取的東西並不總是過多，對於眞正壞的東西，他就只取較少的一份。但是，由於兩惡之中取其輕，也被視爲某種善，且取得過多的意思就是所取的善過多，他所取的還是過多。我們把這種人稱爲不平等的，因爲所謂不平等就是指這兩種情形，它們的共同點就是不平等。此外，既然違法的人是不公正的，守法的人是公正的，所有的合法行爲就在某種意義上是公正的。因爲，這些行爲是經立法者規定爲合法的，這些規定都是公正的。所有的法律規定都是促進所有的人，或那些出身高貴、由於有德性而最能治理的人，或那些在其他某個方面最有能力的人的共同利益的。[12]所以，我們在其中之一種意義上，把那些傾向於產生和保持政治共同體的幸福或其構成成分的行爲看作是公正的。法律還要求我們做出勇敢者的行爲，如不擅離崗位、不逃跑、不丟棄武器，做出節制者的行爲，如不通姦、不羞辱他人，以及做出溫和的人的行爲，如不毆打、不謾罵。在其他的德性與惡方

12 斯圖爾特（卷I第三九〇—三九一頁）引證斯本格爾（第二〇七頁）認為亞里斯多德此處分別是指民主制、貴族制與寡頭制。對這段本文西方學者中間有一些歧見。斯本格爾、萊索（H. Rassaw）、蘇斯密爾認為「出身高貴」是重複，可能是後人所加，拜沃特則主張刪除「由於有德性而」，斯圖爾特則堅持保留原手稿文本，理由是在《政治學》（1292b3）中德性常常與出身高貴以及有治理能力兩者並提。此處依斯圖爾特。

面，法律也同樣要求一些行爲，禁止一些行爲。實行良好的法律提出這類要求是出於良好的意圖，任意的法律提出這種要求的意圖則不那麼良好。所以，這種守法的公正是總體的[13]德性，不過不是總體的德性本身，而是對於另一個人的關係上的總體的德性。由於這一原因，公正常常被看作德性之首，「比星辰更讓人崇敬」。[14]還有諺語說，

> 公正是一切德性的總括。[15]

公正最爲完全，因爲它是交往行爲上的總體的德性。它是完全的，因爲具有公正德性的人不僅能對他自身運用其德性，而且還能對鄰人運用其德性。許多人能夠對自己運用其德性，但是對鄰人的行爲卻沒有德性。比阿斯[16]說得對，他說「公職將能呈現一個人的品質」，因爲，在擔任公職時，一個人必定要與其他人打交道，必定要做共同體的一員。正是由於公正

[1130a]

---

13 τελείας，完全的、總體的。

14 據萊克漢姆（第二五八頁注），按照經院哲學家丁道爾夫（Dindorf）的研究，此句（歐里庇德斯《殘篇》〔*Fragments*〕490）源於歐里庇德斯的一部佚失的戲劇《米蘭尼普》（*Melanippe*），但措辭稍有改變。

15 ἐν δὲ δικαιοσύνῃ συλλήβδην πᾶσ' ἀρετὴ 'νί。συλλήβδην，總括、概要之意。這句引語出處不詳，不過韋爾登（第一三七頁）認為是第歐根尼（Theognis）、佛塞里得司（Phocylides）及其他一些詩人的詩句。

16 Βίαντος，Bias，希臘七賢之一。

是相關於他人的德性這一原因，有人就說唯有公正才是「對於他人的善」。[17]因爲，公正所促進的是另一個人的利益，不論那個人是一個治理者還是一個合夥者。既然最壞的人不僅自己的行爲惡，而且對朋友的行爲也惡的人，最好的人就是不僅自己的行爲有德性，而且對他人的行爲也有德性的人。因爲對他人的行爲有德性是很難的。所以，守法的公正不是德性的一部分，而是德性的總體。它的相反者，即不公正，也不是惡的一部分，而是惡的總體。（德性與守法的公正的區別從我們上面所談到的也已經明瞭。它們是相同的品質，然而它們的角度不同。作爲相對於他人的品質，它是公正；作爲一種品質本身，它是德性。）[18]

17 《理想國》（343c）中智者塞拉西瑪庫斯（Thrasymachus）的話。

18 總體的德性本身與另一個人交往上的總體的德性（即廣義的或總體的公正）的區別，斯圖爾特（卷I第三九四、四〇一頁）說，只能視為一種語言邏輯的、理解角度上的區別，即總體的德性是那種品質本身，總體的公正則是從對另一個人的行為的角度來判斷的那種品質。因為，總體的德性本身不可能不包括交往上的總體的德性。所以他認為，亞里斯多德這裡想強調的不是此種區別，而是總體的、完全的德性與片面的、不完全的德性間的對立。只擁有不完全的德性的人，斯圖爾特（同上，第三九四頁）說，只能以個人的任意的方式運用其德性。例如，他只當他的切身利益相關時，只當生氣或恐懼時，才表現出勇敢；或者，他只對朋友平等，對陌生人則不平等，諸如此類。總之，他可以以狹隘的方式運用其德性，但是不能作為一個公民普遍地對其他公民運用其德性。

二、具體的公正

但是，我們所要研究的乃是作爲德性的公正，因爲，我們都認爲存在著這樣的公正。我們所要研究的不公正也同樣是這種具體意義上的。這種具體意義上的不公正的存在，可以從以下的事實看出。首先，一個人在表現出其他的惡，如因怯懦而丟棄武器，因怪僻而辱罵別人，因吝嗇而拒絕幫助一個朋友時，他儘管是在做不公正的事，卻不是在占有過多的東西。而一個人在占有過多東西時，常常不是由於上述這些惡，也不是由於這些惡的總體，而是由於（既然我們譴責他）某種形式的惡或不公正。所以，還存在著另一種不公正，即作爲總體的不公正的部分不公正。也存在著另一種不公正的事，亦即，作爲總體的不公正，也就是違法的部分不公正的事。其次，如果兩個人通姦，一個是爲得利並且收了錢，另一個是出於欲望並且損失了錢，那麼後者就似乎是放縱而不是占有過多的東西；前者就似乎是做了不公正的事而不是放縱。顯然，用自己的行爲來獲利的那個人是不公正的。第三，所有其他的不公正行爲都可以歸結爲某種惡，例如，通姦歸結爲放縱，逃離崗位歸結爲怯懦，辱罵歸結爲怒氣，一個人爲著獲利的不公正行爲卻不能歸結爲任何惡，而只能歸結爲不公正。所以，除了總體的不公正外，還有另一種具體的不公正。它與總體的不公正共用一個名稱，因爲它的定義與總體的不公正同種。這兩者的意義都表現在一個人與他人的關係之中。但是具體的不公正關涉的是榮譽、錢財、安全或任何——如果能有一個適當的術語能涵蓋這三者的話，其動機是獲得這些東西的快樂。總體的不公正關涉的則是與好人的行爲相關的所

[1130b]

有事物。

所以，公正的意義也不只一種。[19]除了德性總體的意義外，它還有另一種意義。因此，我們必須弄清這另一種公正的性質與特點。我們已經區分了不公正的兩種意義，即違法與不平等，以及公正的兩種意義，即守法與平等。前面所討論的不公正相當於違法意義上的不公正。但既然不平等作爲部分與作爲總體的違法不同[20]（因爲，不平等的都是違法的，但違法的並不都是不平等的[21]），具體的不公正行爲與品質也就作爲部分而與作爲總體的不公正行

---

19 因為，不公正有多種意義，公正也就有多種意義。參見1129a24-30。

20 ἐπεὶ δὲ τὸ ἄνισον καὶ τὸ παράνομον οὐ ταὐτὸν ἀλλ' ἕτερον ὡς μέρος πρὸς ὅλον。拜沃特校本此句斜體字處亞里斯多德用的詞是παράνομον（違法的）。依巴黎抄本（Parisiensis，第一八五四號，完成於西元十二世紀，簡稱Lb本）、阿爾丁（Aldine）《亞里斯多德著作權威版》（editio princeps, 1495-1498），以及其他一些校本，此處的詞是πλὲον（據斯圖爾特〔卷Ⅰ第四〇六頁〕，其意義為多得的），全句的意義應是「但既然多得作為部分與總體的不平等不同」，句子中總體與部分的關係需要調換一下，因為不平等是總體，多得是其中的一個類（參見格蘭特，卷II第一〇六頁）。萊克漢姆本希臘語本文此處（第二六四頁）依拜沃特校本。

21 括弧裡的句子與上句的情況相反。拜沃特校本此處依阿爾丁本校為πλὲον，意義是「因為多得的都是不平等的，但不平等的並不都是多得的」。其意義如文中所述：巴黎抄本（Lb）與更早的勞倫丁抄本（Laurentianus，第八十一、十一號，完成於西元十世紀，簡稱Kb本）使用的是παράνομον，斯圖爾特（卷

爲與品質不同。因爲，具體的不公正是總體的不公正的一部分。我們所要研究的公正也同樣是總體的公正的一部分。所以我們接下來談一談具體的公正與不公正，以及具體意義上公正的人與不公正的人。與總體的德性和總體的惡相應的公正與不公正，即對於鄰人所實行的總體的德性或惡，我們暫先放在一邊。總體意義上的公正與不公正當如何區分也十分明白。出於總體的德性的行爲基本上就是法律要求的行爲，因爲法律要求我們實行所有德性，禁止我們實行任何惡。[22]爲使人們養成對公共事務的關切而建立的法規也就是使人們養成總體的德性的規則。至於使一個人成爲一般意義上的好人的教育是不是屬於政治學或某種其他科學的範圍的問題，我們到後面[23]再作討論。因爲，做一個好人與做一個好公民可能並不完全是一回事。[24]

—第四〇六—四〇八頁）引證斯本格爾，猜測亞里斯多德的原始文本在此處已經過手稿編輯者的增補，括弧裡的話，不論是何文本，都可能是後人所加。亦參見萊克漢姆，第二六四頁注。

22 所以，法律要求的行為就是總體上公正的行為，法律禁止的行為就是總體上不公正的行為。

23 1179b20-1181b12。亞里斯多德在《政治學》第三卷第四章對此做了更充分的討論。如本書開頭（第一卷第二章）表明的，亞里斯多德把倫理學看作政治學的一個分支。

24 斯圖爾特（卷一第四一三—四一四頁）說，亞里斯多德此處的以及在《政治學》第三卷第四章中的觀點，似乎與政治學的目的是人的善（《尼各馬可倫理學》1094b8；《政治學》1292b15）的觀點不十分吻合。他在此處似乎是在透過提出一個假設來支持一種懷疑，即一個人可能成為產生這種好人的德性的工具。但是這段討具體的公正及其相應的行爲有兩類。一類是表現於榮譽、財物或其他可拆分的共同財富的分配上（這些東西一個人可能分到同等的或不同等的一份）的公正。另一類則是在私人交易中發揮矯正作用的公正。矯正的公正又有兩種，相應於兩類私人交易：出於意願的和違反 [1131a] 意願的。出於意願的交易如買與賣、放貸、抵押、信貸、寄存、出租，它們之所以被稱爲出於意願的，是因爲它們在開始時雙方是自願的。違反意願的交易的例子中有些是祕密的，如偷竊、通姦、下毒、拉皮條、引誘奴隸離開其主人、暗殺、作僞證；有些是暴力的，如襲擊、關押、殺戮、搶劫、致人傷殘、辱罵、侮辱。

三、分配的公正

既然不公正的人與不公正的事都是不平等的，在不平等與不平等之間就顯然存在一個適度，這就是平等。因爲，任何存在著過多過少的行爲中也就存在著適度。若不公正包含著不平等，公正就包含著平等，這是不言自明的。既然平等的事是一種適度，[25]公正的事也就是一種適度。然而平等又至少是兩個東西之間的平等，所以，公正必定是適度的、平等的（並

論所表達的思想不很明確，不足以引出關於政治與道德的關係的結論。

25 即，平等是這種不平等與那種不平等之間的一種適度、適宜。

且與某些事物相關的[26]）。作爲適度，它涉及兩個極端（過多與過少）；作爲平等，它涉及兩份事物；作爲公正，它涉及某些特定的人，所以，公正至少包括四個項目。因爲，與公正相關的事物是兩份，相關的人是兩個。而且，這兩個人之間以及這兩份事物之間，要有相同的平等。因爲，兩個人相互是怎樣的比例，兩份事物間就要有怎樣的比例，如果兩個人不平等，他們就不會想分享平等的份額。只有當平等的人占有或分得不平等的份額，或不平等的人占有或分得平等的份額時，才會發生爭吵和抱怨，從按照配得分配的原則來看這道理也很明白。人們都同意，分配的公正要基於某種配得，儘管他們所要（擺在第一位[27]）的並不是同一種東西。民主制依據的是自由身分，[28]寡頭制依據的是財富，有時也依據高貴的出身，貴族制則依據德性。[29]所以，公正在於成比例，[30]因爲比例不僅僅是抽象的量，而且是普通

---

26 萊克漢姆（第二六八頁注）認為括弧裡的短語是後人加的。

27 ὑπάρχειν。勞倫丁抄本（Kb）、理查德抄本（Riccardianus，約完成於西元十四世紀，簡稱 Ob 本）略去了這個詞，所以拜沃特將它括起來。英譯者們一般都依拜沃特略去了這個詞。參見斯圖爾特（卷 I 第四二三頁）和萊克漢姆（第二六八頁本文注）。

28 ἐλευθερία。此處作者應該不是指慷慨，而是指使一個人能夠去做慷慨的事的自由身份，即按照例如雅典法，他的生父母皆是公民。

29 參見《政治學》第三卷第六章，第八卷第一章。

30 ἀνάλογον，成比例（的）。ἀναλογία，比例：字首 ἀνα- 此處意義為按照；λόγια 為 λόγος（邏各斯）之衍生，

的量。比例是比率上的平等，至少包含四個比例項。

（分離的比例[31]有四項是明白的，但連續性的比例[32]也有四個比例項。因爲，其中的一項被用作了兩項，被重複使用了一次，例如A與B之比相等於B與C之比。在這個比例裡B被提到兩次。所以，如果B算作兩項，這個比例就有四項。）

所以，公正有四個比例項。前兩項的比率與後兩項的相同。因爲兩個人之比與兩份物之比要相同。第一、二項之比是多少，第三、四項之比就是多少。[33]所以，第一、三項之比是多少，第二、四項之比就是多少。[34]同時，第一、二項之比是多少，第一、三項之和與第 [1131b]

意義為邏各斯的集合。所以ἀναλογία的詞源意義為按照邏各斯，即按照各種有關的邏各斯（真實的說法）之關係，從這裡引申出的意義即按照比例。

31 例如，A:B = C:D，這裡四個比例項是分離的，非連續的。

32 ἡ συνεχής。這種比例中有一個比例項被兩次使用，例如，A:B = B:C。在說到公正在於某種比例之後，亞里斯多德必定想到了比例中的一種特殊的情況——只涉及三個比例項的幾何比例，例如直角三角形斜邊上的高與被它分割的兩條線段的比例關係，所以作出這番解釋。

33 例如，設A、B代表兩個人，c、d代表他們各自占有的份額，則A:B = c:d。

34 即由上述比例推出 A:c = B:d。

二、四項之和之比也就是多少。[35]分配所要達到的就是這種組合。如果把第一、三項組合，第二、四項組合，分配就是公正的。所以這種組合就是分配的公正。這種公正是兩種違反比例的極端之間的適度。因爲，符合比例的才是適度的，而公正就是符合比例的。（數學家們稱這種比例爲幾何比例。因爲在幾何比例中，整體與整體之比和部分與相應部分之比相等。分配的公正不是一種連續性的比例，因爲一個人與一份事物不能由一個單獨的項來表示。）

所以，分配的公正在於成比例，不公正則在於違反比例；不公正或者是過多，或者是過少。這樣的情況常常會發生：對於好東西，總是不公正的人所占的過多，受到不公正的對待的人所占的過少。在壞的東西方面則正好相反。因爲要是在兩惡之中挑選，小惡就比大惡好些。當然惡總不如善可取，而善是越大就越可取。

這裡說的是一種公正。[36]

35　即 (A + c):(B + d) = A:B。在這個比例中，前兩個比例項分別是兩個人與他們各自的占有份額的組合。

36　即分配的公正。

四、矯正的公正

我們還沒有討論矯正的公正。[37]它是在出於意願的或違反意願的私人交易中的公正。這種公正與上面討論過的公正性質不同。因爲，分配公共財富的公正要依循上面說明過的比例[38]（因爲如果要從公共物中分配，就要按照人們各自對公共事業的貢獻來進行），與這種公正對立的不公正是對這種比例的違反。可是私人交易中的公正——雖然它也是某種平等，但，這種不公正也就是某種不平等——依循的卻不是幾何的比例，而是算術的比例。[39]

---

37 矯正的公正，τὸ διορθωτικόν（亞里斯多德在稍後的某處使用的是τὸ ἐπανορθ-ωτικὸν δίκαιον，兩個詞意義相同）。格蘭特（卷II第一一二頁）說，τὸ διορθωτικόν這個詞名稱就顯示已經存在著某種不公正，因為它要闡明的原則是要恢復公正。

38 1131b8-17。

39 算術的比例，格蘭特（卷II第一一二頁）說，依亞里斯多德的意思，就是把一個案例當作一方不公正的得、另一方不公正的失，且得等於失的情況，而不考慮是何種人。設A欲購買的B的產品真實價值為v，若A以貨幣v換得B的產品，由於產品價值＝v，兩人無得無失。而若A以v＋n的價格換得B的產品，則A獲得的實際利益為v－n，B獲得的實際利益為v＋n，A就有失，B就有得。在後一情況下，v－n，v，v＋n構成一個算術的等差數列，亞里斯多德說的算術比例當是指(v＋n)－v＝v－(v－n)的算術關係。不過如萊克漢姆（第二七六頁注）所說，亞里斯多德不是以代數方式，而是以幾何線段的方式表明這種關係的。

因爲，不論是好人騙了壞人還是壞人騙了好人，其行爲並無不同，不論是好人犯了通姦罪還是壞人犯了通姦罪，其行爲也沒有什麼不同。法律只考慮行爲所造成的傷害，它把雙方視爲是平等的，它只問是否其中一方做了不公正的事，另一方受到了不公正對待；是否一方做了傷害的行爲，另一方受到了傷害。既然這種不公正本身就是不平等，法官就要努力恢復平等。如果一方打了人，另一方挨了打，或者一方殺了人，另一方被殺了，做這個行爲與承受這個行爲，這兩者之間就不平等，法官就要透過剝奪行爲者的得來使他受到損失。（因爲在廣義上，我們可以用「得」來說這些事情，儘管在嚴格意義上[40]有些事不能這麼說，比如一個人打了另一個人就不能說有什麼「得」，被打的人也不能說有什麼「失」。總體上，在估量所遭受的痛苦時，這類行爲可以說是得，遭受這類行爲可以說是失。）所以，儘管平等是較多與較少之間的適度，得與失則在同時既是較多又是較少：得是在善上過多，在惡上過少；失是在惡上過多，在善上過少。又由於平等——我們說過它就是公正——是過多與過少之間的適度，所以矯正的公正也就是得與失之間的適度。

這就是人們在有紛爭時要去找法官的原因，去找法官也就是去找公正，因爲人們認爲，法官就是公正的化身。其次，找法官也就是找中間，人們的確有時把法官稱爲中間人，因爲找到了中間也就找到了公正，所以公正也就是某種中間，因爲法官就是一個中間人。法

[1132a]

40 嚴格意義上的得與失，如亞里斯多德後來說明（1132b13-20）的，是指出於意願的交易中的得與失。

官要的是平等。[41]這就好像，如果一條線段被分成兩個不等的部分，法官就要把較長線段的超過一半的部分拿掉，把它加到較短的線段上。當整條線段被分成了兩個相等的部分，就是說，當雙方都得到了平等的一份時，人們就說他們得到了自己的那一份。[42]平等是較多與較少的算術的中間，[43]就是由於這個原因，人們把這種做法稱爲公正，因爲這個詞的意思就是平分的兩份，這就好像是說，公正就是平分，法官就是平分者。因爲，在兩份同等的東西中，如果從一份中拿出一部分加到另一份上，後一份就比前一份多出了兩倍的差量。[44]因爲，如果從前面一份拿出那個部分而不加到後面那份上，後面一份就只多出前面一份一倍的差量。[45]所以，後面的一份多出中間量一倍的差量，中間量又多出前面一份一倍的差量。從

[1132b]

---

41 在希臘語中，公正（τὰ δίκαια）、公正的（δίκαιος）、公正的人（即法官）（δικαστής）與平分（δίχα，διχάζω）、平分的（δίχαιον）、平分的人（διχαστής）有十分清楚的聯繫：公正就是平分，公正的東西就是平分的兩份，公正的人（法官）就是來做平分的事的人。這種詞源上的聯繫是實際的生活關係的反映。不過把這種希臘生活觀念與矯正的（而不是分配的）公正相聯繫是亞里斯多德獨特的貢獻。

42 τότε φασὶν ἔχειν τὰ αὑτῶν。「自己的那一份」，通常也被譯作「應得」。「應得」與前文（第四卷第三章）中所說的「配得」（ἀξία，ἄξιος，或配得的價值），即一個人因其優點而配得到的東西，有所區別。

43 萊克漢姆將這句話放在下面一句話的後面。

44 如前面注釋所表明的：$(c + n) - (c - n) = 2n$。

45 即：$(c + n) - c = n$。

這裡就可以明白，我們應當從較多的一份中拿出多少，又應當在較少的一份上加上多少。我們應當在較少的一份上加上它不足於中間量的部分，從較多的一份中拿掉它多出中間量的部分。假設 AA'、BB'、CC' 三條線段相等，在假設 AE 被從 AA' 上取走，CD 又加到 CC' 上面，這樣線段 DCC' 就比線段 EA' 多出了 CD + CF 兩段，所以它超出線段 BB' 的是 CD。[46]〔所有的技藝也都是這樣。因為，如果受動的一方接受到的東西的量與質不是主動方所產生的那種量與質，這些技藝就會被棄而不用。[47]〕

46　圖如：

D……C—F—C'　B—B'　A—E—A'

亞里斯多德未作說明的條件應當有 AE = CF = CD。

47　括弧中的句子在第五章中（1133a14）被重複使用，但它們在所有手稿本中都同時存在。格蘭特（卷II第一一五頁）認為這是一處蹩腳的竄入，在此處全無意義，而在第五章中卻是一個有意義的評論。斯圖爾特（卷I第四三七頁）也持相似的見解，認為這句話在此處沒有意義，可能由手稿編輯者偶然誤植。所以大多數英譯本都在此處刪去了這句話。從文意看，手稿編輯者很可能是考慮亞里斯多德的 CD = AE 這一想法而將這句話放在這裡的。所以依原編輯者的意見，CC' 表示受動一方（接受者），AA' 表示主動一方（主動者）。

此處說的得與失，是從出於意願的交易活動中借用的詞。例如在買賣和法律維護的其他交易中，得到的多於自己原有的是得，得到的少於自己原有的是失。而如果交易中既沒有增加又沒有減少，還是自己原有的那麼多，人們就說是應得的，既沒有得也沒有失。所以公正在某種意義上是違反意願的交易中的得與失之間的適度。它是使交易之後所得相等於交易之前所具有的。[48]

但這種理解看來與亞里斯多德此處文意不合。

48 亞里斯多德作出了這樣的區別：在違反意願的交易中，矯正的公正剝奪獲得者的所得，使交易雙方恢復到交易前的利益狀態；而在出於意願的交易中，矯正的公正允許人們獲得，或對這種獲得不加干預。這種不干預如格蘭特（卷II第一一六頁）所說即所謂「自由貿易的原則」。格蘭特（卷II第一一二頁）出色地評論道：亞里斯多德本章一開始說，出於意願的與違反意願的交易都屬於矯正的公正的範圍，然而整章談到的東西都只適用於違反意願的交易，且最後又說違反意願的交易中使用的得與失的觀念是從出於意願的交易活動中借用來的，這表示他把出於意願的交易與違反意願的交易的區別視為是非常清楚的。他認為，考慮到亞里斯多德的這種敘述表達出來的這種區別，也許我們可以說，出於意願的交易其實不屬於矯正的公正的範圍；不過，由於這類交易也不考慮對方是什麼人，所以處理此類交易的公正可能與矯正的公正有些共同的地方。格蘭特的評論成為對把亞里斯多德在本卷中闡述的具體公正的概念區分為三類公正的意見的一個支持。傑克森（H. Jackson）在《亞里斯多德〈尼各馬可倫理學〉第五卷》（阿爾諾出版公司，一九七三年）中明確討論了亞里斯多德的分配的公正、矯正的公正、商業的公正的概念，認為這三種公正的核心在於對適度的比例的說明。按他的看法，亞里斯多德的意圖只是要用比例的語言來說明下面的意思——「分配、矯正、交易中的具體的公正，只有在交易後的雙方相互間仍然處於交易前的相對地位上時，才可實現」。（第八十七—九十頁）格蘭特與傑克森的見解其實可以從亞里斯多德的文本中得到某種直接的印證，因為第三、四以及下面的第五章可以被視為是對這三種公正的分述。在亞里斯多德的說明中，三種具體公正的適度比例因它們涉及的份額的情形不同而具有不同的複雜意義。(1)在分配的公正中，份額c與d是A、B雙方各自從共有財富析出的部分，公正的比例如已說明的是令 $A + c : B + d = A : B$，這一比例的含義在於分配的結果需與兩個被分配者的相互比例相等。在任何時候公正都必須考慮雙方地位上的相對比例關係。(2)在矯正的公正中，c與d是A、B雙方預先占有可供交易的份額，然而因交易並非出於意願，一方有得，另一方有失，無論其數量上相差多少，所以在民法或刑法裁決中，都將兩者視為相等，並將一方之所得視為另一方之所失，即 $c = d$，$(c + n) - c = n = d - (d - n)$。公正的要求是做到令 $(c + n) - n = (d - n) + n$。(3)在商業的公正中，$c$與$d$是A、B雙方各自提供自願交易的產品單位，公正的要求，如下面一章所表明的，是做到令A得到的B的產品與B得到的A的產品之比和A與B之比相等，即令一方的產品得到另一方的成比例的產品的回報。設 $A = nB$，則公正的要求是 $(A + nd) : (B + c) = A : B$。（傑克森，同上。）由此可以明瞭，照亞里斯多德的看法，在三種具體公正中，分配的公正和商業的公正的適度比例是某種幾何比例，矯正的公正則是某種算術比例。不過我們今天不再把矯正的公正的上述數學表達方式稱為算術比例。

五、回報的公正

還有人把不折不扣的回報[49]看作是公正。畢達哥拉斯派的學說就是這樣，他們把公正規定爲不折不扣的回報。

可是不折不扣的回報既和分配的公正不是一回事，也和矯正的公正不是一回事（儘管人們是想把那種拉達曼圖斯[50]式的公正——

> 一個人做了什麼就得什麼回報，才最公正，[51]

說成是矯正的公正）。因爲在許多時候回報都與公正[52]有區別。例如，如果一位官員打了人，就不該反過來打他，而如果一個人打了一個官員，就不僅該反過來打他，而且該罰

---

49 τὸ ἀντιπεπονθὸς。

50 Rhadamanthus，人名，此人的來歷與身分尚缺乏詳細考證。格蘭特（卷II第一一七頁）說「拉達曼圖斯式的公正」，即所謂「以牙還牙，以眼還眼」的公正，必定是「一種原始的公正觀念」。

51 這句話據說出自赫西阿德，但還缺乏根據。

52 即矯正的公正。

他。其次，一個行爲是出於另一方意願的，還是並非出於意願的，也有很大的區別。[53]不過在商業服務的交易[54]中，那種回報的公正，即基於比例的而不是基於平等的回報，的確是聯繫人們的紐帶。城邦就是由成比例的服務回報聯繫起來的。人們總是尋求以惡報惡，若不能，他們便覺得自己處於奴隸地位。人們也尋求以善報善，若不然，交易就不會發生，而正 [1133a] 是交易才把人們聯繫起來。所以，我們才爲了提醒人們去回報善而在城邦中建立了美惠女神[55]的廟宇。因爲，以善報善是一種美好的品質，我們有責任以善來回報一種美好的恩惠，

---

53 亞里斯多德對於把不折不扣的算術等量的回報看作（具體）公正的全部含義的意見提出兩點批評：⑴它忽略了人與人之間的地位或利益上的相對比例關係；⑵它不適用於違反（其中一方）意願的交易。

54 ταῖς κοινωνίαις ταῖς ἀλλακτικαῖς。亞里斯多德顯然把商業的或服務的交易（ταῖς ἀλλακτικαῖς）與現物交易（τοῖς συναλλάγμασι）作了區別，在商業或服務的交易中，如他在下文表明的，總是由一方先向另一方提供了服務，交易要到另一方提供了相應的回報時才完成；而在現物交易中，雙方以物易物或以貨幣（流通物）易物，交易當下完成。亞里斯多德沒有就此引出理論的結論，但他的討論方式基本上表明，他認為商業交易比現物交易在更大程度上依賴於對相互回報的公正態度的信任。

55 即查瑞忒司（Χαρίτης，Charites）。在希臘神話中，她本是司豐收的諸女神，是宙斯之女，後來成為美惠三女神，即歐佛羅敘涅（Euphrosyne，喜悅）、塔利亞（Thalia，榮華）和阿格萊亞（Aglaia，光明），她們代表自然所給予的快樂和美好。在英語中χάρις通常被譯為graces，但格蘭特（卷II第一一八頁）認為英語中實際上沒有相應的詞。看起來，χάρις與感恩的觀念（例如中國人與日本人的感恩觀念）有些相似的性質，

而且在此之後應當率先表現出自己的美惠。[56]

成比例的回報是由交叉關係構成的。例如，假定A是建築師，B是鞋匠，c是一所房子，d是一雙鞋；現在建築師必須得到鞋匠的鞋，同時也必須把自己造的房子給鞋匠。[57]

基本上都屬於自然的倫理觀念。

56 由此可以看出，與違反（某一方）意願的私人交易不同，商業的公正在更大程度上屬於德性範疇。私人交易（交往）中，違反對方意願的交易是壞人的行為，德性只在最小程度上存在（或完全不存在），這種行為以使對方蒙受損失的意圖為前提，所以這種交易的行為直接是民法與刑法的矯正對象。私人的倫理的交往包含最多的德性，是對家人、朋友的正常交往，所以通常不屬於法律的範圍。公民間出於意願的商業交易處於兩者之間，成比例的回報的公正既是法律的公正要求（一旦這一要求受到根本破壞，其中一方利益受損，這種交易便蛻變為違反意願的交易，成為民法或刑法的對象。不過，法律公正的裁定以雙方預先的協定為準繩，除非情況發生意外的重大變動等等，法律通常把改變協議的要求看作是不正當的），也是回報德性的要求。所以，出於意願的交易同時也是雙方出於相互回報對方的意願的交易行為。

57 即，

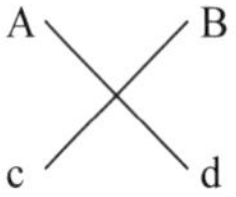

A　B
c　d

如果在這兩樣產品之間先確定好了比例等式關係，[58]並且兩個人都相互回報，那麼我們剛才提到的結果就可以實現。否則，這種交易就將是不平等的和不能持久的。因爲，有可能會出現這種情況：一個人的產品比另一個人的產品價值更高些，因而必須在交換時達到等值。〔所有的技藝也都是這樣。因爲，如果受動的一方接受到東西的量與質不是主動方所產生的那種量與質，這些技藝就會被棄而不用。[59]〕因爲，交易不是發生在兩個醫師之間，而是發生在一個醫師和一個農夫之間，總之，發生在兩個不同的、不平等的人之間，而他們必須在交易上達到平等。所以，所交易的東西必須是可以以某種方式比較的。正是由於這個原因，人們發明了貨幣，貨幣是一種中介物。它是一切事物的尺度，也是衡量較多與較少的尺度；它確定著多少雙鞋相當於一間房子或一定數量的食物。鞋與房子或一定數量的食

A以自己的產品c與B的產品d互易：A得到d，B得到c，如此構成了交叉關係。這裡，構成服務交易或商業交易的要件是：⑴預先講好的交易比例；⑵一方（比如此處可能是鞋匠）先提供了自己的產品或服務；⑶另一方隨後按照預先講好的比例回報自己的產品或服務。

58 照常規的理解，即先確定了c = nd的比值關係。

59 參見本卷注47。羅斯（第一一八頁）的意見與格蘭特和斯圖爾特不同，他認為這段話在此處也不構成有意義的評論。

物的比例，應當符合建築師與鞋匠之比，[60]否則交易或交往就不會發生。[61]可是，除非這些東西是可以用某種方式平等化[62]的，否則這種比例就無法建立起來。所以，如前面已經說過的，所有的東西都必須由某一種東西來衡量，這種東西其實就是需要，正是需要把人們聯繫在一起。因爲，如果人們不再有需要，或者他們的需要不再是相同的，他們之間就不會有交易，或者不會有這種交易。而貨幣已經約定俗成的成了需要的代表，這就是爲什麼我們稱貨幣爲流通物[63]的原因。因爲，它不是由於自然，而是由於習慣而存在的，可以由我們來改變

60 萊克漢姆（第二八三頁注）指出，亞里斯多德此處沒有清楚地說明，建築師與鞋匠之比是他們在單位時間中勞動創造的價值之比，還是他們各自職業的社會價值之比。不過斯圖爾特（卷Ⅰ第四六一頁）明確認為，建築師與鞋匠之比在這裡是指他們生產自己的產品的勞動之比。從下文（1133a11）看，亞里斯多德初步表達了個別勞動要以一般勞動作為尺度來衡量的思想。

61 如果建築師 A 的工作價值是鞋匠 B 的 n 倍，即 $A = nB$，一間房子的價值 c 就是鞋的價值 d 的 n 倍，即 $c = nd$，建築師應得到 n 雙鞋，鞋匠應得到一間房子。

62 即建立起相互的比例等式關係。

63 νόμισμα，直譯為由於習慣而流通的物品，我簡譯為流通物。νόμισμα 來源於 νομῷ，即「透過習慣而形成的」，相對於自然地形成的。源於希臘的整個西方傳統，都把基於習慣和約定的東西看作是與自然地或由於自然（本性）而形成的東西不同的。νόμος，通常被理解為法律、規範，其原意是出於習慣或約定的規則。所以下文有貨幣這種流通物「可以由我們來改變或廢除」的說法。

或廢除。所以，只有當不同的產品平等化了，從而鞋匠的鞋與農夫的食物之比例符合鞋匠與 [1133b]
農夫之比，回報才會發生。但是，我們絕不能在他們開始交易之後再定出一個比例，否則兩個極端中得的過多的人就占有了兩種優勢。[64]相反，應當在他們還占有他們各自的產品時，定出這個比例，這樣，他們才能夠成爲平等的，才能相互聯繫起來。因爲只有在這樣的情況下，比例的平等才可以建立起來（農夫A，食物c；鞋匠B，他的與食物比例化了的產品鞋d）。只要回報比例還不能以這種方式建立，雙方就不可能進行交易。既然需要似乎是把雙方聯繫起來的唯一的紐帶，那麼在雙方或至少一方沒有需要時，交易就不會發生〔例如當某

---

64 τὰς ὑπεροχάς，優勢。兩種優勢，依格蘭特（卷II第一二一頁）的釋義，即因他的勞動（作為個別勞動）優越於對方，他的產品優越於對方的產品，他既使自己在勞動價值地位上過多地超過了適度（即比例的平等），也使自己在所得上超過了這種適度。格蘭特的釋義依據於本章1133a13-15。斯圖爾特（卷I第四六五頁）和羅斯（第一一九—一二〇頁注）的解釋則依據第四章1132a32-b2：得的過多的人既得到了一部分他未付錢的產品，又保有了一部分他本應付而沒有付的錢。從上下文和亞里斯多德使用的τὰς ὑπεροχάς一詞來看，後一種釋義更可靠些。亞里斯多德在這裡，如傑克森（第九八—九九頁）所說，是在提出一種警告，即出於意願的交易如要成功，必須要在雙方都還處於需要中時協商好交換的比例，否則這種交易就可能蛻變為違反（其中一方）意願的交易，優勢的一方就可能多得雙倍的好處。不過亞里斯多德在此處，確如格蘭特和斯圖爾特所說，不必要的使用了過於晦澀的語言來說明需在交易之前先行確定產品的交易比例這一相當淺顯的道理。

人需要另一個人占有的東西，比如酒，因而同意出讓穀物來換酒的時候）。所以必須有這種平等化的關係。[65]而貨幣是未來的交易的保證，如果我們現在沒有需要，貨幣保證我們一旦有需要就可以交易，因爲交易者只要提供貨幣，就必定可以獲得所需要的物品。當然，像其他物品一樣，貨幣的價值也不是始終不變的，但它比其他的物品要穩定些。所有物品都應當有個定價，這樣就會始終有交易，因而始終有交往。所以，貨幣是使得所有物品可以衡量和可以平等化的唯一尺度。因爲，若沒有交易就沒有社會，沒有平等就沒有交易，而沒有衡量的尺度也就沒有平等。儘管對千差萬別的事物不可能衡量，對它們卻完全可以借助於需要來衡量。這裡必須要有個尺度，一個約定而成的尺度（所以它才被稱爲流通物）。因爲，既然

65 亞里斯多德接著要說的意思是，在建立了這種平等化的關係後才會有交易。對從「既然……」開始的這段話，傑克森（第三十三頁）、格蘭特（卷II第一一二頁）和韋爾登（第一五四頁）作了另一種解讀：「既然需要似乎是把雙方聯繫起來的唯一的紐帶，那麼在雙方或至少一方沒有需要時，交易就不會發生。可是，當某人需要另一個人占有的東西，比如酒，並同意出讓穀物來換酒的時候，他們就發生交易。所以必須有這種平等化的關係。」這種解讀顯然需要加上「他們就發生交易」這個本文中沒有的短語。所以我沒有採取這種解讀，而採用了羅斯和萊克漢姆的解讀。然而，萊克漢姆（第二八六頁注）認為文中用方括號括起的部分為後人所加，與原文無語法上及意義上的聯繫。這個意見似乎依據不足，因為我們至少可以看出這裡存在意義上的聯繫。

各種事物都能用它來衡量，它就使所有事物都可公約了。假定c是一所房子，E是姆那，[66] d是一張床。再假定c等於E的一半（假設一所房子值或相當於五姆那），d等於E的十分之一，那麼多少張床等於一所房子就很清楚了，五張床。顯然，在貨幣流通之前，交換就是這樣進行的。因爲，是五張床換一間房子還是五張床的價值換一間房子，這並沒有什麼區別。

我們已經說明什麼是不公正和什麼是公正。根據我們的定義，公正顯然是行不公正與受不公正的對待之間的適度：前者得的過多，後者則得的過少。公正是一種適度，不過不是像其他德性那樣是一種適度。公正要最終達到一種適度，不公正則要最終達到兩種極端。[67] 其次，公正是公正的人在選擇做公正的事時所表現出的品質。一個人要是在自己和他人之間進行分配時不使自己得的過多，使別人得的過少，或不使自己受損害過小，使別人受損害過大，而是達到比例的平等；要是在兩個其他人的分配上也是這樣做，他表現出的品質也

[1134a]

66 μνᾶ。古代希臘幣制：1姆那＝100德拉克馬（δραχμή）。

67 兩種極端即，使自己得到的過多，使對方得到的過少。這句話羅斯理解為「公正相關於適中的數量，不公正則相關於過度」。羅斯的解讀切合亞里斯多德的本意，但離此句本文稍遠。關於亞里斯多德所說的公正與其他德性的相異處，斯圖爾特（卷Ⅰ第四七二—四七三頁）有精彩評論。他說，這種區別不只是在於，其他德性的相應的兩極端是為不同的人選擇的惡，與公正相應的兩極端卻是所有極端的人所選擇的同一種惡：使自己得的過多，使別人得的過少；而且更是在於，它是一種要在數量上達到適中或適度的品質。

就是公正。同樣，不公正是與不公正的事相聯繫的，不公正的事就是在得益或受損這些事上違反比例地過多或過少。所以，不公正也就是過多和過少。因爲，它要達到的就是過多和過少。在自己相關的情況，就是好處上過多，壞處上過少。在兩個他人相關的情況，雖然總的情況是一樣的，對比例的偏離卻既可以朝著過多的方向，也可以朝著過少的方向。在不公正中，受不公正對待構成不及，行不公正構成過度的方面。

這些可以算是對公正的和不公正的性質，以及對公正的和不公正的事的總的說明。

六、政治的公正

一個做了不公正的事的人並不一定就是不公正的人。可是，一個人要是做了哪一種不公正的事情就是一種不公正的人，比如一個竊賊、姦夫或強盜呢？或者，是否問題並不在於行爲本身呢？因爲一個人可能與一個他熟悉的婦人同眠，然而始因不是選擇而是感情。這樣的人雖是做了不公正的事，卻不是個不公正的人，如偷盜了卻不是個竊賊，通姦了卻不是個姦夫等等。[68]

68 這段話多數學者認為與此處上下文沒有直接聯繫。傑克森把它移至後面的第八章中。傑克森還把下面的一句移至第十章開頭處。不過斯圖爾特（卷I第四七七頁）認為，亞里斯多德的許多討論都以全書的內容為背景，所以這段話雖然是與後面的內容相關，放在此處也無不可，倒是如果把它移至後面反倒更無把握。

我們已經談過了回報與公正的關係。

但是不要忘記，我們要探討的既是公正本身，[69]也是政治的公正。[70]政治的公正是自足地共同生活、透過比例達到平等或在數量上平等[71]的人們之間的公正。在不自足的以及在比例上、數量上都不平等的人們之間，不存在政治的公正，而只存在著某種類比意義上的公正。公正只存在於其相互關係可由法律來調節的人們之間。而法律的存在就意味不公正的存在，因爲法律的運作就是以對公正與不公正的區分爲基礎的。不公正的存在又意味著不公正行爲的存在，儘管不公正的行爲並不總是意味著不公正。不公正的行爲就在於在好處上使自己得的過多，在壞處上使自己得的過少。所以，我們不允許由一個人來治理，而贊成由法律[72]來治理。因爲，一個人會按照自己的利益來治理，最後成爲一個僭主。一個治理者是公

---

69 τὸ ἁπλῶς δίκαιον，字面意義的、未加修飾的公正。

70 τὸ πολιτικὸν δίκαιον，即存在於城邦中的公正（格蘭特，卷II第一二四頁）。韋爾登（第一五七頁注）依照傑克森，把政治的公正理解為公正本身的「完美意義上的再現」。如下文所表明的，亞里斯多德的政治公正是完全把奴隸排除在外的。

71 比例的，即幾何比例的；數量的，即算術（比例）的。在亞里斯多德的語言裡，（幾何）比例的平等，或基於德性或優點的平等，是貴族制以及寡頭制的平等；算術（比例）的平等，即基於自由身分的平等，是民主制的平等。

72 馬季安抄本（Marcianus，第二一三號，約完成於十四世紀，簡稱 Mb 本）此處為「邏各斯」。

[1134b]

正的護衛者，他既然是公正的護衛者，也就是平等的護衛者。一個治理者，如果被認爲是公正的，就並沒有得到多少好處（因爲他不讓自己在好處上得的過多，而只取相稱於他所配得的那一份。他是在爲他人的利益工作。因此人們說，如已經說過的，[73]公正是爲著別人的善的）。所以，對治理者必須以榮譽和尊嚴來回報，一個治理者如果不滿足於此，就會成爲一個僭主。主人和奴隸間以及父親和子女間的公正不是政治的公正，而只是與它類似。因爲，對於屬於自己的東西不存在嚴格意義上的不公正。一個人的一份動產，[74]以及他的尚未成年而獨立的孩子就好比是他自己身體的一部分，沒有人會願意傷害他自己，一個人對於他自己也不可能不公正。所以，在這些關係中表現不出政治的公正或不公正。因爲，政治的公正或不公正如我們看到的[75]是依據法律而說的，是存在於其相互關係可以由法律來調節的，即有平等的機會去治理或受治理的人們之間的。所以，公正在丈夫與妻子的關係中，比在父親與子女或主人同奴隸的關係中，表現得充分些。這種公正是家族的公正，不過這種公正也仍然不同於政治的公正。[76]

73 1130a3。

74 即奴隸。

75 1134a30。

76 政治的公正，即進行著出於意願的或違反意願的交易、分享著城邦共同財富的公民間的公正，亞里斯多德認為，是完全意義上的公正；家族的公正，即丈夫與妻子間的公正，是半意義或準意義上的政治的公正；父子

七、自然的公正與約定的公正

政治的公正有些是自然的，有些是約定的。自然的公正對任何人都有效力，不論人們是否承認。約定的公正最初是這樣定還是那樣定並不重要，但一旦定下了，例如囚徒的贖金是一個姆那、獻祭時要獻一隻山羊而不是兩隻綿羊，就變得十分重要了。而且，約定的公正都是爲具體的事情，例如布拉西達斯的祭禮[77]以及法令的頒布。有些人認爲所有的公正都是約定的，因爲凡是自然的都是不可變更的和始終有效的，例如火不論在這裡還是在波斯都在燃燒，然而人們卻看到公正在變化。[78]但是，公正是變化的這個說法只有加上某些限制才是對的，在神的世界這個說法也許就完全不對。在我們這個世界，[79]所有的公正都是可變的，儘

間的以及主奴間的主人的公正，只是在類比意義上才是政治的公正，因為它其實不是政治的。從現代的民主制度的政治觀點來看，亞里斯多德對於奴隸的排斥態度表達著一種狹隘的政治社會觀點。

77 在安菲波利斯（Amphiposis），為紀念斯巴達人布拉西達斯（βρασίδας, Brasidas）在該地打敗雅典軍隊而舉行。

78 此處的討論是針對智者派的「公正都是約定的，因為凡約定的東西都是可變動的」的見解。關於智者派的有關見解，參見柏拉圖《美諾篇》315e, 513d。自然與約定的區別及智者派對這種區別的利用，參見格蘭特，卷一第一四九頁。

79 即人的世界。

管其中有自然的公正。但即便如此，公正中還是有些東西是出於自然，有些東西不是出於自然。在這些有變動的公正中，不難辨別哪些是——雖然它們可能會是另一種樣子——出於自然，哪些不是出於自然而是出於法律與約定，儘管這兩類都同樣是可變的。在所有其他的事情上這種區別[80]也同樣如此。比如，右手一般比左手更有力，但也有人可能兩隻手同樣有力。[81]基於約定和方便而確定的公正事物就像是度量用的衡器。穀物與酒的衡器並不是到處都相同的，而是買進時用的衡器大些，出售時用的小些。[82]同樣，人爲的而非出於自然的公正也不是到處都相同的。因爲，政體的形式並不是到處都相同，儘管在所有地方最好的政體都只有一種。[83]每一條公正或法律規則與具體的公正行爲的關係都是普遍與個別的關係。[84]因爲，公正的行爲是多，規則則是一，因爲它是普遍。不公正的事與不公正行爲之間，公正

[1135a]

80 自然與約定的區別。

81 亞里斯多德對智者派意見的反駁的要旨在於：(1)公正並非絕對是可變動的東西；(2)雖然在人的世界中公正都是可變動的，其中仍然有出於自然的東西；(3)在人的世界中，出於自然的東西也是可變動的，它只是一種傾向而不是一種法則（格蘭特，卷II第一二七頁）。

82 買進（οὗ μὲν ὠνοῦνται）和賣出（οὗ δὲ πωλοῦσιν）在此處可能是指商人的進貨和零售的活動。所以多數英譯者此處都譯為「批發時」和「零售時」。

83 關於亞里斯多德對於最好的政體的觀點，見《政治學》卷三第七、十五章。

84 格蘭特（卷II第一二九頁）認為亞里斯多德從這句話開始又重新轉過來談個人的責任問題。

的事與公正行爲之間，存在著區別。自然和法律把一件事規定爲不公正的，如果有人做了這件事，它就是不公正行爲，如果沒有人做，它就只是不公正的事。公正行爲（更正確地說，公正的行爲，[85]因爲公正行爲指的是糾正不公正行爲的行爲）的情形也是這樣。我們以後再逐條談談公正和法律的規則，說明它們的性質以及它們涉及的事情。[86]

八、公正、不公正與意願行爲

關於公正的行爲和不公正的行爲，我們就說到這裡。照這種說明，如果一個人做出的行爲是出於意願的，[87]他就是在行公正或不公正；如果那行爲是違反他的意願，他就不是，

---

85 δικαιοπράγημα 區別於 δικαίωμα（公正行為）。δικαιοπράγημα 是合乎公正要求的行為，不意味不公正行為的預先存在。δικαίωμα 則是糾正不公正行為的行為，意味有不公正行為預先存在。

86 最後這句話的所指，有些學者，如傑克森、羅斯，認為是《政治學》中亞里斯多德說他打算寫或寫了後來又遺失了的一卷；有些學者，如米奇萊特，認為是指接下去的一章；另一些學者，如萊姆索爾，則認為這句話是後人加的。其所指較難確定。

87 ἑκών 出於意願的，是 ἑκούσιον 的變化形式；ἄκων，違反意願的，是 ἀκούσιον 的變化形式。ἑκούσιον 與 ἀκούσιον，見本書第三卷注1。

或只在偶性上是在行公正或不公正。[88]因而，一個行爲是否是一個公正的或不公正的行爲，取決於它是出於意願還是違反意願的。如果它是出於意願的，做出這個行爲的人就受到譴責，這個行爲就是不公正的行爲，所以，如果缺乏這種意願，一個行爲就可能儘管不公正，卻算不上不公正的行爲。出於意願的行爲，像前面說過的，[89]我指的是一個人能力範圍內的、他在知情的情況下，即在並非不了解誰會受到影響、會使用什麼手段、會有什麼後果（例如，他要打誰？要用什麼武器？打的後果是什麼？）的情況下做出的行爲。而且，在所有這些方面，所說的行爲既不能出於偶性，也不能出於強制。例如，如果甲用乙的手打了丙，乙就是無意願的，因爲那個行爲不在他的能力範圍之內；又如，被打者可能是打人的那個人的父親而他卻不知道，他知道被他打的是在場的某個人，但是不知道那是他父親。對於行爲的結果方面，以及對整個行爲，都可以作這種區別。[90]所以，違反意願的行爲是出於無

88 因為，做了公正／不公正的事（即公正／不公正地做事）未必就是公正／不公正的人，只有像公正／不公正的人那樣去做這樣的事，才是公正／不公正的人。既然問題可能並不在於行為本身，那麼是什麼使得一個人成為公正／不公正的人？亞里斯多德此處明確得出的結論是：是一個人在做那個行為時的意願。所以在並非出於意願時，雖然所做出一個不公正的行為在偶性上是一個不公正的行為，它卻（在本性上）不是他（行為者）的不公正行為。

89 1109b35-1111a24。

90 即行為的後果或整個行為本身，都可能是行為者不知情的或超乎他的能力範圍的。

知的，或雖然不是出於無知，卻是超出行爲者能力範圍或出於被迫的。因爲，有許多自然過 [1135b]
程，例如衰老和死亡，我們也是知情地經歷的，但它們卻談不上是出於意願還是違反意願的。[91]但是偶性也可以屬於一個公正或不公正的行爲。例如，假如一個人出於害怕而違反意願歸還了一筆押金，我們一定不會說他做了一個公正的行爲，或是像一個公正的人那樣做了這個行爲，而只會說在偶性上那是一個公正的行爲。同樣，假如他出於被迫而違反其意願不歸還一筆押金，我們也只會說在偶性上那是一個不公正的行爲，或他偶然做了一個不公正的行爲。出於意願的行爲有的是出於選擇的，有的不是出於選擇，前者是經過事先考慮的，後者則未經事先的考慮。

所以，交往之中有三種傷害。[92]當受影響的人、行爲過程、手段、結果都與行爲者原來認爲的不一樣時，傷害是出於無知的，是一個失誤。[93]例如，他本來沒有想打，或者沒有想用那種武器、與那個人打，以及結果會是那個樣子，但是結果和他原來想的不同（比如他

91 這句話最後的「出於意願的或違反意願的」，萊索、格蘭特、斯圖爾特、萊克漢姆等認為是稿本抄寫錯誤。但亞里斯多德的原意是什麼，學者們見解不一。萊克漢姆（第三〇〇頁注）認為此短語當為「在我們能力範圍之內的」。

92 三種傷害（βλάβη），即以下談到的意外（ἀτύχημα）、過失（ἁμάρτημα）、不公正（ἀδίκημα）。

93 ἁμαρτήματα，與ἁμάρτημα（過失）為同一個詞，但如伯尼特（第二三六頁）所說，在此處是在廣義上使用，包含下文討論的意外、過失兩者。

本來沒想弄傷那個人，而只想刺他一下），或者對手或武器和他原來想的不一樣。如果傷害是沒有想到會發生的，它就是一個意外。如果傷害雖然不是沒有想到的，但做出這個行爲的人卻沒有惡意，它就是一個過失（就是說，當行爲的始因在行爲者自身時，他是出於過失而傷了人；當這始因不在他自身時，他是出於意外而傷了人）。如果傷害是有意的，但是沒有經過事先的考慮，它就是一個不公正。例如，出於怒氣或人難於避免的其他正常的感情的傷害就是這樣的。因爲，一個人在作出這種傷害時，他就是在行不公正，他的行爲就是一個不公正的行爲。但是這不等於說他就是個不公正的人或壞人，因爲，那個傷害不是出於惡的品質。[94]而如果傷害是出於選擇的，加害者就是不公正的人或壞人。[95]所以，人們正確地

94　傑克森將前面第六章的第一段話移至此處——「一個做了不公正的事的人並不一定就是不公正的人。可是，一個人做了哪一種不公正的事情就是一種不公正的人，比如一個竊賊、姦夫或強盜呢？或者，是否問題並不在於行為本身呢？因為一個人可能與一個他熟悉的婦人同眠，然而不是出於選擇而是出於感情。這樣的人雖是做了不公正的事，卻不是個不公正的人，如偷盜了卻不是個竊賊，通姦了卻不是個姦夫等等。」

95　亞里斯多德區分了傷害發生過程中的三種主觀因素：(1)對結果的預計；(2)行為過程的控制；(3)傷害的主觀意願（意圖）。意外具有(1)，然而結果卻由於外在的因素而出於主觀預計。過失具有(1)與(2)，由於在(2)上疏忽而招致傷害。意外傷害，格蘭特（卷II第一二九頁）解釋說，是由於出乎預計；過失傷害是由於疏忽。亞里斯多德將這兩者都歸入某種錯誤。這裡可以討論的問題是意外是否可以算作錯誤。不公正在亞里斯多德看來

認爲，出於瞬間的怒氣的行爲不可能出於預謀。因爲，挑起爭吵的並不是出於怒氣而行動的人，而是那個激起了他的怒氣的人。而且，問題並不在於那個發怒行爲本身，而在於它是否公正（因爲怒氣顯然是因不公正而起的）。他們不會去爭論事實是如何，這就像商業合同的雙方，其中這一方或那一方必定是騙子這是不爭的事實一樣，他們除非是由於忘記了才會去爭論。他們同意事情是那麼個事情，他們爭論的是公正究竟在哪一邊。另一方面，策劃了傷害另一方的人也不可能不知道他做的傷害的事。所以總是有一方相信他受了不公正對待，另一方則不這樣認爲。但是，如果一個人出於選擇地傷害了另一個人，他就是在行不公正。假如那個行爲違反了比例或平等，[96]以這樣的方式做事就表明他是個不公正的人。同樣，出於選擇而行公正的人是一個公正的人，可是只有當他是出於意願地做事時，他才能行公正。違反意願的行爲有的是可以原諒的，有的是不可原諒的。不僅處於無知而且由於無知[97]而犯的錯誤可以原諒，只是處於無知狀態，不是眞正出於無知，而是由於不正常的、人不常有的感情而犯的錯誤，則是不可原諒的。

[1136a]

有兩種類型。其中一種只具有⑵與⑶，而沒有預先的算計，另一種則同時具有上述三項因素。前者是出於感情，後者是出於選擇，所以前者雖然構成不公正，然而是出於偶性，不表明惡的品質。在所有的傷害中，只有出於選擇的不公正使得一個人成為不公正的人。

96 即幾何比例和算術比例的平等。

97 參見本書第三卷注13。

九、受公正、不公正的對待與意願行為

但是有人懷疑，對行不公正和受不公正對待的這番說明是否不夠明白。首先，事情是否真的像歐里庇德斯的詩句裡所寫的那樣——

「我殺了我的母親，簡單說來就是這樣一回事」；

「你們都是自願的，還是都非自願？」[98]

換句話說，人是真的可能出於意願地接受不公正呢？還是接受不公正任何時候都是違反意願的，就像行不公正始終是出於意願的那樣？或者，接受不公正的對待始終是出於意願或違反意願的，還是有時是出於意願的，有時是違反意願的？同樣，對受公正對待也可以問這樣的問題（做公正的事始終是出於意願的）。也許可以假定，受不公正對待與受公正對待，都以同樣方式與行不公正與行公正相對立：它們[99]要麼都是出於意願的，要麼都是違反意願

98 這兩行詩可能出自歐里庇德斯的逸作《阿爾克邁翁》（*Alcmaeon*），是阿爾克邁翁與菲吉烏斯（Phegeus）的兩句對話。阿爾克邁翁殺死母親厄里菲勒的故事，見第六十三頁注1。

99 即受不公正的對待和受公正的對待。

的。但是如果斷言受公正的對待都是出於意願的，這可能有些問題。因爲人們有時接受公正的對待是違反其意願的。[100]其次，這裡實際上可以提出一個進一步的問題：接受一件不公正的事是否就是受了不公正的對待，這種行爲是否既是在行不公正又是在接受不公正對待。一個人有時同時既是公正的行爲者也是公正的接受者。不公正也是一樣，做一件不公正的事不等於行不公正，接受一件不公正的事也不等於接受不公正的對待。行公正和受公正的對待也是這樣的。因爲，如果沒有人行不公正，就沒有人受不公正的對待；如果沒有人行公正，就沒有人受公正的對待。但是，如果行不公正意味著出於意願傷害某個人，如果出於意願意味著知道要受到影響的人、手段、方式，如果不能自制的人是出於意願傷害他自己的，那麼，一個人就不僅能出於意願受不公正的對待，而且可能對他自己行不公正（一個人是否能對他自己不公正也是一個爭論的問題）。[101]第三，不能自制還可能使一個人自願地受另一個

[1136b]

100 所以，受公正的對待有時是出於意願的，有時是違反意願的。因為，儘管人們常常願意受到公正的對待，人們有時是違反意願地接受這種對待的，例如一個罪犯接受死刑。接下去的問題是：受不公正的對待是否也有時是出於意願，有時是違反意願的？這是亞里斯多德在本章開頭提出的第二個問題。

101 這一小節的討論具有過渡的性質，論旨不鮮明，推理過於曲折，做必要的解說也許有助理解。首先要澄清的問題是受不公正的對待的意義是什麼。接受一件（對自己的）不公正的事是否就是接受不公正的對待。亞里斯多德既然把接受不公正的對待視為一種品質，這兩者之間當然就有區別，前者是出於偶然，後者是出於品質。所以，一個人可能接受一件（對自己的）不公正的事，儘管他不可能出於品質而受不公正的對待。其次

人的傷害，這也證明一個人可能出於意願受不公正對待。但是，這是否是因爲我們的定義[102]不正確，是否除了「知道要受到影響的人、手段、方式」還要加上「違反那個人希望」？如果是這樣，即使一個人能出於意願接受一件不公正的事，也沒有人會出於意願受不公正的對待。因爲沒有人希望受傷害。即使不能自制者，也只是在做違反他自己的希望[103]的事情。沒有人不企求他認爲是好的東西。不能自制者只不過是在做著他認爲自己不應當去做的事

要澄清的是，做一件不公正的事和接受一件不公正的事，這兩者是否可能是同一件事、為同一個人所為。如果一個人有時候可以既是一個公正的行為者又是其接受者，那麼當然既可以是一件不公正的事的行為者又是其接受者。進一步的問題在於一個人這樣做是否出於意願。如果出於意願僅僅意味著「知道對於誰做」等等，那麼就應當說一個人可以出於意願對自己做一件不公正的事並且出於意願接受一件（對於自己的）不公正的事。接下去的討論表明，這前一方面是合理的，後一方面卻不合理：一個人可能接受一件這樣的事情，但不可能出於意願。所以不公正的定義中至少要補充「違反接受者的意願」這一限定。而如果一個人出於意願（對自己）做一件不公正的事在概念上意味著：他出於意願對自己做一件違反他意願的事，這顯然是自相矛盾，因為一個人的意願（不是欲望）是一而不是多。所以最後的結論是：人不可能出於意願做並接受一件（對自己）不公正的事，他只能違反自己意願（即出於偶性地）這樣做。

102 即對於不公正行為的定義。

103 出於意願的行為，按照亞里斯多德，有些可能是符合希望的，有些則可能違反希望。一個人希望的始終是對他是善的事物，他出於意願而做或接受的則可能不是這樣的事物。

情。一個給出自己全部財物的人，如荷馬說格勞科斯對狄俄墨得斯[104]——

> 以黃金盔甲換青銅甲冑，
> 用一百頭牛換九頭，——

不能說是在受不公正的對待。因爲，給予是他能力內的事，受不公正的對待卻不是。受不公正的對待必須要有一個行不公正的人。所以受不公正的對待不可能是出於意願的。

還有兩個問題提出來討論：不公正是在於給予得過多還是在於接受得過多？一個人能否對他自己不公正？如果不公正在於給予得過多，在於知情地、出於意願地多給別人少給自己——謙讓的人據說就是這麼做的，例如公道的人[105]就傾向於少要求一點的給予者不公正，而不是在於接受者不公正，一個人就可能對他自己不公正。[106]或者，這個說法是否需要加

---

104 格勞科斯，Glaucus，希波洛克斯（Hippolox）之子，特洛伊戰爭中呂克昂軍的首領；狄俄墨得斯，泰鐸斯之子，攻打特洛伊的希臘將軍之一。兩人有世交，據說每在戰場上相遇，必互換盔甲以致友誼。關於狄俄墨得斯，亦參見 **1116a24-25**。

105 ἐπιεικής，通情達理的人，在權利方面肯通融一點的人。

106 反過來說，如果不公正是在於接受得過多，是在於接受者一邊，一個人就不可能對他自己不公正。因為他能做的事情只是給予，接受是一個被動的行為，必須有一個給予者。所以，上面兩個問題的聯繫僅僅在於：一

些限制？因爲首先，給予者可能得到較大份額的其他某種善，例如榮譽與高尚（高貴）本身。[107]其次，我們不公正行爲的定義可以說明給予者沒有對自己不公正，因爲，給予者沒有接受任何他不想接受的東西。因而，他沒有受到任何不公正的對待，而至多是利益上有些損失。當然，在有人得到了超出他應得的份額時，顯然是給予者做了不公正的事，接受者並不總是做了不公正的事。因爲，不是接受了不公正的份額的人做了不公正的事，而是給出了這個不公正的份額的人做了不公正的事。就是說，是發動了那個行爲的人做了不公正的事，而這個人不是接受者，而是給予者。但是，「做了」這個詞的意義不很明確。在某種意義上，也可以說一個無生命物、一隻手或一個照命令行事的奴隸殺了人。但是這些[108]只能說是做了不公正的事，不能說是行了不公正。而且，如果一個法官是出於不知情而判決錯了，就不能在法律公正的意義上說他行了不公正，也不能說他的判決不公正（雖然可以在某種意義上說那個判決不公正）。因爲，法律公正與最初意義上的公正有區別。而如果他明明知情卻作出不公正的判決，他就是自己多取了超過應得的東西，這或者是感激，或者是報復。做不公正判決的法官也像搶劫者那樣多得了超過自己應得的份額，儘管在不公正地把一塊土地判給搶

[1137a]

個給予者，即給予別人過多的人，是否會對於他自己不公正？

107 τοῦ ἁπλῶς καλοῦ。

108 指工具，可能也指給出了不公正份額的給予者。

劫者時他得的不是土地而是錢。[109]

人們認爲行不公正是人能力以內的事，因而行公正是很容易的。但實際上不是這樣。與鄰婦通姦、毆打路人、向人行賄是容易的，是我們能力以內的，但是出於一種品質而做這些事情卻不容易，也不是我們能力以內的事。其次，人們還認爲，理解什麼是公正、什麼是不公正不需要專門的智慧，因爲與法律相關的事務並不難了解，但是法律所列舉的行爲僅僅是它宣布爲合於公正的行爲。[110]要理解一個行爲如何去做才是一個公正的行爲，一個分配如何去分才是一個公正的分配，遠比理解醫療困難得多。在醫療中，了解蜜、酒、菟葵、熏灸、開刀的作用容易，但是要理解這些東西和技術如何以及什麼時候用到一個什麼樣的人身上才會使他恢復健康，就與要當個醫師一樣困難。第三，也由於這個原因，人們認爲，公正

---

109 從「但是……」之後的這段話，語言比較艱澀，其要旨可表達如下：雖然可能承認，給予得過多的人儘管沒有對自己不公正，卻由於給了另一個人超出其應得東西而做了不公正的事，但是這需要做些限定。首先，給予得過多者是像一個工具那樣做了不公正的事。其次，他是由於不知情、判斷錯誤而做了不公正的事。所以，這種不公正不是法律意義上的，而是道德意義上的。而如果他是知情而故意做出錯誤的判斷，像一個偏袒的法官那樣，他就是想自己多得，就是做了法律上不公正的事。

110 即只是一些公正的行為的個例。所以按照亞里斯多德的看法，法律不可能規定公正行為的全部含義。法律對於道德而言是工具性的，就像醫療工具和手段對於醫師一樣，它只能輯錄一些公正的行為的例證。真正的公正則要出於公正的品質。

的人也同樣能夠行不公正，因爲他們比別人更有能力做一件不公正的事，如通姦、打人，一個勇敢的人也更有能力丟棄武器，朝某個方向逃跑。但是，怯懦和不公正並不是在於這些事情（除非偶性地），而是在於出於一種品質地做這些事情。這正像做一個醫師和治療一個病人並不在於開不開刀或用不用藥，而是在於以一種特定的方式來做這些事情。[111]

公正存在於能夠享得自身即善的事物，並且能享得多一點或少一點的人們之間。有些存在者，比如神，不能再享得更多的這類善；[112]還有些存在者，即那些不可救治的惡的存在者，[113]哪怕是享得最少的一點這類善，都於它們有害；另一些則在一定限度內可以分享這類善，所以公正是屬人的。

111 亞里斯多德在這段話中評論了關於公正行為的性質的三種流行意見，即公正是⑴外部的行為；⑵是了解法律的規定就容易做到的行為；⑶是包含著其相反者的技藝能力。參見格蘭特，卷II第一三七頁。亞里斯多德提出的見解是：公正⑴不是外部的行為而是行為的品質；⑵不是對規則的了解（知識）而是一種做事情的方式，⑶它由於是品質和做事情的方式，而不包含相反者（不公正）。

112 因為神享得著最充分的善，所以無法再增添。

113 獸，或獸似的人。同樣，上面所說的神也含神似的人之意。多數的人或一般的人處於獸與神之間，或處於獸似的人與神似的人之間。

十、公道[114]

我們接下來要談一談公道[115]和公道的事，以及它們與公正和公正的事的關係。因爲我們的省察表明，它們既不完全是一回事，又不根本不同。我們有時稱讚公道和公道的人。在這

---

114 對於第十、十一兩章的位序，不少譯注者們都指出了其中發生編排錯誤的可能。格蘭特（卷II第一三八頁）引證斯本格爾的看法，認為第十章與上下文沒有關聯，放在此處是手稿編輯者的編排錯誤所致。斯圖爾特（卷I第五二六頁）贊同尤伯韋格（F. Ueberweg）的意見，主張把第九章最後兩個自然段連同第十章一起插在第八章的後面。傑克森（「導言」第十四、二十一頁）則把第十章作為第五卷的結尾章。格蘭特（卷II第一三八頁）認為第十章的次序沒有錯誤，而是第十一章的次序有錯誤，不過他並沒有指出第十一章的正確位置應當在何處。看起來，第十一章可能是由於錯誤的編排而誤置於此是多數譯注者的共同見解。韋爾登、羅斯和萊克漢姆的譯本都沒有對此處稿本的次序作任何變更，但韋爾登也認為第十一章的正常位置不是在第十章之後。

115 ἐπιείκεια，公道，參見本書第四卷注21。亞里斯多德在這一章中，把公道規定為公正的一種，優越於僵硬的、簡單的公正，但不是不同於公正的另類。格蘭特（卷II第一三九頁）說，ἐπιείκεια與γνώμη（體諒）有密切的聯繫。在民法中，它一般是指利益上受損的當事人在自己的權利得到法律支援的情況下，體諒對方的情況而自願放棄一部分應當得到的補償權利的做法。所以，公道常常被視為對法律公正的必要補充。一些西方國家（例如英國）的法律體系中有引入公道的概念而形成的所謂「衡平（即公道）法」。

樣稱讚時，我們甚至把這個詞用到其他德性上面，把它看作善，意思是越公道就越是善。有時候，當我們仔細思考時，我們又感到奇怪，既然公道和公正不同，它爲什麼又被我們稱讚。因爲，如果它們不同，那麼就要麼公正不好，要麼公道不好；如果它們都好，它們就是一回事。在公道概念上的困難就產生於這些考慮，這些考慮在某種意義上都對，但是又相互有矛盾。因爲一方面，公道優越於一種公正，本身就公正；另一方面，公道又不是與公正根源上不同而比它優越的另一類事物。所以，公正和公道是一回事，兩者都是善，公道更好些。困難的根源在於，公道雖然公正，卻不屬於法律的公正，而是對法律公正的一種糾正。這裡的原因在於，法律是一般的陳述，但有些事情不可能只靠一般陳述解決問題。所以，在需要用普遍性的語言表達但是又不可能解決問題的地方，法律就要考慮通常的情況，儘管它不是意識不到可能發生錯誤。法律這樣做並沒有什麼不對，因爲，錯誤不在於法律，不在於立法者，而在於人的行爲性質。人的行爲內容是無法精確說明的，所以，法律制定一條規則，就會有一種例外。當法律的規定過於簡單而有缺陷和錯誤時，藉由例外來糾正這種缺陷和錯誤，說出立法者自己如果身處其境會說出的東西，就是正確的。因此，儘管公道是公正且優越於公正，它並不優越於總體的公正，它僅僅優越於公正由於其陳述的一般性而帶來的錯誤。公道的性質就是這樣，它是對法律由於其一般性而帶來的缺陷的糾正。實際上，法律之所以沒有對所有的事情都作出規定，就是因爲有些事情不可能由法律來規定，還要靠判決來決定。因爲，如果要測度的事物是不確定的，測度的尺度也就是不確定的。就像

[1137b]

勒斯比亞的建築師用的鉛尺，[116]是要依其形狀來測度一塊石頭一樣，一個具體的案例也是要依照具體的情狀來判決。這樣，我們就說清楚了什麼是公道，說明了它是公正，並且優越於 [1138a]
一種公正。從這一點就可以明白什麼樣的人是公道的人。公道的人是出於選擇和品質而做公道的事，雖有法律支持也不會不通情理地堅持權利，而願意少取一點的人。這樣一種品質也就是公道，它是一種公正，而不是另一種品質。

十一、對自身的不公正

一個人能否對他自己行不公正這一問題的答案從前面的討論[117]中已經明白了。首先，有一類公正的行爲[118]是符合於法律所要求的所有德性的行爲。例如，法律不允許自殺（凡是法律沒有明確允許的就是禁止的），所以，一個人如果出於意願地（即知道誰會受到影響，使用什麼工具）實施（而不是回報）了一種法律所不允許的傷害，他就做了不公正的事；一個人如果出於怒氣而傷害自身，他就出於意願（但是違反正確的邏各斯）實施了一種傷害，

116 τῆς Λεσβίας οἰκοδομῆς ὁ μολίβδινος κανών。萊斯比亞人生活在愛琴海萊斯波斯島（Lesbos），萊斯比亞建築師使用的鉛尺可以彎曲，根據石頭的形狀來測量。

117 1129a32-b1，1136a10-1137a4。

118 即總體上公正的行為。參見第一章。

所以，他是做了不公正的事。但是，是對誰不公正？這是不是對城邦不公正，而不是對自己不公正？[119]因爲，他可以出於意願接受一件不公正的事，可是沒有人會出於意願受不公正的對待。[120]所以，懲罰要由城邦來實施。城邦羞辱自殺的人，[121]因爲他做了對城邦不公正的事情。其次，在不公正的具體意義，即一個人雖做了不公正的事，但總體上並不壞（這不同於前面那種意義，因爲這個不公正的人只在一種具體意義上惡，而在總體上並不壞，所以還必須說明人不可能在這種意義上對自己不公正[122]）的意義上，一個人也不可能對他自己不公正。因爲首先，假如一個人能對他自己不公正，就等於說我們能夠同時在某物上拿掉並加上同一個東西，而這是不可能的。公正與不公正涉及的必定不只一個人。其次，不公正的行爲必定是出於意願選擇和主動而爲的（由於受了不公正的對待而進行同樣的報復，不是不公正的行爲），但是，如果一個人傷害自己，他就同時既是加害者又是受害者了。[123]第三，假如

119 按照公正即守法這種總體的公正的概念，一個人自殺就是違法，因而就是在做不公正的事，但不是對自己，而是對城邦，因為法律是城邦制定的。

120 因為，出於意願接受一件不公正的事，不等於出於意願受不公正的對待。參見本卷注88。

121 據埃斯基涅斯（Aeschines，古希臘政治演說家）（《泰西封篇》〔*Ctesiphon*〕244）說，在雅典，自殺者的手要被割下來焚燒。

122 括弧裡面的話似乎只是一個注釋。

123 而如果他是一個加害者又同時是一個受害者，他就不是一個主動行為的加害者，就不是在對自己行不公正。

一個人能夠對他自己行不公正，就等於說他願意受不公正的對待了。[124]第四，一個人如果沒有做不公正的事就沒有行不公正，而一個人不可能與他的妻子通姦，也不可能搶劫他自己的家舍，不可能偷竊他自己的財產。總之，「一個人能否對他自己不公正」的問題，已經透過我們對「一個人是否能出於意願受不公正的對待」問題的分析[125]而解決了。

（顯然，受不公正對待和行不公正都是惡。因爲，前一個是所取少於適度，後一個是所取多於適度，而適度就相當於醫療中的健康和鍛鍊上的適量。[126]不過，行不公正更加是惡。因爲它由於內含著惡，內含著那種完全的惡本身，[127]或是接近於內含著這種惡——的確，不是所有出於意願的不公正行爲都內含著惡的——而值得譴責。但是在受害者這方面，受不公正的對待卻必定不內含著惡。所以，就其本身來說，受不公正的對待是較小的惡。不過這不是說它不會在偶然情況下成爲較大的惡，但是沒有什麼技術可以確定這種偶然情況。技術判斷說胸膜炎比扭傷更嚴重，可要是一個人由於扭傷而跌倒，後來又落到敵人手裡被殺了，扭

124 既然沒有人自願接受不公正的對待，一個人也就不可能對他自己行不公正，儘管他可以出於偶性地對自己做一件不公正的事。

125 1136a31-b5。

126 萊克漢姆（第三二〇頁注）認為，「而適度就相當於醫療中的健康和鍛鍊上的適量」這一短語與此處的內容沒有直接關聯。

127 κακίας ἤ τῆς τελείας καὶ ἁπλῶς。

[1138b]

傷就比胸膜炎還嚴重了。）[128]

但是在比喻或類比的意義上，這裡也存在某種公正，不是在一個人與他自己的關係中，而是在他自身的不同部分之間。不過這不是前面那些意義上的公正，[129]而是主人的公正或家族的公正。[130]因爲，在對這個問題的討論中，靈魂有邏各斯的部分和無邏各斯的部分是被人們區別開的，這種區別使得人們認爲，存在著一種對於自己的不公正，因爲這些部分會受到某種相反於它們自身的欲求的傷害，所以在它們之間可以存在某種像治者與受治者之間的那種公正。

對公正和其他德性，我們就談到這裡。

---

128 括弧中的這段話，傑克森（「導言」第十六頁）將其移至第五章最後一自然段之前，理由是與此處上下文無關聯。

129 即不是總體意義上的和具體意義上的公正。

130 主人的公正或家族的公正，參見 1134b15-17 及第一六三頁注 1。

第六卷　理智德性

一、理智德性引論

前面已說過，我們應當選擇適度，避免過度與不及，[1]而適度是由正確的邏各斯[2]來確定的。[3]現在就來考察這一點。

我們談到過的那些品質以及其他的品質，都有一個彷彿是可以瞄準的目標，具有邏各斯的人彷彿可以或張或弛的用弓來瞄準它；也有一個合乎正確的邏各斯的標準，確定著我們認爲是處於過度與不及之間的適度。這個說法雖然對，卻不很明確。誠然，說到旨在建立起科學的各個領域，我們的努力都應當張弛得當，符合正確的邏各斯。不過，一個人了解這一點並不表示就比原來更聰明。例如，如果只是告訴他醫學的要求是什麼，醫師的要求是什麼，他還是不知道應當用些什麼藥。靈魂的品質也是這樣，僅僅知道上面那些一般的說法是不夠的，我們還必須精準的確定正確的邏各斯是什麼，合乎正確的邏各斯的標準是什麼。

我們已經把靈魂的德性分爲道德德性和理智德性。[4]道德德性我們已經談了很多，[5]現

---

1 1104a11-27，1106a26-1107a27。

2 關於邏各斯以及邏各斯的漢譯問題，參見本書第一卷注21。

3 1103b31，1107a1，1114b29。

4 1103a3-7。關於理智（διάνοια）和理智的（διανοίας，διανοητικής），參見本書第一卷注51。

5 第三卷第六章至第五卷第十一章。

在先對靈魂作些說明，然後接著談談理智德性。[6]如已說明的，靈魂分爲有邏各斯的和沒有 [1139a]

6　以上的部分被許多研究者視為是由兩個不同的引言構成的：第二自然段為引言⑴，第三段開始至此處為引言⑵；兩個部分之間存在明顯的不契合性，其中引言⑵似乎與前面的第一卷第七、十三章銜接，引言⑴則似乎是某種歧出。基於這種不連貫性提出的主要的分析意見有下述三種。斯圖爾特（卷II第一一三頁）說，這兩個引言在寫作動機上顯然不同。引言⑵旨在表明政治家的工作應當涵蓋人的本性的整個基礎，把理智德性作為與道德德性不可分離的部分包含於內，所以把理智德性與道德德性表現為彼此合作的關係。而引言⑴則不是簡單的跳躍，而是提供給我們一種邏輯的聯繫，使我們了解進入對理智德性的討論，旨在完成對道德德性的研究並達到對道德德性的全面的領悟。彼得斯（第一八一頁注）認為，這兩個引言的不相容以及許多其他跡象顯示這部著作是不完整的。引言⑵與第一卷相銜接，賦予理智德性一種獨立甚至更高的地位；獨立的引言⑴則把對理智德性的討論表達成對道德德性的討論的需要，似乎是一個未完成的部分的引言。格蘭特（卷II第一四四、一四七頁）則對導言⑴是不是亞里斯多德所寫的提出懷疑。除了這兩個部分缺乏連貫性這一理由外，他還提出了另一更為複雜的理由。他指出，在前一部分即導言⑴中的「這個說法雖然對，卻不很明確」這句話也出現在《歐台謨倫理學》（第八卷第三章），這顯示它是亞里斯多德的學生歐台謨對老師關於適度與法則理論的不明確性的抗議（參見本書第五卷注1），因此一個可能的推論是這個部分與整個第五、六、七卷都不是亞里斯多德本人所寫，而是歐台謨為表達自己的意見而加上去的。這兩段文字之間存在著不一致性這一點，我們的確可以依據文本作出判斷。無論引言⑴與後面的討論部分是否存在積極聯繫以及是否為亞里斯多德本人所寫，兩個引言之間的突兀轉換在本卷中顯然沒有得到合理的說明，都是一個明顯的事實。

邏各斯的兩個部分。我們現在要在有邏各斯的部分[7]再作一個類似的區分。我們假定這個部分中又有兩個部分：一個部分思考其始因不變的那些事物，另一個部分思考可變的事物。因爲，對於不同性質的事物，靈魂也有不同的部分來思考。這些不同能力與那些不同性質的事物之間也有某種相似性和親緣關係。這兩個部分中，一個可以稱爲知識的[8]部分，另一個可以稱爲推理的[9]部分。考慮[10]與推理是一回事，我們從不考慮不變的事物，[11]所以，推理的部分是靈魂的邏各斯部分中的一個單獨的部分。我們必須弄清楚這些不同部分的何種狀態是最好的，因爲那種最好的狀態就是它們各自的德性。

7　即理智的部分。

8　ἐπιστημονικὸν，知識的、科學的；參見本書第一卷注9。「知識」一詞，亞里斯多德有時用ἐπιστήμη，有時用γνῶσις，兩者意義大致相同，但有細微差別。ἐπιστήμη通常指具有了形態的知識，γνῶσις則指形成過程中的知識，相當於知道、了解其確定性的東西。

9　λογιστικόν，計算的、推理的。

10　βουλεύεσθαι。關於考慮的討論見後面的第九章。

11　考慮與推理都是對可變動的事物，它們是同一個部分，而不是不同的部分。

二、兩種理智德性及其對象

但是，一事物的德性是相對於它的活動而言的。靈魂中有三種東西主宰著實踐[12]與眞[13]：感覺、努斯和欲求。[14]在這三者中，感覺不引起實踐，這從較低等動物的例子可以看

---

12 πράξίς。參見本書第一卷注3。

13 ἀλήθεια，真、正確、適當等意。通常的譯法是真理，但是這個譯法似乎將原意限制了很多。在下文中，我將其名詞形式譯作真，形容詞形式譯作真實的。

14 αἴσθησις，νοῦς，ὄρεξις。關於亞里斯多德對「努斯」一詞的用法，還需要從它與欲求的關係作些補充性的說明。亞里斯多德對努斯的使用似乎可以區分出廣義與狹義兩種。此處，正如萊克漢姆（第三二八頁注）指出的，是對於努斯廣義的用法。依此種用法，努斯主要與欲求相對，是靈魂基於某種目的而把握可變動的題材之能力總稱。亞里斯多德在《論靈魂》（第三卷第十章）中談到的也是這種努斯：

> 如果把想像當作某種運動，那麼欲求和努斯就似乎是這運動的原因。……努斯和欲求能產生位置移動。

努斯是為著某種目的而進行推理的東西，是推理的（λογίζομενς）和實踐的（πρακτικῆς）思想（理智〔διάνοια〕）），它與欲求一道引起動物和人的運動的原因：欲求是實踐的理智的出發點，實踐的理智的終點又是行為的起點。在這種意義上努斯是理智的一個部分，如果理智既是對不變事物的沉思，也是對可變事物的思考、推理。科學，依照亞里斯多德在《後分析篇》和《尼各馬可倫理學》中的看法，不屬於努斯的範圍。科學是無欲求的，努斯則是包含了某種欲求（作為出發點）。努斯顯然應當包含明智，但是它似乎也應

出，它們雖有感覺卻沒有實踐。欲求中的追求與躲避也總是相應於理智[15]中的肯定與否定的，而如果道德德性是靈魂的進行選擇的品質，[16]如果選擇也就是經過考慮的欲求，[17]那麼就可以明白，要想做好選擇，邏各斯就要眞，欲求就要正確，就要追求邏各斯所肯定的事物。這種理智和眞是與實踐相關聯的。而沉思的理智[18]和實踐與製作沒有關係，它的狀態好壞只在於它所獲得的東西是眞是假。獲得眞其實是理智的每個部分的活動，但是實踐的理智的活動是獲得相應於遵循著邏各斯欲求的眞。[19]選擇是實踐的始因（選擇是它有效的而不是

當包含技藝，因技藝也是有欲求的。所以這種廣義的用法總是非常模糊，經常被理智混用。造成這種情形的原因，如斯圖爾特（卷II第二十四頁）所說，在於亞里斯多德及其學派一方面一直試圖區分作為運動原因的努斯與理智，一方面又沒有明確區分它們作為這種原因的相互區別的概念。依據其本意，他們想把理智說成是派生的理智，把努斯說成是原本的理智，但是那個整體的東西，他們又時而稱作 διανοία（理智），時而稱作 νοῦς，故而時常交替地使用這兩個詞。參見本書第一卷注51、第二卷注6。

15 即下文闡述的與沉思的理智相對的實踐的理智。

16 參見1106b36。

17 參見1113a10。

18 τῆς θεωρητικῆς διανοίας，沉思的（或思辨的）理智。

19 相應於理智的兩個部分，亞里斯多德說，靈魂所欲把握的眞也區別為兩種。因為，靈魂的不同部分所把握的東西皆與其自身有某種親緣關係。沉思的理智把握的是事物本然的真，因它不是欲求，沒有目的。實踐的理

[1139b]

最後的原因），選擇自欲求和指向某種目的的邏各斯開始。所以，離開理智和某種品質也就無所謂選擇。（因爲離開理智和品質，好的實踐及其相反者就不存在。）理智本身[20]是不動的，動的只是指向某種目的的實踐的理智。實踐的理智其實也是生產性活動的始因。因爲，無論誰要製作某物，總是預先有某種目的。製作活動本身不是目的，而是屬於其他某個事物。而完成的器物[21]則自身是一個目的，因爲做得好的東西是一個目的，是欲求的對象。所以，選擇可以或稱爲欲求的努斯，或稱爲理智的欲求，人就是這樣一個始因。

（選擇不是對已經發生的事情的，例如，沒有人會選擇去洗劫特洛伊城。因爲，沒有人會考慮過去，人們考慮的是將來會怎樣，會不會發生某件事情，而已經發生了的事情，誰也無法把它收回。所以阿加松[22]說，

> 就是神也不能
> 使已經發生的事未發生。）

智把握的是相對於目的或經過考慮的欲求的真。它仍然是真，然而，按照亞里斯多德的方法，是在本然的真的類比意義上的真。

20 即沉思的理智。

21 τὸ πρακτόν。

22 'Αγάθων，Agathon，與蘇格拉底同時代的劇作家。

所以，獲得眞是這兩個部分的活動，因而它們的品質就是使它能獲得眞的那種性質。

三、科學

讓我們再更細膩的考察這些品質。我們假定靈魂肯定和否定眞的方式在數目上是五種，即技藝、科學、明智、智慧和努斯，[23]觀念[24]與意見則可能發生錯誤。科學的品質我們可以

23 靈魂肯定或否定真的這五種方式，格蘭特（卷II第一四五頁）、斯圖爾特（卷II第三十二頁）、伯尼特（第二五七頁）都指出，不等於理智的五種德性。這五種方式中，只有明智與智慧是德性。這份表格，格蘭特（卷II第一五三頁）說，非常可能是從《後分析篇》（89b7-9）中挑選來的。亞里斯多德在這裡從一個新的角度，即從獲求真的方式的角度，對理智的兩個部分——知識的和推理的加以考察。在討論知識與意見的區別之後，亞里斯多德列舉了理智與努斯、科學與技藝、明智與智慧，作為知識與意見在其中出現的靈魂活動方式。斯圖爾特（卷II第三十一—三十二頁）對亞里斯多德在《後分析篇》中的討論方式作了下述的概括。理智（διάνοια）與努斯被相互區別：努斯是把握起點（始因）的，理智是派生的；科學、技藝、明智被當作這種衍生的理智的三種形式來說明（但是如已說明的，科學按照亞里斯多德的看法不屬於努斯的範圍）；最後，智慧是對這三種衍生的理智以及努斯的總體把握。在這一章中，理智被從《後分析篇》的這份表中略去，原來的六種方式遂剩下了五種，理智被用作這五種方式的總名。這種變化的發生，按格蘭特（同上）的看法，可能是由於《尼各馬可倫理學》中的這個部分經過歐台謨的修改。歐台謨可能因不同意老師對理智與

作如下表述。我們必須在準確的意義上使用「科學」這個詞，而不理會其派生的意義。我們都認爲，我們以科學方式知道的事物不會變化，變化的事物處於觀察的範圍之內，我們無法知道它們是存在還是不存在，所以，科學的對象是由於必然性而存在的。因此，它是永恆的。因爲，每種由於必然性而存在的事物都是永恆的，而永恆的事物就既不生成也不毀滅。其次，我們還認爲，科學可以傳授，科學的知識可以學得。然而像我們在《分析篇》[25]裡說過的，傳授都從已知的東西開始，因爲傳授或者是歸納的，或者是演繹的，歸納使我們走向起點，它們是一些普遍的陳述，演繹則從普遍陳述出發。[26]所以，存在著一些可由之出發進行演繹，而它們本身又不能被推演出來的起點，它們可以透過歸納而獲得。所以，科學

努斯的區分的觀點，刪除了理智一項，把其餘五種方式視為一份完整的表格保留下來。但是，不論這個改變是不是亞里斯多德自己做出的，都可以有另外一個解釋，即需要一個述說靈魂的所有這些活動方式的總的概念，而這個概念不是邏各斯，因為邏各斯是靈魂的這個部分的名稱，而不是它的活動方式的名稱。在《尼各馬可倫理學》中，理智（διάνοια）被分離出來作為這個總的概念。參見本書第一卷注51。

24 ὑπόληψις。「觀念」一詞在此處，如斯圖爾特（卷II第三十五頁）所說，是在與意見大致相同的意義上使用的。觀念與意見，在亞里斯多德的倫理學中，是對於可變動的且不能作出證明的事務所提出的、可能會遭到反對的判斷。兩者的區別只在於意見都是表達出來的。

25 見《後分析篇》71a1及以下。

26 參見1095a31-b1。

是我們可以憑藉它來證明的那種品質。科學還具有我們在《分析篇》[27]中舉出的其他品質，即只有當一個人以某種方式確信，並且對這結論依據的起點也充分了解時，他才是具有科學知識的。因爲，除非對起點比對由起點引出的結論更加了解，否則他就只是偶然的有科學知識。

四、技藝

可變化的事物中包括被製作的[28]事物和被實踐的事物。但是製作不同於實踐（我們甚至從普通討論中也能看出這種區別），實踐的邏各斯品質與製作的邏各斯品質不同；其次，它們也不互相包含；實踐不是一種製作，製作也不是一種實踐。例如，建築術是一種技藝，是一種與製作相關的、合乎邏各斯的品質。如果沒有與製作相關的合乎邏各斯品質，就沒有技藝；如果沒有技藝，也就沒有這種品質。所以，技藝和與眞實的製作相關的合乎邏各斯的品質是一回事。所有的技藝都使某種事物生成，學習一種技藝就是學習使一種可以存在也可以不存在的事物生成的方法。技藝的有效原因在於製作者而不是被製作物，因爲，技藝與存在

[1140a]

27 見《後分析篇》71b9及以下。

28 ποιητὸν，從名詞 ποιητική（製作）派生。

的事物、與必然要生成的事物，以及與出於自然而生成的事物無關，這些事物的始因在它們自身之中。如果製作與實踐是不同的，並且技藝是與製作相關的，那麼技藝就不與實踐相關。在某種意義上，技藝與運氣是相關於同樣一些事物的。正如阿加松所說，

> 技藝愛戀著運氣，運氣愛戀著技藝。[29]

所以，如上面說過的，技藝是一種與製作相關的、包含著眞實的邏各斯的品質。其相反者，無技藝，則是與製作相關的、包含著虛假的邏各斯的品質。兩者都與可變的事物相關。

五、明智

我們可以透過考察那些明智[30]的人，來引出明智的定義。明智的人其特點就是善於考

---

29 τέχνη τύχην ἔστερξε καὶ τύχη τέχνην。τέχνη（技藝）與 τύχη（運氣）在希臘語中詞形和讀音都相近，所以阿加松的這句詩可能像繞口令一樣被人們傳誦。亞里斯多德引用它，是借此說明技藝也與運氣一樣具有偶性，與科學不同。

30 φρόνησις。格蘭特（卷II第一四五頁）認為，對作為理智之一種德性的明智的說明構成了本卷的中心。明智，或實踐的智慧，迄今為止一直是被作為一種道德德性來說明的。在接下去的討論中，明智被作為理智

慮[31]對於他自身是善的和有益的事情。不過，這不是指在某個具體的方面善和有益，例如對他的健康或強壯有利，而是指對於一種好生活總體上有益。這一點可由下面的事實得證，如果有人在（某個談不上有技藝的領域）對實現某個目的方面精於計算，我們也說他在那個方面明智。（所以，在總體上明智的人是善於考慮總體善的人。）但是，沒有人會考慮不變的

的一種德性而與道德德性區別開來，儘管它的確與道德德性不可分離。與多數英譯者用 prudence（明智）譯解 φρόνησις 的做法不同，格蘭特主張用 thought 來譯解這個詞，因為 φρόνησις 在柏拉圖的哲學中包含著對普遍的存在的思考。格蘭特追溯（同上，第一五八—一五九頁）至《尼各馬可倫理學》為止的明智（φρόνησις）概念的發展。柏拉圖在《斐多篇》（69a）中認為，（道德）德性包含著明智，但是把這種明智規定為對普遍的思考（79d），即把明智等同於智慧。亞里斯多德逐步把明智與智慧區分開來。在《論題篇》（第五卷第六章）中，明智基本上是理智的最高狀態，就如節制是欲望部分的最高狀態一樣。在《政治學》（第三卷第四章）中，明智被說成是適合於治理者的唯一德性，因而是實踐的智慧，不過是在國家事務上的實踐智慧。最後，在《尼各馬可倫理學》中，明智被與智慧相互區別，並且其範圍包括了個人生活。格蘭特未能提到在他之後發現的亞里斯多德更早寫成的《勸勉篇》（*Protrepticus*），亞里斯多德在那裡對於明智的觀點與柏拉圖最為接近，與《尼各馬可倫理學》形成了對照。

31 ὁ βουλευτικός，考慮、考量、思慮等等。如下面（第九—十一章）的討論所表明的，亞里斯多德把好的考慮（εὐβουλία）、理解（σύνεσις）和體諒（γνώμη）看作是明智的內容或與之相關的品質。

事物。也沒有人會考慮他能力以外的事物。所以，既然科學包括證明，[32]而對於那些起點可變化的事物無法作出證明（因爲有關它們的一切都是可變化的），既然人不可能去考慮那些必然的事物，明智就與科學不同；它也與技藝不同。明智不同於科學，是因爲實踐的題材包含著變化；明智不同於技藝，是因爲實踐與製作在始因上不同。[33]所以，明智是一種與善惡相關的、合乎邏各斯的、求眞的實踐品質。因此，我們把像伯利克里[34]那樣的人視爲明智的人，因爲他們能分辨出那些自身就是善、就對於人類是善的事物。我們把有這種能力的人視爲管理家族和國家的專家。（這也就是我們用節制來稱呼那種品質的原因，「節制」這個詞的意思就是保持明智，[35]節制所保持的是明智的意見。因爲快樂與痛苦並不毀滅和扭曲所有意見，例如三角形內角之和等於或不等於兩個直角的意見，而只毀滅和扭曲有關實踐的意見。實踐的始因是我們實踐的目的。但是，一旦一個人被快樂和痛苦所毀滅，他就完全不能辨別起點，就不會明白他的選擇和行爲都應當向著或爲著那個目的，因爲惡會毀滅對起點的 [1140b]

32 ἀπόδειξις。

33 萊克漢姆（第三三七頁）將此句譯作：「因為製作的目的是外在於製作活動的，而實踐的目的就是活動本身——「做得好」自身就是一個目的。」

34 Περίκλες，Pericles，雅典政治家、思想家。

35 希臘語的節制（σωφροσύνη）一詞是由明智（φρόνησις）變形而來。字首 σω- 來自動詞 σώζω，意思是保持。參見本書第三卷注109。

理解。）所以，明智是一種與人的善相關的、合乎邏各斯的、求眞的實踐品質。其次，技藝中有德性，明智中卻沒有德性。此外，在技藝上出於意願的錯誤比違反意願的錯誤好，在明智上則如同在德性上一樣，出於意願的錯誤更壞。由此可見，明智是一種德性而不是一種技藝。在靈魂的兩個邏各斯的部分中，明智必定是一個部分的德性，意即，它是那個構成意見的部分的德性，因爲，意見是與可變的事物相關，明智也是這樣。但是，明智不僅僅是一個合乎邏各斯的品質。這可以由下面這個事實得證：純粹的合乎邏各斯的品質會被遺忘，明智則不會。[36]

六、努斯

科學是對於普遍的、必然的事物的一種解答。[37]而證明的結論以及所有科學都是從起點

---

36 明智在這一章中是借助與科學與技藝的比較來說明的。這種說明的方式表明了《尼各馬可倫理學》與《後分析篇》的聯繫。（參見本書第六卷注14）明智與技藝屬於衍生的理智的範疇。明智與科學的不同在於(1)科學考察不變的事物，明智只考慮可變動的、與實踐相關的事物；(2)科學是證明的，明智不包含證明。明智與技藝的不同在於(1)實踐與製作在起點上不同；(2)技藝包含德性，明智不包含德性（而與德性不可分離）；(3)在技藝上出於意願的錯誤是好，在明智上出於意願的錯誤則更加錯誤。

37 ὑπόληψις，解答、回答、反對、意見等。

推出的（因爲科學包含著邏各斯），所以，科學據以推出的那些起點不是科學、技藝和明智可以達到的，因爲科學是依靠證明的，技藝和明智則是與可變的事物相關聯的。起點也不是智慧的對象。因爲愛智慧者也要依靠證明。如果我們憑藉著在不變甚至可變的事物中獲得眞，並且從未受到其欺騙的品質是科學、明智、智慧和努斯，如果使我們獲得起點的不是這三者（我們所說的這三者就是明智、科學和智慧）之一，那麼起點就只能靠努斯來獲得。

[1141a]

七、智慧

「智慧」這個詞，我們在技藝上用於述說那些技藝最完善的大師，例如雕刻家菲迪阿斯和雕塑家波利克里托斯。[38]在這種用法上，智慧僅僅是指技藝上的德性。但是，我們也認爲某些人總體上有智慧，而不是在某個方面，或者像荷馬在《瑪基提斯》[39]中所說的，

> 眾神沒有讓他成爲一個掘地者或耕夫，

38 菲迪亞斯（Φειδίας，Pheidias，約西元前四九〇—四三〇），雅典雕塑家，其成名作是雅典衛城的三座雅典娜紀念像；波利克里托斯（Πολύκλειτος，Polycleitus），活動時期為西元前五世紀後半期，最傑出的作品有《束髮的運動員》（前四三〇）和《荷矛者》（前四五〇—四四〇）。

39 *Margites.*

也沒有讓他在其他某件事上有智慧。

所以，智慧顯然是各種科學中的最爲完善者。有智慧的人不僅知道從起點推出的結論，而且眞切知曉那些起點。所以，智慧必定是努斯與科學的結合，必定是關於最高等的題材的、居首位的科學。[40]如果說政治和明智是最高等的科學，那將是荒唐的，因爲人不是這個世界上最高等的存在物。而且，人們說智慧的總是指同樣的事情，說明智的則是指不同的事情；這就像是，健康與善對於人和魚來說根本不是一回事，而白的和直的則總是指同樣的意思。因爲，凡是能辨清自己的善的人便會被稱爲明智的，人們也就會信任他去掌握自己的利益。所

---

40 此句話原文是，ὥστ᾽ εἴη ἂν ἡ σοφία νοῦς καὶ ἐπιστήμη，ὥσπερ κεφαλὴν ἔχουσα ἐπιστήμη τῶν τιμιωτάτων。

智慧，也就是愛智慧的活動，即與智慧不能切割的追求智慧的活動。亞里斯多德在此處提出了一個愛智慧即哲學的定義，即它是努斯與科學的結合。格蘭特（卷II第一六四－一六五頁）說，這是一個出色的關於哲學的定義，比《形上學》中提出的定義更好。亞里斯多德在《形上學》第一卷中把哲學規定為更普遍、更精確、因自身而被追求的、關於起點（始因）的科學；在第十卷中，亞里斯多德一方面把物理學、實踐科學、數學與哲學相區別，另一方面又把上述科學看作哲學的分支；而在此處，亞里斯多德為了把哲學與實踐理智相區別，將哲學定義為努斯與科學的結合，是一積極的結果。亞里斯多德的把哲學視為純粹思辨的研究的理論在黑格爾哲學中達到了極致的表現。

以，我們甚至說某些低等動物明智，譬如說那些對於自己的生活表現出預見能力的動物。同樣很顯然的，智慧也不同於政治學，因爲，如果智慧只是與自己的利益相關的，就會有許多不同的智慧，若是如此，就不會存在與所有存在物的善相關的唯一一種智慧了，就像不存在一種與所有存在物相關的醫術一樣。有人可能會爭論說人優於其他動物，但這個理由也沒有什麼意義，因爲，還存在著遠比人優越的事物，例如，舉最爲明顯的例子，組成宇宙的天體。[41]這些考察說明，智慧是科學和努斯的結合，並且與最高等的事物相關。所以，人們說阿那克薩格拉斯[42]和泰勒斯[43]以及像他們那樣的人有智慧，而不說他們明智，因爲人們看到，這樣的人對他們自己的利益全不知曉，而他們知曉的都是一些罕見的、重大的、困難的、超乎常人想像而又沒有實際用處的事情，因爲他們並不追求對人有益的事務。另一方面，明智則與人的事務相關。我們說，善於考慮是明智的人的特點，然而沒有人考慮那些不

[1141b]

41 所以，按照亞里斯多德的看法，智慧與明智和政治學的不同，不僅在於智慧比明智更完全，比政治學更唯一，而且在於智慧不僅是屬於人的。明智和政治學僅僅是屬於人的，智慧則是人與更高的存在物共用的，是關於永恆的事物的。依照這種觀點，格蘭特（卷II第一六五頁）說，智慧或哲學在最高意義上就是神學，是關於純粹、超越、不變的存在的科學，即作為存在的存在的科學。亞里斯多德這一偏離了其哲學主旨的思想開啓了他之後的基督教神學。

42 ’Αναξαγόρος，Anaxagoras，希臘哲學家。

43 Θαλῆς，Thales，希臘哲學家、著名的七賢之一。

變的事物，也沒有人考慮不是實現一個目的的手段的事物，或實現一個不可實現的善目的的手段，一個在一般意義上善於考慮的人是一個能夠透過推理而實現人可獲得的最大的善的人。其次，明智也不是只和普遍的東西[44]相關，它也要考慮具體的事實。因爲，明智是與實踐相關的，而實踐就是要處理具體的事情，所以，不知曉普遍的人有時比知曉的人在實踐上做得更好。比如，如果一個人知道雞胸容易消化、有益健康，卻不知道何爲雞胸，他就還不如一個只知道雞肉容易消化、有益健康的人更能幫助別人恢復健康。[45]明智既然是與實踐相關的，我們就需要這兩種知識，[46]尤其是需要後一種知識，不過這種知識，還是要有一種更高的能力來指導它。[47]

---

44 τῶν καθόλου。

45 萊克漢姆（第三四七頁）此處加上了：「在其他事務上，有經驗的人也比理論家更成功。」

46 即關於普遍的知識和關於具體的知識。

47 即下文將談到的政治學的智慧。愛爾溫（《亞里斯多德尼各馬可倫理學》〔第二版，哈奇特出版公司，一九九九年〕第二四五頁）說，亞里斯多德在這裡是想糾正由於前面的敘述而形成的一種印象，即明智不需要普遍的知識或普遍知識的指導，表明他並不認為普遍的東西對明智的人不重要。

八、明智的種類

政治學和明智是同樣的品質，雖然它們的內容不一樣。城邦事務方面的明智，一種主導性的明智是立法學，另一種處理具體事務的，則獨占了這兩者共有的名稱，被稱作政治學。處理具體事務與實踐和考慮相關（因爲法規最終要付諸實踐），所以，人們只是把那些處理具體事務的人說成是在「參與政治」，因爲只有他們才像工匠那樣地活動。明智也常常被理解爲與一個人自己相關。一般所說的明智就指的是這種，但是它其實包括所有這些種類，其他種類有理財學、[48]立法學和政治學；政治學又包括考慮的明智和裁決的明智。知道對自己而言的善是什麼無疑是一種明智，儘管它與其他那些明智十分不同，而且，人們都認爲，知道並關心自己的利益的人很明智，而政治家們都是些忙忙碌碌的人。[49]所以歐里庇德斯說，

> 我混跡於大眾，享受一份平等的自由，
> 就算是明智？

[1142a]

48 οἰκονομία，理財學、經濟學，來源於οἶκος（家），原意是管理家庭的經濟。

49 πολυπράγμονες，有許多事情要操勞而不得閒暇的人。

那些整日忙碌不休的人……[50]

因爲人們都追求他們的利益，並且覺得這樣對。於是就有了這樣的意見，那些關心自己的所得的人就是明智的人。但事實上，一個人的善離開了家庭和城邦就不存在。而且，即使是個人的事務，要掌握得好也不容易，也需要研究。[51]

另一個證明就是，年輕人可以在幾何和數學上學習得很好，可以在這些科目上表現優異，但是我們在他們身上卻看不到明智。這原因就在於，明智是與具體的事情相關的，這需

---

50 出自歐里庇德斯佚失的《菲洛克忒忒斯》（*Philoctetes*）（歐里庇德斯《殘篇》〔丁道爾夫（W. Dindorf）注本〕七八五─七八六）。菲洛克忒忒斯是在特洛伊戰爭後期起了決定性作用的希臘英雄。他在奧德修斯和狄俄墨得斯的勸說下重返特洛伊，最後射死帕里斯（Paris），為攻陷特洛伊鋪平了道路。亞里斯多德所引用的第三句是節選的，全句是：

做人還有什麼比這更無價值！
那些整日忙碌不休的人
我們尊敬爲有用的人。

51 格蘭特（卷II第一八六頁）說，本章的作者（依他的意見是歐台謨）的目的是把作為品質的明智和作為科學分支的政治學聯繫起來。為使這兩者相互間具有共同性質，政治學被處理為靈魂的品質和明智的一種處理政治事務的形式。

要經驗，而年輕人缺少經驗，因爲，經驗總是日積月累的。（還可以再研究一下：年輕人何以能成爲一個數學家，卻不能有智慧，也不能成爲通曉自然的人。[52]也許其原因就在於，數學只是抽象，那些起點則得自經驗；年輕人可以稱頌表達著起點的詞句然而不相信它們，而數學的知識內容則是明明白白的）此外，在考慮上可能發生兩種錯誤：或在普遍知識方面發生錯誤，或在具體內容方面發生錯誤。例如，一個人可能會說，所有的重水都無益健康，也可能會說這種水是重水。

其次，明智顯然不是科學。[53]因爲，如已說明的，[54]明智是與具體的東西相關的，因爲實踐都是具體的。明智是努斯的相反者，[55]因爲，努斯相關於起點，對這些起點是講不出邏各斯的。明智則相關於具體的事情，這些具體的東西是感覺而不是科學的對象。不過這不是說那些具體感覺，而是像我們在判斷出眼前的一個圖形是三角形時的那種感覺。因爲，在這

52 σοφὸς δ' ἢ φυσικὸς οὔ。ἢ φυσικός，通曉自然的人。

53 既然明智不是科學（參見第五章），既然明智也相關於普遍的東西，就需要說明它與科學在這個方面的不同。這種區別就在於，亞里斯多德在這裡說，科學不處理具體的事務，明智則同具體的東西相關。

54 1141b14-22。

55 ἀντίκειται。努斯相關於起點，明智相關於思考的終點（具體事物），所以是相反者。兩個相反者在亞里斯多德的概念中是邏輯上同範疇的。亞里斯多德在此處是說，明智與努斯是同範疇的（儘管相反），兩者都與科學（作為證明的即間接的把握真的能力）不同，它們都是直接地把握物件的能力。

種感覺中也有一個停止點。然而這種感覺更靠近的是感覺而不是明智，儘管它是不同於具體感覺的另一種感覺。[56]

九、好的考慮

研究[57]與考慮不同，因爲考慮是研究的一種。我們需要弄清楚什麼才是好的考慮，以便把它與科學、意見、判斷，以及其他這類能力區別開來。首先，它不是科學，因爲人們不考慮他們知道的事物；而好的考慮是考慮的一種，考慮就意味著研究與推理。[58]其次，好的考

[1142b]

56 亞里斯多德此處所說的這種感覺（αἴσθησις），即不同於具體的感官感覺（ἡ τῶν ἰδίων αἴσθησις）的另一種感覺，有的譯者譯為直覺或數學的直覺（萊克漢姆，第三五一頁）。但根據斯圖爾特（卷II第七十四—七十五頁）的研究，這是指共同感覺（κοινὴ αἴσθησις，即common sense，中文中通常譯為常識）。亞里斯多德對具體感覺（ἰδίᾳ αἰσθητά）與共同感覺的區分是在《論記憶》（*Peri Mnemes kai Anamneseos*）（450a9）中作出的。所謂共同感覺，在亞里斯多德的意義上就是有機生命體對於物件的直接的感覺整體，這種感覺是對於物件的屬的感覺，而不是像視覺、聽覺那樣的個別的感覺。依照這種區分，共同感覺也就是對共同感覺的意識，這種意識在對事物的把握上有一個停止點，而不會無休止地變化。

57 ζήτησις，亞里斯多德在本書第一卷開頭使用的是μέθοδος，參見本書第一卷注2。

58 萊克漢姆把開頭的一句，即「研究與考慮不同，因為考慮是研究的一種」，移至此處。

慮也不是判斷，因爲，判斷不包含推理，而且是很快地作出的。而考慮則花費很長時間，而且人們都說，行動要快，考慮要慢。此外，好的考慮也不等於思想敏捷，思想敏捷是判斷的一種。第三，好的考慮也不是一種意見，但是，既然考慮得糟糕導致錯誤，考慮得好導致正確，那麼好的考慮顯然是一種正確，但它既不是科學的正確，也不是意見的正確。因爲，科學不可能包含正確（正如它不能包含錯誤），而意見中正確的東西也就是眞，[59]而且，意見的題材都是現成的。[60]（但是，好的考慮又必定包含著邏各斯。所以，好的考慮只能是所

59 而不是好的考慮。亞里斯多德關於真實的意見與虛假的意見相互對立的觀點來自柏拉圖。柏拉圖在《美諾篇》（97e-98a）中認為，真實的（或正確的）意見與知識的區別在於它不像知識那樣確定，而是會像奴隸那樣跑掉。

60 因而不需要進行考慮的。因為，凡需要考慮的都是將來可能發生也可能不發生，可能這樣發生也可能那樣發生的事情。《會飲篇》（202a）中說，真實的意見處於有知與無知之間。《理想國》（477a-b）中說，完善的存在是知識的對象，無是無知的對象，介於兩者間的即存在又不存在的東西是意見的對象。虛假的意見，柏拉圖在《泰阿泰德篇》（*Theaetetus*）（187e-188a）中說，可能因⑴將一所知的事物誤為另一所知的事物，⑵將一所不知的事物誤為另一所不知的事物，⑶將一所知的事物誤為一所不知的事物，或⑷將一所不知的事物誤為一所知的事物，而產生。參見汪子嵩等著：《希臘哲學史》卷2第六九二、九三八—九四〇頁。

剩下的東西，即理智[61]的正確，因爲理智還不是確定的東西。[62]）意見儘管不是研究，卻是

---

61 διάνοια ἄρα，字面意義是衍生的理智，即亞里斯多德在《後分析篇》中所說的 νοῦς（努斯）（參見本書第六卷注19）。διάνοια（理智）在《尼各馬可倫理學》中主要在廣義上使用。在這種用法上，διάνοια 包含著努斯、智慧、科學、明智、技藝。但是從本章至第十一章，διάνοια 是在與沉思的理智相對的——即衍生的意義上使用的，被稱作 διάνοια ἄρα，即進一步的理智。在這種意義上理智只包含技藝與明智，以及明智的主要因素，即考慮或研究、理解以及體諒。這種理智被說成是衍生的，原因在於它是沉思的理智的引申。在初步的或原本的意義上，理智是對不變事物的沉思；在衍生的意義上，它也包含對可變事物的思考。亞里斯多德在這個概念下考察了明智的三種基本因素，即好的考慮、好的理解（或理解），和體諒。這三種理智的性質，亞里斯多德說是某種正確，即為某種善的目的而選擇正確的手段。格蘭特（卷II第一七四頁）說，這種理智的概念原本是柏拉圖使用的，亞里斯多德很可能也同意這種區別。

62 萊克漢姆（第三五四頁注）認為這兩句話是被誤置於此處：第一句當屬於前面的部分，也許當在「而好的考慮是考慮的一種」的後面，後一句使用的是柏拉圖的 διάνοια ἄρα 概念，與此處沒有關聯。萊克漢姆的見解似乎與萊索和蘇斯密爾的相同。格蘭特（卷II第一七四頁）和斯圖爾特（卷II第八十一頁）認為，亞里斯多德在此處使用這個概念，是為了把好的考慮與意見加以區別，所以他自然地要在此強調考慮作為思想的過程的性質。這種見解似乎比較穩妥。但亞里斯多德同時也是為了把好的考慮與知識加以區別。διάνοια ἄρα（衍生的理智）既然蘊涵於 διάνοια（理智）之中，它的正確也就蘊涵於 διάνοια（理智）之中。但由於是 διάνοια ἄρα（衍生的理智）的正確，它又不同於知識的正確。換句話說，亞里斯多德在廣義地使

確定了的東西。而一個在進行考慮的人，不論是考慮得好還是不好，都要做某些研究或計算。但是，好的考慮是正確考慮的一種（所以我們需要先弄清楚什麼是考慮，以及它的對象是什麼）。「正確」這個詞在這裡有多種意義，好的考慮顯然不是指所有這些意義。因爲首先，一個不能自制者或壞人可以經過計算而確立一個他認爲正確的目的，這樣，儘管他將做的事對於他是極大的壞事，他卻做了正確的考慮。但是人們都覺得，好的考慮是某種善，所以，好的考慮是所考慮的目的是善的那種正確考慮。但是其次，一個善目的可能不是透過正確的思考過程而確立起來的，一個正確的目的可能不是借助於正確的前提，而是借助於錯誤的仲介[63]而達到的。這種經由錯誤的推理而達到的正確也不是好的考慮。第三，一個人可能

用διάνοια的同時，也使柏拉圖的διάνοια ἄρα（衍生的理智）概念及其與沉思的理智的區別蘊涵於其中。

63 τὸν μέσον。照一般的理解，亞里斯多德此處是指推理三段論的小前提可能錯誤。格蘭特（卷II第一七五頁）認為此說不準確，因為結論的真假是前提的性質所致，不是小前提所致。韋爾登（第一九三頁）以小前提的事實錯誤來詮釋亞里斯多德。他舉例說，在三段論

奎寧有益於治療發燒
此種藥品是奎寧
此藥有益於治療發燒

中，當小前提是一個事實錯誤，即它其實不是奎寧，但恰好也有益於治療發燒時，一個人就是透過不正確的小前提而達到了正確的結果。不過這種例證大概在亞里斯多德看來是偶性的。斯圖爾特（卷II第八十二頁）

考慮的時間很長，也可能考慮得很快，考慮的時間長不等於就是一個好的考慮。考慮的正確是在於它對人有幫助，在正確的時間、基於正確的思考而達到正確的結論。第四，考慮得好有的是就總體而言，有的是就某個目的而言。就總體而言的好是指達到了就總體的目的而言的正確；就某個目的而言的好是指達到就某個目的而言的正確。所以，如果考慮得好是一個明智的人的特點，好的考慮就是對於達到一個目的的手段的正確的考慮，這就是明智的觀念之所在。[64]

十、理解

理解或好的理解，[65]即我們說某個人理解或善於理解時所指的那種品質，不同於科學本

建議，亞里斯多德所說的錯誤可能既指前提的，也指條件（小前提）的。亞里斯多德此處的確不很明確。

64 萊克漢姆（第三五六—三五七頁注）說，代詞「這」在此處所指的可能不是（像格蘭特〔卷II第一七六頁〕理解的那樣）「目的」而是達到目的的手段。因為亞里斯多德在下文中談到了明智與手段而不是與目的的相關。所以他說，好的考慮與明智的區別在於，前者是理智的性質，表現於正確地研究行為問題的過程；後者則是心靈據有和關照這種研究結果的持久而確定的品質，或更準確地說，明智包含這兩種品質，好的考慮是明智的一個方面。

65 σύνεσις，理解；ἐυ-συνεσία，好的理解。本章的作者力圖把理解作為明智的一個方面或因素與之相互區別。

身（以及意見，因爲若不是這樣，每個人就都是善於理解的了）。它們也不同於一種具體的科學，例如關於恢復健康的事務的醫學，和關於空間的幾何學。因爲，理解的對象不是永恆存在而不改變的事物，也不是所有生成的事物，而只是那些引起懷疑和考慮的事物。所以，理解和明智是與同樣一些事物相關聯的。然而，理解又與明智有所不同，明智發出命令（因爲它的目的是一種我們應當做或不做的狀態），而理解則只作判斷。（因爲理解與好的理解是一回事，一個理解的人也就是一個善於理解的人。）所以，理解既不在於具有明智也不在於獲得明智。但是，就像運用科學能力的學習被稱爲理解一樣，運用意見能力來判斷別人所說的有關明智的事情（以及判斷得好，因爲理解與理解得好是一回事）也被稱爲理解。 [1143a]

其要旨有三。⑴除了部分與全部的區別外，明智提出命令，理解只是單純的判斷。明智，格蘭特（卷II第一七六頁）解釋說，是理智，也是意志（意願），而理解則僅僅是（衍生的）理智。愛爾溫（第二四九頁）舉出一個有意義的例子，他說理解是說，如果你向他道歉，他就不那麼生氣了；明智則說，既然不想讓他生氣，你就必須向他道歉。⑵如果理解不意味對行為的要求，那麼理解本身就是好的理解，因為好與壞的區別只在理解與不理解之間。⑶理解意味著對某種並非產生於自己頭腦的意見或建議的領會。斯圖爾特（卷II第八十四頁）解讀了理解的這一層含義，即它意味著善於從別人提供的建議中汲取理智的東西。他說，理解是感悟和肯定另一個人所提供的好建議的能力。理解的人，作為理解的人本身，不提出行動的辦法或計畫，但是他具有認識提供給他的好建議的理智。不過理解當然不意味著不行動。所以斯圖爾特（同上）又說，理解可以被視為明智的思考過程的一個階段，多數人也許達不到明智，而只能達到理解。

「理解」這個名詞，即我們說某個人善於理解時所指的那種品質，其實就是從學習上的理解品質那裡引申出來的。事實上我們常常把這種學習稱作理解。

十一、體諒

體諒，[66]即我們說某個人善於體諒或原諒[67]別人時所指的那種品質，也就是對於與公

---

66 γνώμη。格蘭特（卷II第一七八頁）說，希臘語中的體諒（γνώμη）很可能是從同原諒（συγγνώμη）的聯繫中分離出來而獲得獨立的意義的。「體諒」一詞在詞源上可能派生於γνῶμα（知識），在最早的使用中它就是指認識或知識。格蘭特說，它在第歐根尼的著作中指一般知識，在圖西迪德斯（Thucydides）的著作中獲得了多種意義，如心靈、思想、感情、準則（尤其是這個詞的複數形式）等等。柏拉圖在《理想國》（476e）中大致是在知識的意義上使用這個詞。亞里斯多德在《修辭學》（第二卷第二十一章）中在道德準則的意義上使用它，在本章中則把它確定為公道的人的正確判斷。亞里斯多德時代的許多箴言和警句也都是這樣使用它的。所以，斯圖爾特（卷II第八十七—八十八頁）把它解讀為判斷。他說，一條γνώμη，也就是一條箴言或諺語智慧，它被人們創造，也無須證明地被人們接受，然而它由於與那個社會的感情吻合而具有說服力。

67 συγ-γνώμη，字首συγ-中συ的意義為「你」，整個字首的意義為與你一道或共同，所以συγ-γνώμη的原意是與你一道來（按斯圖爾特的用語）判斷。συγ-γνώμη在古希臘語中很可能出現得比γνώμη（體諒）更早。一方面，如下文表明的，公道（ἐπιείκεια）與原諒的聯繫似乎比與體諒更為緊密。另一方面，原諒似乎包含著

道相關的事情作出正確的區分。這可以由以下事實得證：我們都認爲公道的人最能原諒別人，並且在某些情況下，公道就在於原諒別人。但是，原諒是對公道的事情作出了正確的區分的體諒，[68]而正確就意味著眞。

可以說，所有這些品質[69]指的都是同一個東西。因爲，我們用體諒、理解、明智和努斯來說同樣一些人，[70]我們說他們長大了、懂得體諒了、有努斯[71]了、明智和學會理解了。因爲，所有這些品質都是與終極的[72]、具體的事務相關的：當一個人能夠分辨這些與明智相關

體諒並且具有意志與感情的直接要求，體諒似乎是從中分化出來的理智成分，儘管它也伴隨有感情。體諒與原諒的關係，從這方面說，恰似理解與明智的關係。所以斯圖爾特（卷II第八十八頁）說，原諒意味著與他人共同思考和產生感情的共鳴：善於原諒的人是一個有社會同情心的人，他與他人共同思考，分享他們的感情；尤其是在正式和非正式的裁決中，當對法律的嚴格解釋會引出對於對方不利的判決時，願意考慮他們的困難並作出有利於減輕其困難的判決。

68 ἡ δὲ συγγνώμη γνώμη ἐστὶ κριτικὴ τοῦ ἐπιεικοῦς ὀρθή。

69 體諒、原諒和公道。

70 指年輕人。

71 努斯在這兩處是在與理智相同的意義上使用的。

72 ἐσχάτον，最終的、終極的。實踐的事務是終極的，即對於它們的真或正確的理解有一個停止點（參見本書第六卷注55）的那些事務。

的事務時，他就學會了理解，懂得了體諒，並且能夠原諒別人。公道的事情對所有的好人都是相同的。所有的實踐事務都是些終極的、具體的事務（明智的人都承認這些事情），而理解與體諒都是與終極的實踐事務相關的。其次，努斯也從兩端來把握終極的事務，因爲，把握起點和終極的是努斯而不是邏各斯。在證明中，努斯把握那些起點，在實踐事務中，努斯把握終極的、可變的事實和小前提。這些就是構成目的的起點，因爲普遍的東西就出於具體。所以，我們必定有對於這些具體事務的感覺，這種感覺也就是努斯。由於這個原因，我們認爲這些品質是人生來就有的，儘管不是生來就有智慧，一個人卻生來就會體諒、理解，也生來就具有努斯。這種看法表現在這個事實中，即我們認爲它們可以隨著年齡而生長。我們認爲，在某個年齡階段，一個人就必定會獲得努斯和體諒，這意味著它們是自然地獲得的。（所以，努斯既是一個始因，又是一個目的。因爲證明既是從這些出發又是以它們爲題材的。[73]）所以，對有經驗的人、老年人和明智的人的見解與意見，即使未經過證明，也應當像得到了驗證的東西那樣受到尊重，因爲經驗使他們生出了慧眼，使他們能看得正確。[74]關於明智和智慧的性質、各自的題材，以及它們各是靈魂的哪一個部分的德性，我們

[1143b]

73 括弧中的兩句話，多數譯注者認為與此處無直接關聯。

74 彼得斯（第二〇一頁注）在此處有一重要評論。他說，亞里斯多德不僅在第六章把直覺（νοῦς）看作是沉思的理智的基礎，而且在此處把直覺看作是實踐的理智的基礎。他區分了亞里斯多德對實踐的理智的三種運用

就談這些。

十二、明智與智慧的作用

但是，有人可能會提出這些品質有什麼用處的問題。因爲首先，智慧不考慮那些增進人的幸福的事物（因爲它不關心生成）。明智雖然考慮這個問題，但是我們爲什麼需要明智？明智是與對人而言公正的、高尚（高貴）的、善的事物相關的，但是這些是一個好人出於本性就會做到的。如果德性是品質，那麼僅僅知道德性並不能使我們做事情更有德性。這與健康和強壯的情形一樣。「健康」和「強壯」這兩個詞並不帶來健康和強壯，而恰恰產生於健康和強壯。僅僅知道什麼是健康和強壯不等於做有益健康和健壯的事情，因爲懂得醫學和運動學並不使我們更能從事有益健康和強壯的活動。其次，如果我們反過來說人需要明智，不是爲了知道德性而是爲了成爲好人，那明智就對已經是好人的人沒有用處，也對那些還沒有

方式：⑴無證明的陳述，例如，「在此種情況下，做這個是正確的」：這類陳述基於直覺。⑵推理的陳述，例如，「做這個是正確的，因為它公正」，在此類陳述中理智的直覺或者提供著實踐三段論的小前提（「這個行為是公正的」），或者提供著大前提（「公正的行為是善的」）。⑶演繹或證明，在這裡理智的直覺提供著前提。或許可以這樣說，狹義的努斯是與智慧和科學、明智和技藝並列或平行的；廣義的努斯則不僅是在智慧和科學中，而且是在明智和技藝中把握思考的起點的理智活動方式。

德性的人沒有用處，因爲是自己有德性還是聽有德性的人的話並沒有什麼不同，就如同在健康這件事上我們總是該怎麼做就怎麼做。我們希望健康，但是並不需要學習醫學。第三，說本身低於智慧的明智反而比智慧優越，這必定荒唐。不過，那個最初的東西[75]又好像處處在服從。[76]我們已經指出這些問題上的困難，現在就來談談這些問題。首先，我們可以說，智慧與明智作爲理智的兩個部分的德性，即使不產生結果，自身也就值得欲求。其次，它們事實上產生一種結果——即幸福，但不是像醫學產生健康那種意義上，而是在健康的事物帶來健康的意義上。因爲，智慧是德性總體的一部分，具有它或運用它就使得一個人幸福。再者，明智與道德德性完善著活動。德性使得我們的目的正確，明智則使我們採取實現那個目的的正確的手段。（另一方面，靈魂的第四個部分，即營養的部分，則沒有完善活動的德性，因爲在這個部分，做與不做什麼不在我們的能力之內。）但是，對於明智不使一個人更

[1144a]

75 指智慧。

76 本章作者的目的在於說明理智的兩種德性——智慧與明智的關係，以及明智作為理智德性和道德德性的關係。作者在上面提出的問題可歸結為四個：⑴智慧既然無關獲得幸福的手段，它對於追求幸福有何種用處？⑵明智如果只是關於德性（德性作為使我們獲得幸福的品質）是什麼的知識，它就不能使我們更有德性，那麼它對追求幸福有什麼用處？⑶如果說明智不僅僅是知識，而且是關於如何可以有德性的技藝，那麼聽一個有德性的人的教導就夠了，何需自己有明智？⑷如果智慧高於明智，何以智慧處處在聽從明智？這四個問題中，⑴⑷相關於明智與智慧的關係，⑵⑶相關於明智與道德德性的關係。

能夠做事公正、行爲高尚〔高貴〕這種意見，我們還要進一步回答。我們先從以下的考察開始。有的人做公正的事卻不是公正的人（例如，那些違反意願、出於無知或爲著某種目的，而不是因爲行爲本身而做了法律所要求的事情的人就是這樣，儘管他們也做一個好人會做的事），所以，必定存在著某種品質，一個人出於這種品質而做出的行爲都是好的，就是說，好像是出於選擇的和因爲那個行爲自身之故的。使得我們的目的正確的是德性，使得我們去做爲實現一特定目的而適合於去做的那些事情的卻不是德性，而是另外一種能力，我們必須花點時間把這點說清楚些。有一種能力叫做聰明，[77]它是能很快實現一個預先確定的目的的能力。如果目的是高尚〔高貴〕的，它就值得稱讚；如果目的是卑賤的，它就是狡猾。所以，我們才會稱明智的人是聰明，稱狡猾的人是卑賤。[78]雖然明智不能沒有能力，但是能

---

77 δεινότης。亞里斯多德對於聰明與明智的區分在於，明智是對於一個高尚〔高貴〕的、善的目的的手段的，聰明則是對於任何一個確定的目的的。格蘭特（卷II第一八二頁）說，明智離開了德性就只是聰明，並很容易蛻變為狡猾（πανουργία）。斯圖爾特（卷II第一〇一頁）說，聰明不常出現於道德的領域，在非道德的領域，它就是聰明本身；在出現在道德領域時，它便會發生轉變：它如果成為實現惡的目的的原因，就是狡猾；如果是實現善的目的的原因，就是明智。

78 διὸ καὶ τοὺς φρονίμους δεινοὺς καὶ〔τοὺς〕πανούργους φαμὲν εἶναι。此處〔τοὺς〕為克雷恩（A.E.〔?〕Klein）所加，萊克漢姆（第三六九頁）與韋爾登（第二〇〇頁）依克雷恩的解讀，認為這是原文的遺漏，也可能是合理的省略，據上下文，此種解讀似比較穩妥。格蘭特（卷II第一八五頁）與羅斯（第一五六頁）此

力不等於明智。靈魂的這隻眼睛[79]離開了德性就不可能獲得明智的品質，這種品質是什麼，我們在剛剛說過，[80]應當是明白的。因爲，實踐的演繹也有這樣的起點——既然目的或最大善是某種事物（不論它是什麼，因爲這裡只是從邏各斯上講），但是最大善只對於好人才顯得善，惡會扭曲實踐的起點或是在起點上造成假象，因此，不做個好人就不可能有明智。

十三、明智與道德德性的關係

所以，我們需要重新考察德性。德性的情形與明智和聰明的關係大致相同。明智與聰明不相同，但兩者非常相像。自然的德性[81]與嚴格意義的德性的關係也是這樣。人們都認爲，各種道德德性在某種意義上是自然賦予的。公正、節制、勇敢，這些品質都是與生俱來的。但同時，我們又希望以另一種方式釐清，在嚴格意義的善或此類東西中是否有別的東西產生。因爲，甚至兒童和野獸也生來就有某種品質，而如果沒有努斯，它們就顯然是有害的。一個強壯的軀體沒有視覺的情形更爲明顯，由於沒有視覺，他在行動時摔得更重，這裡

處堅持末採取〔τοὺς〕的解讀，依此種解讀，此句當作「所以，我們才會稱明智的人聰明或狡猾」。

79 即由於經驗而形成的實踐理智的直覺。見 1143b8-10。

80 1144a6-26。

81 φυσικὴ ἀρετή。

[1144b]

的情形也是如此。然而如果自然的品質上加上了努斯，它們就使得行爲完善，原來類似德性的品質也就成了嚴格意義的德性。因此，正如在形成意見的方面靈魂有聰明與明智兩個部分，在道德的方面也有兩個部分：自然的德性與嚴格意義的德性。嚴格意義的德性離開了明智就不可能產生。[82]所以有些人就認爲，所有的德性都是明智的形式。蘇格拉底[83]的探索部分是對的，儘管有的地方是錯的。他認爲所有德性都是明智的形式是錯的，但他說離開明智所有的德性就無法存在卻是對的。一個證明是，即使在現在，人們在定義一種德性，說明它是什麼、相關於什麼之後，也還要加上一句，說它是由正確的邏各斯規定的，而正確的邏各斯也就是按照明智而說出來的邏各斯。所以，每個人都似乎以某種方式說出了這個道理：德性是一種合乎明智的品質。然而這個說法需要作一個小小的修正：德性不僅僅是合乎正確的邏各斯的，而且是與後者一起發揮作用的品質。在這些事務上，明智就是正確的邏各斯。蘇格拉底因此認爲德性就是邏各斯（他常說所有德性都是知識的形式）。而我們則認爲，德性

82　所以，就像聰明的能力離開德性的品質就不能成為明智一樣，自然的德性（例如自然的勇敢、公正等）離開明智（實踐的、把握終極事務的努斯）就不能成為道德德性。所以德性離不開明智。這種關係，伯尼特（第二八六頁）寫道，可以這樣來表達：「德性無明智則盲，明智無德性則空。」

83　蘇格拉底的名字前面沒有加冠詞，格蘭特（卷II第一八八頁）據此認為此處指的是歷史上的蘇格拉底，而不是柏拉圖對話中的蘇格拉底。

與邏各斯一起發揮作用。[84]顯然，離開了明智就沒有嚴格意義的善，離開了道德德性也不可能有明智。（這一見解也解答了有些人在對辯中提出的一種詰難。他們說，德性可以相互分離。他們說，一個人不可能具有所有的德性，所以，他獲得了某種德性，而沒有獲得另一種德性。說到自然的德性，這是可能的，但說到使一個人成爲好人的那些德性，這就不可能。因爲，一個人如果有了明智的德性，他就有了所有的道德德性。）從這裡也可以明白，即使明智不引起實踐，它也是需要的，因爲它是它所屬的靈魂的那個部分的德性。與沒有德性的情形一樣，離開了明智，我們的選擇就不會正確，因爲，德性使我們確定目的，明智使我們選擇實現目的的正確的手段。然而，明智並不優越於智慧或理智的那個較高部分，這就像醫學不優越於健康一樣：醫學不主導健康，而是研究如何恢復健康。所以，它爲健康，而不是向健康發出命令。此外，我們還可以補充，說明智優越於智慧就像說政治學優越於眾神，因爲，政治學在城邦的所有事務上都發布命令。

[1145a]

84 斯圖爾特（卷II第一〇八頁）說，亞里斯多德在此處力圖避免蘇格拉底的極端——德性即知識，惡都不是出於意願。亞里斯多德此處的論點是：德性（作為品質）與邏各斯（理智的知識）一起發揮作用，如果一個行為也出於品質，那麼它就是出於意願的，因為品質本身最終是在我們能力之內的、出於我們的意願的。（第三卷第五章）

第七卷　自制；快樂

壹、自制

一、自制、不能自制和關於它們的流行意見

我們現在開始討論一個新題目。[1]我們說要避開的品質有三種：惡、不能自制[2]和獸性。[3]其中兩種品質的相反者很明白，一個我們叫做德性，另一個叫做自制。[4]獸性的相反者，我們最適合說它是超人的德性，一種英雄的或神似的德性，就像荷馬筆下的普利阿摩斯[5]在說赫克托耳有超常的善，

---

1 亞里斯多德從本卷開始，轉而討論那些特別與人的心理意志相關的品質，自制與不能自制、堅強、軟弱和柔弱。這些品質，他說，既不與德性和惡是一回事，又不與它們根本不同。格蘭特（卷II第一九一頁）評論說，與前面的討論僅僅區分德性與惡相比，本卷的前九章採取了一種更為實踐的觀點，考察倫理學體系常常太過忽略的中間品質，提供了關於人的道德弱點的一種細微然而不甚清晰的現象心理學。

2 ἀκρασία，不自制、不能自制。我之所以傾向於譯為不能自制，是因為亞里斯多德把它看作是一種與意志狀態相關的品質，而不僅僅對於過去的不自制行為的陳述。

3 θηριότης，獸性，與人性相對。

4 ἐγκράτεια，自制，或自我控制，與不能自制相對。

5 參見本書第一卷注81。

且不似凡人所生，
而像某位神祇的後裔[6]

時所描述的那樣。所以，如果像人們所說，超越了德性，人就成爲神，與獸性相反的品質就不屬於人。[7]因爲，野獸與神祇無德性與惡可言，神性高過德性，獸性則與惡不屬同種。如果在斯巴達人斷言他們特別崇拜的人是神人[8]的這種意義上用這個詞，像神那樣的人就是很少的。同樣，獸性在人類中也是少見的，只有在野蠻人、病人或有發展障礙的人中間才見得到獸性，不過我們也用「獸性」這個詞責罵那些超乎常人的惡。但是獸性我們要放到後面一點[9]來談，而惡我們已經談過了。[10]我們現在必須談談不能自制、軟弱[11]和柔弱，[12]還要

---

6 《伊里亞德》，二五八。

7 因為，神與獸這對相反的存在物皆與人不屬同種。

8 σεῖος ἀνήρ，斯巴達方言，意為神似的人，σεῖος為θεος（神）的變形，意為準神，ἀνήρ意為人，男人。

9 本卷第五章。

10 第二至五卷。

11 μαλακία，軟弱、脆弱。亞里斯多德主要在意志品質的意義上使用這個詞。

12 τρυφή，柔弱、嬌柔。在亞里斯多德的術語表中，它是軟弱的一種。見後面第七章的相關討論。

談談自制和堅強。[13]這兩類品質既不能視爲與德性與惡一回事，又不能視爲與它們根本不同的。[14]討論這個問題的恰當方式，和討論其他問題時的一樣，也是先擺出現象，[15]然後考察其中的困難，最後，如果可能，就肯定所有關於這些感情[16]的意見，如不可能，就肯定其中比較重要或最重要的意見。因爲，如果困難可以解決，且流行的意見還有一些站得住腳，眞實的意見就可以充分確立。[17]

[1145b]

---

13 καρτερία，堅強、堅忍，與軟弱相反的意志品質狀態。我譯作堅強是取其與軟弱相對的意義。而且，在中文中，它也包含著亞里斯多德強烈賦予καρτερία的忍耐與抵抗兩種消極性意義，儘管這兩種意義的區分不很明顯。

14 亞里斯多德在上面共排列了六種品質狀態：(1)神性或神的德性；(2)屬人的德性；(3)自制；(4)不能自制；(5)惡；(6)獸性。（參見格蘭特，卷II第一九三頁；斯圖爾特，卷II第一一六－一一七頁。）神性是人不能達到的。自制與不能自制是處於德性與惡之間的品質。所要避免的品質狀態是後面的三種。

15 φαινόμενα，現象、顯現出來的東西，這裡指有關這個問題的各種意見。

16 亞里斯多德在這裡存在表達上的不一致性：他在上面稱自制與不能自制是品質，在此處又稱它們為感情（πάθη）。或者，他所指的是與這些品質相關的感情。

17 這段話是亞里斯多德對他的倫理學方法的說明。這種方法分為：(1)舉出所論問題上的流行意見；(2)分析其中的困難；(3)保留其中經得住辯難的部分三個步驟或階段。這種方法顯示他的倫理學是把辯證推理運用於對常識意見的分析而形成的。萊克漢姆（第三七六頁注）說，亞里斯多德認為常識意見、哲學家的意見以及行為首先，人們看來是認爲，自制和堅強是好的和可稱讚的，不能自制和軟弱是壞的[18]和可譴責的。其次，人們認爲，自制者是遵守他經推理而得出的結論的人，不能自制者則是放棄此種結論的人。第三，人們認爲，不能自制者總是出於感情而做他知道是惡的事，自制者則知道其欲望是惡的，基於邏各斯而不去追隨它。第四，人們認爲，節制者都是自制的和堅強的。但是有些人否認自制者都是節制的，有些人則肯定這點，肯定這點的人認爲不能自制者就是放縱者，放縱者就是不能自制者，這兩者不分；否定這點的人則區分這兩者。第五，人們有時說明智的人不會不能自制，有時又說有些明智的人不能自制。第六，人們是在怒氣方面，以及在對榮譽或財富的追求方面，[19]說一個人不能自制。這些就是所提出的意見。

事實中可能有真實的成分。斯圖爾特（卷II第一二一頁）評論說，在亞里斯多德看來，倫理學就是常識意見的形式化。《範疇篇》與《論題篇》中討論的有關辯證推理的方法是他把常識道德形式化的基本方法。

18 φαῦλος，衍生於名詞 φαυλότης。由於把自制與不能自制視為既與德性和惡不同，又與之相關的中間性品質，在談到不能自制品質的性質時，亞里斯多德較多使用的是 φαῦλος（壞），而不是 κακία 或 πονηρία（惡）。

19 韋爾登（第二〇六頁）在此處加上了「而不是只在感官快樂方面」。

二、不能自制方面的疑難

首先，困難在於，一個行爲上不能自制的人在何種意義上有正確的判斷。[20]有些人說，一個人如果知道那個行爲是惡的，就不會去做。因爲，如蘇格拉底所說，一個人有知識，又奴隸般的被別的事物宰制，這是荒唐的。蘇格拉底一直完全反對這種觀點，他堅持說，既然沒有人會明知而去做與善相反的事，除非不知，那麼就完全不存在不能自制的情形。這種說法與現象[21]不相符，我們應當去弄清那種感情[22]；如果那樣做是出於無知，我們就要弄清它是出於何種無知。因爲，不能自制者在受感情影響之前顯然不認爲那個行爲是正確的。但是對上面的說法，[23]有些人的看法略有不同。他們同意知識比別的事物有力量，但是不同意一個人不可能做與他認爲善的行爲相反的事的說法。所以他們認爲，不能自制者在屈從於欲望時不是具有知識，而是具有意見。[24]可是，如果不能自制者具有的是意見而不是知識，如果

20 抑或，這種判斷是知識的、意見的還是明智的？因為判斷的概念本身是很含糊的。

21 在這裡指經驗的事實。

22 指不能自制。

23 即蘇格拉底的觀點。

24 這種見解，伯尼特（第二九三頁）說，可能是柏拉圖的追隨者們的。但斯圖爾特（卷II第一一九頁）認為，這是柏拉圖本人在《美諾篇》（97e-98a）中表達的見解。這種見解在於，意見不像知識那樣確定，因為意見

意見不是一種強有力的抵抗的觀念，而比較脆弱——就像優柔寡斷的人那樣，我們就會原諒在強烈欲望下沒有堅持其意見的人了。然而我們並不原諒這種行爲，也不原諒其他可譴責的品質。那麼，是抵抗著欲望的明智嗎？[25]因爲，明智是強有力的。但是這又非常荒唐。因爲這意味著一個人同時既明智又不能自制，然而又沒有人會認爲明智的人會出於意願做卑賤的事，而且，前面也已經表明，明智是實踐的[26]（因爲明智與具體的事務相關[27]），明智意味著同時具有其他德性。[28]第二，如果自制意味著有強烈的、壞的欲望，節制的人就不是自制的，自制的人也不是節制的。節制的人沒有壞的欲望，但是一個自制者必定有，因爲，如果他的欲望是好的，阻止他去追隨其欲望的品質就是壞的，自制也就不總是好的。而如果他的欲望雖脆弱但不壞，抵抗此種欲望也就沒什麼可驕傲的；如果這種欲望壞但是脆弱，抵抗它也就沒什麼了不起。第三，如果自制使一個人堅持他的任何意見，這可能不是好事，因爲它使人堅持他的虛假意見，如果不自制使人容易放棄任何意見，這有時倒是好事。例如索福克

[1146a]

的觀念不像知識的觀念那樣，它們不是關於事物與它們的原因的聯繫的。所以一個人的即使是真實的意見也會像奴隸那樣地逃離他。

25 完整的形式應是：不能自制者所具有的是抵抗著欲望的明智嗎？

26 1140b4-6。

27 1141b16，1142a24。

28 1144b30-1145a2。

洛斯的《菲洛克忒忒斯》中的涅俄普托勒墨斯[29]的行爲就值得稱讚：因說謊太令他痛苦而放棄了奧德賽說服他作出的一個虛假選擇。[30]第四，智者派的說法也指出了一個困難。他們希望使論敵陷入矛盾來表現他們的聰明，如果他們成功，演繹就會最終是一個死結。因爲，我們的思考不肯停止，除非有了滿意的結論。但是我們又無法推進結論，因爲解不開那個死結。他們的一個論點是：愚蠢[31]加不能自制等於德性，因爲，如果一個人是愚蠢的和不能自制的，因不能自制他就會去做與他判斷爲好的事情相反的事，但是他判斷爲好的事情恰恰是壞事，[32]所以他將做好事而不是壞事。第五，出於信念[33]與選擇而追求快樂的人，[34]可能比全無推理、因不能自制而追求快樂的人好些。因爲，他可以被說服改變其信念。而不能自制的

29 Νεοπτόλεμος，Neoptolemus，阿喀琉斯之子。阿喀琉斯死後，為奪取特洛伊城，奧德賽讓他冒充阿喀琉斯欺騙菲洛克忒忒斯。

30 ψευδομένος。ψευδο- 意為虛假的，μένος 意為選擇、判斷、決定。格蘭特（卷II第二〇〇頁）說，此語或者是指智者派粗陋的詭辯形式，或者指歐布里德斯（Eubulidos）著名的「說謊者」二難推理。

31 ἀφροσύνη，愚蠢、無頭腦。

32 因他是愚蠢的。

33 τῷ πεπεῖσθαι，由於信念，πεπεῖσθαι 是動詞 πείθω（相信）的變化形式。

34 即放縱者。萊克漢姆（第三八二頁注）說，這是智者派提出的另一難題。智者派把不能自制者等同於放縱者，同時肯定不能自制者的行為不是出於選擇的，並基於這種矛盾提出下述的難題。

人正如一句諺語所譴責的，「假如被水噎住了，你還能用什麼把它沖下去呢？」要是他原來相信他做得對，說服他改變信念還可以使他停止。可是，他確信的是一回事，做的是另一回事。[35]第六，如果自制與不能自制是對於任何事物的，什麼是一般的不能自制呢？誰也不會在任何事上都不能自制，可是我們卻籠統的說一些人不能自制。

這些大概說來就是那些意見中存在的困難。那些意見中一部分要擯棄，一部分要保留下來。因爲解決難題就是尋找答案。

[1146b]

35 勞倫丁抄本（Kb）：εἰ μὲν γὰρ ἐπέπειστο ἃ πράττει，μεταπεισθεὶς ἂν ἐπαύσατο. νῦν δὲ πεπεισμένος οὐδὲν ἧττον ἄλλα πράττει（要是他原來相信他做得對，說服他改變信念還可以使他停止。他信的是一回事，做的卻是另一回事）。ἐπέπειστο，即 τῷ πε πεῖσθαι，意思是，由於聽信別人的說服，把壞的行為當作好的行為。巴黎抄本（Lb）在 ἐπέπειστο 之前有 μή（不、沒有）。格蘭特（卷II第二〇一頁）依照此抄本將這兩句譯為「要是他原來不相信他做得對，說服他還可以使他停止。他信的是一回事，做的卻是另一回事」。萊姆索爾和拜沃特（見萊克漢姆，第三八四頁注）認為應當在 δε πεπεις μένος 之間加上否定性的連詞 ἀλλά，其意義如正文中所示。多數譯者，如羅斯（第一六三頁）、萊克漢姆（第三八五頁）、克里斯普（第一二三頁）、奧斯特沃特（第一七九頁），都採取萊姆索爾和拜沃特校本。

三、不能自制與知識

我們接下來考察，不能自制者是否具有知識，以及如果具有知識，是在何種意義上具有；自制和不能自制是與哪些事物相關，就是說，是與所有的快樂和痛苦相關，還是只與某些特殊的快樂和痛苦相關；自制與堅強是一回事，還是有所區別，以及其他一些與此相關的問題。作爲開始，[36]我們先來考察，使自制者和不能自制者與具有其他品質的人有差異的是與這兩種品質相關的對象還是行爲的方式。就是說，一個人被稱爲不能自制者是因他在某些事物上不能自制，還是因他的行爲方式本身，或是同時因這兩者。下一個問題是，自制與不能自制是否與一切事物相關。因爲，我們在籠統的稱一個人不能自制時，不是指一切事物，而是指一個人放縱的那些事物。而且，我們也不僅是指這個人沉溺於這些事物（因爲那樣就與說他放縱沒有不同了），而是指他以一種特殊的方式與這些事物相關。放縱者是出於選擇，認爲應當追求當下的快樂；不能自制者則不是出於此種選擇，但也同樣沉溺於這些事物。

---

36 從此處到本自然段尾的這一節，照許多學者研究，與上下文無必然的關聯。斯圖爾特（卷II第二四三頁）引證萊姆索爾，懷疑它是亞里斯多德的其他佚失作品的一段引言被誤植於此。格蘭特（卷II第二〇二頁）把它視為對後面幾章的討論內容的一個蹩腳的預告。萊克漢姆（第三八四頁注）認為它是對前一小節的不必要的重複。彼得斯（第二一五頁注）認為它可能是作者臨時寫下的手記或片段，表明作者準備對前面的一小節作些修改，《尼各馬可倫理學》的許多部分在他看來都具有這種尚未完成的特點。

至於不能自制者的行爲所違反的不是知識而是眞實的意見的見解，[37]對我們的討論沒有重要的意義。因爲有些人對所持的意見堅定不移，把這種意見當作他知道的東西。所以，如果有人說，具有意見的人由於其信念的脆弱更容易違反正確的判斷，我們就可以回答說，從這方面來說，意見與知識沒有什麼區別。因爲，有的人對所持意見的信念也像其他人所具有的知識一樣堅定，赫拉克利特就是這樣一個例子。[38]但是首先，具有知識有兩種不同的意義（有知識而不運用它，與有知識並且去運用它都是有知識）。一個做了不應當做的事的人是有知識而沒有意識到這種知識，還是清楚地意識到這種知識，這是非常不同的；後一種情形[39]是非常令人奇怪的，而前種情形則不令人奇怪。其次，前提有兩種形式，[40]但是懂得兩種前提並不足以阻止一個人做違反其知識的事。因爲，他可以只運用普遍前提而不運用具體前提，而行爲總是與具體事物相關的。而且，普遍性的詞語在使用上也有差異，一部分是說行爲者自身的，一部分是說事物的。例如，「乾燥的食物對所有的人都有益」、[41]

37　1145b32-7。

38　這可能是指，彼得斯（第二一六頁注）說，赫拉克利特關於對立面的統一的學說，亞里斯多德不公平地把這個學說解釋成對矛盾法則的否認。參見《形上學》1012a24。

39　即意識到（運用）知識，但出於意願做相反的（錯誤的）事。

40　即普遍前提（大前提）與具體前提（小前提）。

41　這個大前提中，前一部分是說事物的，後一部分是說行為者自身的。

「我是一個人」、或者「某種食物是乾燥的食物」。但是「這個食物是某某類食物」這個知識，一個人可能或者不具有，或者具有而沒有去運用，[42]這些差異使得具有知識呈現出顯著的差別。一個人[43]若是以剛剛說明的那種方式具有知識，便不至於令人奇怪，以另一種方式具有知識則令人感到奇怪。第三，除上面談到的之外，一個人還可能以第三種具有知識。因爲在具有知識而未運用知識的情形中，我們還可以作出一種區分。因爲，一個人在某種意義上可以說像一個睡著的人、一個瘋子或醉漢那樣既有知識又沒有知識。[44]那些受感情宰制的

42 前面的討論談到有知識而沒有意識到（運用）知識的一般情況，這裡的討論進一步具體化了。沒有意識到（運用）的不是知識的普遍前提，而是直接關係到結論（結果）的具體前提。流行意見的有知識觀念是知道或了解普遍前提與具體前提。而實踐三段論的性質則在於對知識的有意識的運用，這種運用在這裡被表達為運用普遍前提於具體知識並引出結論（結果）。萊克漢姆（第三八八頁注）認為，作者在這裡舉出兩個可能未出現於意識中的具體前提，一個相關於事物，一個相關於行為者，表明他認為這種意識（運用）包含兩個三段論。第一個是：「乾燥的食物對所有的人都有益」（普遍前提），「我是一個人」（具體前提），所以「乾燥的食物對我有益」（結論）。第二個是：「乾燥的事物對我有益」（普遍前提），「這個食物是乾燥的食物」（具體前提），所以「這個食物對我有益」（結論）。

43 指不能自制者。

44 與前面談到的具有知識而沒有意識到（運用）其知識的情形有所區別，這裡談到的情形是像醉漢或睡著的人那樣既有知識又沒有知識，說他沒有知識，是說他在那種狀況下不可能意識到（運用）他的知識。彼得斯（第

人也是這樣，怒氣、欲望和某些其他感情可以使身體變形，甚至使人瘋狂。所以我們必定會說，不能自制者如果有知識，也只是像睡著的人、瘋子或醉漢那樣有知識。[45]背誦知識的詞句也不說明就具有知識，甚至醉漢也可以吟詠恩培多克勒[46]的詩句；一個初學者可以蒐集各種名言，卻一點也不懂。知識需要成爲自身的一個部分，而這需要時間。所以，應當把不能自制者所說的話當作演員所背的臺詞來看待。第四，對於不能自制者的情形，還可以從根本原因上考察。一個意見是普遍前提，另一個與具體事實相關，屬感覺的範圍。當兩個前提結合成一個結論時，它就在一個領域[47]表現爲靈魂的一種肯定，在製作的領域[48]直接產生一個行動。例如，如果「甜的食物是令人愉悅的」，且「這個食物是甜的」——作爲類的一個個

二一七頁注）認為，這第三種情形很可能是亞里斯多德「後來想起」而加在這裡供將來改寫用的。

45 即既有知識又無知識。

46 Ἐμπεδοκλῆς，Empedocles，希臘哲學家，著名的七賢之一。

47 即知識的領域。

48 ταῖς ποιητικαῖς。實踐（πρᾶξις），根據他的理論與上下文，這裡的確更應當提到實踐（πρᾶξις）。斯圖爾特（卷II第一五七頁）認為，製作在這裡是在生產性的意義上使用的。由於作者想建立嚴格的實踐三段論，所以把具體前提視為直接生產性（即產生結論或結果）的前提。這個解說的確給人啓發不過也存在另一個可能性，即作者本欲像在第六卷第二章（1139a28）那樣，將實踐與製作（πρακτικῆς μηδὲ ποιητικῆς）並提，由於疏忽或文稿抄寫上的疏漏而落掉了「實踐」一詞。

案，你如果能夠並且沒有被阻止，就必定去品嘗。若有一個普遍意見阻止我們去品嘗，另一方面又有一個意見說，「甜的食物是令人愉悅的」，且「這個食物是甜的」——這種意見[49]有一種現實的驅動力量，若我們有了欲望，那麼即使第一個普遍意見阻止我們，欲望也會驅使我們向前（因爲它能使身體的每個部分都動起來）。所以在某種意義上，不能自制者的行爲似乎是出於一種不是自身就與正確的邏各斯對立的意見（因爲與之相反的不是意見而是欲望）。[50]由於這個緣故，我們不說野獸不能自制，因爲，它沒有普遍判斷，只有對具體事物的表象和記憶。不能自制者如何克服此種無知並回到有知識的狀態，與醉漢和睡著的人的問題是一樣的，沒有什麼特別之處。在這裡應當聽聽生理學的意見，但是，由於後一個前提是一個對於感覺對象的、主導著行爲的意見，不能自制者在受著感情的宰制時就或者不具有這種知識，或者即使具有，所具有的也不是知識，而只是醉漢所重複的恩培多克勒的詞句。而

[1147b] 且，由於這種前提不是普遍的判斷，不像普遍前提那樣是科學的對象，蘇格拉底所努力說明

49 即「這種食物是甜的」這個小前提。

50 在實踐的推理中，普遍前提（原理）是非生產性的，關於環境與境況的具體前提（事實）是生產性的。當兩者結合時，產生的結論（結果）就既是普遍前提所肯定的東西，又直接是一個行動。而在不能自制者的例子中，這兩者出現了不一致：普遍前提阻止，但具體前提仍然促使他去行動。從這種分析中可以引出兩個主要的推論。其一，在實踐與製作活動中，具體前提是推理中的更加產生作用的前提。其二，出於具體前提的行為並不是本身就與普遍前提對立的，因為具體前提（關於事實的意見）可以與普遍前提相結合。

的問題就仍然是對的。因爲，當一個人不能自制時，呈現給他的知識不是眞實的知識，也不是受到感情扭曲的知識，而只是感覺的知識。[51]關於不能自制者是否具有知識，以及具有何種知識的問題，我們就說到這裡。

四、不能自制的範圍

接下來，我們需要討論是否有一般的不能自制，或不能自制是否一定與某些特定的事物相關，以及如果是，那麼，與哪些事物相關。自制和堅強，不能自制和軟弱，顯然都與快樂和痛苦相關。在產生快樂的事物中，有些是必要的，有些則是本身值得欲求，但我們在追求它們時可能過度。必要的快樂是與肉體相聯繫的，我指的是營養、性愛，即與放縱和節制相關的那些肉體活動；另一些則是不必要的，但是它們自身值得欲求，我們指的是勝利、榮譽、財富以及其他善的和快樂的事物。對這些事物的獲得違反了正確的邏各斯時，我們並不籠統的說它們是不能自制，而是加上些限制，如在財富、獲得、榮譽或怒氣上不能自

51 蘇格拉底致力於說明的問題是，一個人如果有知識便不會做壞事情，除非是沒有知識。作者在證明不能自制者雖然有知識仍然可能做出壞事之後，作了一個限定，即一個不能自制者所具有的只是感覺的知識（這被解釋為知道普遍前提與具體前提，但未能意識到後者並把前者應用於它），並在這種限定的意義上重新肯定了蘇格拉底的問題的合理性，即一個人如果有真實的知識便不會做壞事。

制，而不是只說不能自制。因爲，它們與嚴格意義上的不能自制不同，稱它們是不能自制只是因其類似，正如奧林匹克運動會獲獎者安斯羅珀斯[52]的例子，他的定義與人的一般定義雖不是根本不同，但還是有些不同。（這可由以下事實得證：在譴責一般的或某種肉體快樂方面的不能自制時，我們說它們不但是錯誤，而且是惡；而對這裡所說的這類不能自制，我們不說它們是惡。）但是，在那些在與節制和放縱相關的肉體快樂方面出錯的人之中，我們把其中過度追求快樂，並在渴與餓、熱與冷及所有影響我們的觸覺與味覺的事物上躲避一切痛苦，且不是出於選擇而是違反其選擇與理智而這樣做的人，稱爲不能自制者。我們這樣說他們時不加任何限制，即不說他們在某某方面——如怒氣——不能自制，而只說他們不能自制。（一個證明是，我們把在這些事上屈從於快樂與痛苦的人稱爲軟弱的人，對屈從於怒氣的人則不這樣說。）所以，我們把不能自制者與放縱者，把自制的人與節制者相提並論，而不把他們與屈從於怒氣等等的人放在一起來討論。因爲，不能自制與放縱是和同樣一些快樂與痛苦相關的。然而事實上，儘管它們都與同樣的事物相關，它們卻不是以同樣的方式和這些事物相關。放縱者是出於選擇，不能自制者則不是。所以我們應當說，那些沒有或只有

[1148a]

52 ’Ανθρωπος，Anthropos，西元前五十六年奧林匹克拳擊冠軍。’Ανθρωπος在希臘語中的意義為「人」。亞里斯多德這裡借這種定義上的邏輯差別比喻上面所說的一般不能自制與在某種具體事物方面不能自制間的差別。

微弱的欲望便過度追求快樂和躲避痛苦的人，比具有強烈欲望而這樣做的人更是放縱。因爲，如果他們具有了青春的強烈欲望，並感受到缺少必要快樂而產生的強烈痛苦，又會怎樣呢？

既然有些欲望和快樂是與在性質上就高尚〔高貴〕和好的事物相聯繫的（因爲依照前面[53]的區分，令人愉悅的事物之中，有一些本性上就值得欲求，有一些則與此相反，有一些是中間性的），例如財富、獲得、勝利、榮譽，人們就不會因感受、欲求和喜愛這些以及那些中性的事物而受譴責，而是因爲以某種方式這樣做——即過度，而受譴責。（例如有些人違反邏各斯地屈從和追求某種本性上高尚〔高貴〕和善的事物，如太看重榮譽，太關心子女與父母。關心子女與父母本是好事，本應受稱讚，但是在這方面可能做得過分，例如像尼奧貝[54]那樣甚至要與眾神對立，或是像薩圖羅斯[55]那樣由於愛父親而得到「愛父者」的綽號，

53 1147b23-31。作者在這裡引入了第三種愉悅的事物，即自身就是惡的事物。產生於對這類事物的喜愛的快樂因此自身就是惡的。與這種本性上惡的快樂相區別的是本性上高尚〔高貴〕而只在追求得過度時才是壞事的快樂，和與肉體相關的必要的（中性的）快樂，後面這種快樂也同樣容易追求得過度而成為壞事。

54 Νιόβη，Niobe，尼奧貝聲稱她的孩子比雷托（Leto）的還美麗。

55 Σάτυρος，Satyrus。文字的記述上說法不一。據阿斯帕西爾斯（Aspasios），希臘故事中，一個叫薩圖羅斯（Satyrys）的人當父親去世時，以自殺來寄託其哀思。但是，西里奧多羅斯（Heliodorus）則說，愛父者薩圖羅斯敬父如神。斯圖爾特（卷II第一七八頁）說，西元前四世紀伯斯普魯斯（Bosporus）王叫作薩圖羅斯。

[1148b]

就太過分了。）所以，在這些事物上不存在惡，因爲如前面已說明的，這些事物就其自身而言都是值得欲求的，儘管過度的追求是壞事情因而應當避免。同樣，在這些事物上也不存在不能自制，因爲不能自制不僅僅是應當避免，而且是應當譴責的品質。但是由於感情狀態上的相似，我們也在這些方面使用不能自制這個詞。不過，在這樣說時總要說在某某方面不能自制，就像對某個我們不能簡單地說是壞的人，我們說他是個壞醫師或者壞演員一樣。對於一個醫師或演員，我們不能不加限制的說他壞，因爲他們各自的品質[56]都不是嚴格的惡，而只是有些類似。同樣，在前面的不能自制的例子裡，我們只能說在與節制和放縱相關的那些事物上的不能自制是不能自制，而在說怒氣方面的不能自制只是在類比意義上說的。所以，我們要加上在怒氣方面這樣的限定，就像說在榮譽或獲得方面一樣。

五、獸性與病態

有些事物在正常情況下是令人愉悅的；其中有些是一般愉悅的，有些是令特定的動物或人愉悅的，但是還有些事物，不是在正常情況下令人愉悅，而是由於發展障礙、[57]習慣或

伯尼特（第三一〇頁）據薩圖羅斯的名字推斷這一點很可能屬實。

56 即作為醫師或演員的品質。

57 πηρώσεις，由於發展受挫而形成的障礙。

天生殘疾[58]才變得愉悅的。相應於每種這樣的快樂，我們都可以發現一種相關的品質。我首先是指那種獸性的品質，例如人們所說的那個剖殺孕婦、吞食胎兒的女人，[59]黑海沿岸嗜吃生肉和人肉並易子而食的蠻人，以及法拉里斯[60]的故事所表現的那種品質，這些是獸性的例子。另外一些這類品質來自病[61]（或者，在某些例子中、來自瘋，[62]例如那個把自己的母親拿去獻祭並吃掉她的瘋子，以及那個吃掉自己夥伴的肝臟的奴隸）。其他病態的[63]品質則來自習慣，如拔頭髮、咬指甲、吃泥土，以及雞姦等等。這些行爲有些是出於本性，有些則出於習慣，例如有些人由於從小成爲性欲對象而形成的品質。出於本性的品質不能被責備爲不能自制，正如不能責備婦女在性交中總是被動而不主動一樣，對形成於習慣的病態品質也是這樣。這些品質本身不屬於惡，正如獸性不屬於惡一樣。不論是戰勝它們還是屈服於它們都

58 μοχθηράς，天生的能力喪失、殘障。

59 萊克漢姆（第四〇〇頁）說，這可能是指民間傳說中的一個女魔。

60 Φάλαρις，Phalaris，見注65。

61 νόσος，疾病、病。病在本卷有廣義與狹義兩種用法：狹義上指使人偏離正常發展的生理變異，區別於發展障礙與殘疾；廣義的用法將後兩者包含於內。

62 μανία，瘋狂、瘋癲、癲癇等等，屬病的一種。

63 νοσηματώδεις，病態，衍生於名詞 νόσος（病）。

談不上嚴格意義的不能自制。[64]說它們是不能自制只是在類比的意義上說的，正如對一個不能控制其怒氣的人我們說他是在怒氣上不能自制，而不簡單地說他不能自制一樣。（一切極端的品質，不論是愚蠢、怯懦、放縱還是怪癖，事實上都或者是獸性，或者是病態。一個生性對一切都害怕，甚至連老鼠的叫聲都害怕的人，表現的是獸性的怯懦。有的人害怕鼬鼠則是病態。愚蠢也是一樣。有些人，如遠方的蠻人，生來就沒有推理能力，與世隔絕，靠感覺生活，這是獸性。有些人則是由於某些病，如癲癇、瘋，而喪失推理能力，這是病態。）在這些不正常的品質上，一個人可能只是有傾向而並未屈從於它們。我是說，法拉里斯也許是有吃一個小孩的欲望或某種愚蠢的惡欲，但忍住而沒那麼做。[65]但一個人也可能不僅僅是具有，而且受其宰制。所以，對於人的惡我們便直接稱其爲惡。對於非人的惡，我們則加上一些限定語，稱之爲獸性的、病態的惡。不能自制也是一樣，所以有些是獸性的不能自制，有些是病態的不能自制。只有與人的放縱相應的不能自制才是一般意義上的不能自制。

所以，不能自制與自制只是就與放縱和節制相關的那些事物說的。涉及其他事物的不能

[1149a]

64 這裡正如萊克漢姆（第四〇三頁注）所說，應當領會為「自制與不能自制」。

65 法拉里斯（Phalaris），一說為西西里島西元前五七〇年阿格里詹圖（Agrigentum）的僭主。但據伯尼特（第三一三頁）說，很少有相關的記述。他認為法拉里斯的名字可能是文本的謄抄者由於不知道 κατεῖχεν（忍住）的用法，誤認為它沒有主語而偶然地加在這裡的。格蘭特（卷II第二一五頁）引證阿里斯托芬的詩句表明，κατεῖχεν 可以以無主語的形式使用。伯尼特的推斷可能是受此啓發。

自制則是另一類的不能自制。它們只是在轉義上，而不是在本來意義上被稱爲不能自制。

六、怒氣上的不能自制與欲望上的不能自制

我們來考察這樣一種情況：與欲望方面的不能自制相比，怒氣上的不能自制不那麼讓人憎惡。[66]怒氣在某種程度上似乎是聽從邏各斯的，不過沒有聽對，就像急性子的僕人沒有聽完就急忙跑出門，結果把事情做錯了，它又像一隻家犬，一聽到敲門聲就叫，也不看清來的是不是一個朋友。怒氣也是這樣，由於本性熱烈而急躁，它總是還沒有聽清楚命令，就衝上去報復。當邏各斯與表象告訴我們受到了某種侮辱時，怒氣就好像一邊在推理說應當與侮辱者戰鬥，一邊就爆發出來。與此對照，欲望則一聽到（邏各斯以及[67]）感覺說某某事物是令人愉悅的，就立即去享受。所以說怒氣在某種意義上聽從邏各斯，欲望則不是；屈服於欲望比屈從於怒氣更恥辱。因爲，在怒氣上失控的人還是在一定程度上受邏各斯的控制，在欲望上失控則不受邏各斯控制而受欲望宰制。其次，服從正常的衝動更容易得到諒解，因爲，

66 在分別討論了嚴格意義上的不能自制和類比意義上的或特殊的不能自制之後，作者在本章把這兩種不能自制加以比較；在這裡，怒氣方面的不能自制被當作特殊的不能自制的例證，與此同時，嚴格意義上的不能自制被直接稱為「欲望上的不能自制」。

67 萊克漢姆（第四〇六頁注）把「邏各斯以及」括了起來，認為這是後人所加。

就是在欲望方面，如果它們是人人都有的欲望的話，服從人人都有的欲望也更容易得到諒解。而怒氣與怪癖相較於過度的不必要的快樂的欲望更爲正常，這可以由那個打自己的父親的人用來爲自己的行爲作辯護的那番話得證：「是的」，他說，「我父親過去也打他父親，他的父親也打他父親的父親。」他指著自己的兒子說，「這個孩子，將來長大了也會打我，這是我們的家風。」；另一個故事也是一個證明：當父親被兒子推向門外時，總是央求兒子到了門口就別再推了，說他過去也是推到門口就不再推的。[68]第三，一個人越工於心計[69]就越不公正，而發怒的人都是不工於心計的；怒氣也不是心計，而是明明白白的；然而欲望則是心計，就像人們說阿芙洛狄特[70]是

賽普勒斯的詭計多端的女兒；[71]

荷馬也寫到過她的繡花腰帶，說它

68 阿里斯托芬的《雲》的最後一幕反映了亞里斯多德在這裡提到的父親與兒子間的衝突。見愛爾溫，第二六三頁。

69 ἐπιβουλή，計謀、心計。

70 Ἀφροδίτη，Aphrodite，希臘愛神、美神，一說為海水泡沫所生，在賽普勒斯島上岸。

71 作者不詳，一說（見伯尼特第三一五頁以及萊克漢姆第四〇八頁注）是出於撒珀（Sappho）之手的遊吟詩句。

精巧得令最明智者也喪失理智。[72]

所以，與怒氣上的不能自制相比，欲望上的不能自制不僅更恥辱，而且更不公正。欲望上不能自制是嚴格意義上的不能自制，並且在某種意義上就是惡。[73]第四，羞辱他人[74]不是使人痛苦而是使人感到快樂，出於怒氣而做的事情卻總是使人痛苦。所以，如果一個侮辱的行爲越不公正，引起的公正的憤怒就越強烈，那麼，出於欲望的不能自制也就比出於怒氣的不能自制更加是不公正，因爲怒氣中不含有羞辱他人的成分。[75]所以，欲望上的不能自制顯然比怒氣上的不能自制更恥辱，自制與不能自制其實都是與肉體欲望與快樂相關的，[76]但是對肉

72 《伊里亞德》，二一四、二一七。

73 亞里斯多德在前面的討論中把不能自制規定為出於德性與惡之間的中間性品質，他較多使用的表語是壞，他在這裡只在限定的——即類比的意義上說它是惡。

74 ὑβρίζειν，羞辱或侮辱他人，衍生於名詞ὕβρις（羞辱）。亞里斯多德把羞辱他人看作出於欲望的侵犯行為，與發怒不同，因為怒氣在某種程度上是聽從邏各斯的。

75 因為，萊克漢姆（第四〇八頁注）解釋說，出於怒氣的不能自制比出於（羞辱對方的）欲望的不能自制在受害人（接受發怒的人）那裡引起的怒氣要小，所受到的公正的報復也不似後者的那樣強烈；所以，它不像出於欲望的不能自制那樣是一種不公正或一種傷害。

76 怒氣上的不能自制比欲望上的不能自制較少受到譴責，亞里斯多德說，這是因為怒氣比欲望(1)更聽從邏各

體欲望與快樂也需要加以區別。因爲，如前面說過的，[77]其中有一些在性質和程度上都是合乎人性的、正常的，有一些是獸性的，另外一些則是由發展障礙與病所致。節制與放縱只與前面一類相關。所以，我們不說動物是節制的還是放縱的，除非在類比意義上說某類動物比其他動物更喜歡羞辱、傷害對方和更貪吃。因爲，動物既無選擇也沒有推理能力，它們不屬於正常範圍[78]之內，就像人類中的瘋子一樣。獸性雖然可怕，但並非是惡，因爲在獸性中，最高的那個部分不像在人身上那樣被扭曲，而是不存在。要把獸性與惡相比較，就像把一個無生物與一個生命物加以比較，問何者更惡一樣。沒有始因的惡總是爲害較小，而努斯就是一個始因。（這兩者的比較就好比是不公正和不公正的人的比較：每一個都可以說是比另一個更惡。）一個壞人所做的事比一個野獸多一萬倍。[79]

[1150a]

斯；⑵更多出於氣質或習慣；⑶更少心計；⑷更多出於痛苦而更少出於侮辱。

77 1148b15-31。

78 亞里斯多德這裡說的正常範圍，顯然是以有選擇和推理能力的人為尺度的。

79 關於獸性與惡不可比較的最後這一小節，引起了許多批評。彼得斯（第二二九頁注）認為，把這兩者的比較與不公正和不公正的人的比較相類比是蹩腳的、多餘的；把它與不公正的行為和不公正本身的比較相類比似乎更好些。伯尼特（第三一七頁）認為這一小節可能是作者臨時寫下的手記。萊克漢姆（第四一〇頁注）也持相同的看法，並抱怨文義的含糊說：「任何兩個詮釋者都不會對它作出相同的解讀。」這一小節的確像是一段有待擴展的提綱。但是從與本卷第一章的上下文來看，文義上似乎並不過於含糊。

七、堅強與軟弱

與放縱及節制相關的觸覺與味覺方面的快樂與痛苦，以及對於它們的追求與躲避，在前面[80]已經說明。在這個方面，一個人可能在多數人能主宰[81]的事上反而屈服[82]了，或在多數人會屈服的事上反而能夠主宰。這兩種情形在快樂上就是不能自制與自制，在痛苦方面就是軟弱與堅強。大多數人的品質是中間性的，儘管傾向於壞的一端。既然快樂有些是必要的，有些是不必要的，必要的快樂只是在一定限度內才必要，過度與不及都不是必要的，並且欲望與痛苦的情形也是一樣，一個人如果追求過度的快樂或追求快樂到過度的程度，並且是出於選擇和因事物自身，而不是從後果考慮而這樣做，便是放縱。這種人必然是不知悔改因而不可救藥的，因爲不知悔改的人便不可救藥；不及的人則與此相反。有適度品質的人則是節制的。同樣，一個人如果不是因爲無力忍受，而是出於選擇而躲避肉體痛苦，也是放縱。（那些不是出於選擇而這樣做的人中，有些是受到快樂的引誘，有些是爲了躲避欲望中的痛苦。所以他們之間也有區別。人們都認爲，不是出於強烈欲望，而是沒有或只有微弱欲望就

---

80 本卷第三章。

81 κρατεῖν，主宰、掌握。

82 ἡττᾶσθαι，屈服、屈從。

做了可恥的事的人[83]更壞，不發怒而打人的人比發怒才打人的人更壞。因爲，他如果帶著強烈的感情，又會做出些什麼呢？所以，放縱的人比不能自制者更壞。）在上面所說的兩種品質[84]中，出於選擇而躲避痛苦是某種軟弱，出於選擇而追求快樂則是嚴格意義上的放縱。不

83 這裡是指放縱者。追求快樂的放縱者，在亞里斯多德看來是出於選擇而追求過度的快樂或追求到過度的程度，而不是出於強烈的欲望。

84 由於上文討論了兩種品質，即⑴出於選擇地過度追求快樂（放縱）與⑵出於選擇地躲避痛苦（尚未確定名稱，但也是一種放縱）；括起來的部分也討論了兩種品質，即⑶不是出於選擇的過度追求快樂（不能自制）與⑷不是出於選擇的躲避痛苦（軟弱），作者在此處說的兩種品質所指究竟是什麼，引起了研究者的許多爭論。格蘭特（卷II第二二一頁）、伯尼特（第三一九頁）認為作者在把這兩對品質（⑴⑵與⑶⑷）加以比較，而比較的中心是放縱與不能自制。但是這樣一種判斷即使對，也顯然與接下去的「出於選擇而躲避痛苦是某種軟弱，出於選擇而追求快樂則是嚴格意義上的放縱」沒有直接聯繫。斯圖爾特（卷II第一九〇—一九一頁）、萊克漢姆（第四一四頁注）、羅斯（第一七六頁注）和愛爾溫（第二六四—二六五頁）等認為，作者此處是指括弧前討論的兩種品質。亞里斯多德此處顯然對那裡說品質⑵「也是放縱」的說法不甚滿意，因為這與本章一開始確定的「在痛苦方面就是軟弱與堅強」的定義不符合。所以他在此處說品質⑵是某種軟弱。這可以說是他所做的一個補救。由此構成的相關品質體系可表示為

能自制與自制相對立，軟弱與堅強相對立。堅強意味著抵抗，[85]而自制意味著主宰，兩者互不相同，正如不屈服於敵人與戰勝敵人不相同一樣，所以自制比堅強更值得欲求。有的人缺乏抵抗大多數人能忍耐的痛苦的能力，這就是柔弱（因爲，柔弱也就是軟弱的一種表現）。這樣的人會把罩袍拖在地上而懶得提起，或佯裝病得提不起罩袍，他不知道假裝痛苦也是痛苦的。在自制與不能自制的問題上也是這樣。一個人屈服於強烈的或過度的快樂或痛苦並不奇怪。如果他進行過抵抗，例如像希奧迪克特斯[86]筆下的菲洛克忒忒斯[87]在被毒蛇咬傷時， [1150b]

在快樂方面	在痛苦方面
自制	堅強
不能自制(3)	軟弱(4)
放縱(1)	軟弱（引申意義）(2)

節制，亞里斯多德沒有引申到這兩方面做分別的討論，因為似乎不需要作這種區分。

85 ἀντέχειν，抵抗、抵制。

86 Θεοδέκτος，Theodectes，修辭學家與悲劇作家，亞里斯多德的一個朋友，曾在伊索克拉第斯（Isokrates）學園學習過，他把修辭學方法引入悲劇創作。

87 希奧迪克特斯一悲劇中的人物。關於菲洛克忒忒斯，見第一九四頁注3。

或像卡基諾斯[88]《阿羅比》中的凱爾克翁所做的那樣，或者像克塞諾方圖斯[89]那樣忍住不笑出來，那就更容易被原諒。令人奇怪的倒是，有的人既不是出於天性，也不是由於病，竟也在多數人能夠抵抗的事情上屈服。天性柔弱的例證是西徐亞的國王，[90]他們有祖傳的軟弱天性，就像女性與男性相比總是軟弱那樣。人們還認爲，消遣[91]就是放縱。但實際上這是軟弱。消遣是休息，是鬆懈，沉溺於消遣是過度鬆懈的一種形式。不能自制有兩種形式，一種是衝動，[92]一種是孱弱。[93]孱弱的人進行考慮，但不能堅持其考慮所得出的結論；衝動的人

---

88 Καρκίνος，Carcinus，悲劇詩人。他在《阿羅比》（*Alope*）中描寫了凱爾克翁（Κερκύων，Cercyon）的殘酷品質與道德感之間的鬥爭。

89 Ξενοφάντυς，Xenophantus，亞歷山大（Alexander）的宮廷樂師。塞涅卡（Seneca）曾說，克塞諾方圖斯的戰鬥音樂使亞歷山大聽到就會抓起武器，而亞歷山大的音樂在克塞諾方圖斯身上卻是反效果。

90 Scythians。萊克漢姆（第四一六頁）注：據希羅多德，西徐亞人在奪取了烏爾拉尼亞（Urania）的愛神神殿後，都得了一種柔弱病，並傳給了後代；希波克拉底（Hippocrates）則說是他們之中的富有階級和地位高貴者得了這種病，因為他們騎馬過多。

91 παιδιώδης，消遣、戲耍。

92 προπέτεια，衝動、急切。

93 ἀσθένεια，身體上的孱弱。

則由於受感情的宰制而不去考慮。有些人則正像已經抓過別人的癢[94]，自己就不再怕被抓癢那樣，由於能預見到事情的來臨，並預先提高自己，即提升自己的邏各斯，而經受住感情的——不論是快樂的還是痛苦的衝擊。急性子和激動的人，容易成爲衝動的不能自制者。前者是由於急於求成，後者則是由於激動而把邏各斯拋到了後面，由於這種特質，他們就只好順從表象了。

八、不能自制與放縱

前面已說明，[95]放縱者都不存悔恨，因爲他所做的是他選擇要做的事。然而不能自制者則總是悔恨。所以前面所舉出的那種困難[96]並不是那一種困難。倒是放縱者不可救藥，不能

---

94 韋爾登（第二二七頁注）說，在這種遊戲中，先抓別人癢的人就好比有了某種武裝，在被抓時也不會產生強烈的效果。亞里斯多德在《問題集》（*Problemata*）（965a11）中說，一個人如果不是處在不知覺中，就不太怕被抓癢，所以一個人無法抓自己的癢。

95 1150a21。

96 1146a31-b2。本章的討論，針對第二章中舉出的第五種困難，亦即由智者派提出的第二個困難。這個困難是說，放縱者由於做事是出於選擇，還可以透過改變其信念而改正，不能自制者做事不是出於選擇，所以無可救藥，因而放縱者比不能自制者要好（就其更容易改正而言）。在這裡，作者對於這個困難本身作了否定。

自制者則可能改正，因爲，惡就像浮腫和結核，不能自制則像癲癇病，前者是慢性的，後者則是陣發性的。總之，不能自制與惡在性質上是不同的，惡是無意識的，[97]不能自制則不是。其次，在不能自制者中間，那些衝動類型的人比那些意識到邏各斯而不能照著做的人[98]要好些，因爲，後面這種人有一點誘惑就要屈服。而且，與衝動的人不同，他們並不是未經考慮而那樣做的。這種不能自制者就像容易喝醉的人那樣，只要一點點酒，甚至遠遠少於多數人的正常量的酒，就會醉倒。不能自制不是嚴格意義上的惡（雖然在某種意義上也是惡），因爲，不能自制不是選擇，而惡則是選擇。然而，這兩種實踐卻產生類似的惡。這就像德謨多克斯[99]說米利都人——

[1151a]

米利都人並不笨，
但做起事來卻像笨人

97 即對於邏各斯即正確的道理無意識，而不是沒有行為的意願與選擇。彼得斯（第二三三頁注）說，壞人雖然知道人們認為他壞，但是不同意人們對他的判斷，所以可以說他是無意識的。

98 指孱弱的不能自制者。

99 Δημόδοκος，Demodocus，勒若斯（Leros）的箴言體作家，他寫了一些針對其他城邦的箴言和警句，有詩歌殘篇留世。下面兩句警句，是他針對米利都人而作的，見於他的《殘篇》（*Fragments*）（迪爾〔E. Diehl〕《希臘抒情詩選》〔*Anthologia Lyrica Graeca*〕，第三版，一九四九—一九五二年）第一章。

一樣。不能自制的人並非不公正，但是卻做著不公正的事。第三，不能自制者在違反正確的邏各斯而追求過度的肉體快樂時，並不認爲自己應當那樣做。放縱者則認爲他自己應當那樣去做，所以前一種人容易經勸告而改正，後一種人則不容易。因爲，德性保存著起點，惡則毀滅起點。在實踐中，目的就是起點，就相當於數學中的假設，所以在實踐方面也和在數學上一樣，起點不是由邏各斯述說，而是由正常的、透過習慣養成的德性幫助我們找到的。所以，具有德性的人就是節制的，相反的人就是放縱的。但是，還有一種人[100]是由於受感情影響而違背了正確的邏各斯並放棄了自己的選擇；感情的影響使他未能按照正確的邏各斯去做，但是還沒有使他相信這樣追求快樂是正確的。不能自制者就是這種人，[101]他比放縱者好，並且總體上不壞，因爲在他身上，起點還保存著。與不能自制者相反的，是堅持自己的選擇而沒有在感情的影響下放棄它的人。透過這些考察，自制是種好的品質，不能自制是壞的品質，就很清楚了。

100　這裡指上面談過的衝動的不能自制者。

101　所以，在衝動和孱弱的不能自制者中，亞里斯多德把衝動的不能自制者視為嚴格意義上的不能自制者。

九、自制與固執

那麼，一個自制的人是任何一種邏各斯或選擇都堅持，還是只堅持正確的？一個不能自制者是任何一種邏各斯或選擇都不能堅持，還是僅僅不能堅持那些正確的？這是前面[102]提出的一個困難。前者所堅持的和後者所不能堅持的，是否儘管在偶性上可以是任何邏各斯和選擇，在實質上卻是同一種正確的邏各斯和選擇呢？因爲，如果一個人選擇這個事物是爲著那個事物，他就實質上是在選擇那個事物，選擇這個事物只是出於偶性。我們說實質上的意思是說總體上。所以，儘管在某種意義上，自制者堅持、不能自制者不能堅持的是任何一種意見，但在實質上他們各自堅持或不能堅持的只是眞實的意見。[103]但是有一種堅持自己的意見

102 1146a16-31。

103 自制者所堅持的，看上去只是他個人的一種意見，但是在本質上是一種正確的意見；不能自制者所不能堅持的，看上去也只是他個人所持有的一種意見，但在本質上是他所持有的一種正確的意見。為什麼亞里斯多德不更直接地說，自制者堅持的是正確的意見，不能自制者堅持的是錯誤的意見？愛爾溫（第二一五、二六六頁）認為，這是因為不能自制者對於不同的快樂與善的沉溺是不同的，對音樂的過度沉溺與對威士忌的過度沉溺不同，一個人逐漸不再過度沉溺於音樂不等於他就同時不再過度沉溺於威士忌，這些不同的不能自制需要不同的訓練來達到自制。的確，我們大致可以說，自制總是大致相同的，不能自制則是多樣的，在肉體快樂上也是同樣，因而不能以堅持錯誤的意見來充分地加以說明。

的人，我們稱其爲固執的人。[104]對這樣一個人，既不容易說服他相信什麼，也不容易說服他改變什麼。這些特點與自制有幾分相似，就像揮霍與慷慨、魯莽與勇敢有些相似一樣，但是固執與自制實際上在很多方面不同。首先，自制的人不動搖是要抵抗感情與欲望的影響，他有時其實是願意聽勸說的；固執的人不動搖則是在抵抗邏各斯，因爲他們有欲望並常常受快樂的誘惑。其次，固執的人有固執己見的、無知的和粗俗的三種。固執己見的人之所以固執是因爲快樂與痛苦，因爲，如果他未被說服，他就認爲是勝利了，就感到高興；如果他的意見被說服改變了——就像法令在公民大會上被改變那樣，他就感到痛苦。所以，他們更像不能自制者，而不是像自制者。還有一種人，他們沒有堅持自己的決定也不是因爲不能自制，而是由於別的原因。例如索福克勒斯《菲洛克忒忒斯》中的涅俄普托勒墨斯。當然，使得他放棄自己的決定的也是快樂，但那是一種高尚〔高貴〕的快樂。因爲，講眞話讓他感到愉快，而奧德賽卻曾經說服他說了一次謊。[105]所以，並不是所有爲著快樂的行爲，只有爲著卑賤的快樂的行爲，才是放縱和不能自制的。

還有一種人對肉體快樂的喜愛少於正常的程度，這種人也是沒有堅持邏各斯。自制的人處於這種人和不能自制者之間。不能自制者沒有堅持邏各斯是因爲過度，剛剛提到的這種

104 ἰσχυρογνώμονας。

105 參見本書第七卷注29。

人則是因爲不及。自制的人堅持邏各斯是由於他不因過度與不及而改變，如果自制是好品質，其他兩種相反的品質就是壞的品質。它們事實上也的確是壞的品質。不過，由於其中的一種很少見，我們就把不能自制當作與自制對立的唯一品質，就像放縱被當作與節制對立的唯一品質一樣。有許多詞我們是在類比意義上用的。我們說節制的人的自制就是在類比意義上說的。因爲，自制的人和節制的人都不因肉體快樂而違背邏各斯，但是自制的人有壞的欲望，節制的人則沒有。節制的人不覺得違反邏各斯的事令人愉悅；自制者則覺得這類事情使他愉悅，但不受它誘惑。[106]不能自制者與放縱者雖然兩者不同，但也有相似處——它們都追求肉體快樂。不過，放縱者認爲這樣做是對的，不能自制者則並不這樣認爲。

[1152a]

106 由於把節制規定為德性，把自制規定為中間性的品質，亞里斯多德需要在說明自制的人所堅持的實質上只是正確的意見，而且不是出於快樂（在這兩點上與固執的人不同）而堅持這種意見之後，說明自制與節制的聯繫與區別。在前面所談到的區別，即自制者有壞欲望，節制的人則沒有，在此處進一步從對象的愉悅性方面得到了說明。節制比自制更高的性質因而得到加強，並且提示了這樣一種引申的意義：我們可以談節制者的自制（在類比意義上），因為節制是更高的品質，但是不能談自制者的節制，因為自制低於節制。

十、不能自制與明智的不相容性

此外，一個人不可能在同時既明智又不能自制，[107]因爲前面已說明，[108]明智與道德德性是不可分離的。明智不僅是要知而且要實踐，而不能自制者剛好做不到。（另一方面，聰明人倒可能不能自制。就是因爲這個原因，人們才覺得有些人明智卻不能自制。因爲如前面說明過的，[109]聰明與明智是做事方式不同：作爲領悟邏各斯的能力它們雖相近，但是在選擇上不同。）不能自制者也不像一個具有知識並在沉思的人，而像一個睡著的人或醉漢，儘管他是出於意願的（因爲他在某種意義上知道他在做什麼以及爲什麼做）。不過他並不是壞人，因爲他的選擇是好的，他只是半個壞人；[110]他也並非不公正，因爲他不是工於心計的人。其中一種人[111]只是不能堅持考慮得出的結論，另一種人[112]則沒有做考慮。不能自制者好比一個

107 這是對第二章列舉的第一個困難的回應。
108 1144a11-b32。
109 1144a23-b4。
110 ἡμιπόνηρος。πόνηρος，壞人；ἡμι-，半個。
111 指孱弱的不能自制者。
112 指衝動的不能自制者。

城邦，它訂立了完整的法規，有良好的法律，但是不能堅持，就像阿那克薩德里德斯[113]所嘲諷的，

> 我簡直想去
> 一個不關心其法律的國度。

壞人則像一個堅持其法律的城邦，不過那法律是壞的。就多數人的品質來說，自制與不能自制都是某種極端。因爲與多數人所能夠做的相比，自制的人所堅持的東西過多，不能自制者所堅持的又過少。易激動的人的不能自制比經過考慮而做事的人的不能自制更好改正。習慣養成的不能自制比天生的不能自制更好改正，因爲習慣可改，本性難移；但是習慣一旦成爲自然也就難改了。

所以埃內努斯[114]說道，

> 朋友，習慣是長期養成，
> 它最後就成爲人的自然。

---

113 Ἀναξανδρίδης，Anaxandrides，雅典戲劇作家，據說在其作品中對雅典人進行過諷刺。

114 Εὔηνος，Enenus，帕羅斯（Paros）的格言體詩人。

我們在上面討論了什麼是自制與不能自制，什麼是堅強與軟弱，以及它們之間有著怎樣的聯繫。

貳、快樂

十一、對快樂的三種批判意見

快樂和痛苦是政治哲學家考察的對象，因爲，他是最大的匠師，專司制定作爲判斷一般人的善惡的標準的目的。然而這種研究對於我們的研究也是必要的。因爲我們已經說明，[115]道德品質中的德性與惡都和快樂及痛苦有關，而且，多數人都認爲幸福包含著快樂，這就是人們從「享福」這個詞中引出「福祉」[116]一詞的原因。有些人認爲，快樂不論就其自身來說還是在偶性上都不是一種善，他們說這兩者是不同的東西；另一些人認爲，有些快樂是一種善，但多數快樂是壞的；第三種意見認爲，即使所有快樂都是善的，快樂也不可能是最高善。[117]首先，主張快樂根本不是一種善的人提出了這樣一些理由：其一，一切快樂都是向著

[1152b]

115 1104b8-1105a13。

116 τὸν μακάριον ὠνομάκασιν ἀπὸ τοῦ χαίρειν。μακάριον（μακάριος），福祉：μάλα χαίρειν，享福。亞里斯多德認為前者在詞源上來自後者。

117 萊克漢姆（第四三〇頁注）說，第一種意見是斯珀西波斯的（斯圖爾特〔卷II第二二四頁〕和伯尼特〔第三三〇頁〕都認為它既是斯珀西波斯的意見——斯珀西波斯，伯尼特舉證說，最先提出快樂與痛苦是兩種相互反對並都與善對立的惡的看法——也是昔尼克學派的意見），第二種意見是柏拉圖《菲力布斯篇》（53c）

正常品質回復的感覺過程，而過程與其目的在性質上是不同的，正如建築過程與房屋是不同的；其二，節制的人都避開快樂；其三，明智的人追求的是無痛苦而不是快樂；其四，快樂蒙蔽明智，而且它越蒙蔽明智就越是快樂，例如，性快樂就是這樣。在性快樂中，沒有人會去思考[118]什麼；其五，快樂無技藝，然而每種善都有一種使它產生的技藝；其六，兒童和獸類都追求快樂。第二，主張快樂不都是善的人提出了這樣一些理由：其一，有些快樂是卑賤的、恥辱的；其二，有些快樂有害，因爲令人愉悅的事物有些使人致病。第三，主張快樂不是最高善的人的理由是，快樂是過程而不是目的。這些大概就是所提出的一些意見。

十二、快樂與實現活動

下面的考察將表明，上述論據都不能充分表明快樂不是一種善，以及快樂不是最高善。首先，[119]善有雙重意義（一是總體上，二是對某個人而言）。本性與品質，運動與過程的善

中的觀點，第三種觀點出現於《菲力布斯篇》結尾處（65b-66a），是亞里斯多德在後面第十卷中所持的觀點。

118 νοεῖν，思考的活動。

119 針對上文舉出的各種意見，下文（第十二至十三章）大致分為七點作出回應。但是討論的理路錯綜複雜，使人不易看清它們之間的聯繫。為使討論的問題轉換明確，我在作者轉換論題的各處均以「首先」、「第二」等序號標明，就像在前面許多地方所做的那樣。如果以1(1)—(6)、2(1)—(2)和3分別代表前面舉出的三種

也有這雙重意義。同樣，那些被認爲壞的過程，有時儘管總體上壞，對某個具體的人卻相對不壞甚至值得欲求；有時儘管對一個人總體上壞，在某些情況和某些時候卻值得欲求；有的時候，它儘管實際上不值得欲求，卻顯得是值得欲求。例如，施加給病人的充滿痛苦的治療過程就是這樣。某種善的東西或者是一種實現活動，或者是一種品質。使人回復到正常品質[120]的快樂只在偶性上令人愉悅。在這個過程中，欲望的實現活動只是還處在正常品質的那個部分的活動。因爲，存在著不包含痛苦或欲望的快樂（如沉思的快樂），這是一個人處於正常的狀態而不存在任何匱乏情況下的快樂。可由以下的事實得證回復性的快樂只在偶性上令人愉悅：在正常的狀態下，我們不再以在向正常品質回復過程[121]中所喜愛的那些東西爲快樂。在正常的狀態下，我們以總體上令人愉悅的事物爲快樂。而在向正常品質回復過程中，我們甚至從相反的事物，例如苦澀的東西中感受到快樂。這類事物在本性上或總體上都不是令人愉悅的，所以我們從中感受到的快樂也不是本性上或總體上令人愉悅的。因爲，

[1153a]

主張及這些主張之下的具體意見，以下七點回應與所舉出的意見的對應之關係可以這樣來說明：一回應意見1（1）；二回應意見3；三回應意見2（2）；四回應意見1（4）；五回應意見1（5）；六回應意見1（2）、（3）、（6）；七回應意見2（1）。

120 τὴν φυσικὴν ἕξιν，正常品質，或自然狀態。

121 καθισταμένης，回復、恢復過程。

正如令人愉悅的事物不相同[122]一樣，由此產生的快樂也同樣不相同。第二，這不等於某些人說的「目的比過程好」那樣，一定有一種比快樂更好的東西，[123]因爲快樂不是過程，快樂也不是伴隨著所有的過程。快樂既是實現活動，也是目的。快樂不產生於我們已經成爲的狀態，而產生於我們對自身力量的運用。快樂也不是都有外在的目的的，只有使我們的正常品質完善的那些快樂才有這樣的目的。所以，說快樂是感覺的過程是不對的，最好是把「過程」這個詞換成「我們的正常品質的實現活動」，把「感覺的」換成「未受到阻礙的」。[124]

122 令人愉悅的事物分為自身便是惡的、自身便是善的和中間性質的三類，參見1148a24-26。

123 格蘭特（卷II第二三七頁）、伯尼特（第三三三頁）認為，此處是指斯珀西波斯本人或者他的學派的觀點。斯珀西波斯及其學派的基本觀點在於，快樂是朝向一個目的的變動不居的過程，而目的則是一種確定不變的狀態，確定不變的東西總是比變化不定的東西更好，所以目的是比快樂更好的東西。作者在這裡的反駁建立在快樂是實現活動而不是過程（生成）的理據上。生命的實現活動（實踐）既是活動又是目的本身。它朝向它的目的（如果它有目的），同時它自身又是目的。所以實踐不同於製作活動。製作活動是過程或生成，對製作活動而言，目的（產品）比活動過程更為重要；但是對實踐而言。實現活動與目的兩者同樣重要。所以伯尼特的下述評論是不恰當的：他說，亞里斯多德在這段討論中使用的「實現活動」（ἐνέργεια）一詞應當理解為運動（κίνησις）。因為，運動只是對實現活動的物理意義上的而不是全部的理解。

124 ἀνεμπόδιστον。所以，亞里斯多德在這裡提出的快樂的暫時定義是，快樂是我們的正常品質的未受到阻礙的實現活動。

還有一些人把快樂視爲過程，是因爲他們把過程視爲某種善，把實現活動看作過程。[125]然而實現活動與過程是不同的。第三，說因爲有些令人愉悅的事物會使人致病，所以快樂是壞的，就等於說健康是壞的，因爲有些健康的事物對賺錢無益，從這個方面來說它們是壞的，但從本身來說它們並不是壞的；甚至沉思有時也有損健康。[126]第四，明智和任何其他品質都不會被屬於它自身的快樂所妨礙，而只會被其他快樂所妨礙。所以，沉思和學習的快樂能使人思考和學習得更好。第五，快樂的活動沒有技藝，這是很自然的。因爲，任何技藝都不產生實現活動，而只產生一種能力，儘管製造香味和食物的技藝被看作快樂的技藝。[127]

---

125 格蘭特（卷II第二三七頁）、斯圖爾特（卷II第二四二頁）和伯尼特（第三三四頁）都認為，這裡所針對的是昔勒尼學派（Cyrenaics）的見解。昔勒尼學派認為善只存在於瞬間的感覺中，把快樂看作最高善，理據是快樂是靈魂的過程，而靈魂的過程就是最高善。柏拉圖學派接受這個定義，但反對這個結論。作者（一般認為就是亞里斯多德本人）在這裡則接受這個結論，但是認為理由應當是快樂是實現活動，而非快樂是過程。

126 這裡所提出的是根據善的定義而成立的一個反駁。一個事物如果在相對意義上壞，並不證明它自身（即在總體意義上）就壞。

127 快樂不同於技藝，技藝不引出快樂，在本章作者看來並不是一個要辯駁的詰難，而是一種正常的情況。格蘭特（卷II第二三八頁）說，作者的回答包含兩個方面，就像他對於善的雙重意義的分析那樣：⑴在總體上，快樂不是技藝，它高於技藝；⑵在類比的（相對的）意義上，又可以說有這種技藝，因為人們把某些技藝說成是（儘管它們本身不是）製造快樂的技藝。

第六，節制的人回避快樂，明智的人追求的是無痛苦，以及兒童與獸類都追求快樂這幾項意見，可以由同一個道理來回答。我們已經說明，[128]在何種意義上快樂在總體上是一種善，以及在何種意義上並非所有快樂都在總體上是善。獸類和兒童追求的就是並非在總體上是善的快樂，明智的人所追求的就是避免由於缺少這類快樂而產生的痛苦。這些快樂也就是含有欲望與痛苦的肉體快樂（因爲，肉體快樂才具有欲望與痛苦），或表現著放縱的肉體快樂的極端形式。所以節制的人避免這樣的快樂，因爲，節制的人也有自己的快樂。

十三、快樂與幸福

痛苦是惡，是應當避免的。它或者在總體上是惡，或者以某種方式妨礙實現活動而是惡。與惡的、應當避免的東西相反的，就是善，所以快樂是某種善。斯珀西波斯的反對意見是快樂與適度品質和痛苦相反，正如過多與正好和過少相反，但這個論點不能說明問題，因爲他不能因此就說快樂是惡。[129]第七，即使某些快樂是壞的，也說明不了某種快樂不能是

---

128 1152b26-1153a7。

129 斯珀西波斯說快樂不是善，但是不說快樂是惡。彼得斯（第二四四頁注）把斯珀西波斯與亞里斯多德的對立論點做了下述表達：

論題：快樂是善，因爲它與痛苦相反，而痛苦是惡。

最高善。[130]這正如儘管某些科學是壞的，某一種科學仍然可以是非常好的一樣。首先，如果每種品質都有其未受阻礙的實現活動，如果幸福就在於所有品質的，或其中一種品質未受到阻礙的實現活動，這種實現活動就是最值得欲求的東西；而快樂就是這樣的未受到阻礙的實現活動。從這一點來看，即使大多數快樂是壞的或在總體上是壞的，某種特殊的快樂仍然可以是最高善，正因爲這一點，人人都認爲幸福是快樂的；也就是說，人們都把快樂加到幸福上。這樣看是有道理的，因爲，既然沒有一種受到阻礙的實現活動是完善的，而幸福又在本質上是完善的，一個幸福的人就還需要身體的善、外在的善[131]以及運氣，這樣他的實現活動才不會由於缺乏而受到阻礙。（有些人說，只要人好，在貧困和災難中都能幸福。這樣的話，無論有意無意，說都等於不說。）但是由於還必須有運氣，有些人就認爲幸福就等於好運，但是事情並不是這樣，如果過度，好運本身也會成爲阻礙。這樣，它也就不配稱爲好運了，因爲只有和幸福聯繫在一起，它才能稱爲好運。其次，如果獸類和人都追求快樂，這就

斯珀西波斯：不，善既不是快樂也不是痛苦，而是中間狀態，它既與痛苦相反，也與快樂相反。

亞里斯多德：不，如果那樣，快樂就是惡。

130 亞里斯多德在此提出一個邏輯的反駁：從特稱命題中推不出全稱命題。但是這裡的討論有一個論題上的轉換：在前面，討論的主旨是快樂是善，在這裡則轉換為有的快樂可以是最高善。

131 τὰ σώματι ἀγαθά，身體的善；τὰ ἐκτὸς ἀγαθά，外在的善。關於身體的善、外在的善及靈魂的善的區分，參見本書第一卷注66。

顯示它在某種意義上的確是最高善：

眾口相傳的事，就絕不會是胡說。[132]

但是人們追求的是不同的快樂，儘管都在追求著快樂。因爲，沒有哪種本性或品質是對所有人都最好或顯得最好的。不過，他們也可能實際上在追求同一種快樂，而不是在追求他們各自覺得或口頭上說自己在追求的那些快樂。因爲，自然使所有存在物都分有神性，但是肉體快樂據有了快樂的總稱。因爲，它是我們接觸得最多且人人都能夠享受的快樂，所以，人們就認爲只存在著這樣的快樂，因爲他們只知道這些快樂。其三，如果快樂與實現活動不是某種善，幸福的人的生活就顯然不是令人愉悅的。因爲，如果快樂不是善的，而且追求快樂的生活是痛苦的，那麼人要快樂做什麼？如果快樂不是善的，痛苦就既不善也不惡，他又何故要躲避它？而若一個好人的實現活動不比其他人的更令人愉悅，他的生活也就不會比別人的更令人愉悅。[133]

[1154a]

132 赫西阿德《工作與時日》，七六三。

133 亞里斯多德在本章關於某種善可以是最高善的三條理據的觀念可表述如下：⑴最高善的定義的理據。最高善（人們稱之為幸福）的定義恰好與快樂的定義相合：最高善是所有品質或一種最好品質的未受阻礙的實現

十四、肉體快樂[134]

有些人說，雖然有的快樂——如高尚〔高貴〕的快樂，非常值得欲求，但是肉體快樂，即和放縱相關的那些快樂，卻不值得欲求。持這種意見的人應當考察一下快樂的性質。如果這樣說是對的，如果與惡相反的是善，那麼與快樂相反的痛苦爲什麼是惡？是否應當說，如果不是惡便是善，那麼必要的這類快樂就是善的嗎？或者，在一定範圍內就是善的？因爲，儘管有些品質和過程在善這方面不存在過度，因而也不會有過度的快樂，但在另一些品質與過程中的確存在這種過度，因而會有過度的快樂。在肉體快樂方面存在過度。壞人之所以成爲壞人就是由於追求過度的而不是必要的肉體快樂。所有的人都在某種程度上享受佳

---

134 活動，快樂恰恰是未受阻礙的實現活動，兩者同種屬；⑵事實的理據。獸類與人都追求快樂是一個事實的證據，表明快樂被作為最高善來追求，儘管被當作最高善的快樂是不同的；⑶幸福的性質的理據。幸福的生活是善的和令人愉悅（快樂）的，表明快樂與幸福是不可分離的。如果快樂不是善，幸福的生活就將是痛苦的。而如果某種快樂是同幸福（最高善）不可分離的，它也就是最高善。

格蘭特（卷II第二四三頁）說，這一章的理路與同樣討論快樂概念的前三章判然有別。前三章，按照他的看法，是歐台謨在老師亞里斯多德的體系框架之內所做的詮釋，本章則是歐台謨自己在討論一個亞里斯多德從未談到的問題。這個問題是：如果快樂是不同的，與幸福相聯繫的那種快樂屬於最高善，肉體快樂是什麼？為什麼人們更沉溺於肉體快樂？

餚、美酒和性快樂，但不是每個人都做得正確。痛苦方面的情形則與此不同。人們[135]躲避的不僅僅是過度的痛苦，而且是所有痛苦。[136]因爲，過度快樂的相反物不是痛苦，除非對追求過度快樂的人才是這樣。[137]

然而，我們不僅應當說明眞，而且應當說明假。因爲說明了那些虛假的意見可以使我們增強[138]對眞實意見的信念。[139]當我們充分地說明了某種看似眞的意見並不眞時，我們對於眞實意見的信念就會增強。我們接下來需要談一談，爲什麼肉體快樂顯得比其他快樂更値得欲求。首先，這是因爲它驅逐痛苦，過度痛苦使人們追求過度快樂——一般來說是指過度的肉體快樂，作爲某種治療。由於與痛苦的鮮明反差，這種快樂顯得十分強烈，所以人們追求

135　此處指追求過度（肉體）快樂的人，即放縱者。

136　羅斯（第一八九頁）在這裡加上了：「這對於他（壞人，放縱者）是很特別的」。

137　對於好人來說，極端快樂的相反物是適度的（必要的）快樂。極端快樂與痛苦，羅斯（同上，注2）說，僅僅對於放縱者才顯得是僅有的選擇，並且由於他常常選擇過度的快樂，他始終躲避痛苦。格蘭特（卷II第二四四頁）說，這個論證是要證明，肉體快樂本身是善，僅當過度時才是惡，另一方面，所有的痛苦都是惡；所以快樂與痛苦是相反者，一個是善另一個就是惡；斯珀西波斯的理論要站得住腳，就必須使痛苦與過度快樂構成相反者；然而它們並不是這樣的相反者，除非對於放縱的人才是這樣的相反者。

138　συμβάλλω，走近、接近於、傾向於。

139　πίστις，信念、確信等等。

它。（有些人不把快樂視爲好的，有兩個原因：首先，有些快樂是出於壞本性的行爲，這種本性有的是天生的，例如獸類，有的是由習慣養成的，例如壞人。其次，其他的快樂是從匱乏向正常品質回復過程中的快樂，而處於正常的狀態比處在向它回復的過程中要更好。但是這些快樂又是伴隨著一個走向完善的過程的，所以它們在偶性的意義上又是好的。）第二，這是因爲它強烈。有的人不能享受其他的快樂，只能享受強烈的快樂（例如特意使自己饑渴），這種事情如果無害，自然無人反對；但是如果有害，那便是壞事情。這些人這樣做是因爲他們沒有其他的快樂，對他們來說，中等的感覺就等於痛苦。（這是因爲，動物的機體經常處於痛苦狀態。自然科學家告訴我們，看和聽都是痛苦的，不過我們[140]已經變得習慣了，他們是這麼說的。）同樣，年輕人由於發育而陶醉，因而青春就是快樂。此外，那些易激動的人總是需要回復到正常的狀態。由於性格的原因，他們的身體總是處於躁動之中，他們的欲求也總是很強烈。而快樂，不僅是相反的快樂，而且是偶發的快樂，只要是強烈的，都驅除著這種痛苦。所以，衝動的人會變得既放縱又壞。與此相反，不帶痛苦的快樂就不存在過度。這些快樂是自身就令人愉悅，而不是在偶性上令人愉悅的，所謂偶性上令人愉悅的，我指的是那些治療性的東西。實際上，只是由於正常品質還殘留的部分的作用，它們

140 指人，人類。

[1154b]

才產生治療的作用，那個過程才使人愉悅。相反，那些激起正常本性的活動的事物，[141]則是本性上令人愉悅的。

同一種事物不會永遠令我們愉悅，因爲我們的本性不是單純的，而是有另一種成分（所以是有死的存在），其中一種成分的活動必定與另一種成分的本性相反，而當兩者平衡時，它們的活動就既不痛苦也不快樂。如果有某種存在的本性是單純的，同一種活動就會永遠令他愉悅，所以，神享有一種單純而永恆的快樂。因爲，不僅運動有實現活動，不運動也有實現活動，而快樂更多是在靜止中，而不是在運動中。「變化是甜蜜的」，[142]詩人說，因爲人有劣性。因爲，正像變化多的人是劣性的一樣，變化多的本性也是劣性的，它既不是單純的，也不是公道的。

我們在上面談到的自制與不能自制，以及快樂與痛苦，說明了它們各自都是什麼，以及其中的一種在何種意義上是某種善，另一種又在何種意義上是惡的。下面我們要談到的是友愛。

---

141 即引起我們的正常品質的實現活動的事物，而不是引起向正常品質的回復活動的那些事物。

142 歐里庇德斯的《奧里斯提斯》（*Orestes*）234。

第八卷　友愛

一、友愛方面的意見與難題

在談過這些之後，我們來談談友愛。[1]它是一種德性或包含一種德性，[2]而且，它是生

[1155a]

1 φιλία。φιλία來自動詞φιλέω，意義十分豐富，詞典意義一般為愛、喜愛以及出於這類愛的感情的行為，如款待、求愛、吻等等。但是詞典解釋提供的主要是φιλέω的可理解的感情傾向意義與動作意義，這些動作與傾向的那些共同特性則難以提供。這些特性中至少包含以下幾個主要之點：⑴動作者或傾向者是主動的；⑵動作者或傾向者有意願；⑶動作者或傾向者在做事情；⑷動作者或傾向者是出於習慣而在這樣做事情。所以φιλία在希臘語中的最初的意義是指具有上述性質的愛與行動，指一個人對某種生命物或某種活動主動的、出於意願與習慣的愛與關護、照料，例如愛馬、愛父、愛智慧等等，其動詞詞根φιλ-通常作為字首用於詞頭，表示愛……，既可以用於對人、對各種生命物，也可以用於對無生命物，對各種活動的喜愛以及出於此種感情而作出的行為。所以，從動詞φιλέω引申出了述說愛者的愛的行動的名詞φίλησις（愛，喜愛），和述說使對象被愛的那種特殊性質的形容詞φιλητόν（可愛的）。φιλία在古代希臘語的使用中逐漸變得專指對另一個人的愛。φιλία這種感情的行動有著自然的本性上的原因。在柏拉圖的對話中，φιλία與ἔρως（性愛，情愛）有著最為自然的聯繫，是由美的對象激發的對智慧的愛：當愛者盲目的愛被理智所馴服並帶著崇敬與畏懼去追隨美的對象時，愛者稱之為ἔρως（性愛），被愛者則把它叫做φιλία（友愛）。（《會飲篇》204，《費德魯斯篇》〔*Phaedrus*〕253-255）在亞里斯多德的以下的討論中，φιλία則與共同生活有最為自然的聯繫。父母與子女的共同生活與產生於這種共同生活的愛的行動是φιλία的最原本的形式。這種友愛是因對方自身

活最必需的東西之一，因爲，即使享有所有其他的善，也沒有人願意過沒有朋友的生活。[3]實際上，富人、治理者和有能力的人[4]看起來最需要朋友，因爲，有好東西給朋友是最多見也是最受稱讚的善舉，[5]倘若沒有朋友可以給予，縱有財產又有何益處？而且，若沒有朋友，財產又如何享有和保持？因爲，財產越多，危險就越大；而陷入貧困和不幸時，只有朋

之故而發生的、為著對方的善的。不過由這種共同生活派生的兄弟的共同生活與愛似乎是所有其他 φιλία 的更為直接的母體形式。從這種愛中派生出我們與夥伴基於快樂的，乃至與一般公民（同邦人）的基於用處的、感情聯繫變得弱化，因而需要以法律的契約作為它的主要的維繫方式的友愛。在這兩卷關於 φιλία 的討論中，亞里斯多德只在很有限的程度上談到在古代多利安人（the Dorians）中曾經很流行的武士（πολεμιστής）或啓智者與其扈從或追隨者（αἴτης）之間的情愛。對此格蘭特（卷II第二五〇頁）有一出色評論：「這裡所談到的都是廣義上屬人的東西。然而 φιλία 的觀念是純然希臘的；羅馬人仿效了這種觀念；但近代以來它被制度婚姻的觀念替代了；基督教忽略了 φιλία。理論上來說，它現在只是作為年輕人短暫的特惠而存在著。」

2 《尼各馬可倫理學》最早提到友愛的是第二卷第七章（1108a28），那裡談到友愛是一種在一般生活方面的愉悅性品質。

3 愛爾溫（第二七三頁）認為，亞里斯多德在這裡意在說明朋友與所有其他的外在的善的區別：那些善是工具性的，朋友則不是。

4 δυναστείας。

5 εὐεργεσία，善舉。εὐ-，好的；εργεσία，活動、舉動。

友才會出手相援。而且，年輕人需要朋友幫助少犯錯誤；老年人需要朋友關照生活和幫助做他力所不及的事情；中年人也需要朋友幫助他們行爲高尚〔高貴〕。因爲「當兩人結伴時」[6]——無論在思考上還是做事情上，都比一個人強。其次，父母對子女或子女對父母的感情似乎是天性，不僅人類如此，鳥類與多數獸類也是如此，同種類存在物的成員間，人類尤其如此，都存在此種感情，所以我們稱讚愛他人的人，[7]甚至在旅行時，我們也能看到人們之間如何交友互愛。[8]第三，友愛還是把城邦聯繫起來的紐帶。立法者們也重視友愛勝過公正，因爲，城邦的團結就類似於友愛，他們欲加強之；紛爭就相當於敵人，他們欲消除之。而且，若人們都是朋友，便不會需要公正；而若他們僅只公正，就還需要友愛。人們都認爲，眞正的公正就包含著友善。[9]友愛不僅是必要的，而且是高尚〔高貴〕的。[10]我們稱

---

6 σύν τε δύ' ἐρχομένω。《伊里亞德》一二一四。柏拉圖在《會飲篇》（174d）中引用此句時只用第一個詞，顯示這句話在當時已成為箴言或警句。

7 φιλανθρώπος。φιλ-，愛-；ἄνθρωπος，人。

8 亞里斯多德只是在這裡，愛爾溫（第二七三頁）說，談到對於不相識的人的一般的友愛，並且把這種對於陌生人自然發生的友愛視為值得稱讚的。在所有其他地方，他所討論的都是同認識的或熟悉的人的友愛，因為希臘城邦都是人口不多的城市社會。

9 φιλικός。

10 亞里斯多德在上面討論了友愛之所以必要的三項原因：(1)人需要朋友接受或提供善舉，幫助己所不能，或促

讚那些愛朋友的人，[11]認爲廣交朋友是高尚〔高貴〕的事。我們還認爲，朋友也就是好人。

但是，關於友愛本身的性質，人們有許多不同意見，有的人認爲，友愛在於相似。[12]他們說，我們愛的是與我們本身相似的朋友，所以諺語說：「同類與同類是朋友」、「寒鴉臨寒鴉而棲」，[13]諸如此類。另一方面，有的人則說：「相似的人就如陶工和陶工是冤家」。[14]

進自身完善；(2)人出於本能或自然而需要友愛；(3)過政治的生活需要友愛。然而所有這三種原因，雖然並不表明朋友的工具性，還不是過高尚〔高貴〕生活的原因。

11 φιλοφίλος。φιλο-，愛；φίλος，朋友。

12 ὅμοιος，相似、相近。

13 據伯尼特（第三四九頁），τὸν ὅμοιόν φάσιν ὡς τόν ὅμοιον（同類與同類是朋友）與καὶ κολοιὸν ποτὶ κολοιόν（寒鴉臨寒鴉而棲）兩句，前一句可能出於荷馬《奧德賽》（一一八），後一句亞里斯多德可能引自埃庇卡莫斯（Epicharmus）。這兩句詩句在當時似乎已廣為流傳。柏拉圖《李思篇》（*Lysis*）（二一四—二一五）也引用了這兩句。

14 δ' ἐξ ἐναντίας κεραμεῖς πάντας τοὺς τοιούτους ἀλλήλοις。此句是對赫西阿德的《工作與時日》二十五的引申。赫西阿德原詩說，

καὶ κεραμεὺς κεραμεῖ κοτέει καὶ τέκτονι τέκτων。

（「陶工嫉妒陶工，木匠欺負木匠」。）

「陶工和陶工」，萊克漢姆（第四五三頁）解釋為兩個同行。亞里斯多德的原話的意思，相當於中文中所說

在這方面，有人想說出更高的、更合乎自然的道理來。[15]歐里庇德斯寫道：「大地乾涸時渴望雨露，天空充滿雨水時渴望大地」。[16]赫拉克利特說：「對立物相互結合」、「最優美的和諧來自不一致」、「萬物由鬥爭而生成」。[17]另一些人則表達了相反的意見，例如恩培多克勒說：「同類找同類」。[18]我們先放下這些關於自然界的問題（它們與我們目前的討論沒有關係）。來研究這個問題的與人相關並對我們的道德與感情有意義的方面，例如，任何兩個人都可以是朋友，還是壞人和壞人不能成為朋友；只有一種友愛，還是有幾種不同的友愛。有些人認為友愛只有一種，因為其中可以有程度的差別。這種意見理由不充足，因為不同種類之中也可以有程度的差別。但是這個問題我們已經談過了。[19]

[1155b]

---

15 格蘭特（卷II第二五三頁）說，這就是說，想說出不僅適合人類的友愛現象，而且適合整個自然界的道理；亞里斯多德把這樣的意見視為與關於友愛的倫理學討論不相關的。的「同行是冤家」。此句也見於柏拉圖《李思篇》（二一五）。

16 此句可能出於歐里庇德斯一個佚失的劇本。

17 出處不詳。格蘭特（卷II第二五三頁）認為「對立物相互結合」可能是某戲劇中模仿赫拉克利特風格的一句臺詞。柏拉圖《李思篇》（215e）也引用了此句。

18 這可能是當時流傳很廣的一句名言。《歐台謨倫理學》（1235a11）和《大倫理學》（1208b11）都引用了這句話。

19 但是這個問題前面並沒有談到過。格蘭特（卷II第二五四頁）認為這可能是抄寫中竄入的錯誤。

二、三種可愛的事物

這個問題也許只有在釐清某某事物可愛的意思之後才會清楚。並不是所有事物都爲人們所愛，只有可愛的[20]事物，即善的、令人愉悅的和有用的事物，才爲人們所愛。但是人們認爲，有用的東西就是能產生某種善和快樂的東西。這樣，作爲目的的可愛事物只剩下善的和令人愉悅的事物。那麼，人們是喜歡本身即善的事物，還是喜歡對他們而言是某種善的事物？因爲，這兩者有時不是一回事。對於令人愉悅的事物也可作同樣的提問。每個人都似乎喜歡對他而言是某種善的事物；儘管本身即善的事物在總體上是可愛的，只有對一個人而言是某種善的事物才對那個人而言是可愛的。而且人們所愛的不是眞正對於他是善的東西，而是對於他顯得是某種善的東西。但這點並不重要，因爲我們說的可愛也就是顯得可愛。所以，愛[21]有三種原因。[22]但是友愛不是指對無生物的愛，因爲在這裡沒有回報的愛，我們也沒有對它們的善的希望（例如，希望一瓶酒好是荒唐的，我們最多是希望它保持得好，以便可以享用）。但是人們說，對朋友就應當希望對於他是善的事物。如果抱有這種希望，但是

20 φιλητόν，可愛的、使人喜歡的。參見本卷注1。

21 φίλησις。參見本卷注1。

22 即善、令人愉悅、有用。

對方沒有回報這樣的希望，它就只是善意。[23]只有相互都抱有善意才是友愛。而且，也許還要附加一個條件，即這種善意必須爲對方所知，因爲，一個人有時對他未曾謀面的而他認爲好或有用的人抱有善意，這些人之中可能也有某個人對他抱有同樣的善意。這兩個人當然相互都有善意，但如果他們都不知道對方的善意，我們怎麼能說他們是朋友呢？所以，要成爲朋友，他們就不僅要互有善意，即都希望對方好，而且要相互了解對方的善意，並且這種善意須是由於上面所說的原因之一產生的。

[1156a]

三、三種友愛

由於這三種原因彼此不同，基於它們而產生的愛或友愛也就彼此不同，所以，相應於三種可愛的事物，就有三種友愛。因爲，相互的愛可以因這三種原因中的任何一種而發生，並相互爲對方知曉。當人們互愛時，他們是因這三種原因之一而希望對方好，[24]由此便可以知道，因有用而互愛的人不是因對方自身[25]之故，而是因能從對方得到的好處而愛的。基於快

---

23 εὔνοια。εὐ-，好的；νοια，思考；εὔνοια即善意、好意，即希望一個人好的意向。

24 例如，他們希望對方更有德性、更令人愉悅，或更有用。

25 καθ᾽ αὑτούς，詞面意義為因其普遍的自身，是由καθ᾽ αὑτό變形而來。格蘭特（卷II第二五五頁）說，這不是一種合乎語法的用法，而是一種邏輯的表達。

樂原因的友愛也是這樣。例如，人們願意與機智的人相處，不是因他的品質，而是因他能帶來的快樂。所以，那些因有用而愛的人是爲了對自己有好處，那些因快樂而愛的人是爲了使自己愉快。他們愛朋友都不是因朋友是那種人，[26]而是因他有用或能帶來快樂。所以，這兩種友愛是偶性的，因爲，那個朋友不是因他自身之故，而是因能提供某種好處或快樂，才被愛的；一旦哪一方有所變化，這樣的友愛就容易破裂，因爲，如果相互間不再使人愉悅或有用，他們也就不再互愛。而且，有用不是一種持久的性質，它隨著時間的遷移而變化。因此，隨著友愛的原因的消逝，友愛本身也就隨之解體，因爲這種友愛就是爲著那個目的的。有用的友愛似乎最常見於老年人（由於年齡已老，他們不再追求快樂，而追求有用）以及以獲利爲目的的中年人和年輕人之中。這樣的朋友不喜歡共同生活，[27]因爲，他們之間有時候會不愉快。既然他們每個人只因對方能給自己帶來好處才覺得對方使他愉快，因此除

26 οὐχ ᾗ ὁ φιλούμενός ἐστιν。那種人在亞里斯多德的意義上即好人。我們不會因為一個人是壞人而與他做朋友；與壞人做朋友總是有其他的目的（如有用）。如愛爾滬（第二七五—二七六頁）說，亞里斯多德使⑴因一個人自身之故而做朋友，與⑵因他所是的那種人（好人）而做朋友，以及因他的德性（或善）而做朋友這三者相互蘊涵；或者，在亞里斯多德對於善（德性）的描述中，這三者總是同時出現。

27 συζῶσι，產生於動詞συζάω。συ-，與你一起；ζάω，生活。συζῶσι原意是把牲畜拴在一起飼養，引申義為共同生活。亞里斯多德在其倫理學著作中較常使用的是其名詞形式συζῆν，詞面引申義即共同生活。

非相互能期望對方會帶來好處，否則也沒有必要往來。主人與客人的友愛也屬於這一類。另一方面，年輕人之間的友愛似乎是以快樂爲訴求的，年輕人憑著感情生活，他們追求令他們愉悅的、當下存在的東西，然而他們覺得愉悅的事物隨著他們年齡的增長而不斷改變，所 [1156b]
以，他們會很快成爲朋友，也很快又不再是朋友。因爲，他們的友愛隨著令他們感到愉悅的事物而變化，而這種快樂上的變化是很快的。而且，年輕人很容易相愛，而愛主要是受感情驅使、以快樂爲基礎的。所以他們常常一日之間就相愛，一日之間就分手。年輕人的確願意共同生活，因爲在共同的生活中他們才能得到他們期望於友愛的快樂。

完善的友愛是好人和在德性上相似的人之間的友愛。因爲首先，[28]他們相互之間都因對方自身之故而希望他好，而他們自身也都是好人。那些因朋友自身之故而希望他好的人才是眞正的朋友，因爲，他們愛朋友是因其自身，而不是由於偶性。所以，這樣的友愛只要

---

28 在下文中，亞里斯多德在與快樂的友愛和有用的友愛比較中，討論了善的友愛的五個特點，即在這種友愛中，(1)每一方都是因對方自身之故而希望他好（基本性質），快樂的友愛和有用的友愛則不具備這種性質；(2)每一方都既在總體上是善的、令人愉悅的和有用的，又相對於對方是善的、愉悅的和有用的（其他性質），快樂的友愛和有用的友愛則只具備具體意義上的善、愉悅與有用；(3)善的友愛是持久的（持久性），快樂的友愛和有用的友愛則只具備相對的持久性；(4)這種友愛產生於對相同事物的愉悅，並且每一方從這種友愛中得到的東西都是相同或相似的（相似性），快樂的友愛和有用的友愛只具備部分的相似性；(5)這種友愛不受離間（穩固性，或相互信任），快樂的友愛和有用的友愛則不具有這種性質。

他們還是好人就一直保持著，而德性則是一種持久的品質。其次，他們每個人既然總體上都是好人，又相對於他的朋友是好人，因爲好人既是總體上好又相互有用。他們每個人也在這兩種意義上令朋友愉悅，因爲，好人既在整體上令人愉悅，相互之間也感到愉悅。他們每個人都由於自己的實踐而愉悅，也由於與他的相似的實踐而愉悅，而所有好人的實踐都是相似的。第三，這樣的友愛自然是持久的。因爲朋友所具有的所有特性都包含在這種友愛中。每一種[29]友愛都因善或快樂——總體上的或對愛者而言的——而發生，並且都有某種相似。而這種友愛，由於友愛雙方的本性，把這一切性質都包含於其中了，因爲，它甚至在其他性質[30]上也都相似：總體上的善也就是總體上的快樂，這些都是最可愛的東西，所以，只有在這些朋友中間，愛與友愛才最好。不過，像這樣的友愛是很少的，因爲，很少有這樣的

---

29 從這裡開始的這一段話，格蘭特（卷II第二五七頁）與韋爾登（第二五二頁）做了如下的解讀：

「友愛都因善或快樂——總體上的或對愛者而言的——而發生，並且都只在某種程度上相似。而完善的友愛，由於友愛雙方的本性，把一切相似的性質都包含於其中了。因爲，其他的友愛只是在某一點上與它相似：總體上的善也就是總體上的快樂，這些都是最可愛的東西。」

格蘭特認為這段話中的對比是在其他友愛與完善的友愛之間所作的對比，而其他譯者則把這種對比理解為友愛的「因朋友自身之故」而愛的性質和其他性質之間的對比。

30 即愉悅性和有用性。

人，這種友愛需要時間，需要形成共同的道德。[31]正如俗話所說，只有一起吃夠了鹽，人們才能相知。而且，一個人也只有在表明自己值得愛、值得信任之後，才會被另一個人接受爲朋友。那些很快就顯得友善的人是希望交朋友，但還不是朋友，因爲，只有表明自己值得愛並且有了相互了解，人們才能是朋友。交朋友的希望可以來得很快，友愛卻不行。

四、友愛中的相似性

第四，這種友愛不僅在持久性和其他特性上完善，而且每一方從這種友愛中得到的東西都是相同或相似的。朋友之間就應當是這樣。快樂的友愛與這種友愛有相似之處，因爲好人都相互感到愉悅。有用的友愛也與它有相似之處，因爲好人也相互有用。在快樂的友愛與有用的友愛中，也只有在雙方都得到了同樣的東西——如快樂，並且在同樣的事物上得到同樣的東西——如兩個機智的人的友愛的情形[32]時，友愛才能保持。但是愛者與被愛者[33]的友愛不是這樣，因爲他們並不是從相同的事物中得到快樂。愛者的快樂在於注視被愛者，被愛者的快樂則在於愛者對他的注視；當被愛者的青春逝去，友愛有時就會枯萎（注視不再給

31 συνηθείας。συν-，共同的；ηθείας，習慣、道德。

32 兩個機智的人都同樣從機智中得到快樂，並且從機智的交往中得到同等程度的快樂。

33 ἐραστῇ，愛者；ἐρωμένῳ被愛者。這兩個名稱在亞里斯多德的倫理學中尤其是指性愛中的愛者與被愛者。

[1157a]

愛者快樂，被愛者也再得不到愛者的注視）。但是，如果有了共同的道德並變得喜愛這種道德，因而在實際上變得相似，許多人還是可以保持住友愛。但是，如果所欲換得的不是快樂而是有用，他們便不是眞朋友，友愛也不會持久，那些因相互有用而結爲朋友的人一旦當對方不再有用了就不再做朋友，因爲，他們相互間並不存在愛，他們所愛的是能從朋友那裡得到的東西。快樂的友愛和有用的友愛可存在於兩個壞人之間，一個公道的人[34]和一個壞人之間，一個不好不壞的人[35]和一個好人、壞人或不好不壞的人之間。[36]但是，顯然只有兩個好

34 此處意義即為好人。

35 μηδέτερος。μηδέ，不、不在；έτερος，其中之一；即既不是好人也不是壞人。此語出自柏拉圖的《李思篇》。

36 這是對柏拉圖的《李思篇》（二一四—二一八）中關於友愛或愛的難題的回應。在《李思篇》中，「蘇格拉底」（柏拉圖）認為，愛不可能存在於兩個同類事物之間，因為兩個壞的事物，比如壞人，即使被強拉到一起也會相互傷害。兩個好的事物之間也同樣不可能有友愛，因為，如果兩個好事物是朋友，它們一定不是因它們的「相似」（同類），而是因它們的德性而成為朋友。然而，由於它們都有德性，它們就是在品性上自足的，因為德性在本性上就是自足的，因而不可能在德性上互補。依此推理，說好人與好人之間有友愛就是悖論。反過來，如果說是相異導致吸引，這又無異於說一個人最愛那個恨他的人，或者一個人是他的敵人最好的朋友，這也同樣是悖論。所以，愛也不可能存在於一個好人與一個壞人之間。但是，「蘇格拉底」（柏拉圖）說，一個不好不壞的人與一個好人、壞人或不好不壞的人之間也不可能有友愛，例如在他與一個好人

人才能因相互自身之故而做朋友，因爲壞人相互間感到不愉快，除非能得到某種好處。第五，也只有好人之間的友愛才是不受離間的。[37]因爲，對一個久經考驗、彼此間可以信任，確信他永遠不會做不公正的事，並具有眞正朋友的所有其他特性的人，我們不會相信別人關於他的閒話。而其他友愛則不免受到此類中傷。但既然人們用朋友這個詞述說有用的朋友，正如說城邦與城邦是朋友（誰都知道利益是城邦結盟的動機）那樣，並且也用它述說快樂的朋友，例如說兒童交朋友，我們就必須說這些關係也是友愛。這樣我們就必須說有幾種不同的友愛，即存在著好人之間的友愛，這是原本的、嚴格意義上的友愛，以及其他在類比意義上的友愛。那些人被稱爲朋友是因爲那些友愛中有某種類似的善。在愛快樂的人眼裡，快樂就是善。不過，這後兩種友愛並不總是相容：人們不會既由於快樂又由於有用而做

的關係的例子中，一個不好不壞的人是因為有惡並欲得到善而同好人友好，然而惡是偶性的東西，不可能是友愛的真正原因。而如果說不是惡而是欲是這種友愛的原因，一個不好不壞的人也只是因為對屬於他自身的東西的需要而與它友好。於是同類是同類的朋友。但是如前面的推理所顯示的，愛也不可能存在於兩個同類的事物之間。亞里斯多德反對柏拉圖《李思篇》中的論點，認為在這些關係中都存在某種友愛。他從「蘇格拉底」認為應當放棄的一個前提——對任何一個人，在本性上屬於他的都是某種善或對他顯得善（而不是惡）的事物出發。所以問題並不在於友愛是存在於同類的人還是異類的人之間，而在於對何種人顯得善的事物是更真實的善的事物。

37 ἀδιάβλητος。α-，不；διάβλητος，受離間的、受閒話挑撥的。

朋友。即使有人偶然地既是快樂的朋友又是有用的朋友，這兩種友愛也不會總是相互結合。

[1157b] 所以，友愛可以分爲上面這幾種。壞人之間可以做快樂的或有用的朋友，他們在這方面相似。好人則因自身之故而是朋友，因爲他們是好人。後一種人是嚴格意義上的朋友，前面兩種在偶性上、在與後者的類比意義上是朋友。

五、友愛品質和友愛的活動

正如在德性上有人是因爲具有那些品質，有人是因爲在實現活動中運用那些品質而被稱爲好人一樣，友愛也是如此。共同生活，相互提供快樂與服務的人們是在做朋友，睡著的人和彼此分離的人則不是在實際地做朋友，而只是有做朋友的品質。因爲，分離雖然不致摧毀友愛，卻妨礙其實現活動。但如果分離得太長久，友愛也會被淡忘。所以有人說

> 若不交談，許多友愛都會枯萎。[38]

老年人和古怪的人很難成爲朋友，他們很少帶給人快樂，沒有人願意整日與這種痛苦的、不

---

38 πολλὰς δὴ φιλίας ἀπροσηγορία διέλυσεν。ἀπροσηγορία，不在一處交談。這句詩的作者尚無詳考。

帶給人絲毫快樂的人相伴。因爲，人最強烈的本能就是躲避痛苦和追求快樂。那些相互客客氣氣，但是不共同生活的人，所具有的是善意而不是友愛。沒有什麼比共同生活更是友愛的特徵了：窮人希望得到他們朋友的幫助，甚至那些享有福祉的人也願意有朋友一起消磨時光（他們其實是最不願意過孤獨生活的人）。然而，如果相互之間沒有快樂，或者不能從相同的事物上得到快樂，人們就不可能一起共度時光。夥伴[39]似乎就是這樣的。

如已經多次說過的，[40]好人之間的友愛是眞正的友愛，因爲，總體上善的和令人愉悅的東西是值得欲求的、可愛的，相對於一個人的善和愉悅對那個人而言是值得欲求的和可愛的，而每個好人都對另一個好人在這兩種意義上值得欲求和可愛。愛似乎是一種感情，友愛則似乎是一種品質。[41]因爲，對無生命物也可以產生愛，回報的友愛則包含著選擇，而選擇

39 ἑταιρική，夥伴、同伴。在雅典，萊克漢姆（第四七〇頁注）說，有年齡和地位相同的男性公民的組織，類似於我國歷史上存在過的兄弟會組織。在西元前五世紀這種組織在雅典具有了政治的性質。西元前五世紀末的一項立法遂禁止為政治的目的建立此類組織。因此在亞里斯多德的時代這類組織只是社交性的，其成員由個人感情而相互聯繫，相互間都有分享對方資源的權利。

40 1156b7，23，33；1157a30，b4。

41 亞里斯多德在第二卷第五章（1105b23）把友愛歸為一種感情，此處則說它似乎是一種品質。格蘭特（卷II第二六一頁）認為這完全不矛盾，因為品質只是對感情進行調整之後的結果。斯圖爾特（卷II第二九〇頁）說，亞里斯多德更明確的理論在於友愛是品質，而品質被理解為自然感情的理智的表達。友愛在亞里斯多德

出於一種品質。人們在因所愛的人自身之故而希望他好時，這種善意不是基於感情而是基於一種品質。愛著朋友的人就是在愛著自身的善。因爲，當一個好人成爲自己的朋友，一個人就得到了一種善。所以，每一方都既愛著自己的善，又透過希望對方好、透過給他快樂，而回報著對方。所以人們說友愛就是平等，[42]這在好人之中表現得最爲明顯。

六、友愛的數量方面

在古怪的人和老年人中很少產生友愛，因爲他們變得乖戾，而且不喜社交；而好脾氣和好社交才是友善的特點且最能產生友愛，所以年輕人會很快成爲朋友，老年人卻不行，因爲他們不和自己不喜歡的人交朋友；脾氣古怪的人也是這樣。古怪的人和老年人相互間也會有善意，他們也相互希望對方好，並且在需要時相互幫助，但是他們不能說是朋友，因爲他們不能共同生活並以此爲愉悅，而這些正是友善的主要的標誌。在完善的友愛的意義上，一個人不可能是許多人的朋友，正如一個人不能同時與許多人相愛（因爲，愛是一種感情上的過度，由於其本性，它只能爲一個人享有），而且，一個人也不可能同時被人愛。此

[1158a]

看來顯然是德性品質包含著最多感情的一種品質。

42 據拉爾修（第八卷第一章），畢達哥拉斯曾說過平等即愛。畢達哥拉斯學派把道德觀念與數的觀念相聯繫。

外，好人也沒有那麼多。再者，你必須徹底了解一個人，與之相處親密，而這件事做起來是很難的。但是在快樂與有用方面，一個人卻可能同時得到許多人的愛，因爲，有用的人和令人愉悅的人很多，而且他們給予的好處可以同時享得。這兩種友愛之中，快樂的友愛更接近正確的[43]友愛，因爲首先，在快樂的友愛中，雙方從同樣的事物得到快樂並且相互間也感到愉悅，年輕人的友愛就是這樣。其次，在快樂的友愛中存在較大的慷慨，而有用的友愛中則充滿了斤斤計較。第三，那些享得福祉之人不需要有用的朋友，但需要快樂的朋友，因爲他們追求與他人共同生活，儘管短時間的不愉快可以忍受，持續不斷的不愉快卻無人能夠忍受，甚至是最高善自身，[44]如果它對於一個人是痛苦的話。所以，享福祉的人要找快樂的朋友。當然，他們也必定要求這些朋友也是好人，而且也對他們而言是好人，因爲這樣，他們就具有朋友所具有的所有品質。那些有權勢的人[45]則似乎交不同的朋友，有些朋友是有用的，有些是快樂的，但很少既有用又快樂的朋友，因爲，他們所尋求的不是既令人愉悅又有德性的朋友，也不是由於有高尚〔高貴〕的目的而有用的朋友。他們尋求機智的人來使他們

---

43 ἔοικε，即 εἰκός，正確的、適合的。

44 οὐδ' αὐτὸ τὸ ἀγαθόν。格蘭特（卷II第二六二—二六三頁）認為，亞里斯多德這裡似帶有戲謔的口氣，因為按照他的看法，最高善既有用又令人愉悅，說最高善使人痛苦是矛盾的。

45 ταῖς ἐξουσίαις。

快樂，尋求聰明的人去做要他們去做的事情，這兩種本領很少爲同一個人兼有。前面已說過，[46]好人既令人愉悅又有用。但是，好人不能與有優越地位的人交朋友，除非那個人在德性上也比他高，[47]否則，他就會覺得這種關係沒有達到比例的平等。[48]不過，既有優越地位

---

46 1156b13-15，1157a1-3。

47 原文字面意思是，除非他在德性上被超過。關於「他」在此處的所指，彼得斯和格蘭特作了完全相反的解讀。彼得斯（第二六四頁注）認為，「他」在此處應是指那個地位高的人，因為好人不可能在德性上被超過；並且，如果好人在地位與德性上都處於劣勢，在這種友愛中他就不可能找到平衡。格蘭特（卷II第二六三頁）認為，「他」在此處是指好人，亞里斯多德接下去講到的比例的平等是指分配的公正，即按照德性之比（配得）來回報（參見第五卷第六章）。因為，一個地位較高的人有較高的德性並不帶來對其他人而言的不平等，恰恰是一個沒有德性的人占據高位才帶來此種不平等。格蘭特的解讀似乎更有道理。即使這段話可能有亞里斯多德與馬其頓宮廷的關係的背景，似乎也不能簡單地說，亞里斯多德主張一個有德性的人只能，如果他願意，與一個在德性上遠遠低於他的人做朋友，或者主張這樣一個人根本不能與一個有權力也有德性的人做朋友。亦參見斯圖爾特，卷II第二九六—二九七頁。

48 因為，如果地位高的人在德性上也更高（是一個富有而更好的人），地位低的（貧困的）好人必定會以愛與尊敬回報那個地位優越的好人（因為好人把德性的高低視為配得的尺度），以達到比例的平等。而如果地位高的人在德性上更低（例如一個富有而邪惡，或富有而不好不壞的人），那麼儘管從地位上說好人應當以愛和尊敬來回報，從德性上來說則是那個地位高的人應當以愛與尊敬來回報地位低的好人，因為好人的標準（以德性為配得的標準）是更真實的標準；然而地位高而德性低的人必定因其地位高而不會以愛與尊敬來回

又有突出德性的人是很少見的。

然而上面所談到的友愛都包含著平等。因爲，雙方或者都提供同樣的東西並希望得到同樣的東西，或者以不同的東西——如快樂和好處——相交換。（但是如前面已說明的，[49]這些友愛較爲低等，也不怎麼持久。由於它們與友愛既相似又不相似，所以人們認爲它們既是友愛又不是友愛；由於與德性的友愛有相似之處，它們似乎是友愛。因爲德性的友愛既包含快樂又包含用處，這兩種友愛之一包含快樂，另一個包含用處。另一方面，由於德性的友愛既不受離間又持久，而這些友愛，除其他方面的許多不同外，都很快會變化，它們又顯得似乎不是友愛，因爲它們與德性的友愛不相似。）

[1158b]

七、不平等的友愛

還存在另一類友愛，即包含一方的優越地位的友愛，[50]如父親與子女的，以及廣義地說，老年人與年輕人的、男人與婦女的、治理者與被治理者的，這些友愛之間也有區別。父母與子女的友愛與治理者與被治理者的友愛不同，父親對兒子的友愛不同於兒子對父親

報，所以這種關係無法達到比例的平等。

49 1156a16-24，1157a20-33。

50 一譯不平等的友愛。

的，丈夫對妻子的不同於妻子對丈夫的。因爲在這些人之中，每個人的德性與活動都不同，他們愛的動機也不同，因而愛與友愛也就不同；每一方從另一方得到的和尋求的東西也都與另一方的不同。不過，如果子女對父母做了他們所應做的，父母對子女做了他們所應做的，父母與子女的友愛就是持久的、公道的。然而，在所有包含一方優越地位的友愛中，愛又必須是成比例的，較好的一方——如較有用的一方，在其他例子中亦可類推，所得的愛應當多於所給予的愛，當所得到的相當於配得時，就產生了某種意義的平等，[51]這種平等似乎是友愛的本性。

但是，友愛上的平等與公正上的平等不同。在公正上，平等首義爲比例的平等，數量的平等[52]居其次；在友愛中，數量的平等則居首位，比例的平等居其次。[53]如果兩個人在德

51　這不是本義上的友愛的平等，所以是「某種意義上的」。友愛上的本義的平等，即數量的平等，見下文中的討論。

52　比例的平等，亞里斯多德在前面第五卷第四章中稱為「幾何比例的平等」；數量的平等，在該章被稱為「算術比例的平等」。幾何比例的平等是使所得相應於配得或應得的平等；數量的平等或算術比例的平等則是使兩個地位上平等的人保持其同等地位（友愛）或在一方的平等的利益受到損害時恢復這種地位（矯正的公正）的平等。

53　公正的前提是兩個地位不平等的人，公正的要求是使他們各自得到其配得（應得），所以比例的平等為其首要之義；友愛的前提是兩個平等的人，其要求是他們各得到其配得（應得），所以數量的平等為首要之義。

性、惡、財富或其他方面相距太遠，他們顯然就不能繼續做朋友，實際上也不會期望繼續做朋友，這一點表現在諸神身上最爲明顯，因爲他們在善的方面具有最大程度的優越。這在君主身上也同樣明顯，因爲他們治下的屬民沒有人會期望與他們做朋友。此外，一個毫無優點的人也不會期望與最好、最有智慧的人做朋友。對這種差距的界限不可能作出一個精確的規 [1159a] 定，差距可以越來越大，而友愛依然存在，但是差距如果大到像人距離神那樣遠，友愛就肯定不能保持。從這裡也產生了一個疑問：我們是否眞的希望朋友得到最大的善，例如成爲神，因爲這樣他就將失去朋友，[54]即失去某種善，因爲朋友是善。所以，若一個眞朋友是因朋友自身之故而希望他好，那個朋友就需要仍然是他之所是的那種人。所以，我們是在朋友仍然是人的前提下希望他得到最大善。而且，也許不是所有的最大善，因爲一個人首先還是希望自己得到這些善。[55]

因為，兄弟的共同生活與愛似乎是廣義的 φιλία 的更為直接的母體形式（參見本卷注1），父母與子女的共同生活對於友愛而言則是已變得間接的共同生活母體，儘管它更為原初。

54 由於他太完善，我們無法繼續做他的朋友。說我們希望他得到的最大善，意味著他要失去一種重要的善，這似乎是一個悖論。

55 所以即使是一個好人，按亞里斯多德的看法，也首先是出於希望自己還能保有另一個好人做自己的朋友，而希望那個朋友得到某種或某些最大善。

八、友愛中的愛與被愛

大多數人由於愛榮譽，所以更願意被愛而不是去愛，[56]所以多數人是愛聽奉承的人，因爲，一個奉承者是一個地位比你低或表現得地位比你低，並且愛你勝過你愛他的人，而被愛的感覺十分接近於多數人所追求的被授予榮譽的感覺。然而，人們喜歡榮譽不是因其自身，而是因偶性。[57]多數人喜歡被有權勢的人授予榮譽，是因爲他們抱著這樣的期望，即他們可以憑著這榮譽從後者那裡得到自己想要的東西。他們把這榮譽當作日後從後者那裡得到那些東西的一個象徵。那些希望被公道的人和熟人授予榮譽的人，則是想肯定他們對自身

56　愛爾溫（第二八〇頁）說，亞里斯多德在此處似乎在繼續關於友愛中的比例與平等的討論。格蘭特（卷II第二六六頁）說，被愛相當於被給予榮譽。多數人喜歡被愛，喜歡聽奉承，是因為他們願意別人給予他榮譽。在存在著比例的友愛中，處於優越地位的人和處於較低地位的人，大多數都願意更多地被別人愛而不是去愛人。處於優越地位的人，雖然他們由於貢獻（有用）大應當被愛多於愛人，但是由於被愛給他們一種被授予榮譽的感覺，他們沉溺於被愛的感覺。處於不利地位的人，雖然本應愛人多於被愛，但是由於愛榮譽，他們也願意更多地被愛而不是去愛。所以人不論處於有利地位還是不利地位，都更願意被愛。此處可以被看作是亞里斯多德對流行道德的一個重要的批評。

57　榮譽是自身即善的事物，但是它可能被當作手段來追求。當它作為手段被追求時，按照亞里斯多德的看法，它是在偶性而不是本性的意義上被追求的。

的看法。他們喜歡這榮譽，是因爲如果別人說他們好，他們就覺得自己好。另一方面，人們喜歡被愛則是因其自身之故。所以，被愛似乎比被授予榮譽更好，友愛似乎是因自身而被欲求的。但是，友愛又似乎更在於去愛而不是被愛，這可由以下事實得證：母親總是以愛爲喜悅。有些母親把孩子送出去哺育，雖然她們愛著自己的孩子，也認得他們，但如果不可能被孩子愛，她們也並不期望被愛。她們只要看到孩子好就心滿意足；即使孩子由於不認識她們而不能回報應屬於一個母親的愛，她們也仍然愛自己的孩子，[58]所以，友愛更在於去愛。而且，我們稱讚愛朋友的人，愛似乎就是朋友的德性。所以，給對方所配得的愛的朋友是持久的朋友，他的友愛也是持久的友愛。而且，提供給對方他所配得的愛也使得不平等的人們[59]能最接近於眞朋友，因爲這使他們變得平等。[60]可愛在於平等與相似，尤其是兩個都具有德性的人之間的相似。因爲，他們自己做事情有持久性，相互間做事情也同樣持久。他們相互間既不會提出壞的要求，也不會提供壞的幫助，甚至可以說完全杜絕了這種事情，因爲，好

[1159b]

58 在雅典以及其他希臘城邦，由於戰爭、海難、搶劫等等，致使子女與父母離散而由他人撫養成人的情況相當普遍。在斯巴達，還有子女共養的制度。所以亞里斯多德有此番對於離散或由他人撫養的子女的母愛的評論。

59 οἱ ἄνισοι。

60 亞里斯多德從平等的和不平等的友愛，說到相似與不相似的友愛：好人之間的友愛是相似的，但可能是平等的或不平等的；壞人之間以及相反者之間的友愛則是不相似或只在部分上相似的。

人既不會自己犯錯誤，也不會允許朋友去犯錯誤。另一方面，壞人則不穩定，因爲，他們甚至不能始終與他們自身相似，所以，他們只能短暫做朋友，在這段時間裡，他們就相互以邪惡爲快樂。有用的朋友和快樂的朋友，若他們能相互提供快樂或好處，則稍爲長久些。相反者間的友愛，[61]如窮人與富人的友愛，無知的人與有知識的人的友愛，似乎以有用的友愛最爲常見。因爲，一個人如果缺少某種東西，就會以別的東西來換得它。愛者與被愛者、英俊的人與醜陋的人的友愛也可以算作這一類。所以愛者有時會變得可笑，因爲他們竟會要求他

61 柏拉圖在《李思篇》（二一五）中似乎對相反者的友愛持一種相當積極的肯定態度。他把相反者是互有助益的這一點看作是不存疑問的，並且認為兩個好人（有德性的人）不能在德性上互有裨益。柏拉圖的這種積極態度，是受到歐里庇德斯的影響。按照歐里庇德斯的看法，相反的事物或人是相互需要的。柏拉圖引證他的見解。首先，同行（同類）都互懷敵意，例如赫西阿德說：「陶匠和陶匠是冤家，吟遊詩人和吟遊詩人是對頭，乞丐和乞丐是仇人」，所以人們說「同行是冤家」，最相似的人之間總是充滿著最多的妒忌、爭鬥和仇恨。相反，那些最不相似的人之間卻充滿最多的友愛。比如，由於需要幫助，窮人成了富人的朋友、弱者成了強者的朋友、病人成了醫生的朋友、無知者成了有知識的人的朋友；越相反的東西反而是越相互友好，比如乾欲求濕、冷欲求熱、苦欲求甜、銳欲求鈍、空欲求滿等等，每種事物都欲求與其相反的事物——「相反物是相反物的食物」。亞里斯多德在下文中對柏拉圖做了一個重要的修正：對於相反者的需要不等於目的，目的是某種中間的狀態，而不是相反者自身。所以，相反者似乎只是進行治療而需要的東西。參見《歐台謨倫理學》1139b26-9。

如何的愛就如何的被愛。如果他們也同樣的可愛，這要求倒也合情理，但如果他們不是那麼可愛，這就十分可笑了。然而，相反者欲求對方也許是出於偶性而不是因對方自身之故，也許它眞實欲求的是那種中間的狀態（因爲這就是善）。例如對乾來說，善是不乾不濕，而不是濕，對熱等等亦可類推。不過我們暫且擱置這些問題，它們與我們的討論沒有多大關係。[62]

九、友愛、公正與共同體

如一開始就說過的，[63]友愛與公正相關於同樣的題材，並存在於同樣一些人之間。首先，在每一種共同體中，都有某種公正，也有某種友愛。至少是，同船的旅伴、同伍的士兵，以及其他屬於某種共同體的成員，都以朋友相稱。他們在何種範圍內共同活動，就在何種範圍內存在著友愛，也就在何種範圍內存在公正的問題。其次，「朋友彼此不分家」這個俗語也說得對，因爲友愛就在於共同。在兄弟與夥伴之間一切都是共同的；在其他人群中，則某些特殊的東西是共同的；有些人群中這類東西較多，有些則較少，因爲友愛也是有

62 參見 1155b8-9。

63 1155a22-8。

[1160a] 些較深，有些較淺。公正也因此而不同，父母與子女間的公正就和兄弟之間的不同；夥伴之間的公正也與城邦公民之間的公正不同；其他友愛中的公正也各不相同。所以，在這每種關係中的不公正也是不同的。而且朋友關係越親近，不公正就越嚴重。例如，搶一個夥伴的錢比搶一個公民的錢更可惡；拒絕幫助一個兄弟比拒絕幫助一個外邦人更可憎；毆打自己的父親比毆打他人更可恥。同樣，友愛越強烈，對公正的要求也越高，[64]因爲，友愛與什麼人相關，公正就與什麼人相關；哪裡有友愛，哪裡就有公正問題，但是，所有的共同體都是政治共同體的組成部分。因爲，人們結合到一起是爲了某種利益，即獲得生活的某種必需物。人們認爲，政治共同體最初的設立與維繫也是爲了利益，而且，這也是立法者所要實現的目標，他們把共同利益[65]就稱爲公正。其他共同體以具體的利益爲目的，例如，水手們結合在一起航海，是爲了賺錢或諸如此類的目的；武裝的夥伴[66]聚集在一起打仗，是爲了劫奪錢財、取勝和攻城掠地。氏族和社區[67]也具有自己的目的。（有些共同體似乎是出於娛樂，例

---

64 友愛與公正的相關性質，在於⑴友愛與公正都與共同的東西相關；⑵共同體或關係的性質不同，公正也就如友愛一樣地不同；因為⒜友愛越強烈，所犯的不公正就越嚴重，或反過來說，⒝對公正的要求就越高。所以，雖然有友愛便不需要公正（1155a24），這種相關性仍然可以從公正的相反者方面看出來。

65 κοινῇ συμφέρον。

66 συστρατιώτης。

67 δῆμος。在雅典，經克勒斯提尼（Cleisthenes）變法，原有的氏族村社改為社區，全境共分為一百個社區，依

如爲了獻祭和社交而舉行的教會團體的宴會。但這些共同體都從屬於政治共同體，政治共同體所關心的不是當前的利益，而是生活的整體利益。[68]人們奉獻祭品舉行祭典，既是祭祀神明，也是爲自己過一個歡娛的節日。古代的祭祀和慶典往往作爲豐收節在穀物收穫之後舉行，因爲，只有在這個季節裡，人們才有最多的閒暇。所有這些共同體都是政治共同體的一個部分，友愛也隨著這些具體的共同體的不同而不同。

十、政治共同體的政體形式

存在著三種政體，以及同樣數目的三種變體，作爲它們的蛻變形式。這三種政體，首先是君主制，其次是貴族制，第三種是基於資產的，似乎應稱資產制，但多數人習慣於把它稱作共和制。[69]這些政體中，最好的是君主制，最壞的是資產制，僭主制則是君主制的變體，

地域而不是依氏族管理。從此公民不再以部落名相稱，而以居住區名相稱，稱為δημότης（社區居住者）。社區的治理者由民選產生，以此基礎建立的政制稱為δημοκρατία（平民政體或民主制）。參見吳壽彭譯亞里斯多德《政治學》第一一五頁注1。氏族與社區除政治與軍事的功能外，一般還具有一些宗教的功能。

68 括弧中的句子，威爾遜（C. Wilson）、萊克漢姆、湯姆森（J. A. K. Thomson）、奧斯特沃特等認為是亞里斯多德本人的修改筆記或為後人所加。

69 πολιτεία，政體：παπεκβάσις，變形、變體，πατεκ-，旁側，βασις，基礎、基本。亞里斯多德對政體的分

[1160b]

它們都是一人治理，但是有很大不同，僭主爲自己謀利益，君主則爲屬民謀利益。因爲，一個人唯有占有遠遠優越於其他人的充分財富，才能是君主，而如果這樣一個人別無所求，他

類是按照政體本身和變體來區分的：

政體	變體
君主制（βασιλεία）	僭主制（τυραννίς）
貴族制（ἀριστοκρατία）	寡頭制（ὀλιγαρχία）
共和制（πολιτεία）	民主制（δημοκρατία）

亞里斯多德在這裡以及在《政治學》中談到的這六種政體，來源於柏拉圖的《政治家篇》（*The Statesman*）（291c-292a，300d-303b）。柏拉圖認為，存在著三種治理形式：一人的治理、少數人的治理和多數人的治理。這三種形式又各有好壞兩種：一人治理的有君主制與僭主制，少數人治理的有貴族制與寡頭制，多數人治理的有共和制與民主制。三種好的政制中最好的是君主制，最差的是共和制；三種壞的政體中最好的是民主制，最差的是僭主制。因為最好的政體的變體就最差，最差的政體的變體則最好。在《尼各馬可倫理學》中，亞里斯多德在基本之點上採取了柏拉圖的觀點。共和制柏拉圖也稱為τιμοκρατία，但對於字首τιμο-的意義柏拉圖在《理想國》（545a-b）中認為它來源於τιμή（榮譽），所以稱之為榮譽制，亞里斯多德則認為它來源於τίμημα（財產），因此稱之為資產制。

就不會去爲自己，而是爲屬民謀好處（那些不能如此優越的君主，只能是某種抽籤選出的[70]君主），僭主制則與此相反，因爲僭主追求自己的善。這種蛻變形式是最壞的，因爲，最好的反面就是最壞的，君主制蛻變成爲僭主制，因爲僭主制是一種壞的一人治理，所以一個壞君主就蛻變爲僭主；貴族制蛻變就成爲寡頭制。這種蛻變是由於治理者們的惡，他們不按照配得的標準分配城邦的善，使得全部或大部分好東西歸於自己；他們又使得同一些人長期把持公職，只看重財富的地位，如此就形成少數人的治理，權力就落入壞人手裡，而不是在公道的人手裡。資產制蛻變就成爲民主制。這兩種政體有共同之處，資產制的理想也是多數人治理，一切有資產的人都是平等的。民主制在所有蛻變形式中是壞處最少的，因爲它作爲一種政體變形得最少。這些是蛻變的最常見的形式，因爲這些是改變最小、最容易達到的變體。在家庭中也可以看到與政體相似的形式，父子關係具有君主制的形式，因爲父親都關

70 κληρωτός，經抽籤選出的；衍生於動詞 κληρόω（抽籤選出）。抽籤選舉，亞里斯多德在《雅典政制》（*Atheniensium Respublica*）（第四十三—五十五章）中說，是平民亦即民主政體的一種選舉方式。依此方式選出的官員大都有規定的任期，輪流執政，雅典的執政官就是這樣選出的。在古代希臘，許多城邦的政制常常是以一種政體的治理方式為主，以其他方式輔之。亞里斯多德這裡說抽籤選出的君主，格蘭特（卷II第二七〇頁）說，應含著貶義，他未必指某種採用過的實踐，而是欲表明，如此選出的君主只有象徵性的權威和部分的君主功能，甚至還可能指這些人因履行君主職責而取得報酬。

心兒子，所以荷馬也把宙斯稱爲父親。[71]君主制的理想是家長式治理，但是在波斯，家長式治理是僭主制式的，因爲波斯人使用兒子如同奴隸。主人和奴隸的關係也是僭主制式的，因爲這種關係是爲著主人的利益的。在這種關係上僭主制似乎是對的，但是像波斯人那樣對待兒子就錯了，因爲對不同對象應當用不同的形式治理。[72]丈夫與妻子的關係似乎是貴族制式的。因爲，丈夫的作用是要按配得的尺度分派事項，適合於婦女做的事情，就應當讓婦女們去做。如果丈夫主宰一切就成了寡頭制，因爲那不是按配得的尺度來分派，也不是在讓那些事情上做得比較好的那個人去做。有時候，妻子作爲繼承人來治家，這種治理顯然不是基於德性，而是基於財富和權力，就如在寡頭制中一樣。[73]兄弟間的關係類似於資產制，因爲，他們是平等的且年齡也相當，所以，如果年齡相差過大，就不會有兄弟式的友愛。一個沒有主人的家（在這裡每個人都是平等的），或者一個主人非常軟弱、每個人都各行其是的家，則最像是民主制。

[1161a]

71 《伊里亞德》五〇二等處。

72 亞里斯多德認為父親與子女的關係、男人與女人的關係、主人與奴隸的關係是一些基本的相互區別的關係，這些關係都含有某種天然的不平等，因為奴隸完全沒有思考能力，婦女有但是不充分，兒童也有但是不成熟。見《政治學》1260a9-14。

73 在古代希臘，由於戰爭頻繁，許多男子死於戰爭，以及某些城邦的繼承制度的改革，女繼承人成為重要的社會現象。亞里斯多德的《政治學》（1270a21-35）談到，這在斯巴達社會造成的後果。

十一、不同政體中的友愛與公正

在這各種政體中都有友愛存在，正如都有公正存在一樣。君主對屬民的友愛是優越者的善舉，[74]因爲，如果他是好人並關心其屬民，就像牧人關心其羊群那樣，他就在提高他們的善。所以荷馬會稱阿加門農「眾人的牧人」。[75]父親對子女的友愛也是這樣。（其區別在於，父親的善舉更好，因爲他是子女存在的原因，這是最大的恩惠。而且，他還撫育子女，我們的先祖也都對我們有這種恩惠。）父親對子女、祖先對後代、君主對屬民自然地享有權力。這種友愛中包含一方的優越，這就是父母受到尊敬的原因。因此，在這些關係中，公正在雙方是不同的，它與配得成比例。友愛也是一樣，丈夫與妻子的友愛相當於貴族制，它相應於德性，較好的多得，每個人各得其所。公正也是這樣，兄弟間的友愛與夥伴的友愛相似，因爲他們平等，且年齡相近。所以兄弟與夥伴通常有同樣的感情與品質。因此，這種友愛類似於資產制。在資產制下，公民希望平等和公道，所以他們輪流治理，權力共用。他們的友愛也是這樣，在那些變體中，少有友愛，也少有公正。在最壞的變體中，友

74 ὑπεροχῇ εὐεργεσία。

75 《伊里亞德》二四三等處。基督教關於牧師的職責的觀念，看來與這種「牧人」的觀念有某種相似。君主是人世間的牧人，他驅趕著羊群（眾人），然而是把它們趕到水草最豐沃的地方，因為他關切它們的福利。牧師是「神的牧人」；神離人遠，無法關切人的塵世幸福，牧師是受神之遣，在人世關照人的靈魂。

愛就最少。在僭主制中，只有很少的友愛，或是不存在友愛，因爲，在治理者與被治理者沒有共同點的地方，就沒有友愛，也沒有公正。這就像工匠與工具、靈魂與肉體（或主人與奴隸）的關係。即使後者由於得到使用而受益，對於這些無生命物也不存在什麼友愛和公正。對於一匹馬或一頭牛、對於作爲奴隸的奴隸[76]也是這樣，因爲，在這兩者之間沒有共同點。奴隸是有生命的工具，工具是無生命的奴隸。所以，對作爲奴隸的奴隸不可能有友愛。然而，對作爲人的[77]奴隸則可能有，因爲，一個人與每個能夠參與法律與契約過程的人的關係中，都似乎有某種公正，因此，與每個人都可能有友愛，只要他是一個人。[78]所以，甚至在僭主制下，友愛與公正也在非常小的範圍內存在。在民主制下友愛與公正最多，因爲，在平等的公民中有很多共同的東西。

[1161b]

76　πρὸς δοῦλον ᾗ δοῦλος。

77　ᾗ δ' ἄνθρωπος。

78　斯圖爾特（卷II第三一六—三一七頁）此處有一重要評論。他認為亞里斯多德在此處是囿於希臘社會現實存在的奴隸制度和人與奴隸兩分的觀念，而僅僅停留在那些在生理上是人類的奴隸們「參與」了一些法律與契約的過程這個簡單的事實上。他指出，亞里斯多德沒有依照他一貫的研究方式，提出下述的進一步的問題：在何種意義上奴隸是人？他的參與法律與契約的過程的能力意味著什麼？以及在奴隸身上是否存在某種尚未得到發展的此類能力？而他本來是可以提出這些問題的。

十二、家族的友愛

一切友愛，如前面已說過的，[79]都意味著某種共同體的存在。然而我們可以把家族的友愛、夥伴的友愛與其他的友愛分別開來。[80]因爲，同邦人、同族人、同船人等等更像是某種共同體中的友愛，因爲它們彷彿在遵守某種契約，主人與客人的友愛也可以歸於這一類。家族的友愛也有多種，但都是從父母與子女的友愛派生的。父母愛子女，是把他們當作自身的一部分；子女愛父母，是因爲父母是他們存在的來源。父母更知道孩子是己之所出，孩子則對這點所知較淺。相比之下，生育者更把被生者視爲是屬於自己的，被生者則較少把生育者視爲屬於自己的。因爲，總是產品屬於其製作者，[81]正如牙齒、頭髮等等屬於它們的所有者，而製作者則不屬於其產品，至少在程度上小得多。父母對子女的愛在時間上也更長久，父母從孩子一出生就愛他們，孩子則只有經過一段時間並理解了之後才愛父母。由此便可以明白，母親何以對子女有更強烈的愛。父母愛孩子，是把他們當作自身（因爲出於己身

79　1159b29-32。

80　在前面（第十、十一章）把家族的關係與政體進行類比之後，這一章的目的，是具體地討論家族的三種主要的友愛，即父母與子女的友愛、丈夫與妻子的友愛、兄弟的友愛以及由此衍生的親屬間的友愛和夥伴的友愛。

81　τῷ ποιήσαντι。

的就如同是與自身分離了的另一自身）；孩子愛父母，則是把他們當作自身的來源；兄弟間互愛，則是由於有共同的生命來源，這種共同的生命來源造成了他們的共同點。所以人們說，兄弟間是血脈相通、骨肉相連。所以，兄弟實際上是相互分離的同一個存在。兄弟的友愛也由於共同的撫育和年齡相近而增長。因爲，要是兩人一般大，有共同的道德便是夥伴。[82]

所以兄弟的友愛與夥伴的友愛相似；叔伯兄弟以及其他親屬的感情都是從兄弟感情派生，因爲他們出於同一祖先，而這種感情的強弱，也總是與同始祖相距之遠近相應。子女對父母的友愛類似人對於神的愛，是一種對於善與優越的愛。因爲，父母所給予的恩惠是最大的，他們不僅生養、哺育了子女，而且還是子女的教師。和非親非故的友愛比，父母與子女的友愛還具有更多的快樂與用處，因爲，父母與子女的生活有更多的共同點。兄弟的友愛與夥伴的友愛有許多共同之處，如果他們是公道的，共同之處就尤其多，且在總體上彼此相像。因爲，兄弟之間更彼此相近。他們從一出生就相互喜歡，如果再出於同源，一起由父 [1162a]

---

82 ἧλιξ γαρ ἥλικα，καὶ οἱ συνήθεις ἑταῖροι。ἧλιξ γαρ ἥλικα詞面意義為二人同齡。此短語是諺語ἧλιξ ἥλικα，τέρπε，γέρων δέ τε τέρπε γέροντα（詞面意義：兩人年齡一般大，便相處得愉悅，老人喜歡老人）的縮略形式。柏拉圖在《費德魯斯篇》（240c），亞里斯多德在《歐台謨倫理學》（1238a34）、《修辭學》（1371b14-5）中也引用了這句諺語。οἱ συνήθεις ἑταῖροι，詞面意義為有共同的道德便成為夥伴。這大約是當時流行的另一諺語。

母撫養、教育長大，他們自身就更爲相似。而且，兄弟的友愛也更爲持久、牢固。在其他親屬間的友愛中，友善的程度也都與關係的遠近成比例。丈夫與妻子的友愛似乎是出於自然的。與城邦相比，人更需要配偶，家庭先於城邦且更爲必需。[83]繁衍後代是動物的普遍特性，其他動物的異性共同體只是爲了繁衍後代，人的此種共同體則不只爲生育，也爲提供滿足生活的需要。男子與婦女在活動上有明顯的不同：男子的作用與婦女的總是相互區別，所以他們相互幫助，把自己的獨特作用投入到共同的生活中，因此，這種友愛似乎既有用又有快樂。如果他們是公道的人，這種友愛還是德性的，因爲，男人與婦女各有其德性，德性也可以是相互吸引的原因。孩子也是維繫的紐帶，若沒有孩子，這種共同體就容易解體，因爲，孩子是雙方共同的善、共同的東西把人結合到一起。丈夫與妻子，以及一般地說朋友與朋友，應如何相處，似乎與他們當如何公正地生活是同一個問題，因爲，對朋友、對陌生人、對夥伴和對同學的公正都是不同的。

83 亞里斯多德此處當是指自然家庭的存在，在時間上早於國家。他在《政治學》（1253a19）中談到過國家在性質（本性）上先於家庭和個人。

十三、[84]平等的友愛中的抱怨與公正

存在著——如開始就說過的[85]——三種友愛，每種之中有些朋友雙方是平等的，有些則包含一方的優越地位。（因爲，不僅兩個同樣好的人可以做朋友，一個比較好的人和一個比較壞的人也可以做朋友。快樂的朋友的情形也與此相同。[86]有用的朋友方面也是這樣，他們提供的好處可能是相等的，也可能是不相等的。）那些平等的朋友就必須在愛或其他事情上平等；包含一方優越地位的朋友就必須按照優越的程度以成比例的回報[87]使之平等化。

[1162b]

---

84 在第十三、十四兩章，亞里斯多德基於前面一章對家族不平等的（基於一方的較大恩惠的父親與子女的友愛，和基於一方的較高德性的丈夫與妻子的友愛）友愛和平等的友愛（兄弟的友愛）的討論，轉而討論「其他的」——即公民（作為同邦人、同族人、同船人等等）之間平等的與不平等的友愛。我們在這裡看到一個值得注意的對比：在家族的友愛中，父親與子女的友愛被視為更為根本的；在公民的有用的友愛中，平等的友愛被看作是更為根本的。

85 1156a7-11。

86 即不僅兩個同樣令人愉悅的人可以做朋友，一個比較令人愉悅和一個較不令人愉悅的人也可以做朋友。有用的朋友亦可類推。

87 在這裡即指以成比例的愛（感情）來彌補自己在善、用處、愉悅性上的不足。

抱怨和指責[88]僅僅或主要存在於有用的友愛中，這是可以想像的。因爲，德性的朋友都相互希望對方好（這是德性和友愛的本性），由於都想努力做到這點，在他們之間就不會有抱怨和爭吵，因爲，沒有人會對愛他、希望他好的人不滿。如果他有美惠的品質，他還會回報那種善；而如果優越的一方做到了把好處給對方，他也不會抱怨那位朋友，因爲他們每個人希望給對方的就是善，在快樂的朋友中也不會有抱怨，因爲，如果他們以朋友的陪伴爲快樂，他們就同時得到了自己想要的東西。一個人要抱怨對方沒有給他快樂也荒唐可笑，因爲他如果不想去是可以不去的。但是，在有用的朋友中間則會發生抱怨，因爲，他們相互做朋友是爲了獲利，他們總想多得，總覺得自己得的不夠多。所以，他們總是抱怨說他們沒有得到期望的和應得的那麼多，而給予的一方則不可能他想要多少就給多少。[89]有兩種公正，不成文的公正和法律的公正。相應地，有用的友愛也或者是倫理的，或者是法律的。抱怨所以會發生，主要是雙方在終結交易時沒有按照開始那項交易時的做法去做。法律基礎上有用的友愛有明白的文書[90]規定，它包括兩種形式：當下付款的商業交易，和比較自由些的規定付

---

88 ἐγκλήματα，抱怨、埋怨；μέμψεις，指責、責備。

89 公民之間的友愛是有用的友愛，這種友愛最普遍的動機是希望自己多得或阻止別人多得。

90 ῥητοῖς，文書、行文、條文；指借助文字表達明白了的規定。

款時間的交易；[91]而後者又附帶著一些關於延遲付款的補償條款。[92]在後面這種延遲付款的交易中，付款的責任是清楚的，但延遲付款的做法又包含了一些友善。因此，有些地方不把這種交易納入法律的範圍，認爲一個人既然基於信任而做這樣一種交易，他就應當自己承擔其後果。另一方面，倫理的友愛則不是基於明白的文書的。人們彷彿是像朋友那樣地相互送禮，但他們最終還是期求同樣的或更多一些的回報，就好像那不是饋贈而是一筆貸款。[93]而如果一個人想以與開始交易時不同的方式[94]來終結交易，他就會抱怨另一方。這原因在於，所有的或大多數的人，儘管都希望自己做得那樣好，選擇的卻是得到好處。做事不求回報是高尚〔高貴〕的，但得到回報卻是好事情。[95]所以，如果有能力，對所接受的東西應當給予

---

91 ἐλευθεριωτέρα εἰς χρόνον，規定時間的付款、延遲付款。這種商業交易有別於當下付款的交易。所以，這種延遲只是相對於當下時間而言的，是指當下暫不付款，而不是指把原定的付款時間向後延遲。

92 καθ᾽ ὁμολογίαν δὲ τί ἀντὶ τίνος。ὁμολογίαν，條款；ἀντὶ τίνος，付款。這很可能是指關於延遲付款者所要加付的費用（如利息、服務費）的規定。

93 公民之間的有用的友愛，亞里斯多德說，有倫理的與法律的兩種。其中法律的友愛又分為當下付款的交易與延遲付款的交易，其中延遲付款的交易看上去有些像是倫理的友愛。但這種有用的友愛即使是倫理的，人們事實上也還是為得到回報而做朋友的。

94 開始時是像朋友那樣在互相送禮，現在想像法律的商業交易那樣結算。

95 普通人，愛爾溫評論（第二八七頁）道，希望的是做高尚〔高貴〕的事，但是當按照某種選擇行動時，選擇

回報。因爲，若一個人不願意，我們便不能與他交朋友。[96]相反，我們必須承認自己從一開始就犯了一個錯誤：接受了一個不應接受的好處，因爲它不是來自一個朋友，他給予我們這好處不是因我們自身之故。我們應當終結這樣的交往，就好像我們是按明白的文書接受他的好處的。而且，我們會同意盡能力償還[97]（如若沒有能力，對方也就不會指望償還了），所以，只要有可能，我們就應當償還。但我們更應當從一開始就考慮，是在從什麼人、以什麼條件接受，以便決定是接受還是拒絕。關於這好處應當由受惠者來評價並依此來償還，還是由施惠者來評價，還會引出爭論。受惠者會說，他所接受的對施惠者來說是微不足道的，而且他從別人那裡同樣可以得到。他儘量貶低那個善舉。施惠者則會說，他所給予的是最好的，是從別的地方得不到的，是在他自己處於危險中並同樣需要它的情況下給出的。如果友愛是基於用處的，自然應當以對受惠者而言的善作爲尺度，因爲，是他需要那好處，施惠者提供給他是爲得到同等的回報。所以，幫助的大小正好就是受惠者得到的好處的大小。所以，受惠者應當按他得到的好處的大小，或更多一點，來償還。在德性的友愛中則不會產生

的意圖卻不是對高尚（高貴）事物的希望，而是得到某種其他的快樂或善物的願望。

96 因為（在有用的友愛中），他的意願（一般地說）是得到回報，如果你不回報從他那裡得到的好處，就違反了他的意願，就不能和他交朋友。

97 ἀποδώσειν，ἀποδοτέον。

抱怨。但是，衡量好處大小的尺度似乎是施惠者的選擇，因爲，選擇是德性與道德中主導的東西。

十四、不平等的友愛中的分歧與公正

在包含一方優越地位的友愛中也存在爭吵，因爲，每一方都要求得到得更多一點，[98]而一旦某一方得到了，友愛也就解體了。較好的人認爲他應當得到得更多些，因爲好人應當多得；提供較多好處的人也認爲他應當得到更多。他說，沒用的人就不應當拿同樣多的一份；如果從友愛所得到的不符合活動所配得的，友愛就成了公益服務，[99]而不再是友愛。他們還認爲，就像在商業共同體中投資多就得到多一樣，在友愛中也應是如此。另一方面，窮人和地位較低的人則持相反的看法。他們認爲，所謂好朋友就在於幫人所需。如果他們一毛不拔，做這些有德性、有地位的人的朋友還有什麼用？這每一方所提出的要求看來都是對的。他們應當從友愛中得到得更多些，但不是在同一種東西上。地位優越的人應當得到的是

[1163b]

98 地位較低的一方要求從地位優越的一方得到更多一點好處，地位優越的一方則要求從地位較低的一方得到更多一點榮譽（與愛）。

99 λειτουργία。在雅典及其他一些城邦，富人出資贊助公益，例如設立公共設施、提供劇團的裝備、舉辦共餐會、建造三層艦、修建神殿等等，被視為值得稱讚的善舉。

榮譽，窮人應當得到的是收益，因爲，榮譽是對德性與善舉的獎賞，收益則是窮人所需要的幫助。從城邦生活中也能得出同樣的結論。對共同事業無所貢獻的人不應當得到榮譽。共同的財富只能給予對共同事業有貢獻的人，而榮譽就是共同財富的一部分。一個人不能從公共財富中既得錢財又得榮譽，因爲，誰也不會滿足於在所有事情上都只得到較少的一份。所以，對在錢財上受損的人[100]就要給他們榮譽，那些受賄的人[101]就得了錢財。這種照配得分配的安排，如所說過的，[102]既重建了平等，又保全了友愛。這也應當是不平等的朋友之間交往的方式。在錢財上、德性上得到好處的人，要盡其所能地以能夠支配的東西——即榮譽，來回報。因爲，友愛所尋求的是盡能力回報，[103]而不是酬其配得。因爲，酬其配得有時候是不可能的。例如，用榮譽就不足以回報神與父母的配得。因爲，人們甚至無法給出神和父母所配得的榮譽，所以，一個盡能力回報的人被視爲公道的人，因此，兒子永遠不可以不認父親，儘管父親可以不認兒子；欠債者應當還債，而兒子不論怎麼做也還不完父親給他的恩惠，所以兒子永遠是個負債者。但是債權人可以免除負債者的債務，所以父親可以不認兒

100 因擔任公職而在經濟上受損失的人。

101 藉擔任公職之機接受賄賂、為自己謀好處的人。

102 1158b27，1159a35-b3，1162a34-b4。

103 τὸ ἐνδεχόμενον。

子。同時，除非兒子太壞，否則誰也不會不要兒子，因爲，除了這種自然的友愛之外，任何一個做父親的都不會拒絕兒子的幫助。但是，一個兒子如果很壞，卻可能不去幫助父親，或不盡心地幫助父親，因爲，多數人都想得到所希望的並逃避沒有好處的事情。關於這些問題就談到這裡。

第九卷　友愛（續）[1]

1 第八卷與第九卷的劃分，格蘭特（卷II第二四九—二五〇頁）認為，完全是作者或編輯做出的，在論題上它們完全是連續的，這兩卷就像一部單獨的論友愛的著作。他認為這兩卷的討論可以分為三個部分：(1)論友愛的種類、性質以及最好或完善的友愛，第八卷第一—八章；(2)論友愛與公正的聯繫，第八卷第九章至第九卷第三章；(3)論其他與友愛性質相關的問題及友愛與幸福的關係，第九卷第四—十二章。

一、不相似的友愛中的公正

如前面已說過的，所有不相似的[2]友愛，[3]都透過比例而達到平等並得以保持。[4]例如

---

2 ἀνομοιειδέσι。ἀν-，不；ομοιειδέσι，相似的。不相似的友愛，亞里斯多德是指因雙方是不同原因而發生的友愛，即雙方⑴提供不同的東西，並⑵為得到不同的東西，而發生的友愛。關於快樂來源上不同的友愛和地位不同者之間的友愛，參見1158b27，1159a35-b3，1162a34-b4，1163b11。

3 亞里斯多德前面只是在談到與德性對立的兩個極端之間的不相似（1108b33），以及快樂的友愛和有用的友愛兩者與德性的友愛相似與否（1158b5，11）時，使用過不相似的一詞。所以羅斯（第二二〇頁注）、萊克漢姆（第五一六頁注）、湯姆森（《亞里斯多德倫理學》〔企鵝書屋，一九七六年〕第二八六頁注）和奧斯特沃特（第二四五頁注）認為亞里斯多德前面沒有談到過不相似的友愛。不相似的友愛應當說是自本卷開始討論的一個新概念。

4 萊克漢姆（第五一六頁注）認為，以比例恢復平等的說法適用於說不平等的——即包含一方優越地位的友愛，而不適用於說不相似的友愛，因為（在公民的友愛的例子中）儘管交易雙方提供的東西不成比例，但是它們在價值上可以相等（因為它們都是某種用處），所以亞里斯多德的這一說法似乎不正確。可以確定，亞里斯多德這句話的確是指公民之間的有用的友愛，即他們的交易行為。在廣義上，這是相似的友愛，因為交易雙方所提供和所想得到的都是某種用處，但是亞里斯多德所持的關於不相似的友愛的觀點不會妨礙他在實質意義上把這類行為看作不相似的友愛。設甲乙二人為鞋匠，丙丁二人為織工，並且甲的能力等於乙的兩

在公民的生活中，鞋匠按鞋子的價值得到報酬，[5]織工與其他工匠也是這樣。在這裡，貨幣是共同的尺度，一切都以它爲標準，用它衡量。然而在性愛[6]上，愛人者有時抱怨他熱烈的愛[7]沒有得到回報，可能是由於他沒什麼可愛之處，被愛者則常常抱怨愛人者，說他以前許諾的事情都成了空話。這種抱怨之所以發生，是因爲愛人者所愛的是快樂，被愛者所愛的是用處，兩個人都沒能滿足最初的願望。如果友愛建立在這樣的基礎上，一旦他們得不到想要的東西，友愛就會解體。因爲，他們每個人所喜歡的不是對方自身，而是能從他那裡得到的東西。這種東西都是不長久的，所以這種友愛也不會長久。基於道德的友愛則是因朋友自身的，因而如已說過的[8]是持久的。其次，爭吵所以會發生，有時也是由於一方所得到的不

[1164a]

倍，丙的能力等於丁的兩倍，則甲與乙、丙與丁之間是不平等的，甲和丙與丁、乙和丙與丁、丙和甲與乙、丁和甲與乙之間，以及他們的友愛，則是不相似的。所以，基於用處的不相似的友愛，如果能夠建立一種比例從而被平等化，便能夠得以保持。（參見第五卷第五章）但是另一類不相似的友愛，即一方為快樂、另一方為有用的友愛，如下面的討論所說明的，則難於建立這樣的比例。

5 ἀμοιβὴ，報酬、酬勞。

6 ἐρωτικός，愛、性愛。希臘人說愛常用 ἔρως 與 φιλία 兩個詞。ἐρωτικός 衍生於 ἔρως（性愛、情愛）。關於 ἔρως 與 φιλία 在柏拉圖觀點中的自然的聯繫，參見本書第八卷注1。

7 ὑπερφιλῶν，強烈的、極端的愛。

8 1156b9-12。

是他所想要的東西。如果一個人得到的東西不是他想要的，就像沒有得到一樣，這就像那個雇琴師彈琴的人的故事所說的：他許諾琴師，琴彈得越好，報酬就越高，當琴師第二天要他兌現其承諾時，他說他已經用快樂回報了快樂。若兩個人原來希望的都是得到快樂，這樣說是對的。但是，若一個人希望的是快樂，另一個希望的是拿到錢，前者得到了快樂，後者卻沒有拿到錢，這個交易就不是公平的。因爲，每個人關心的都是他恰好需要的東西，他是爲了這個東西才樂於出讓自己擁有的東西的，那麼，應當由提供的一方還是由接受的一方來確定一項服務所配得的回報呢？因爲，故事裡那位提供服務的人[9]似乎相信那個接受的一方所作的判斷。據說普羅塔格拉斯[10]也是這樣做的。他不論講什麼，總是讓聽講者對聽課所得的知識作出評價，然後照此收費。在這類事情上，有些人主張「先講好報酬」，[11]但是，那些

9 指琴師。

10 Πρωταγόρας，Protagoras，哲學家、著名的智者。

11 μισθὸς δ᾽ ἀνδρί，詞面意義為那個人的工錢。此語出自赫西阿德的《工作與時日》（三七〇），原句為

μισθὸς δ᾽ ἀνδρὶ φίλῳ εἰρημένος ἄρκιος ἔστω。

（那個朋友的工錢，講好多少就是多少。）

斯圖爾特（卷II第三四一頁）把赫西阿德的建議理解為一種由接受方先出價而在事後付錢的方式，區別於普羅塔格拉斯的由接受方事後定價並付錢的方式，和另一些智者的要接受方根據他們（智者們）的自我吹噓先出價和先付錢的方式。亞里斯多德在此處，格蘭特（卷II第二八三頁）說，意在批評後一種做法，把這種做

先收錢，做了許多許諾而又做不到的人，自然會引起抱怨，因爲他們沒有兌現所許諾的事情。那些智者們似乎不得不先收錢，因爲人們不願爲他們講授的知識付錢。所以，要是他們做不到人們付錢讓他們做的事情，就會引起抱怨。但是，在要做的事情沒有預先商定的情況下，如果那是朋友因對方自身之故而做的事情，如前面說過的[12]，就不會引起抱怨（因爲德性的友愛不會產生抱怨），而報酬也應當根據對方所做的選擇來給予（因爲是選擇使一個人成爲朋友和有德性）。對那些以其愛智慧之學[13]讓我們共同分享[14]的人，我們也應當這樣做，因爲，這項服務所配得的東西是無法用錢來衡量的。而且，任何榮譽都不能與之相等。但是，就像對神與父母那樣，盡能力的回報便被看作是相等的。另一方面，如果所給予的東西不是這樣的，而是爲著某種回報的，那麼，回報最好是在雙方看來相當於配得的。如果達不到這種一致，事先由接受者確定回報的數額就不僅必要，而且公正。因爲，如果提供者從回報中得到了相當於接受者受益的或接受者願意爲將得到的快樂付出的東西，提供者就

[1164b]

法與普羅塔格拉斯的做法加以對照。

12 1162b6-13。

13 φιλοσοφία，即今天所說的哲學。哲學在古希臘語中的意思為愛智慧之學。前面我按希臘語原意將φιλόσοφους譯為「愛智慧者」（第十二頁注2），這裡仍然按此方式將φιλοσοφία譯為「愛智慧之學」。

14 κοινωνήσασιν，共同分享，派生於κοινωνία（共同體）。

得到了他所配得的東西。因爲，人們在市場上買東西時也是這樣做的。[15]在有些地方，法律禁止對自由交易進行干預，認爲如果一個人基於信任與另一個人進行交易，他就必須按照開始時的方式終結那項交易，[16]因爲法律認爲，價格由被信任的一方確定比由信任的一方確定更公正且一般地說，物品的所有者與需要那物品的人對它的評價是不同的。在所有者看來，物品配得很高的回報，然而報酬卻要由接受的一方根據其評價來付給；但是，接受者不能根據他有了那物品以後的評價，而必須根據他得到它之前的評價來付給報酬。

二、不同回報責任的衝突

還有一個進一步的問題：一個人對父親應當在任何事情上都尊重和聽從，還是在生病時聽從醫生，在挑選將軍時選最善於打仗的人。或者，如果不能兩者兼顧，一個人是否更應當幫助一個朋友而不是一個好人？是否更應當回報一位受其善舉的人而不是施惠於一個夥伴？對這些事情是否不容易作出明確規定呢？因爲，不同的情況之間，在重要程度上、在高尚〔高貴〕性和迫切性程度上，都千差萬別，不應當把我們所有的東西[17]都償還給同一

15 即價格是買方願意付出的錢數。

16 參見 1162a29-31。

17 即感情、關心、考慮、支援、說明、服務等等。參見下文所說的（1165a15）即使是「對父親也不是一切都

個人，這毋庸置疑。而且一般而言，我們顯然應當先回報他人的善舉，而不是先施惠於夥伴；這就像，我們應當先還欠別人的錢，而不是先借錢給別人。[18]但是，甚至這一條也不總是如此，例如，如果一個人被另一個人用錢贖回來，他是應當先用錢把那個人——不論他是誰——贖回來，或者先把錢還給那個人，假如那個人沒有被綁架，但是要他把錢還回去，還是應當先把自己的父親贖回來？因爲，一個人甚至都應當先贖出自己的父親而不是先贖出自己。[19]所以，如剛剛說過的，[20]在一般情況下，我們應當先歸還所欠的，[21]但是，如果用錢幫助另外一個人在高尚〔高貴〕性與迫切性上超過了還錢，我們就應當先幫助。因爲在某些情況下，回報[22]一項先前受到的善待還是不平等的。例如，如果給予者知道他所給予的是一個

[1165a]

聽從」。

18 這是亞里斯多德提出的裁決相互衝突的責任的一般規則。但是他接下去說明，這條規則容許例外。

19 如果一個人與自己的父親同時失去自由並被索要贖金，如果他能夠支配一筆錢贖出一個人並且可以做出選擇，他似乎應該，亞里斯多德說，先贖出自己的父親。所以在上面的例子中，當事人不應當先贖回贖他出來的那個人或是先把錢還給那個人，而是應當先把自己的父親贖出來，因為如果他能夠，他本應該先贖出自己的父親而不是自己。

20 1164b31-1165a2。

21 ἀποδοτέον。

22 回報（ἀνταπόδοσις，ἀντιδανειστέον）比償還（ἀποδοτέον）意義更豐富，它不僅指把從別人那裡借來的錢

好人，而接受者知道他要回報的是一個壞人，情況就是這樣。有時候，儘管一個人曾借錢給你，你不一定要回借給他，因爲，他把錢借給你時知道你會還，因爲你是個公道的人；你把錢借給他卻沒希望收回來，因爲他是個惡棍，如果是這樣的情形，他反過來要你把錢借給他，就是不平等的。甚至，即使他不是個惡棍，但人們都認爲他是，拒絕他也沒什麼不合情理。在有關感情與實踐的事務上，如已經多次說過的，[23]我們只能獲得題材所容許的那種確定性。我們不應當對所有的人都同樣回報，而且對父親也不是一切都聽從，[24]正如對宙斯我們並不是獻上所有犧牲一樣，這毋庸置疑。父母、兄弟、夥伴和曾對我們行善舉的人都不同，我們對每種人都應當給予適合他們的回報。人們實際上就是這樣做的：舉行婚禮時邀請親戚，因爲他們是家族成員，參與家族的活動；基於同樣的原因，人們認爲葬禮尤其應當邀集親戚們參加。我們似乎首先要奉養父母，因爲我們欠他們的恩，奉養自己生命的給予者比養活我們自己更加高尚〔高貴〕，而且，還要讓父母像諸神那樣享有榮譽。不過不是所有的榮譽，給予父親的榮譽與給予母親的不同，給予父母的榮譽也和給予一位有智慧的人或一位

物還回去（ἀποδοτέον），而且指在對方需要時把自己的錢回借給對方（提供一項幫助）。

23 1094b11-27，1098a26-29，1103b34-1104a5。

24 亦即，不能在一切問題上都把父親的意見看得高於別人的意見，例如在健康問題上，一個人更應當聽取醫生的意見而不是父親的意見；父親的要求也不能在所有事情上都高於別人的要求，例如在推選治理者時，父親要做治理者的要求不應當高於另一個更有治理能力的人的同樣的要求。

將軍的不同；對父親要給予適合於父親的榮譽，對母親要給予適合於母親的榮譽。其次，對所有長輩都要給予適合他們年紀的榮譽，如起立、讓座等等。另一方面，對夥伴和兄弟則應坦率直言、共用所有。此外，對親戚、同族人、同邦人和其他的人也要給予適合的回報，並根據他們與我們的關係遠近、德性的高低和用處的大小而有所區別。當然，在同類人之中做比較容易一些，在不同的人之中做就比較困難。但我們不應當逃避困難，而應當盡力而為。

三、友愛的終止

另一個問題是，當朋友不再是他原來所是的那種人時，我們是否應當終止友愛。如果是快樂的或有用的朋友，當一個朋友不再使人快樂或不再有用時，終止這種友愛是很自然的。我們讚揚的是朋友的其他性質，[25]一旦這些性質消失了，我們自然就不再愛他們了。如果我們愛一個朋友是因他令人愉悅和有用，卻裝做是因他的道德，他就會抱怨，正如我們開始時就說過的，[26]當友愛不是原來所想像的樣子時，朋友間最容易發生分歧。如果一個人自

[1165b]

25　即愉悅性、有用性。

26　這個評論，格蘭特（卷II第二八七頁）與斯圖爾特（卷II第三四九頁）認為，前面並未提到。但是第八卷第十三章討論的某些內容，如在公民的友愛中有些人似乎想以與開始交易時不同的方式終結交易（1162b23-5），以及當一個人遭遇這樣的情形時，他應當把這看作是自己的一個錯誤，並按照契約的交易的規則終結這

己犯了錯誤，認爲我們是因他的道德而愛他，而我們卻不是，他就只能責怪自己。如果他是被我們的僞裝欺騙，他就理所當然會抱怨。這種抱怨比對騙錢的人的抱怨更強烈，因爲友愛比錢更貴重。而如果一個人作爲好人而交了朋友，他卻變壞了，或我們認爲他變壞了，我們應當繼續愛他嗎？[27]也許，我們不大可能再愛他，因爲（不是所有東西）只有善的東西才可愛，壞人不可愛？而且，再愛他是錯誤的，因爲不應該愛壞的東西，也不應該讓自己去愛不可愛的東西，而且前面說過，[28]同類愛同類。那麼，我們要立即終止這種友愛嗎？或者，也許不是對所有的人，而只是對不可救藥的壞人才這樣做呢？因爲，那些人若還可以改正，他們更需要的也許是道德上而不是錢財上的幫助。對友愛來說，這比錢更重要。但是，終止這種友愛也沒有什麼不自然，因爲，他已經不是以前所是的那種人。所以，如果朋友已經變了並且無法挽救他，就與他分手。但是，假如我們仍然是這個樣子，朋友卻在德性上極大提升了，與他還能夠繼續做朋友呢，還是就不能做朋友了？如果這差距是很大的，例如和孩提時的友愛相比差距就很大，事情就比較明顯。因爲，如果一個人的理智仍然是孩提時的理

種友愛（1163a3-10），是與此相關的。

27 前面的回答，是針對快樂的友愛與有用的友愛而言的。如果沒有偽裝（自己所犯的錯誤除外），原因（快樂或用處）變化了，友愛便終止，是自然而然的事。下面的回答則是就善（德性或品質）的友愛而言的。參見愛爾溫第二九〇頁。

28 1155a32-4，1156b19-21，1159b2-3。

智，另一個卻成爲出色的男子漢，志趣與好惡都變得不同，他們怎麼能繼續做朋友呢？因爲，他們甚至不願彼此相處，而如果不能彼此相處，他們就不能夠做朋友，但這一點我們已經談過。[29]那麼，對這樣一個人[30]是否就應當視同與他沒有做過朋友一樣呢？或者，也許我們應當記得在一起的時光。而且，如果我們認爲對朋友的關照應當與對陌生人的不一樣，那麼，只要不是由於極端的惡而分手，因過去的友愛之故我們也應當對昔日的朋友有所關照。

四、友愛與自愛

一個人對鄰人的友善，以及我們用來規定友愛的那些特徵，[31]似乎都產生於他對自身[32]的關係。一個朋友是因另一個人自身之故，而希望並促進那個人的善或顯得是善的事情的人；或因另一個人自身之故而希望他存在著、活著（這是母親對於孩子的，或曾吵架過的

---

29 1157b17-24，1158b33-5。

30 即一個與之終止友愛的朋友。

31 「對鄰人的友善」與「用來規定友愛的那些特徵」，斯圖爾特（卷II第二五二頁）解為同位語。友愛意含著一種友善的感情。這種感情，亞里斯多德在下文中析分為：(1)希望對方的善；(2)希望對方的存在；(3)希望與對方共同生活；(4)旨趣一致；(5)悲歡與共，五種感情傾向。

32 ἑαυτόν。ε-，他-；αὐτόν，自身。

[1166a]

朋友[33]相互間還保有的那種感情）的人。還有人說，一個朋友是希望與我們相互同情、旨趣一致，[34]或者悲歡與共（這些也是母親具有得最多的感情）的人。人們總是以其中這種或那種特點來規定友愛。然而，這每一種特徵都存在於一個公道的人（以及其他的人——就他們把自己視爲公道的人而言，可見正如已經說過的，德性和好人[35]就是尺度）與他自身的關係之中。因爲首先，公道的人身心一致，全身心追求同一些事物，他希望並促進著自己本身的善（因爲一個好人就是要努力獲得善），並且是因他自身之故（因爲他追求善是爲著他自身

---

33 οἱ προσκεκρουκότες。彼得斯（第二九四頁）認為這是指「有過不和的朋友」；格蘭特（卷II第二八八頁）解為「相互間有了裂痕的朋友」；伯尼特（第四〇九頁）解為「曾吵架過彼此不再見面的朋友」，萊克漢姆（第五三二頁注）也持相近的解釋。斯圖爾特（卷II第三五五頁）解釋說，亞里斯多德在此處是談到完善的友愛（友愛本身），這個方面以母親對孩子的感情或不和或吵架的朋友相互間的感情為典型。這種感情不是友愛中的最高尚（高貴）的感情，它不是希望對方的善的感情。但是它仍然是一種高尚（高貴）的感情，因為它是無利害的。母親對孩子自然懷有這種感情，而且最為強烈。父親對子女的感情更高尚（高貴）些（它是希望子女的善的感情），但沒有母親的那樣強烈。不和或吵架的朋友已經沒有相互希望對方的善的感情，因他們不再親密、不再有共同生活；但是相互還保有希望對方存在和活著的無利害關係的感情。這種感情與母親對孩子的感情同類，但當然沒有母親的那般感情強烈。

34 ταὐτὰ αἱρούμενον，字面意義為，抓住或挑選相同東西的人。

35 ὁ σπουδαῖος。

理智的部分，而這個部分似乎是一個人的眞實自身）。其次，他希望他自身——尤其是其思考的部分——活著並得到保全，因爲存在對好人來說是善。對他來說，每個人都希望自己的善，但是沒有人願意成爲另外的一種存在，即使因此而得到所有的善（例如神現在所享有的善）。相反地，他希望善是在他還是他自身這個條件之下，[36]但是思考的部分就是他自身或其主要部分。第三，他希望與他自身一起生活，因爲他自身使他快樂；回憶令他欣慰，所期望的更爲美好，兩者都令他愉悅，而且，他的思想中充溢著沉思。第四，他和自身悲歡與共。因爲，有的事物本身就讓他快樂，有的事物本身就讓他痛苦，而不是有時是這個事物，有時是另一個事物，讓他快樂或痛苦，所以，他不會悔恨。[37]由於公道的人與自身的關係具有所有這些特點，並且他怎麼對待自身便怎麼對待朋友（因爲朋友是另一個自身），

36　儘管認為這段話可能是後人加上的，斯圖爾特（卷II第三五九—三六〇頁）認為這段話與本文之間在下述兩點上保持著一種「哲學的聯繫」：⑴人所希望的是對於他作為他自身而言的那種善（他所希望的不是他作為另一種不同存在的善），神亦如此；⑵人之善在將來，神之善則現在就完全地享有。

37　因為，他追求同樣一些事物，而對每種這類事物他都能同時獲得快樂與痛苦的完整豐富的感覺，因而他具有感覺的豐富性。而追求快樂的人，則時而追求這種事物，時而追求那種事物，此事物此時令他快樂，彼時令他痛苦，彼事物此時令他痛苦，彼時令他快樂；因而，他始終只具有部分的、偶性的感覺；所以他會因當下感覺到的東西而悔恨過去沒有感覺到它，然而這種悔恨不是因感覺的完整豐富性而發生，而是因為此時這一部分偶性獲得的感覺而發生。

所以友愛便被說成是具有其中的某種特點，具有它們的人便被稱爲朋友。至於一個人是否能與他自身做朋友，我們暫且不做討論。不過，在一個人具有兩個或更多的部分的意義上，從剛才所談到的，以及從對另一個人的友愛的極端形式酷似一個人與他自身的關係這點[38]來看，似乎可以說存在著這種友愛。其實多數人，儘管是壞人，都具有剛才所描述的特徵。也許，他們具有這些特徵，是因爲他們還肯定自己的德性，還認爲自己是公道的人？因爲，最壞的人和不敬的人都不具有，或看來是不具有這些特徵。其實，壞人基本上都不具有這些特徵，因爲，他們與自身不一致——他們欲求的是一種東西，希望的是另一種東西。不能自制者的情形也是這樣。他們選擇的不是他們認爲善的東西，而是令人愉悅但有害的東西；另一些人則由於怯懦和懶惰而不去做他們認爲是對自身最好的事情。那些做過許多可怕的事情的人甚至由於其罪惡而仇視生命。他們逃避生活，殘害自身。壞人總想與別人湊在一起來逃避獨處，因爲，他們獨處時會回憶起許多壞事，並且會想做其他這樣的壞事；如果和別人在一起，他們就會忘記這些。由於沒有可愛之處，壞人對他們自身並不友善，所以，他們不能與自身共歡樂和相互同情。因爲，他們的靈魂是分裂的：一個部分因其邪惡對缺乏某種東西感到痛苦，另一個部分則對此感到高興；一個部分把他拉向這裡，另一個部分把他拉向那裡，

[1166b]

38 萊克漢姆（第五三四—五三五頁注）認為這句話中「在一個人具有兩個或更多的部分的意義上」沒有任何意義，「對另一個人的友愛的極端形式酷似一個人與他自身的關係」可能是後人加上的。

彷彿要把他撕裂。如果不能同時感受快樂和痛苦，一個人享樂之後就很快會感到痛苦，他會希望自己沒有享受那種快樂，因爲壞人總是悔恨。[39]所以，壞人由於沒有可愛之處，甚至對他們自身都不友善。如果這種情形是極其可悲的，我們就應當努力戒除邪惡，並使自己行爲公道，這樣我們才能對我們自身友好，也才能與其他人做朋友。

五、友愛與善意

善意是友善的，但還不是友愛，因爲，對陌生人也可以有善意，並且這種善意可以不爲對方知曉，友愛卻不是這樣，但這在前面[40]已經說過了。善意也不是愛，因爲，它不包含傾向[41]與欲求，[42]而這兩者總是伴隨著愛的。愛之中還包含著形成共同的道德，而善意則是突

---

39 壞人的靈魂分裂，不等於他可以同時感受同一種事物的快樂與痛苦。因為，靈魂的這些分裂不是同時對他產生同樣大的作用，否則，一個壞人就會永遠處於不動的狀態，而如果那樣，他也就不會被稱為一個壞人。相反，他的感覺是片段性的——他此時對這種事物感到快樂，彼時又因另一種事物而對這種他剛剛感到快樂的事物感到痛苦；因為不同的事物對於他的靈魂的不同部分發生著作用。

40 1155b32-1156a5。

41 διάταξις，傾向、處置與行為的意向。

42 ὄρεξις。關於ὄρεξις（欲求）與ἐπιθυμία（欲望）的相關關係，參見本書第一卷注10。

然產生的。例如，我們會對某個競賽者突然產生善意，希望他獲勝，但是並不打算提供實際的幫助。這種善意如剛剛說過的是突然產生的、表面性的，所以，善意是友愛的起點，這就像視覺上的快樂是性愛的起點一樣，沒有對另一個人的形象上的愉悅感就沒有性愛。但是，有了這種愉悅感不一定就是性愛，只有對方不在場時就想念，就欲求著那個人到來，才是性愛。同樣，沒有善意兩個人就不會成為朋友，但有了善意也不一定因此就成為朋友，因為，他們可能只是希望對方好，不打算實際地做什麼，也不因此去找麻煩。所以，在引申的意義上，善意可以說是尚未發展的友愛。如果繼續下去並形成共同的道德，善意便成為真正的友愛。然而這不可能是有用的友愛或快樂的友愛，因為這些友愛裡不存在善意。因為，一個人做出善舉，被幫助者以善意來回報，這是公正的。如果一個人希望別人好是期望自己能從後者那裡得到好處，那就不是對別人的善意，而是對自己的善意，這就像因為有用而對另一個人好的人不是真朋友一樣。總而言之，善意是產生於德性與公道的。當一個人表現出高尚〔高貴〕、勇敢等等時，我們就會產生出善意，就像我們在觀看競賽時會產生善意一樣。[43]

[1167a]

---

43 格蘭特（卷II第二九二頁）說，亞里斯多德在本章引入了對與友愛同種的感情的討論，就像他在第三卷引入對與選擇同種的能力的討論，在第六卷引入對與明智同種的品質的討論一樣。善意，亞里斯多德說，是由於高尚〔高貴〕的行為的出現而激發出來，突然地發生的、被動而表面的、繼續下去便可能產生友愛的那種感

六、友愛與團結

團結[44]似乎也是一種友善，所以，它不等同於共同意見，[45]因爲，共同意見可以產生於與陌生人之間；它也不是關於某個問題——如天體——的共同認識[46]（因爲這樣的團結[47]不是友善）。但是當城邦的公民們對他們的共同利益有共同認識，並選擇同樣的行爲以實現其共同的意見[48]時，我們便稱之爲團結。所以，團結是就團結起來要做的事情，尤其是那些關係到雙方乃至所有人的目的的大事情而說的。例如，一個城邦的公民決定要透過選舉來分派公共職司，要與斯巴達結盟，或要讓畢達科斯當治理者（如果他本人願意），[49]就是這樣的情。所以，這種感情與有用的友愛在性質上不同。

44 ὁμόνοια。

45 ὁμοδοξία。

46 ὁμογνωμονεῖν。

47 此處本文為 ὁμονοεῖν（團結，ὁμόνοια 的動詞不定式形式），萊克漢姆（第五四〇頁注）懷疑是作者誤將 ὁμογνωμονεῖν 寫成了 ὁμονοεῖν。

48 共同的意見，此處用的是 κοινῇ δόξαντα。

49 畢達科斯，Πιττακός，Pittacus。據萊克漢姆（第五四二頁注），西元前六世紀，畢達科斯被選為米梯里恩（Mitylene）的執政官，執政十四年後離職，全體公民都希望他繼任，但他本人卻不願意，因此未能達到全大事情。如果每個人都像《福尼克斯》[50]中的那兩個人[51]想著自己當治理者，就會引起爭端，因爲，每個人都在想同一件事不等於就團結，團結是在於每個人都把這件事與同樣的人相聯繫，例如當普通人[52]和公道的人都同意應當讓最好的人當治理者的時候，因爲，只有他們都同意這樣，他們才得到了他們想要的東西，所以，團結似乎就是政治的友愛。人們也的確說它就是政治的友愛，因爲，它關係到利益，關係到那些影響著我們的生活的事物。這樣的團結只存在於公道的人們之間。公道的人們不僅與自身團結，相互間也團結。因爲，他們就好像是以同樣的東西爲根基的[53]：他們的希望穩定而持久，而不像埃夫里普[54]的潮水那樣流轉無常；他們所希望的是公正與利益，這是他們共同的追求。壞人之間不會有這種團結，除非

[1167b]

體公民的一致。

50 歐里庇德斯的《福尼克斯》（*Phoenissae*）五八八及以下。

51 即厄忒俄克勒斯（Eteocles）與波呂尼刻斯（Polineices）兄弟。據希臘神話，他們二人在忒拜輪流執政，等待的一方必須在國外流放。

52 ὁ δῆμος，生活在 δῆμος（社區）裡的人。參見本書第八卷注67。

53 ἐπὶ τῶν αὐτῶν ὄντες，ὡς εἰπεῖν。ὄντες，格蘭特（卷II第二九四頁）、奧斯特沃特（第二五七頁）解釋為「基於同樣的根基」；克里斯普（第一七三頁）解釋為「屬於同樣的人」。

54 位於希臘埃維亞島與大陸之間的一條狹長的海峽，水流方向一日之內變化多次。據說亞里斯多德因為未能說明其水流變化的原因而感到沮喪。

在細小的事情上，正像他們的友愛一樣，因爲，他們總是想多得好處，少出力氣，儘管他們每個人都這樣想，他們卻不願別人多得好處或少出力氣。因爲，如果他們不這樣做，共同的利益就會被毀滅。其結果就是出現爭端：每個人都強迫別人出力，自己卻不想出力。

七、施惠者更愛受惠者的原因

與受惠者愛施惠者相比，施惠者似乎更愛受到他的恩惠的人。人們討論這件事，好像它有些背理。[55]在多數人看來，這原因在於受惠者處於債務人的地位，施惠者處於債權人的地位：債務人希望債權人不存在，債權人則希望債務人存在。所以，施惠者希望受惠者存在並從後者得到回報，受惠者則不關心回報施惠者這件事。埃庇卡莫斯[56]可能會說，這種觀點是在從壞的一面看問題，但人差不多就是這樣，因爲，多數人都很健忘，總想多得好處而

---

55 從理論上來說，施惠者提供了幫助或好處，應當從受惠者方面得到愛或感情的回報，應當被愛多於愛。但是人們注意到，施惠者常常愛多於被愛：他更愛受惠者，而不是更被受惠者所愛。由於同意施惠者應當被愛這樣一種意見，多數人認為這是背理的，並且用債權人的類比來解釋這種背理。

56 Ἐπίχαρμος，Epicharmus，西元前五世紀西西里（Sicilian）詩人、戲劇家，下文中「從壞的一面看問題」，見於其《殘篇》（*Fragments*）一四六。

不是給別人好處。[57]然而，這種情形[58]還有更爲根本的[59]原因，而且，債權人也不是個合適的類比。因爲首先，債權人並不愛債務人，他希望後者存在，只是因他關心收回自己的錢。而施惠者則愛與鍾愛[60]接受他的恩惠的人，即使後者現在和將來都對他沒有用處。技匠的情形恰巧是這樣。每個技匠都鍾愛他的活動所創造的產品，而不是被那產品——若它有生命的話——所愛。這在詩人身上最爲明顯：他們過度鍾愛自己的作品，把它們當自己的孩子來愛。施惠者的情形差不多就是這種樣子，那個接受到他的恩惠的人就是他活動的產品，所以他鍾愛那個受惠者，而那個受惠者卻並不愛這個製作者。其原因在於，存在對於一切生命物都值得欲求和可愛，而我們是透過實現活動（生活與實踐）而存在，而產品在某種意義上也就是在實現活動中的製作者自身。所以，製作者愛他的產品，因爲他愛他的存在。這其實很自然。因爲，一個事物能夠是什麼，就在於它在其實現活動中實現了什麼。其次，這種實踐之中還有對施惠者來說是高尚〔高貴〕的東西。所以，施惠者對那個對象感到喜悅。而對受惠者來說，這種實踐中則沒有什麼高尚〔高貴〕的東西，至多是有些不大令人愉悅、不大可

[1168a]

57 對埃庇卡莫斯的上述反駁表明，亞里斯多德認為債權人解釋並非全無道理，因為它適合多數人的情形。

58 施惠者愛受惠者甚於受惠者愛施惠者。

59 φυσικώτερον，即更合於事情的本性（自然）的。

60 ἀγαπῆ，或慈愛。

愛的好處。實現活動、對未來的期望[61]和對已經實現的東西[62]的回憶都令人愉悅，但實現活動最令人愉悅，也最可愛。製作者所製作的產品是持久的（因爲高尚〔高貴〕的東西是經久的），而它對於接受者而言的用處則是易逝的。[63]對高尚〔高貴〕事物的回憶令人愉悅，對有用的事物的回憶則不令人愉悅，至少不像前者那樣令人愉悅；對未來的期望則與此相反。[64]第三，愛似乎是主動的，被愛則是被動的，所以，愛與友善都是那優越的一方[65]實踐的結果。第四，每個人都更珍惜經由自己勞動而獲得的成果，例如，那些自己辛苦賺得錢的人比那些藉繼承遺產而得到一筆錢的人更加珍惜錢。接受似乎不包含辛苦，而給予卻要付出辛苦，（正因爲這點，母親們更愛她們的孩子，因爲生育的辛苦要更大些。）施惠者似乎也是這樣。

61 ἐλπίς，期望、期待。亞里斯多德對ἐλπίς的用法與βουλή（希望）相近，指一個人對相對於自身而言的善的企盼。

62 τοῦ δὲ γεγενημένου，已經使之生成、實現的東西。

63 萊克漢姆將這句話置於「實現活動、對未來的期望和對已經實現的東西的回憶……」之前。

64 在對未來的期待中，對有用的事物的期待令人愉悅，對高尚〔高貴〕事物的期待則不令人愉悅，或不像前者那樣令人愉悅。

65 即施惠者。

八、兩種自愛

還有一個困難的問題，即一個人應當最愛自己還是最愛其他某個人。因爲一方面，我們在貶義上用自愛者[66]這個詞來稱呼那些最鍾愛自己的人。而且，壞人似乎做任何事情都只考慮自己，並且越這樣他就越壞（所以有這樣的抱怨，說這樣的人從來不會想到爲別人做些什麼[67]）。而公道的人做事則是爲著高尚〔高貴〕的事物，並且越這樣做他就越好，就越關心朋友而忘記他自己。但是，事實與上面的說法並不一致。這也並不令人奇怪。因爲首先，人們說人應當最愛最好的朋友，而一個因我們自身之故而希望我們好——即便我們並不知道這一點——的人才是這樣的朋友，而這些特點，以及朋友的其他那些特點，都最充分表現在一個人與他自身的關係中，因爲前面已經說過，[68]對朋友的感情都是從對自身的感情中衍生的。其次，所有的俗語，如「朋友心相通」、[69]「朋友彼此不分家」、[70]「友愛就是平

[1168b]

---

66 φιλαύτος，愛自己的人。

67 ἐγκαλοῦσι δὴ αὐτῷ οἷον ὅτι οὐθὲν ἀφ᾽ ἑαυτοῦ πράττει。

68 本卷第四章。

69 μία ψυχή，此語出自歐里庇德斯的《俄瑞斯忒斯》（*Orestes*）1045-6。

70 κοινὰ τὰ φίλων，見 1159b31。

等」、[71]「施惠先及親友」[72]等等，也都符合這個說法，所有這些俗語都在人與自身的關係中表現得最充分，因爲一個人是他自身最首要的朋友，所以，人應當最愛他自己。這樣就自然產生出一個困惑：既然這兩種說法都可信，究竟該採取哪種說法呢？[73]

也許，我們應當把這兩種說法區分開，弄清它們各自在何種範圍內、又以何種方式爲眞。如果我們清楚每種說法如何使用自愛這個詞，這一點就會變得明朗。那些在貶義上用這個詞的人把那些使自己多得錢財、榮譽和肉體快樂的人稱爲自愛者，因爲，這些就是被多數人當作最高善而欲求和爲之忙碌的東西。而那些使自己多得這些東西的人，也就是滿足[74]自己的欲望，總之，滿足自己的感情或靈魂的無邏各斯部分的人。多數人都是這樣的人。所

---

71 ἰσότης φιλότης。1157b36：φιλότης ἰσότης。

72 γόνυ κνήμης ἔγγιον，字面意義為，膝比小腿更靠近（心）。γόνυ，膝：κνήμη，小腿：ἔγγιον，靠近。羅斯（第二三五頁）與韋爾登（第三〇〇頁）在此引申義上譯為施惠先及親友（Charity begins at home）。

73 「自愛者是只考慮自己的人」和「友愛的特徵都來源於人與他自身的關係」這兩種流行的看法構成常識道德中的一個重要悖論。亞里斯多德在下文的討論中認為，這個悖論之所以會產生而且顯得難以解決，原因在於它們各自理解的自愛是對靈魂不同部分的愛。前者所說的自愛是對靈魂無邏各斯部分的愛，多數人的自愛屬於這一類，後者所說的則是對靈魂的主宰的即有邏各斯部分的愛。這種自愛是有德性的人的自愛，因而是更為真實和正確的，即真實意義上的自愛。

74 χαρίζονται。

以自愛這個詞就開始這樣[75]使用。因爲多數人的這種自愛是壞的，所以，這種意義上的自愛者公正地受到譴責。多數人是把在這些事物上使自己多得的人稱爲自愛者，這無可置疑。因爲，如果一個人總是做公正的、節制的或任何合乎德性的事情，總之如果他總是做使自己高尚〔高貴〕的事情而不是別的事情，就不會有人譴責他是自愛或者指責他。然而，這樣的人才最應當被稱爲自愛者，因爲，他使自己得到的是最高尚〔高貴〕的、最好的東西，他盡力滿足自身的那個主宰的部分，並且處處聽從它。一個城邦或一個組合體就在於它的主宰的部分，人也是一樣，所以，鍾愛並盡力滿足自身的主宰部分的人才眞正是一個自愛者。其次，我們說一個人自制或不能自制，是就他的努斯是否是他的主宰而說的，這意味著那個主宰的部分就是他自身。此外，我們覺得，一個人合邏各斯的行爲才眞正是他自身的行爲、才是他出於意願的行爲，[76]所以，這個部分就是一個人的自身，這無庸置疑，而一個公道的人最鍾愛的也就是這個部分。所以，這樣的人才眞正是自愛者，不過是不同於貶義的自愛者的另一種自愛者。這種自愛者與貶義上的自愛者的區別，就像按照邏各斯的生活與按照感情的

75 即在貶義上。

76 合邏各斯的行為，亞里斯多德指的是出於欲望然而聽從了邏各斯的行為。儘管亞里斯多德也把出於欲望的——即並非出於邏各斯的行為看作出於意願的，但是他把合邏各斯的行為看作是最充分意義上的出於意願的行為。

生活之間，以及追求高尚〔高貴〕與追求實利之間的區別一樣大。人們都稱讚和讚賞特別熱心於行爲高尚〔高貴〕的人。如果人人都競相行爲高尚〔高貴〕，努力做最高尚〔高貴〕的事，共同的東西就可以充分實現，每個人也就可以獲得最大程度的善，因爲德性即是這樣的善。所以，好人必定是一個自愛者，因爲，做高尚〔高貴〕的事情既有益於自身又有利於他人，壞人則必定不是一個自愛者，因爲，按照他的邪惡感情，他必定既傷害自己又傷害他人，所以壞人所做的事與他所應當做的事相互衝突。公道的人所做的則是他應當做的事。因爲，努斯總是爲它自身選取最好的東西，而公道的人總是聽從努斯。當然，公道的人常常爲朋友或他的祖國[77]的利益而做事情，爲著這些他在必要時甚至不惜犧牲自己的生命。他可以放棄錢財、榮譽和人們奮力獲得的所有東西，而只爲自己保留高尚〔高貴〕。因爲首先，他寧取一個短暫而強烈的快樂而不取一個持久但溫吞的享受；寧取一年高尚〔高貴〕的生活而不取多年平庸的生存；寧取一次偉大而高尚〔高貴〕的實踐而不取許多瑣碎的活動。那些爲他人捨棄其生命的人也許就是這樣做的，他們爲自身選取的是偉大而高尚〔高貴〕的東西。其次，他也樂於捨棄錢財，如果朋友們能得到的話，因爲，這樣朋友們得到了錢財，他得到了高尚，他仍然把最大的一種善給予了自身。此外，在榮譽與地位上他也是這樣。他可以把這些都讓與朋友，因爲這對於他是高尚〔高貴〕的和值得稱讚的。所以，這樣的人自然是好

77 πατρίδος。

人，因爲他爲自己選取的首先是高尚〔高貴〕。有時候他甚至會讓朋友們去完成某項事業，因爲，讓朋友去做有時可能比自己去做更高尚〔高貴〕。所以在所有值得稱讚的事物中，好人都把高尚〔高貴〕的東西給予了自己。所以，如上面說過的，我們應當做這種意義上的自愛者，而不應當做多數人所是的那種自愛者。

九、幸福的人也需要朋友的原因

[1169b] 另一個困惑的問題是幸福的人是否需要朋友。人們說，享得福祉的、自足[78]的人不需要朋友，因爲，他們自身已經應有盡有，並且因爲自足，不可能再添加什麼了；而朋友作爲另一個自身，只是在補充一個人不能自身產生的東西。所以有這樣的話：

> 若有神佑，誰還需要朋友？[79]

但是，說一個幸福的人自身盡善皆有，獨缺朋友，這又非常荒唐。因爲首先，朋友似乎是

78 希臘語中的自足概念，參見本書第一卷注57。

79 歐里庇德斯的《俄瑞斯忒斯》（*Orestes*）665。

最大的外在的善。其次，如果一個朋友就在於給予而不是接受，如果好人或有德性的人就在於行善舉，如果施惠於朋友比施惠於陌生人更高尚〔高貴〕，那麼一個好人就需要一個承受其善舉的人。正因爲這樣，人們才會提出一個人是在好運時還是在厄運時更需要朋友的問題。因爲人們認爲，處於厄運中我們需要有人對我們行善舉，處於好運中我們又需要有人承受我們的善舉。第三，也許把享得福祉的人想像成孤獨的也是荒唐的。如只能孤獨地享有，就沒有人願意擁有所有的善。因爲，人是政治的存在者，必定要過共同的生活；[80]幸福的人也是這樣，因爲，他擁有那些本身即善的事物，與朋友和公道的人共用這些事物，顯然比與陌生人和碰巧遇到的人共用更好。所以幸福的人需要朋友。[81]

那麼，[82]持前面那種觀點的人說的究竟是什麼，又在何種意義上爲眞？他們那樣說，是

80　πολιτικὸν γὰρ ὁ ἄνθρωπος καὶ συζῆν πεφυκός。

81　亞里斯多德說，由於(1)朋友是最大的外在的善（一個幸福的人不可能擁有所有的善而唯獨缺少這種重要的善），(2)一個人如果處於好運中就需要朋友來接受他的善舉，以及(3)沒有人（尤其是幸福的人）願意過孤獨的生活，幸福的人必定需要朋友。

82　支援「幸福的人需要朋友」論點的一個更為重要的論據，即基於對人的實現活動的說明的論據，透過以下對反面論點的反駁而得到詳細的陳述。對這個論據的陳述包括兩大部分。(1)理智的實現活動論據：(a)幸福在於實現活動；(b)我們更能夠沉思鄰人的而不是我們自身的實現活動；(c)我們需要朋友來沉思人（類）的好的實現活動。(2)生命的全面實現活動的論據：(a)人的生命就在於感覺與思考這兩種實現活動；(b)正如一個人自己

不是因爲多數人覺得有用的人才是朋友呢？享得福祉的人不需要這樣的朋友，因爲他自身擁有所有的善。同樣，他也不需要或不太需要快樂的朋友，因爲他的生命自身就令人愉悅，無須額外的快樂。由於他不需要這兩種朋友，這些人便認爲他不需要朋友，但是這種看法並不眞實。因爲首先，我們在一開始就說過，[83]幸福在於實現活動，而實現活動顯然是生成的，而不是像擁有財產那樣據有的。如果幸福在於生活或實現活動，並且一個好人的實現活動如開始就說過的[84]自身就是善的和令人愉悅的；如果一物之屬於我們自身是令人愉悅的；如果我們更能夠沉思鄰人而不是我們自身，更能沉思鄰人的而不是我們自身的實踐，因而好人以沉思他的好人朋友的實踐爲愉悅（因爲這種實踐具有這兩種愉悅性），那麼享得福祉的人就需要這樣的朋友。因爲，他需要沉思好的和屬於他自身的實踐，而他的好人朋友的實踐就是這樣的實踐。同時人們也都認爲，幸福的人的生活應當是愉悅的，然而一個孤獨的人的生活是艱難的。因爲，只靠自身很難進行持續的實現活動，只有和他人一起才較容易持續，如果一種實現活動自身也就令人愉悅，享得福祉的人的實現活動就必定是這樣（因爲，好人由於

的存在值得他欲求，他朋友的存在也同樣值得他欲求；(c)如果生命之值得欲求就在於感覺到生命的善以及這種感覺本身的愉悅性，一個人也需要去感覺他的朋友對其存在的感覺。格蘭特（卷II第三〇一頁）把論據(2)理解為感覺的並稱之為「同情」的論據。

83 1098a16，b31-1099a7。

84 1099a14，21。

善良而喜歡合於德性的行爲，並厭惡出於惡的行爲，正如一個樂師喜歡好的音樂而厭惡壞的音樂），它就會更爲持久。此外，和好人相處，正如塞奧哥尼斯所說，會使得一個人變得有德性。[85]第二，如果從事物的更根本處考察，好人朋友自然就值得一個好人欲求，因爲，如所說過的，[86]本性善的事物自身就令一個好人愉悅。動物的生命爲感覺能力所規定，人的生命則爲感覺與思考[87]能力所規定；而每種能力都與一種實現活動相關，並主要存在於這種實現活動之中，所以，生命主要就在於去感覺和去思考。生命自身就是善的和愉悅的，因爲，它是限定的，而限定性是善的事物的本性。[88]凡是本性上善的事物就對公道的人是善，

85 塞奧哥尼斯（Θεόγνις，Theognis），西元前六世紀抒情詩人，上述引語是塞奧哥尼斯詩篇（迪爾的《希臘抒情詩選》）第三十五行的轉述，原文是：

ἐσλῶν μὲν γὰρ ἄπ᾽ ἐσθλά μαθήσεαι。

（和好人相處，人會跟著學好。）

86 1099a7-11，1113a25-33。

87 νοήσεως，思考；νοεῖν 的副詞形式。

88 「因為，如所說過的，……而限定性是善的東西的本性」這段話，是亞里斯多德對幸福的人必定也需要朋友的實現活動這一論據的前提或出發點所做的討論。伯尼特（第四二八頁）認為，這段討論包含著有關他的實踐三段論的起點的兩個前提三段論推理：

前提三段論 1

因而也對所有的人都顯得愉悅。但我們所說的生命不是惡的、腐敗的和充滿痛苦的生命。因爲，這樣的生命是無限定的，正如它的屬性是無限定的一樣（痛苦的這種無限定性在下面的討論中將更加清楚）。如果生命自身就是善的和愉悅的（它似乎是這樣的，因爲每個人都欲求它，公道的人和享得福祉的人尤其欲求它，因爲他們的生命最值得欲求，他們的生活有最多的福祉）；如果一個人看就感覺到他在看、聽就感覺到他在聽、走就感覺到他在走；同樣，在進行其他活動時也都有一個東西感覺到他在活動，因而如果感覺就感覺到自己在感覺，思考就感覺到自己在思考，而感覺到自己在感覺和思考，也就是感覺到自己存在著（因爲我們把存在規定爲感覺與思考）；如果感覺到自己存在著本身就令人愉悅（因爲生命本性上就是善，而感覺到自己擁有一種善自身就令人愉悅）；如果生命就值得欲求，並且對於好人尤其值得欲求，因爲存在對於他們是善的和愉悅的（因爲他對那些自身即善的事物的感覺使他愉悅）；如果好人如何對待自己就如何對待朋友（因爲朋友就是另一個自身），那麼，

人的生命在於感覺與思考的能力，每種能力都要訴諸它的實現活動，所以，人的生命在於感覺與思考。

前提三段論2
確定的東西本性上是善的。
生命是確定的，
所以，生命本性上是善的。

羅斯（第二四二－二四三頁注）做了以下更為詳細的與此有所區別的分析，認為其中包含五個前提三段論及一個推論：

前提三段論1
能力訴諸於實現活動，
人的生命由感覺與思考能力規定，
所以，人的生命由感覺與思考的實現活動規定。
前提三段論2
確定的東西本性上是善的，
生命是確定的，
所以，生命本性上是善的。
（隱含的）前提三段論3
本性上善的對好人是善的和愉悅的，
生命本性上是善的，

正如他自己的存在對於他是值得欲求的，他的朋友的存在也同樣或幾乎同樣值得欲求。[89]但

所以，生命對於好人是善的和愉悅的。

（隱含的）前提三段論4

生命對於好人是善的和愉悅的，

人的生命由感覺與思考的實現活動規定，

所以，感覺與思考對好人是善的和愉悅的。

前提三段論5

所有人，尤其是幸福的人欲求的是自身即善的事物，

生命是被這樣地追求的，

所以，生命是自身即善的事物。

推論

自身感覺伴隨著感覺與思考。

89 這段冗長的推理，是亞里斯多德關於幸福的人也必定需要朋友的主要論證。這樣精細的論證在《尼各馬可倫理學》中並不多見。伯尼特（第四二八—四三〇頁）將這段論證分析為三個主要的實踐三段論推理，這些三段論的前提都是上述前提三段論的結論：

三段論1

生命在於（去）感覺和（去）思考，

生命本性上是善的，因而對於好人是愉悅的，

所以，感覺與思考在本性上是善的，且對於好人是愉悅的。

三段論2

感覺與思考是善的，且自身對於好人是愉悅的，

自身感覺是對感覺與思考的感覺，

所以，對於善的自身感覺自身就是善的和愉悅的。

三段論3

好人對朋友如對自身，

好人的自身感覺是善的和愉悅的，

所以，好人對於朋友之自身感覺的感覺自身就是善的和愉悅的。

羅斯（第二四二—二四三頁）對亞里斯多德的這段論證，像對亞里斯多德的前提三段論的分析一樣，也做了更為精細的分析。他認為其中含有六個三段論與一個推論：

三段論1

自身感覺伴隨著感覺與思考，

人的生命由感覺與思考的實現活動規定，

所以，對感覺與思考的自身感覺就是對生命的自身感覺。

三段論2

擁有某種善的自身感覺是愉悅的，
生命自身就是善的，
所以，對生命的自身感覺是愉悅的。

（隱含的）三段論3
對生命的自身感覺是愉悅的，
對感覺與思考的自身感覺就是對生命的自身感覺，
所以，對感覺與思考的自身感覺是愉悅的。

推論
好人的生命尤其值得欲求，因爲他所感覺到的實現活動是善的。

三段論4
好人對朋友如對自身，
生命對於好人是善的和愉悅的（＝值得欲求的），
所以，朋友的生命對於好人是值得欲求的。

三段論5
生命對於好人值得欲求是因爲他感覺到他的實現活動是善的，
朋友的生命對於好人是值得欲求的，
所以，對朋友的善的實現活動的自身感覺也是值得欲求的。

是，存在之所以值得一個人欲求，是由於他感覺到自己好，是由於這種感覺自身就令人愉悅。所以，一個人也必須一起去感覺[90]他的朋友對其[91]存在的感覺。這種共同感覺可以透過共同生活和語言與思想的交流來實現。共同生活對人而言的意義就在於這種交流，而不在於像牲畜那樣的一起拴養。[92]所以，享福祉的人的存在自身就值得欲求，因爲，它在本性上就是善的和愉悅的。如果他的朋友的存在對於他也幾乎同樣值得欲求，那麼朋友對於他就值得欲求。而對他而言，凡值得欲求的東西就必須擁有，否則就存在匱乏。所以，要做一個幸福的人就必須要有好人朋友。

結論三段論

如要幸福，一個人就必須擁有所有值得欲求的事物，
朋友的生命對於好人是值得欲求的，
所以，如要幸福，一個人就必須要擁有朋友。

90 συναισθάνεσθαι。
91 即他的朋友的。
92 共同生活（συζῆν）一詞的本義是指把牲畜拴養在一起，所以亞里斯多德此處談到它的對人而言的意義。

十、朋友需有限量的原因

那麼，一個人是應當有許多朋友？還是應當像關於待客的俗語所說的，

既不要太多，也不要過少，[93]

因爲這也適合於說交朋友——既不要沒有朋友，也不要有太多朋友？對於有用的朋友，這話是十分中肯的。[94]（因爲，一個人很難回報許多人，且人生短暫也令我們回報不及。實際上，朋友多過需要也就成爲多餘，會妨礙高尚〔高貴〕的生活。所以，我們自己最好不要有過多的朋友。）快樂的朋友也是有幾個就可以了，就像一頓飯有點甜食就夠了一樣。但是，好人朋友是應當越多越好呢？還是應當像城邦的人口那樣，有個確定的數量？十個人構不成一個城邦，但是若有十萬人，城邦也就不再是城邦了。[95]恰當的數量也可能不是某一個數

93 赫西阿德的《工作與時日》七一五。

94 首先要談到有用的朋友，因為「多數人覺得有用的人才是朋友」（1169b23-24）。

95 奧斯特沃特（第二六七—二六八頁）引證艾倫伯格（V. Ehrenberg）的《希臘城邦》（*The Greek State*）（〔牛津大學出版社，一九六〇年〕第三十三頁）所提供的亞里斯多德時代雅典的人口結構

量，而是某些限定的數量中間的一個。所以，朋友的數量也有某些限定，也許就是一個人能持續地與之共同生活的那個最大數量（因爲，我們已經說過，[96]共同生活似乎是友善的一個主要標誌）。但是，一個人不可能與許多人共同生活或讓許多人分享其生命，這無可置疑。其次，一個人的朋友們相互間也必須是朋友，如果他們也要彼此相處的話，但是如果有許多朋友，這件事就比較困難。第三，一個人很難與許多人共歡樂，也很難對許多人產生同 [1171a]

總人口	258,000
其中：	
男性居民	28,000
含其妻子、子女	112,000
外籍居民	12,000
含其妻子、子女	42,000
奴隸	104,000

證明，亞里斯多德此處所指數字為不含奴隸的男性居民的人效。亞里斯多德《政治學》（1326b8-20）中認為，一個城邦的人口應以能保障城邦的豐足生活之所需，以及人人皆能相互熟悉的人數範圍為其上限。所以他在下面認為，朋友的數量應以一個人能夠與之共同生活的最大人數為上限。

96 1157b19，1158a3，10。

情，[97]因爲，一個人可能在與一個朋友一起歡樂的同時，又需要與另一個朋友一起悲傷。所以，比較好的做法可能是不要能交多少朋友就交多少，而只交能與之共同生活的那麼多的朋友。實際上，一個人也不可能與許多人產生強烈的友愛。正因爲這一點，一個人不可能對許多人產生性愛。因爲，性愛往往是極端的友愛，只能對某一個人產生；強烈的友愛也同樣只能對於少數的人產生。這種看法可由事實得證。夥伴的友愛只包括少數幾個人，常爲人們歌頌的友愛[98]都只存在於兩個人之間。與許多人交朋友，對什麼人都稱朋友的人，就似乎與任何人都不是朋友（除非說同邦人都是朋友）。我說的是那種被看作是諂媚的人。當然，一個人可能和許多人都有同邦人的友愛而仍然是一個公道的人且並不諂媚。但是，一個人卻不可能是許多人的朋友，並且都是因他們的德性和他們自身之故而愛著他們。因德性和他們自身之故而交的朋友，有少數幾個我們就可以滿足了。

---

97 συναλγεῖν，同情、感情共鳴。

98 例如普魯塔克（Plutarch）的《道德論叢》（*Moralia*）（93c）中提到的希臘神話英雄阿喀琉斯與派特羅克洛斯（Patroclus）的友愛、俄瑞斯忒斯（Orestes）與皮拉德斯（Pylades）的友愛，以及忒修斯（Theseus）與皮里托俄斯（Pirithous）的友愛等等。

十一、好運中的朋友與厄運中的朋友

一個人是在好運中，還是不幸中需要朋友？我們在這兩種情況下都需要朋友。在厄運中我們需要幫助；在好運中我們需要有人陪伴，需要有人接受善舉，因爲我們可能希望這樣做。所以在厄運中友愛更必要，更需要有用的朋友；在好運中友愛更高尚〔高貴〕，更需要有公道的人做朋友，因爲，對公道的人行善舉和與公道的人相處更值得欲求。其次，無論在好運中還是在不幸中，朋友的在場[99]都令人愉悅，朋友的同情使痛苦減輕。所以我們有時候竟弄不清，我們的痛苦是因朋友們眞的分去了一份，還是因他們的在場使我們愉悅或使我們感覺到了他們的同情而得到減輕。痛苦的減輕到底是由於這兩種原因的一種，還是由於別的，我們倒不必去討論。不管怎樣，上面所說明的情況的確是存在的。不過，朋友的在場似乎既給我們以快樂，又令我們痛苦。一方面，見到朋友這件事本身令人愉悅，尤其是當處於厄運之中時，這的確有助於減輕痛苦。一個朋友如果是體貼的，他的目光和言談都使我們寬慰，因爲，他知道我們的品質，知道什麼使我們快樂、什麼使我們痛苦。但另一方面，看到另一個人因我們的厄運而痛苦又令我們覺得痛苦，因爲，每個人都不願意讓朋友因爲自己而痛苦。所以，一個有男子氣概的人總是盡力不讓朋友分擔他的痛苦，除非對一切都感覺不

[1171b]

99 παρουσία。

到痛苦，否則他就無法忍受朋友爲他的痛苦而痛苦這件事；他也不願意讓朋友與他一起悲哀，因爲他自己從不悲哀。但是婦女和女性化的男子卻喜歡別人和他一起悲哀，把他們當作朋友和同情者來愛。然而，我們在每件事上都顯然應當按照較好的人的樣子去做。在好運中，朋友的在場則總是使時光過得愉快，並且看到朋友因我們的善而快樂也使得我們感到高興。所以，在好運中我們似乎應當邀請朋友們來分享（因爲行善舉是高尚〔高貴〕的）；但是在遭遇厄運時，我們必定對是否要讓朋友知道感到猶豫（因爲，惡的東西我們應當儘量少讓朋友分擔，所以俗語道，「厄運就都讓我來承擔吧！」[100]），請朋友幫助的，應當主要地是那些他們費力很小而對我們幫助很大的事情。[101]反過來說，對於遭受厄運的人，我們應當不請自到，樂於幫助（因爲做朋友就應當說明，尤其是當對方需要而沒有提出請求的時候，這樣的幫助才對雙方都更高尚〔高貴〕、更令人愉悅）。對於交好運的朋友，我們也要樂於合作（因爲他們需要朋友合作），但在分享好處時則不要那麼主動（因爲急於分享好處不是高尚〔高貴〕的舉動）。但是，也要注意避免因執意推卻而產生不快，有時候這種情形的確

---

100 出處尚無詳考。

101 愛爾溫（第三○○頁）認為第八章臨近結尾處（1169a32-34）的一句話，「有時候他甚至會讓朋友們去完成某項事業，因為讓朋友去做有時可能比自己去做更高尚〔高貴〕」，構成對這句話的含義的解釋。但是他認為，亞里斯多德的這句話只是在從邀請幫助的一方的角度考慮，因而沒有充分展開他自己的觀點在這種場合中的含義，因為朋友在這種時刻總是希望做得更高尚〔高貴〕些。

會發生。所以說，朋友的在場在任何時候都值得欲求。

十二、共同生活對於友愛的意義

對愛者來說，最令他愉悅的是看到所愛的人，這種感覺比其他感覺更值得欲求，因爲性愛就產生和存在於這種感覺之中。那麼對友愛來說，共同生活是否就是最值得欲求的東西？因爲首先，友愛就存在於某種共同體之中。其次，一個人如何對自身，就會如何對朋友，自身存在的感覺值得欲求，對於朋友的存在的感覺也就值得欲求。但是，這種感覺只有在共同生活中才能實現，所以，朋友們自然尋求這種共同生活。第三，無論一個人把什麼當作他的存在或使他的存在值得欲求的東西，他都希望與他的朋友共同享有之，所以，有些朋友一起喝酒、有些一起擲骰子，另一些則一起鍛鍊、一起打獵、一起從事愛智慧的活動。每種人都在對他們而言是最好的那種事情上一起消磨時光。[102]由於希望與朋友共同生活，他們

102 所以，由於⑴友愛就在於某種共同生活；⑵對於朋友的存在的感覺（它也同樣值得欲求）只有在與朋友的共同生活中才能實現；⑶一個人喜愛什麼便會希望與朋友共用什麼，共同生活是所有友愛中最值得欲求的東西。但是關於共同生活的這種重要性的討論似乎是對前面的討論的重複。本章的目的不在於重申共同生活的這種性質，而在於指出下面的事實：由於在不同的友愛中，人們在不同的喜愛的事物上分享共同生活，他們會因為這種共同生活而變得更好或更壞。

[1172a]

都盡可能參加給他們以共同感覺的那種活動。所以壞人的友愛是壞事（因爲他們做事情不穩定，又共同地做壞的事情，他們會在相互模仿中變得更壞）；而公道的人之間的友愛則是公道的，並隨著他們的交往而發展，他們在其實現活動中透過相互糾正而變得更好，因爲，他們每個人都把對方身上值得欲求的東西當作自己的榜樣。所以俗語說，

和好人相處，人會跟著學好。[103]

關於友愛就談到這裡。我們下面要談談快樂。

103 塞奧哥尼斯詩篇第三十五行。參見本卷注85。

第十卷　快樂；幸福

壹、快樂

一、快樂問題上的兩種意見

接下來我們應當談談快樂。[1]因爲，它似乎與我們的本性[2]最爲相合，所以，我們把快樂與痛苦當作教育年輕人的手段；[3]而且，我們把愛所應當愛的，恨所應當恨的視爲養成德

1 《尼各馬可倫理學》第七卷第十一—十四章和本卷第一—五章兩處集中討論了快樂的概念。這兩處討論，斯圖爾特（卷II第二一七頁）說，儘管遵循著相同的理路，卻在某些問題上引出了不同結論。格蘭特（卷II第三二二—三二三頁）認為，第十卷的討論沒有引證前面第五至七卷的討論，其原因可能在於《尼各馬可倫理學》第五至七卷不是出於亞里斯多德本人，而是出於其學生歐台謨之手。斯圖爾特（同上）還認為，亞里斯多德本人不可能在同一部著作中有兩處專門討論快樂的概念，這種情況可能說明現存的《尼各馬可倫理學》手稿是經過編輯者編輯加工的。愛爾溫（第三〇一頁）則認為，亞里斯多德在第七卷的討論是針對學園派斯珀西波斯關於快樂不是善（以及一種善）的否定觀點，第十卷則既針對歐多克索斯關於快樂就是善本身的極端快樂主義觀點，也針對斯珀西波斯的反快樂主義觀點，兩者似乎有所互補，而亞里斯多德本人的觀點在第十卷中表現得更清楚。

2 即我們作為人的本性。

3 這句話是對柏拉圖的《法律篇》六五三的轉述。

性的品質的最重要的內容。快樂與痛苦貫穿於整個生命，對於德性與幸福至爲重要。因爲人總是選擇快樂，躲避痛苦。所以，我們不應忽略這個問題，尤其是因爲在這個問題上存在許多不同的意見。有些人認爲快樂就是善，[4]有些人則相反，認爲快樂完全是壞的。其中有的人也許眞的認爲快樂是壞的；有的人也許是認爲，即使快樂不是壞的，把它算作壞的也有利於我們的生活。因爲，許多人都片面追求快樂，成爲快樂的奴隸，所以應當修正過度，以期達到適度。[5]但是這種看法是不對的。在感情與實踐事務方面，邏各斯不像活動那樣可靠。只要邏各斯與感覺的東西相衝突，它就會遭到嘲笑，其眞實的東西就也被棄之一旁。如果一個人譴責快樂而又被發現有時追求著快樂，人們就會認爲這顯示出他把所有快樂都視爲可以追求的。因爲，多數人不會把事情分得很清楚。所以，[6]邏各斯的眞實似乎不僅對看問題有

[1172b]

---

4 即認為快樂是一般的或總體的善（τἀγαθὸν），而不是某種善（ἀγαθὸν）。例如下面一章談到的歐多克索斯認為，快樂不是像其他的善事物那樣是某種善（這是《尼各馬可倫理學》第七卷所持的觀點），而是一般的善。伯尼特（第四三七頁）說，歐多克索斯用快樂的概念取代了柏拉圖的善自身。關於亞里斯多德對善（τἀγαθὸν）和某種善（ἀγαθὸν）的相互區別的用法，見第一卷注6。不過值得指出，τἀγαθὸν這個亞里斯多德的專門的術語沒有出現在第七卷的有關討論中。

5 這裡所指的是斯珀西波斯及其學派的觀點。參見第七卷第十一—十四章。

6 這裡可以直接引出的結論似乎應當是：邏各斯必須真實，即符合於活動和對活動的感覺。邏各斯在此處的意義相當於「話」或關於快樂所說的「話」。

用，而且對生活有幫助，因爲，它由於與活動相符而使人信服，並且鼓勵著那些已明瞭它的人照這種方式生活。這一點我們就說到這裡，接下來我們來考察關於快樂的各種說法。

二、快樂是善的意見

歐多克索斯[7]認爲快樂是善，因爲他看到一切生命物，無論有邏各斯的還是無邏各斯的，都追求快樂。他說，在每種事物中，所被追求的東西都是善，最被追求的就是最大的善。既然快樂被一切生命物追求，這就表明它對於所有生命物是最高善（因爲每種生命物都尋求獲得某種屬於它自己的善，正如它尋求自己的特殊的食物）。而對所有生命物都是某種善、被所有生命物追求的東西，也就是善。但是，人們信服他的這些說法是因爲他的品質出眾，而不是因這些說法本身。他以節制聞名，所以人們認爲，他這樣說似乎不是因爲他是個愛快樂的人，而是因爲事情的確如此。[8]其次，歐多克索斯認爲，從相反者方面來看，這一點也同樣明顯，痛苦自身就是爲所有生命物躲避的東西，所以，它的相反者也就是被所有生命物追求的東西。第三，他還認爲，最值得欲求的是那些因自身而不是因某種它物而被追

---

7 參見 1102b27-34，及第二頁注1。

8 因為人們認為，事物對好人（節制的人也就是好人）顯現的樣子可能就是它的真實的樣子。歐多克索斯沒有對快樂的欲望。所以，他說快樂是善，可能就說明快樂的確是善。

求的事物，而快樂就被視爲是這樣的事物，因爲，我們從來不問一個人他享受快樂是爲著什麼，我們認爲快樂本身就值得欲求。最後，他認爲，任何善的、公正的行爲和節制的行爲，加上快樂就更值得欲求，可是只有善的東西才能加到善的東西上面。[9]可是，這後一說法只能說明快樂是某種善，而不能說明它比別的善更好，因爲，任何一種善在加上另一種之後都比它單獨時更值得欲求。柏拉圖[10]就用這個邏各斯說明了快樂不是善，他說：與明智相結合的快樂生活比單純的快樂生活更值得欲求，如果快樂在與明智結合之後更善，這就表明快樂不是善，因爲沒有什麼東西可以加到善上面並使得它更值得欲求，所以，如果某種東西要加上某種自身即善的事物才更值得欲求，它自身就不是善。[11]那麼，這個我們能夠共同享有的善[12]究竟是什麼？這也正是我們所要尋求的東西。

---

9 歐多克索斯關於快樂就是善的主要理據可表達如下：⑴快樂是所有生命物所欲求的；⑵快樂是所有生命物所躲避的東西（作為惡）的相反者；⑶快樂沒有自身之外的目的；⑷快樂使善的事物更值得欲求。

10 《菲力布斯篇》20e-22e，60b-e。

11 所以，按照亞里斯多德，柏拉圖的觀點是：一個事物的「是（某種）善」是單純的性質，這種性質可以為其他事物所彰顯，而不可能為別的事物之「是善」所添加。亞里斯多德引用柏拉圖的這段論證作為反駁歐多克索斯的一個論據這一點顯示，在柏拉圖與亞里斯多德的時代，雖然許多人把快樂看作是善（目的）本身，明智更被看作是自身即善的。

12 即那種既不需要附加上別的事物，也不需要加到某種自身即善的事物上而自身便值得欲求的善。

另一方面，[13]那些反對這種意見並且認爲所有生命物所追求的並不是某種善的人們，[14] [1173a]
其實都言之無物。因爲，我們認爲，如果某種東西對所有生命物都顯得是一種善，它就是善的；而如果有人反對這種看法，他就很難讓我們相信他所說的。如果只是不能思考的生命物追求它，這還算說出了點東西，如果連明智的存在物都追求它，這話還有什麼意義呢？而且，也許甚至低等動物中也有某種比它們自身更高的東西，使它們趨向於它們自身的某種善。其次，他們對那條相反者論據[15]的反駁也同樣不妥。因爲他們說，如果痛苦是惡，這不等於說快樂就是一種善，因爲惡也可以與另一種惡相反，並且兩者都與那種既不善也不惡的適度相反對。這個說法本身倒還說出了些東西，但放在這裡卻不眞實。因爲，如果快樂與痛苦兩者都是惡，它們就都是我們要躲避的；而如果它們都既不善也不惡，我們就對兩者都不躲避或都在同樣程度上躲避。然而，我們顯然都把痛苦當作惡來躲避，把快樂當作一種善來追求，所以，它們是相反的。

---

13 亞里斯多德在這裡轉而討論斯珀西波斯學派針對歐多克索斯的論據(1)與(2)而提出的反對意見。顯然，他認為斯珀西波斯學派所提出的反駁比歐多克索斯的論據更加沒有道理，儘管他不完全同意歐多克索斯的論據。

14 指斯珀西波斯及其學派。關於他們的觀點，參見第七卷第十一—十四章。

15 即歐多克索斯關於痛苦是惡表明快樂是善的論據。

三、對快樂是惡的意見的反駁

第三，[16]如果他們說快樂不是一種性質，他們也仍然不能說快樂不是一種善，因爲，德性的實現活動不是一種性質，幸福也同樣不是。第四，他們還說，善是限定的，快樂則不是限定的，因爲快樂可以多一點或少一點。如果他們指的是一個人所享受到的快樂，那麼對公正與德性同樣可以這樣說。我們顯然可以說對它們擁有得多一點或少一點，在行爲上更合乎德性一點或不那麼合乎德性（例如，一個人可能更公正、更勇敢些，在行爲上可能更合乎公正或節制，或不那麼合乎公正或節制）。如果他們指的是快樂本身的性質，那麼他們恐怕沒有說出那個正確的根據，即有些快樂是非混雜的，有些是混雜的。[17]而且，快樂何嘗

16 亞里斯多德接下來討論斯珀西波斯學派更為廣泛的反快樂主義的三條論點：(3)快樂不是性質，所以不是善（因為善是性質）；(4)快樂是無限定的，所以不是善（因為善是限定的）；(5)快樂是運動或生成，所以不是善（因為善是完成了〔完善〕的）。

17 ἀμιγεῖς，非混雜的；μικταί，混雜的。非混雜的快樂與混雜的快樂的區分見於柏拉圖的《菲力布斯篇》（52e）。混雜的快樂從低到高分為三類：(1)肉體快樂，其中肉體因匱乏或欲望而產生的痛苦與肉體的滿足的快樂相混合；(2)期望回復的快樂，其中肉體因匱乏而產生的痛苦與從精神上解除這種痛苦的快樂相混合；(3)滑稽的快樂，其中看到不美的形象的精神痛苦與嘲笑它的精神快樂相混合。非混雜的快樂柏拉圖也從低到高分為三類：(1)嗅覺的快樂；(2)視覺與聽覺的快樂；(3)理智的快樂。柏拉圖認為，混雜的快樂沒有尺度可以

不是像健康一樣既是限定的，其中又包含著較多和較少呢？因爲，健康中不包含一個共同的尺度，[18]在同一個人身上也不存在這樣的尺度，它是在一定界限內變化的，包含著較多和較少；快樂也是這樣。[19]第五，他們還提出，善是已完成的[20]東西，而運動與生成都是未完成的，並試圖證明快樂是運動與生成。但這種看法似乎不妥。首先，快樂甚至都不是運動，因爲，運動就有快慢之分，不是就自身而言的（例如天體運動過程），就是就其他事物而言的；但是快樂卻沒有這樣的性質，一個人可以很快變得高興，很快變得生氣，但是沒有人

[1173b]

衡量（ἀμετρία），非混雜的快樂則可以有尺度衡量（εὐμετρία）。格蘭特（卷II第三一九頁）說，斯珀西波斯忘記了老師的這種區分，似乎把無尺度的特點說成是所有快樂的普遍特點。

18 συμμετρία。參見上注。

19 所以，關於斯珀西波斯學派的論點(3)，亞里斯多德以有些不是性質的事物（如某些活動）也是善提出反駁。關於論點(4)，亞里斯多德說，如果這是指享受快樂的人，那麼一個人對某些其他德性的具有也會有程度差別；如果這是指快樂本身，那麼他們本應當說許多（混合的——依照柏拉圖的區分）快樂是無尺度可以衡量的，因而是無限定的，而且實際上，快樂似乎與健康一樣不存在限定的尺度，而是在一定範圍內變化。斯珀西波斯學派的立場是：限定的東西有尺度，不限定的（包含著較多和較少的）東西沒有尺度；快樂是不限定的，所以快樂沒有尺度。亞里斯多德批判他的僵化觀點，認為有些限定的東西是（相對）無變化的，有些則是包含著變化的，但仍然在一定限度內保持著那種性質。快樂像健康一樣屬於後者。

20 τιθέντες，動詞 τίθημι（做、使某某事物產生）的完成式形式，意義是已產生、已完成的。

能夠像步行或生長那樣很快是快樂的，甚至相對於其他事物是快樂的。變得快樂可以或快或慢，但快樂的實現活動卻不可能快，所以快樂也不可能快。其次，快樂又怎麼會是生成呢？因爲，隨便什麼事物都不是從某個偶然的事物產生，而是從它毀滅後要成爲的那種事物產生的，所以快樂由之生成的東西，也就是痛苦使之毀滅的東西。[21]他們的確是說，痛苦是正常品質的匱乏，快樂是這種匱乏的補足；[22]但是匱乏與補足只是肉體的感受，如果快樂是朝向正常品質的補足，那麼感到快樂的就是得到補足的東西，所以是肉體感到快樂。但是，事情似乎並不是這樣，所以，快樂不是補足。但是在補足的生成中也伴隨有快樂，就像在劃開皮膚時伴隨有痛苦一樣。這種意見[23]似乎是根據與進食有關的痛苦和快樂而提出來的，因爲，我們先經過空腹的痛苦，才感受得到補充食物的快樂。但是，並不是所有的快樂都是這樣。學習數學的快樂，以及那些與氣味、聲音、景象、記憶、期望相關的感覺的快

21 格蘭特（卷II第三二一頁）認為亞里斯多德在此處缺少一個結論性的反問：「那麼，快樂由之生成而又為痛苦所毀滅的那種質料是什麼呢？」亞里斯多德顯然認為沒有這樣一種質料。所以他在後面用實現活動取代了生成：快樂是實現活動，而不是生成。

22 ἀναπλήρωσις，補充、補足。補足是柏拉圖與亞里斯多德倫理學中的一個重要概念，指從匱乏狀態向正常品質的回復，即匱乏的充實過程。亞里斯多德認為，關於快樂由之生成、痛苦又將之毀滅的那種質料，斯珀西波斯及其學派所說過的只是「匱乏」，而匱乏顯然並不是構成人的性質的因素或成分。

23 上面所討論的斯珀西波斯學派的痛苦在於匱乏、快樂是匱乏的補足的意見。

樂，就不痛苦。這些快樂算是從那裡生成的呢？因爲，這裡不存在需要補足的匱乏。對於提出這類不體面的快樂作爲意見根據的人們，我們可以回答說：首先，這些東西並不令人愉悅。因爲，儘管它們對品性惡的人是快樂，我們卻絕不能認爲它們就是快樂，除非是對那些人，這正如我們不能因某些東西對病人是有利於健康的、甜的、苦的，就說它們本身是有利於健康的、甜的或苦的，或者因有些東西對罹患眼疾的顯得白，就說它們本身是白的一樣。其次，我們可以說，快樂本身是值得欲求的，但如果是來源於這些條件的，它們就不值得欲求，這正如財富值得欲求，但如果這要求你去背叛，它就不值得欲求；健康值得欲求，但如果這要求你不論什麼都吃，它就不值得欲求。第三，我們還可以說，快樂在種類上是不同的。因爲，來源於高尚〔高貴〕事物的快樂不同於卑賤的快樂，不做個公正的人就不能享受到公正的快樂，正如不做個樂師就不能享受到音樂的快樂等等。朋友與奉承者的區別也說明快樂不是善，或者快樂有種類的不同。因爲，朋友在一起是爲著某種善，奉承者則是爲著讓我們快樂；朋友則受到稱讚，奉承者則受到譴責，因爲奉承者總是另有目的。[24] 而且，誰也不會願意一生都處在兒童的心智階段，即使他一直能從令兒童愉悅的事物中得到最

[1174a]

24 亞里斯多德此處所說的朋友是指善的或德性的朋友。奉承者與我們交往時，亞里斯多德說，有雙重的目的：當下的目的是博取我們高興，為這個目的他可以做任何事情；但是他這樣做不是為著我們自身的善，因為他的更根本目的是為了得到他想要的東西。

大的快樂；也沒有人願意總是以做卑賤的事情來取樂，即使這沒有痛苦。[25]有許多事情，例如看、記憶、觀照[26]和具有德性，即使它們不會帶來快樂，我們也會積極去做。即使這些活動都伴隨有快樂，這也沒有什麼不同。因爲，即使不伴有快樂，我們也仍然會期望它們。所以，快樂不是善，或者說，並非所有快樂都值得欲求，只有那些在形式上[27]和來源上與其他快樂不同的快樂自身才值得欲求。關於快樂與痛苦，我們就談到這裡。

四、快樂與實現活動

如果我們再從頭說一遍，快樂在「種」上是什麼就會更清楚了。看[28]似乎在任何時候都

25 可以假定這兩句話之間有某種聯繫，即後者所說的是兒童時期所做的可恥的事情，因為只是在兒童時期的這種行為才沒有痛苦。正如愛爾溫（第三〇四頁）所說，亞里斯多德的這個論證的基本前提是，我們所關切的是我們作為人所獨具的那些能力的實現活動。

26 εἰδέναι εἴδω。此處的意義介於看（ὁράω）與沉思（θεωρέω）之間，εἴδω與θεωρέω的基本意義都從視覺上的看引申。

27 εἴδει。

28 ὅρασις。

是完善的，它無須任何後續的干預來完成其形式。[29]快樂似乎也是這樣，因爲，它是完整的，它的形式在任何時候都不可能靠延長時間來完成，所以，快樂不是運動。[30]因爲，每種運動都經歷時間，都有一個目的，如建造一所房子。一種運動只有目的達到了，或者說，只有經歷了這整個時間或在那個最後時刻，才是完善的。這個時間中的每個片刻的運動都是不完善的，它們都與這整個運動不同，同時也相互不同；砌石料與雕廊柱是不同的，這兩者也與神殿建造的整體運動不同，因爲，神殿的建造是一個完整的運動（它無須其他任何東西來使其完善），而打地基和攏石柱的運動都是不完善的（因爲它們只是部分），所以，這兩種運動在形式上都與總體的運動不同。同樣，我們也無法在任何一個時刻，而只有在整個持續的時間中，從形式上看到這整個運動。行走和其他位置移動也是這樣。因爲，如果位移是從一點到另一點的運動，它就包括飛、走和跳等不同形式；不僅如此，走本身也有很多不同（因爲，整條跑道的起止點和某一段的起止點不同，某一段的起止點也與另一段的不同，

---

29 εἶδος，其原意即為看。參見本書第一卷注50。看的形式，奧斯特沃特（第二七九頁注）說，在這裡的意思就是看的一組性質。萊克漢姆（第五九一頁）此處就把εἶδος解釋為「特殊性質」。

30 運動（κίνησις）一詞在這裡是在廣義上使用的。變化或者發生在(1)質料，或者發生在(2)性質、(3)數量、(4)位置的方面，後三種變化亞里斯多德稱為運動，但他的運動概念有時也包括生成，即一事物從潛在到實在的過程。關於亞里斯多德的運動的概念，見《物理學》第三卷第一、二章和第五卷第一、二章；《形上學》1069b3-34。參見湯姆森的《亞里斯多德倫理學》「附錄E」第二節（第三五五頁）。

在這條跑道上跑也和在那條跑道上跑不同；[31]因爲我們跑的不僅僅是一條線，而且是某一個位置，而這條線的位置不同於那條線的位置）。對於運動，我已經在另一個地方[32]作了討論。一個運動似乎在每一時刻[33]都是不完善的，各個片刻的運動也都是不完善的並且相互不同的，因爲一個運動的起止點確定了它的形式。快樂則在任何時刻都是在形式上完善的，所以，快樂不同於運動，它是某種整體的、完善的東西。這一點也見證於以下事實：運動經歷時間，但快樂則不經歷時間，因爲快樂在每一時刻都是整體的。上面所說的也顯示，說快樂是運動或生成是不對的，因爲，這樣的說明不適用於所有事物，只適用於那些可分析爲部分的、不是整體的事物。看的活動、幾何點和數學單位都沒有生成，它們都不是運動或生成。快樂也是這樣，因爲快樂是整體的。

[1174b]

其次，每種感覺都透過其實現活動而相關於被感覺的對象。當感覺處於良好狀態，並相

31 萊克漢姆（第五九二頁）說，講演者在這裡似乎邊講邊畫出一個運動場跑道的示意圖，並把它分成兩條跑道，以便說明一條跑道的位置不同於另一條的位置。據湯姆森（第三二九頁注），在雅典和埃庇札夫羅斯，運動場跑道一般用小柱子分隔成六個各長一百碼的部分，亞里斯多德此處提到的線當是這些跑道的分隔線。

32 《物理學》第六—八卷。

33 即既區別於過去又區別於將來的現在時刻。儘管我們談論過去的快樂（我們一般不會談論將來的快樂），但所談論的只是對那種快樂的回憶，而不是它本身。我們所感覺到的快樂都是現在的，它並不經歷時間，因為它沒有生成，在感覺到它時它就是完整的。

關於最美好的對象時，它就是完善的（因爲，這似乎就是完善的實現活動，不論就實現活動自身而言，還是就活動的人而言，都沒有什麼不同）。所以對每種感覺來說，最好的實現活動是處於最好狀態的感覺者，指向最好的感覺對象時的活動。種實現活動最完善，又最愉悅，因爲，每種感覺都有其快樂，思想與沉思也是如此。最完善的實現活動也就最令人愉悅，而最完善的實現活動是良好狀態的感覺者，指向最好的感覺對象時的活動。快樂使這種實現活動臻於完善，但是，快樂——如果是好的——使感覺的實現活動完善的方式不同於感覺對象與感覺者。這正如健康與醫生不是在同樣意義上是保持健康的原因。[34]（每種感覺都顯然伴隨有快樂。因爲我們用愉悅這個詞來說所看到的景象和聽到的聲音，而最完善的快樂就是當最好的感覺能力指向最好的對象時的快樂。當感覺能力與感覺對象都處於這種狀態，並且同時發揮作用時，就必定產生快樂。）快樂完善著實現活動。但是，它不是作爲感覺者本身的品質，而是作爲產生出來的東西而完善著它，正如美麗完善著青春年華。[35]所以，只要一方面思考或感覺的物件，另一方面在思考或沉思著的人，都處於適合的狀態，其實現活動就將是快樂的。因爲，只要主動的一方與被動的一方仍然彼此相似，並仍然以同樣

[1175a]

34 健康是一個人能夠保持健康的根本原因，醫生（治療）是使一個人恢復從而保持健康的原因。

35 美麗是青春年華所產生的東西，而不是青春年華的內在原因。同樣，快樂也不是作為感覺者內在的東西而影響他的實現活動。

的方式相互關聯，就還會產生相同的結果。那麼，爲什麼沒有人能持續不斷感到快樂呢？這是不是由於疲倦呢？因爲，人的實現活動不可能是不間斷的。快樂也不可能持續不斷，因爲它產生於實現活動。由於這種原因，有些東西在新鮮時令我們喜歡，後來就不大令我們喜歡了。這是因爲，起初我們的思想受到刺激，積極地進行指向對象的活動，就像我們的目光注視對象一樣，但是後來活動就變得不那麼專注了，快樂也就消逝了。也許可以認爲，人們都追求快樂是因爲他們都嚮往生活——生活是一種實現活動，每個人都在運用他最喜愛的能力，在他最喜愛的對象上積極活動著。例如，樂師用聽覺在旋律上活動、愛學問的人運用思想在所沉思的問題上活動，諸如此類。快樂完善著這些實現活動，也完善著生活，這正是人們所嚮往的。所以，我們有充分的理由追求快樂，因爲快樂完善著每個人的生活，而這是值得欲求的。至於我們是爲著生活而追求快樂，還是爲快樂而追求生活，我們暫時先不做討論。因爲，這兩者似乎是緊密聯繫、無法分開的。沒有實現活動也就沒有快樂，而快樂則使每種實現活動更加完善。

五、快樂在類屬上的不同

所以，[36]快樂就有類屬上的不同。因爲我們認爲，不同的事物是由不同的東西來完善的，[37]每一種自然物品和人工製品，如動物、樹木、圖畫、雕塑、房屋、工具，都是這樣。同樣，在形式上不同的實現活動也由在形式上不同的東西來完善。思想的實現活動與感覺的實現活動不同，它們之中這種形式的活動也與另一種不同，所以，完善著它們的快樂也不同。這一點也可由每種快樂都與它所完善的實現活動相合而得到見證，因爲，每種實現活動都由屬於它的那種快樂加強。當活動伴隨著快樂時，我們就判斷得更好、更清楚。例如，如果喜歡幾何，我們就會把幾何題做得更好，就對每個題目有更深的領會；同樣，愛音樂、愛建築的人，也可以由於喜歡它而在取得進步。所以，快樂加強著實現活動，而加強著一種實現活動的快樂也就必定屬於它。實現活動在形式上不同，屬於它們的快樂也就在形式上不同。這一點更明顯地見證於以下事實：有些實現活動會被其他的快樂所妨礙。例如，

[1175b]

---

36 即由於快樂與生活或實現活動是無法分開的。

37 在上面一章，亞里斯多德從兩個基本點，即快樂是完整的（而不是運動或過程），快樂作為結果而完善著實現活動，肯定歐多克索斯關於快樂是（某種）善的意見。在這一章中，他透過陳述關於快樂因實現活動的不同而有類屬的不同的論點，表明歐多克索斯關於快樂的抽象的觀點的一個基本的缺陷——它沒有區別快樂的不同類屬。

愛聽長笛的人聽到長笛的演奏就無心繼續談話，因爲他們更喜歡聽長笛演奏而不是談話，所以，聽長笛演奏的快樂妨礙談話的活動。當我們同時進行兩項實現活動時，情況也是這樣，因爲，其中更令我們愉悅的活動會排斥另一項活動；它越令我們愉悅，就越排斥另一項活動，甚至使後者全然停止。所以，如果我們從一項活動中得到強烈的快樂，我們就幾乎不能做別的事情。我們僅當做一件事情只得到一般的快樂時，才會轉向別的事情。例如那些在劇場裡吃甜食的人，演出越糟糕，就越想吃甜食。既然相適合的快樂使一項實現活動更加準確，持續的時間更長，進行得更好，而其他的快樂則會妨礙它的進行，快樂就顯然是彼此不同的。不同類屬的快樂對一項實現活動的作用，其實就相當於那項活動屬於自身的痛苦，因爲，自身的痛苦也毀滅實現活動。例如，如果寫作與推理不令我們愉快並且伴隨著痛苦，我們就不會寫作和推理，因爲這項實現活動是痛苦的，所以，一項實現活動的自身的快樂與痛苦對於它有相反的影響。自身的快樂和痛苦，也就是從一項實現活動本身產生的快樂和痛苦。而不同類屬的快樂，如剛剛說過的，就相當於自身的痛苦，因爲，它們毀滅實現活動，儘管不是以同樣的方式。[38]

既然實現活動有好壞的不同，有的值得欲求，有的應當避免，有的既不值得欲求也不需

38　因為，一種實現活動在被不同類屬的快樂毀滅時，活動者不感覺到痛苦，他彷彿是被更令他愉悅的事物所吸引。

要避免，它們各自的快樂就也是如此。因爲，每種實現活動都有自身的快樂，所以，實現活動是好的，其快樂也是好的，實現活動是壞的，其快樂也是壞的。甚至是欲望，如果是對於高尚〔高貴〕事物的，就也值得稱讚，如果是對卑賤事物的，就應受譴責。快樂比欲求更屬於實現活動自身。因爲，欲求在時間上和本性上都與實現活動相分離，而快樂則與實現活動聯繫緊密，難以分離，以致產生了它們是否就是一回事的問題。我們既不能把快樂視爲思想，也不能把它視爲感覺（因爲這樣看是荒唐的）。不過，由於快樂與實現活動不能分離，有些人覺得它們就是一回事。[39]所以，由於實現活動不同，它們的快樂也就不同。視覺在純淨上超過觸覺，聽覺與嗅覺超過味覺，它們各自的快樂之間也是這樣；同樣，思想的快樂高於感覺的快樂，在思想的快樂相互之間，也有一些快樂高過另外一些快樂。每種動物都似乎有它本身的快樂，正如有它本身的活動，也就是說，每種動物都有相應於其實現活動的快樂。如果我們一個動物一個動物地想，這一點就會更爲明白。馬、狗、人，都有自己的快樂。赫拉克利特說，驢子寧可要草料而不要黃金，[40]因爲草料比黃金更讓牠快樂。所以，不同種的動物有不同的快樂；反過來也可以說，同種動物有同種的快樂。不過人類快樂的差別

[1176a]

---

39 一旦我們能夠把快樂區別於實現活動，愛爾溫（第三〇七頁）解釋說，我們就會看清，我們選擇生命及其實現活動並不是因快樂之故。

40 《殘篇》D9，見《古希臘羅馬哲學》（商務印書館，一九六一年）第十九頁。

卻相當大，因爲，同樣一些事物，有些人喜歡，有些人則討厭；有些人覺得痛苦和可恨，有些人則覺得愉悅和可愛。甜味的東西也是這樣，同樣的東西，健康的人嘗得到甜，發燒的人卻嘗不到甜；虛弱的人與強壯的人對溫度的感覺也不同，其他亦可類推。但是在這類事情上，情況似乎是，事物對一個好人顯得是什麼樣，它本身也就是什麼樣。[41]如果這類事情，就像人們所認爲的，的確是這樣，如果德性與好人——就他作爲好人而言——是所有事物的尺度，那麼對於他顯得是快樂的東西就是快樂，令他感到愉悅的東西就是愉悅的。如果令他感到不愉快的事物令某些人愉悅，這並不奇怪，因爲，人容易在多方面墮落或受到扭曲，那些事物並不令人愉悅，而只是使墮落的或個性扭曲的人感到愉悅。[42]所以，我們顯然可以說，那些被視爲卑賤的快樂並不是快樂，而只是對那些墮落的人才是快樂。但是在那些好的快樂之中，哪一種是特別屬於人的快樂呢？也許，這需要聯繫實現活動才看得清楚？因爲快樂是屬於實現活動的。所以，完善著完美而享得福祉的人的實現活動——不論是一種還是多種——的快樂就是最充分意義上的人的快樂。其他的快樂，也像其實現活動一樣，只在次等的或更弱的意義上是人的快樂。

41　參見1099a7-25，1113a25-32，1166a12，1170a14。

42　壞人，愛爾溫（第三〇七頁）評論道，對於何種事物令人愉悅的觀點是錯誤的，甚至他們對於何種事物令他們愉悅的觀點也是錯誤的，因為他們把對他們而言顯得愉悅的事物當作對他們而言是愉悅的事物。

貳、幸福

六、幸福與實現活動

在談過德性、友愛和快樂之後，我們接下來要扼要談談幸福，因爲，我們把幸福視爲人的目的。如果我們從前面談到過的地方說起，討論就可以簡短些。我們說過，[43]幸福不是品質。因爲如果它是，一個一生都在睡覺、過著植物般的生活的人，或那些遭遇不幸的人們，也可以算是幸福的了。[44]如果我們不能同意這種說法，並且更願意像前面所說過的那

---

43 1095b31-1096a2，1098b31-1099a7。亞里斯多德在此處引述第一卷中的結論，即幸福不是品質，而是人的一種自身就值得欲求的、自足的實現活動。

44 相應於對生命的營養的（植物的）活動、感覺的（動物的）活動和實踐的活動的區分（1097b32-1098a5），亞里斯多德顯然認為人的生活有植物的生活、動物的生活和實踐的生活的區別，並且每一種更高級的生活都把低於它的生活包含於內（例如動物的生活包含植物的生活，人的實踐的生活包含植物的生活和動物的生活），並且認為對人而言的幸福只屬於人的實踐的生活。一個睡著的人可以說有品質，但不可以說有人的實踐的活動，所以不能說是幸福的。與此相似，一個不幸的人也可以說有過幸福生活的品質，但是不具有過幸福生活的外在善（因為幸福的生活作為人的實踐的生活還需要外在善作為條件），所以也不能說是幸福的。

樣[45]把它視爲是一種實現活動，如果有些實現活動是必要的，是因某種其他事物而值得欲求，有些實現活動自身就值得欲求，那麼，幸福就應當算作因其自身而不是因某種其他事物而值得欲求的實現活動。因爲，幸福是不缺乏任何東西的、自足的。而那些除自身之外別無他求的實現活動是值得欲求的活動。合乎德性的實踐似乎就具有這種性質，因爲，高尚〔高貴〕的、好的行爲自身就值得欲求。但是令人愉悅的消遣[46]也是這樣，因爲，它們值得欲求不是因爲別的事物。實際上，它們的弊大於利：它們使人忽視自己的健康與財產。[47]而且，被多數人視爲享受著幸福的那些人都喜歡在消遣中消磨時光，正因爲如此，那些精於此道的人才總能得到僭主們的歡心。他們投其所好，而僭主們也正需要這樣的人。由於有權勢的人都在消遣中度日，消遣就似乎被看作具有幸福的性質。但是首先，[48]這些人[49]的喜好也許不 [1176b]

45 1098a5-7。

46 τῶν παιδιῶν，παιδιώδης，或娛樂；派生於動詞 παίζω（運動、玩耍、消遣）。

47 也就是說，如果它們是因某種其他事物而值得欲求的，這種作為原因或目的事物也是壞的而不是好的。

48 有權勢的人沉溺於消遣並不表示幸福就在於消遣，亞里斯多德下面提出了四點論據：(1)對好人（而不是有權勢的人）顯得是榮耀和愉悅的事物才真正是榮耀的和愉悅的；(2)消遣不是目的（儘管自身值得欲求）；(3)幸福在於合乎德性的生活，而合乎德性的生活在於嚴肅的工作而不在於消遣；(4)嚴肅的工作比消遣更好（因為一個人越好，他就越喜愛嚴肅的工作）。

49 有權勢的人。

足以作爲證據。德性與努斯是好的實現活動的源泉，而這兩者並不取決於是否占有權勢。如果這些人沒有對純淨的、自由的快樂的喜好，而只是一味沉溺於肉體快樂，我們就不應當把這種快樂視爲最值得欲求的。因爲，兒童也總是把他們看重的東西視爲最好的。正如兒童和成年人以不同的東西爲榮耀，壞人和公道的人對於值得欲求的東西也有不同的標準。所以，如已多次談到的，[50]對好人顯得榮耀的、愉悅的事物才眞正是榮耀的和愉悅的。對每個人來說，適合他的品質的那種實現活動最值得欲求，所以，對好人而言，合德性的實現活動最值得欲求。所以，幸福不在於消遣。其次，如果說我們的目的就是消遣，我們一生操勞就是爲了使自己消遣，這也非常荒唐。因爲，我們選擇每種事物都是爲著某種別的東西，只有幸福除外，因爲它就是那個目的。把消遣說成是嚴肅工作的目的是愚蠢的、幼稚的。阿那凱西斯[51]說，消遣是爲了嚴肅的做事情，這似乎是正確的，因爲消遣是一種休息，而我們需要休息是因爲我們不可能不停地工作。所以休息不是目的，因爲我們是爲著實現活動而追求它。第三，幸福的生活似乎就是合乎德性的生活，合乎德性的生活在於嚴肅的工作，而不在於消遣。第四，我們說，嚴肅的工作比有趣的和伴隨著消遣的事物更好；較好的能力和較

[1177a]

---

50 1099a13，1113a22-33，1166a12，1170a14-16，1176a15-22。

51 'Ανάχαρσις，Anacharsis（西元前六世紀初），傳說中的古代西徐亞的一位王子，七賢之一，被尊為原始美德的典範，曾遊歷希臘，有許多警句流傳。

好的人，其實現活動也總是更爲嚴肅。所以，較好的能力或較好的人的實現活動總是更優越，更具有幸福的性質。而且，肉體的快樂任何一個人都能享受，奴隸在這方面並不比最好的人差，但是沒有人同意讓一個奴隸分享幸福，正如沒有人同意讓他分享一種生活，[52]所以，幸福不在於這類消遣，而如已說過的，[53]在於合乎德性的實現活動。

七、幸福與沉思

如果幸福在於合乎德性的活動，我們就可以說它合乎最好的德性，即我們的最好部分的德性。我們身上的這個天然主宰者，這個能思想高尚〔高貴〕的、神性的事物的部分，不論它是努斯還是別的什麼，也不論它自身是神性的還是在我們身上是最具神性的東西，正是它合乎自身德性的實現活動構成了完善的幸福，而這種實現活動，如已說過的，也就是

---

52 εὐδαιμονίας δ᾽ οὐδεὶς ἀνδραπόδῳ μεταδίδωσιν，εἰ μὴ καὶ βίου。格蘭特（卷II第三三四頁）與斯圖爾特（卷II第四三九頁）認為，此處的βίου（生活）是在與ζωῆς（命、生命）區別的意義上使用。在《政治學》（卷一第十三章）中，亞里斯多德說奴隸與主人家庭有一種共同的生命，但沒有一種共同的生活。在另一處（《政治學》卷三第九章），亞里斯多德寫道，「奴隸與動物不是城邦的成員，因為他們不分享幸福和有目的的生活」。

53 1098a16，1176a35-b9。

沉思。[54]這個結論與前面所說的[55]是一致的，並且符合眞實。因爲首先，沉思是最高等的一種實現活動（因爲努斯是我們身上最高等的部分，努斯的對象是最好的知識對象）。其次，它最爲連續，沉思比任何其他活動都更爲持久。第三，我們認爲幸福中必定包含快樂，而合乎智慧的活動就是所有合乎德性的實現活動中最令人愉悅的。愛智慧的活動似乎具有驚人的快樂，因這種快樂既純淨又持久。我們可以認爲，那些獲得了智慧的人比在追求它的人享有更大的快樂。第四，沉思中含有最多的我們所說的自足。智慧的人當然也像公正的人以及其他人一樣依賴必需品而生活，但是在充分得到這些之後，公正的人還需要其他某個人接受或幫助他做出公正行爲；節制的人、勇敢的人和其他的人也是同樣。而智慧的人靠他自己就能夠沉思，並且他越能夠這樣，他就越有智慧；有別人一起沉思當然更好，但即便如此，他也比具有其他德性的人更爲自足。第五，沉思似乎是唯一因其自身而被人們喜愛的活動，因爲，它除了沉思的問題之外不產生任何東西，而在實踐的活動中，我們或多或少總要從行爲

[1177b]

54 關於靈魂的最高部分的實現活動就是沉思，亞里斯多德在前面並沒有談到。不過他多次談到了這個部分的德性，即智慧在理智的德性中的最為優越的地位。參見 1141a18-b3，1143b33-1144a6，1145a6-11。

55 即⑴幸福是終極的、自足的（1097a25-b21）；⑵幸福的生活自身就令人愉悅（1099a7-21）；⑶沉思不含有痛苦（1173a15-19）；⑷這種實現活動最完善，又最愉悅（1174b15-19）；⑸沉思的快樂最為純淨（1175b36-1176a3）。

中尋求得到某種東西。第六，幸福還似乎包含著閒暇。[56]因爲我們忙碌是爲著獲得閒暇，戰鬥是爲著得到和平。雖然在政治與戰爭的實現活動中可以運用德性，但這兩種實踐都似乎是沒有閒暇的。戰爭不可能有閒暇，（因爲，沒有人是爲著戰爭而進行或挑起戰爭。只有嗜血成性的人才會爲戰爭和屠殺而對一個友好鄰邦宣布戰爭。[57]）政治也不可能有閒暇，政治總是追求著政治之外的某種東西，即職司與榮譽。即便政治家也追求自身或同邦人的幸福，這種幸福與政治也不是一回事（對幸福的追求也顯然被認爲與政治不是一回事）。[58]儘管政治與戰爭在實踐的活動中最爲高尚〔高貴〕和偉大，但是它們都沒有閒暇，都指向某種其他的目的，並且都不是因其自身之故而被欲求。而努斯的實現活動，即沉思，則既嚴肅又除自身之外沒有其他目的，並且有其本身的快樂（這種快樂使這種活動得到加強）。所以，如果人可以獲得的自足、閒暇、無勞頓以及享福祉的人的其他特性都可在沉思之中找到，人的完善幸福——就人可以享得一生而言，因爲幸福之中不存在不完善的東西——就在於這種

---

56 σχολῆ。σχολῆ不同於τῶν παιδιῶν（消遣），τῶν παιδιῶν是一種休息與鬆懈，σχολῆ則是別無其他目的而全然出於自身興趣的活動。

57 進行戰爭的人，除少數獸性的人之外，不是為著戰爭而是為著得到和平。然而戰爭活動本身不可能有閒暇。

58 政治本身不可能是幸福，它的本性是忙碌的。因為，政治是工具性的，在政治中，人是像工具那樣被使用的，而工具的性質就在於它是被使用的，而不是享有閒暇的。

活動。[59]但是，這是一種比人的生活更好的生活。因爲，一個人不是以他的人的東西，而是以他自身中神性的東西，而過這種生活。他身上的這種品質[60]在多大程度上優越於他的混合的品質，他的這種實現活動就在多大程度上優越於他的其他德性的實現活動。[61]如果努斯是與人的東西不同的神性的東西，這種生活就是與人的生活不同的神性的生活。不要理會有人說，人就要想人的事，有死的存在[62]就要想有死的存在的事。應當努力追求不朽的東西，過一種與我們身上最好的部分相適合的生活，因爲這個部分雖然很小，它的能力與榮耀卻遠超過身體的其他部分。最後，這個部分也似乎就是人自身。因爲它是人身上主宰的、較好的部

[1178a]

---

59 幸福在於沉思（或愛智慧的活動），亞里斯多德在上面說道，因為沉思(1)是我們本性的最好部分的實現活動；(2)最為持久；(3)能帶來最純淨的快樂；(4)最為自足；(5)自身即是目的；以及(6)含有最多的閒暇。

60 神性的品質。

61 智慧的實現活動比勇敢等其他德性的實現活動更好，斯圖爾特（卷II第四四三頁）這樣解釋道，因為其他德性的實現活動更受肉體生活的限制，而靈魂比肉體更高等。亞里斯多德從連續性（無勞頓性）的程度方面說明沉思活動的優點，顯示他對靈魂的省察是時間性的，與對肉體的空間性的省察形成對照。由於人混合性的品質，即由於靈魂離不開肉體，有生命力的肉體也不可能沒有靈魂，所以人不像神，不能不間斷地沉思。因為，儘管努斯是時間性的（持續的），肉體卻是空間性的，即有間隔性的，但是由於有努斯，他可以進行（儘管有間斷）這種活動，並且他的努斯越優越，他的沉思活動就越優越於其他德性的實現活動。

62 此處即指人。

分。所以，如果一個人不去過他自身的生活，而是去過別的某種生活，就是很荒唐的事。前面說過[63]的那句話放在這裡也適用：屬於一種存在自身的東西就對於它最好、最愉悅。同樣，合乎努斯的生活對於人是最好、最愉悅的，因爲努斯最屬於人。所以說，這種生活也是最幸福的。

八、沉思與其他德性的實現活動

另一方面，合乎其他德性的生活只是第二好的，[64]因爲，這些德性的實現活動都是人的實現活動。公正的、勇敢的以及其他德性的行爲，都是在與他人的相互關係中做出的，都是在遵守交易[65]與需要方面的適合每一種情況的實踐與感情，而所有這些都是人的事務。有些實踐與感情還產生於肉體，道德德性在許多方面都與感情相關。而且，明智似乎離不開道德德性，道德德性也似乎離不開明智。因爲，道德德性是明智的起點，明智則使得道德德性

63 1169b33，1176b26。

64 在這裡，格蘭特（卷II第三三八頁）說，第一次把合乎德性的生活（明智的生活）與合乎努斯的生活（愛智慧的生活）做了對比：愛智慧的（哲學的）生活及其幸福是最好的，這是依照人身上的神性的東西（努斯）的生活；明智的生活是第二好的，因為它是屬於人的，是按照我們身上的屬人的東西的生活。

65 συναλλάγματα，交換、交易。

正確。由於它們都涉及感情，它們必定都與混合的本性相關；而混合本性的德性完全是屬人的。所以，合於這種德性的生活與幸福也完全是屬人的，努斯的德性則是分離的。[66]關於這一點我們就談到這裡，因爲詳細討論它不是我們現在的目的。其次，它[67]似乎只需要很少的，比道德德性所需要的更少的外在的東西。[68]我們先假定這兩者[69]都在同等程度上需要存在的手段（儘管政治的生活對身體等等的需要更多些），因爲它們在這方面的差別比較小，然而它們在實現活動上的差別卻非常大。慷慨的人要做慷慨的事就要有財產，公正的人需要用錢對他人進行回報（因爲希望是看不見的，不公正的人也會裝作想做公正的事）；勇敢的

---

66 κεχωρισμένη，不屬於混合的本性的。亞里斯多德在《論靈魂》430a15-7（參見《亞里斯多德全集》（苗力田主編，中國人民大學出版社，一九九〇—一九九七年）第三卷第七十八頁）中認為，心靈（努斯）也像整個自然界一樣區分為兩個方面：一方面是質料的、被動的，另一方面是形式的、技藝的、主動的。這種主動或積極的心靈（努斯）

> 造就萬物，作爲某種狀態，它就像光一樣。因爲在某種意義上，光使潛在的顏色變爲現實的顏色。這樣的心靈（努斯）是可分離的、不承受作用的和純淨的。

所以，像努斯本身（作為積極的理智）一樣，努斯的德性也是（可以與質料的或消極的理智的德性）分離的。

67 指努斯的德性。

68 δόξειε δ' ἂν καὶ τῆς ἐκτὸς χορηγίας ἐπὶ μικρὸν ἢ ἐπ' ἔλαττον δεῖσθαι τῆς ἠθικῆς。

69 努斯的德性與道德德性，或合乎努斯的生活與合乎德性的生活。

人需要勇氣、節制的人需要能力，如果他們要表現出他們的德性的話。否則，他們，或具有其他德性的人，怎麼能顯示他是有德性的？這裡還有個關於選擇與實踐到底哪個對德性更重要的爭論，因爲德性似乎依賴於這兩者。德性的完善顯然包含這兩者，但是德性的實踐需要許多外在的東西，而且越高尚〔高貴〕、越完美的實踐需要的外在的東西就越多。但是一個在沉思的人，就他的這種實現活動而言，則不需要外在的東西，而且，這些東西反倒會妨礙他的沉思。然而作爲一個人並且與許多人一起生活，他也要選擇德性的行爲，也需要那些外在的東西來過人的生活。第三，從另一個方面來考慮，也同樣可以得出完善的幸福是某種沉思的結論。神最被我們視爲是享得福祉的和幸福的。但是，我們可以把哪種行爲歸於祂們呢？公正的行爲嗎？但是，說眾神也互相交易、還錢等等豈不荒唐？勇敢的——爲高尚〔高貴〕而經受恐懼與危險的行爲？慷慨的行爲？那麼是對誰慷慨呢？而且，設想祂們眞的有貨幣之類的東西就太可笑了。祂們的節制的行爲又是什麼樣呢？稱讚神沒有壞的欲望豈不是多此一舉？如果我們一條一條的看，就可以看到不論用哪一種行爲來說神，都流於細瑣、不值一提。可是我們一般都覺得祂們不但活著，並積極的活動著。我們不認爲祂們像恩底彌翁[70]

[1178b]

70 Ἐνδυμίων，Endymion，希臘神話中的美少年。關於恩底彌翁有多種傳說，一說宙斯喜愛他貌美，將他帶到天上，但他愛上了赫拉（Hera），宙斯大怒，使他永睡不醒。據另一傳說，月神塞勒涅（Selene）愛上了恩底彌翁，使他在卡里亞的拉特摩斯山谷裡長睡不醒，以便能親吻這個美麗的少年。

那樣一直睡覺。而如果一種存在活著，這些行爲又都不屬於祂，而祂的創造力又最大，那麼它的活動除了沉思還能是什麼呢？所以，神的實現活動，那最爲優越的福祉，就是沉思。因此，人與神的沉思最爲近似的那種活動，也就是最幸福的。第四，另一個證明是，低等動物不能享有幸福，因爲它們完全沒有這種實現活動。神的生活全部是福祉的，人的生活因與神相似的那部分實現活動而享有幸福，動物則完全不能夠有幸福，因爲牠不能沉思。所以，幸福與沉思同在，越能夠沉思的存在就越是幸福，不是因偶性，而是因沉思本身的性質。因爲，沉思本身就是榮耀的，所以，幸福就在於某種沉思。

但是，人的幸福還需要外在的東西，因爲，我們的本性對於沉思是不夠自足的，我們還需要有健康的身體、得到食物和其他的照料。但儘管幸福也需要外在的東西，我們不應當認爲幸福需要很多或大量的東西。因爲，自足與實踐不存在於最爲豐富的外在善和過度之中。做高尚〔高貴〕的事無須一定要成爲大地或海洋的主宰，只要有中等的財產就可以做合乎德性的事（人人都看得到，普通人做的公道的事並不比那些有權勢的人少，甚至還更多）。有中等的財產就足夠了。因爲，幸福的生活就在於德性的實現活動。梭倫也對幸福作過很好的描述，他說：那些具有中等程度的外在善，做了自己認爲是高尚〔高貴〕的事，並已節制生活的人們是幸福的，[71]因爲，有中等程度的外在善就可以做高尚〔高貴〕的事。

[1179a]

71 在與克洛伊索斯的談話中，他說雅典的特魯斯（Tellus）是他所知道的最幸福的人；因為特魯斯生活得好，阿那克薩格拉斯似乎也認爲富有的人和有權勢的人並不就幸福，因爲他說過，如果他所說的幸福的人在多數人看來是怪人，他不會感到驚訝。因爲，多數人是從外在的東西來判斷、因爲這就是他們所感覺的全部東西，所以，那些有智慧的人的意見與這裡所說的是一致的。但是，雖然這些話裡都有某種可信的東西，這種實踐事務上的眞實性卻要從事實和生活中得到驗證，因爲，事實與生活是最後的主宰者。所以，我們所提出的東西必須交給事實與生活來驗證。如果它們與事實一致，我們就接受；如果與事實不合，它們就只是一些說法而已。努力於努斯的實現活動、關照它、使它處於最好狀態的人，似乎是神所最愛的，[72]因爲，如果神像人們所認爲的那樣對人有所關照，它們似乎會喜愛那些最好、與它們自身（即努斯）最相似的人們，它們似乎會賜福於最崇拜努斯並且最使之榮耀的人們。因爲，這些人所關照的是神所愛的東西，並且，他們在做著正確和高尚〔高貴〕的事情。所有這些都在智慧的人那裡最多，這毋庸置疑。所以，智慧的人是神所最愛的，而這樣的人可能就是最幸福的。這便顯示了智慧的人是最幸福的。

活著見到了自己的孫子，並且光榮地戰死在疆場。參見本書第一卷注82。

72 θεοφιλέστατος。θεο-，神；φιλέστατος 最愛的。θεοφιλέστατος 一詞在柏拉圖的《理想國》中（613a）被頻繁使用。在亞里斯多德的《尼各馬可倫理學》中只見於本章。

九、對立法學的需要：政治學引論

我們已經詳細討論幸福和德性、友愛與快樂的要點。我們應當認爲這個題目已經完成了，還是像所說的那樣，在實踐事務上，沉思和知道還不算完成，實踐沉思所得的和所知的東西才算是完成呢？[73]如果說僅僅知道德性是什麼還不夠，我們就還要努力獲得它、運用它，或以某種方式成爲好人。如果僅僅邏各斯[74]就能使人們變得公道，那麼講授它的人就可以公正地，如塞奧哥尼斯所說：「獲得大筆豐厚的報償」了。[75]而且，他們也應當講授這

[1179b]

73 對倫理學理論的闡述，斯圖爾特（卷II第四五九頁）解釋說，到第八章就結束了，但是一種德性的倫理學還要討論德性如何得以實現的問題。德性的實現，亞里斯多德在下文中說，與(1)本性、(2)學習及(3)習慣有關。本性或自然不在人的掌握之中，學習的對象可以由理論提供，習慣或風氣則需要由制度對生活加以調整才能養成。這三者中，格蘭特（卷II第三四三頁）說，習慣（ἦθος）似乎是倫理學與政治學的聯繫環節。因為一方面習慣或風氣對人的獲得德性和幸福的能力有極大的影響，另一方面個人的生活習慣與國家的制度之間有密切的聯繫。所以本章似乎既是倫理學的結語篇，又是政治學討論的引言。

74 邏各斯在此處的意義更接近於談論、言語。

75 塞奧哥尼斯詩篇第 432-434 行（迪爾，1949-1952）：

如果神給予醫生
治癒人類罪孽的力量，

種課。但是事實上，邏各斯雖然似乎能夠影響和鼓勵心胸開闊的青年，使那些生性道德優越、熱愛正確行爲的青年獲得一種對於德性的意識，它卻無力使多數人去追求高尚〔高貴〕和善。因爲，多數人都只知恐懼而不顧及榮譽，他們不去做壞事不是出於羞恥，而是因爲懼怕懲罰；他們憑感情生活，追求他們自己的快樂和產生這些快樂的東西，躲避與之相反的痛苦，他們甚至不知道高尚〔高貴〕和眞正的快樂，因爲他們從來沒有經歷過這類快樂。那麼，何種邏各斯能夠改變這些人的本性？用邏各斯來改變長期習慣所形成的東西是不可能的，至少是困難的。因此，當已具備做一個公道的人的條件時，如果我們能夠有一部分德性，就應當感到滿足。有些人認爲一個人好是天生的，有些人認爲人是透過習慣，另一些人認爲是透過學習，而成爲好人的。本性使然的東西顯然非人力所及，是由神賦予那些眞正幸運的人的。邏各斯與教育也似乎不是對所有人都同樣有效；學習者必須先透過習慣培養靈魂，使之有高尚〔高貴〕的愛與恨，正如土地需要先耕耘再播種，因爲，那些憑感情生活的人聽不進說服他改變的話，處於那種狀態下，怎麼可能讓他改變呢？而且，一般來說，感情

他們便可獲得
大筆豐厚的報償。

柏拉圖的《美諾篇》（95e）引用最後兩行來說明說教（理論）無助於獲得德性，亞里斯多德顯然也是在同樣意義上引用這句話。

是不聽從邏各斯的，除非不得不聽從。所以，我們必須首先有一種親近德性的道德，一種愛
高尚〔高貴〕的事物和恨卑賤的事物的道德。但是，如果一個人不是在健全的法律下成長
的，就很難使他接受正確的德性。因爲多數人，尤其年輕人，都覺得過節制的、忍耐的生活
不快樂。因此，年輕人的哺育與教育要在法律指導下進行，這種生活一經成爲習慣，便不再
是痛苦的。但是，只在青年時期受到正確的哺育和訓練還不夠，人在成年後還要繼續這種學 [1180a]
習並養成習慣。所以，我們也需要這方面的，總之，有關人的整個一生的法律，因爲，多數
人服從的是法律而不是邏各斯，接受的是懲罰而不是高尚〔高貴〕的事物，所以有些人認
爲，一個立法者必須鼓勵趨向德性、追求高尚〔高貴〕的人，期望那些受過良好教育的公道
的人們會接受這種鼓勵；懲罰、管束那些不服從者和沒有受到良好教育的人；並完全驅逐那
些不可救藥的人。[76]因爲，公道的人會聽從邏各斯，因爲他們的生活朝向高尚〔高貴〕；壞
人總是追求快樂，應當用痛苦來懲罰，就像給牲畜加上重負一樣。所以他們說，所施加的痛
苦必須是最相反於那些人所喜愛的快樂的。但是，如果想成爲好人就必須如所說過的[77]——
預先得到高尚〔高貴〕的哺育並養成良好的習慣，並且將繼續學習過公道的生活，而不去出
於意願或違反意願做壞事；如果只要具有努斯，生活在正確的制度下，並且這個制度有力

76 參見柏拉圖的《法律篇》722d及以下。

77 1179b31-1180a5。

量，一個人就能夠這樣生活，那麼父親的——總而言之任何一個男子的——要求[78]就不帶有強制性，除非他是一位君王等等。然而，作爲表達著某種明智與努斯的邏各斯，法律具有強制的力量。[79]而且，如果一個人反對人們的口味，即使他是對的，他就會引起反感，但法律要求公道的行爲卻不會引起反感。斯巴達似乎是立法者關心公民的哺育與訓練的唯一城邦或少數城邦之一。在大多數其他城邦，它們受到忽略，每個人想怎麼生活就怎麼生活，像庫克洛普斯[80]那樣，每個人「給自己的孩子與妻子立法」，[81]所以，最好是有一個共同的制度[82]來正確地關心公民的成長。如果這種共同的制度受到忽略，每個人就似乎應當關心提高

---

78 ἡ πατρικὴ πρόσταξις。

79 ἀναγκαστικὴ δύναμις。

80 κυκλωπικῶς，Cyclops，希臘神話中的獨眼巨人族或他們中間的任何一個。荷馬在《奧德賽》中說，他們住在極西方的山洞裡，不習耕作、不信神祇、沒有法律與治理。據赫西阿德的《神譜》（*Theogony*），庫克洛普斯是天神烏剌諾斯（Uranus）與地神蓋亞（Gaea）的三個兒子布戎忒斯（Brontes）、斯忒羅佩斯（Steropes）、阿耳格斯（Argus），這三個名字的意義分別是霹靂製造者、閃電製造者和亮光製造者，據神話傳說這三個人是希臘工匠的始祖。

81 《奧德賽》一一四：他們（庫克洛普斯）「每人各自統帥自己的兒女與妻子，彼此不相往顧」。柏拉圖的《法律篇》（630）、亞里斯多德的《政治學》（1252b22）都引用了這句話。

82 κοινῇ。

他自己的孩子與朋友的德性。[83]他應當能做到這一點，或至少應當選擇這樣去做。從上面談到的可以看出，如果他懂得立法學，他就更能做到這一點。[84]共同的關心總要透過法律來建立制度，有好的法律才能產生好的制度。法律不論是成文還是不成文的，是對於個別教育的還是針對多數人教育的，都沒有什麼不同，就像音樂、體育和其他行業教育的情形一樣。正像在城邦生活中法律與習慣具有約束作用一樣，在家庭中父親的話與習慣也有約束作用。由於有親緣關係，由於父親對子女的善舉，這種約束作用比法律的更大。因爲，家庭成員自然對他有感情並願意服從他。其次，個別教育優於共同教育，這與醫療中的情形一樣。雖然一般來說，休息與空腹都對治療發燒有幫助，但對一個特定的病人卻可能無效。一個教授拳擊的人也不可能讓所有學生都學一種打法，所以，個別情況個別對待效果更好。因爲這樣，一個人更能夠得到適合他的對待。不過，一個醫生、教練或其他指導者，如果懂得了總體的情形或某個其他的同類情形，他就能最好地提供個別關照。因爲，科學從它的名稱[85]以及從實際看，都是關乎於共同的情況的。當然，一個不懂科學的人也能把一個特定的人照料得很

[1180b]

83 愛爾溫（第三一三頁）說，亞里斯多德在此是在提出一個中策的建議：如果一個人未能生活於一個有良好法律的社會，他最好自己來履行提高他自己的孩子與朋友的德性的責任。

84 按照亞里斯多德的看法，對生活（方式）的調整有公共的和私人的兩種方式，家庭就是小城邦，或者，城邦在治理的意義上就是大家庭，所以立法學可以通及這兩者。

85 萊克漢姆（第六三六頁注）：例如醫學是「治療之學」，而不是「治療某某人之學」。

好，因爲他從經驗中了解如何能滿足那個人的需要；這正如有些人彷彿就是他自己的最好的醫生，儘管他對別人的病可能一籌莫展。但是，那些希望掌握技藝或希望去沉思的人似乎就應當走向總體，並盡可能懂得總體，因爲科學，如剛剛說過的，是關乎於總體的。所以，假如有人希望透過他的關照使其他人（許多人或少數幾個人）變得更好，他就應當努力懂得立法學，因爲，法律可以使人變好。不是每個人都能把所有的或所接觸到的人的品性變好，只有懂得科學的人（如果有這樣的人的話）才能做到這一點；這正如在醫療或其他要運用關心與明智的活動中的情形一樣。接下來，我們是否應當討論，一個人從哪裡以及如何獲得立法學的知識？是從政治家那裡，就像所有從專家那裡獲得知識的例子一樣嗎？因爲我們已經看到，[86]立法學是政治學的一個部分。或者，政治學與別的科學和能力的情形有所不同？因爲，在別的科學和能力方面，傳授能力者，如醫師和畫師，同時也是實踐者；但是在政治學方面，聲稱教授政治學的智者們從來不實踐，從事實踐是政治家們，但他們所依賴的是經驗而不是理智。因爲，我們從來看不到他們寫或者講政治學的問題（儘管這種活動比寫法庭辯詞和公民大會演說詞更高尚〔高貴〕）。我們也看不到他們讓自己的兒子或某個朋友成爲政治家，[87]如果他們能夠的話，他們倒是最好能這樣做，因爲，除了政治能力之外，他們既沒

[1181a]

86　1141b24。

87　參見柏拉圖的《美諾篇》，柏拉圖在那裡（95b）說，政治家們從來不向他們的兒子傳授德性，相反，聲稱

有更好的東西留給城邦，也不能爲自己及朋友們帶來什麼好的東西。不過經驗在從事政治方面的作用卻相當不小。否則，和政治打交道的人也就成不了政治家了。所以，想懂得政治學的人還要具備政治的經驗。另一方面，那些聲稱自己教授政治學的智者，卻遠不是在教授政治學，因爲，他們根本不知道政治學是什麼以及關於什麼，否則，他們就不會把政治學看作修辭學或比它更低，也不會認爲立法就像把以往的名聲好的法律彙編在一起那麼容易。[88]他

傳授德性的是智者們，但是他們是否有資格傳授德性則很令人懷疑。

88 從「那些聲稱自己……彙編在一起那麼容易」這段話，據奧斯特沃特（第三〇〇—三〇一頁），是針對修辭學家伊索克拉底（Isocrates）的演說《安提多西斯》（*Antidosis*）中（79-83）的下面一段話的：

我認爲你們都會同意，我們的法律有助於增進人類生活的最爲重要的善。這些法律自然而然要在城邦事務以及我們的相互交易方面產生作用。……所以，發起這種〔有關法律的〕討論的人比那些頒布和起草法律的人更加受人尊敬。因爲這樣的人更少、更難找，並且需要更高的理智，現在尤其如此，因爲，在競相來到城邦定居時，人們追求的當然都是同樣的東西。但是，既然我們已經有了爭吵並訂立了數不清的法律、既然我們既尊重最古老的法律又重視最新發生的爭吵，這就不再只是一個理智的問題。因爲那些意在頒行法律的人已經訂立了大量法律，他們不需要再訂立新法，但是他們必須盡力從各個地方蒐集那些名聲好的法律。任何想這樣做的人都能很容易地做到這一點；但是以演說爲職業的人則沒辦法這樣做，因爲他們演說的題目以前沒有人講過。如果他們講前人講過的事情，聽眾就會覺得他們是在咿啞學語；而如果他們講新的東西，他們就沒辦法找到好的演講。所以我說，儘管這兩種人都受稱讚，那些從

們覺得他們能挑選最好的法律，好像挑選本身不需要融會貫通，好像正確的判斷不是——就
像在音樂上那樣[89]——首要的事情。其實，在每種技藝上，只有具備經驗的人才能正確判斷
作品、才能理解完成一件作品的手段和方法、才能懂得什麼與什麼相配；沒有經驗的人則最
多能看出一件作品，比如一幅繪畫，完成得是好還是糟糕。法律似乎可以說是政治活動的產
品。法律彙編怎麼能夠使一個人懂得立法學或者判斷哪些法律最好呢？從未見過有人靠閱讀 [1181b]
手冊就成爲醫生。醫生們不僅要說明治療過程，而且要根據不同的體質，說明對每種病人的
治療方法和處置方案。而他們所說的東西對於有經驗的人都有幫助，儘管對無知的人沒有用
處。同樣，那些法律與政制的彙編[90]對於有能力沉思、能判斷孰優孰劣、懂得什麼與什麼相
配的人[91]有幫助。那些沒有這種品質的人閱讀這些彙編也不能做出正確的判斷，除非這種判
斷自動出現在腦子裡，儘管這種閱讀可以使人更善於理解這些事務。由於以前的思想家們沒
有談到過立法學的問題，我們最好自己把它與政制問題一起來考察，從而盡可能完成對人的

事更困難的工作的人應得到更多的稱讚。

89 按照智者們的理解，正確的判斷在音樂上不重要。

90 亞里斯多德此處是指在他主持編纂的一五八個希臘與非希臘城邦的政制彙編，《雅典政制》是其中的一部。

91 即在公共的或私人（家庭）的治理上有經驗的人。所以總而言之，亞里斯多德是認為，一個人不可能從政治學的專家（政治家）那裡，也不可能從智者們那裡學習立法學，而應當在自己取得的（政治的或家庭的）治理經驗的基礎上，理解那些好的立法。

智慧之愛的研究。首先，我們將對前人的努力作一番回顧，然後，我們將根據所蒐集的政制彙編，考察哪些因素保存或毀滅城邦，那些因素保存或毀滅每種具體的政體；什麼原因使有些城邦治理良好，使另一些城邦治理糟糕。因爲在研究這些之後，我們才能較好的理解何種政體是最好的，每種政體在各種政體的優劣排序中的位置，以及它有著何種法律與風俗。[92] 我們就從頭說起。

---

92 這裡列出的三個步驟或方面，是亞里斯多德的《政治學》的最初步的綱要。所以《政治學》是接著倫理學，從立法學與政制的方面對人的智慧之愛（即哲學）的進一步的研究。

附錄一　全書內容提要

第一卷　善

一、每種技藝與研究，以及同樣地，人的每種實踐與選擇，都以某種善爲目的。在各種目的中有些是從屬性的。主導的目的優越於從屬的目的。

二、最高的善必定是因其自身而被追求的。而關於這種善的科學就是政治學。

三、我們對每種科學只能期求那種題材所容許的確定性。政治學只能獲得概略的確定性。學習政治學需要有良好的品質和生活的經驗。

四、那麼什麼是最高善？人們都同意這就是幸福，但對於什麼是幸福則有不同意見。政治學的研究最好從有良好品質的人所承認的那些事實開始。

五、享樂的生活是動物式的。政治的生活追求榮譽與德性，但這些也是不完善的。

六、我們所愛的哲學家因此提出善型的概念，但是這有違於他的思想的邏輯，並且也無助於我們的實踐。

七、我們所追求的是可實踐的善。作爲目的的事物有些是因自身，有些是因他物而被追求的。最高善必定是完全的、自足的善。

八、這個定義也可從流行意見得證，因爲人們說幸福是最好、最高尚且最令人快樂的東西，並且始終與外在的善相聯繫。

九、然而幸福是學得的而不是靠運氣獲得的，因爲幸福在於靈魂合乎德性的活動，並且是一生中合乎德性的活動。

十、但是這不等於說，一個人只要還活著就不能說他是幸福的。

十一、但我們也不能說一個人的幸福絲毫不受後代人的命運所影響，儘管這種影響微乎其微。

十二、幸福可以說並不是適合我們稱讚的事物，我們所能稱讚的只是德性。

十三、然而要研究德性就必須研究靈魂。靈魂有邏各斯的部分和無邏各斯的部分，相應地，德性也分爲理智德性與道德德性。

第二卷　道德德性

一、道德德性由習慣生成，既不出於自然，也不反乎自然。德性既生成於活動也毀滅於活動，並且只有在活動中實現。

二、所以研究德性就要研究實踐。然而對德性的研究只能是概略的，我們現在可以明瞭的是，德性必須避開過度與不及。

三、其次，它與快樂和痛苦相關。與技藝一樣，德性也是與比較困難的事情——即正確對待快樂與痛苦，相聯繫的。

四、但是，技藝只相關於對象的性質，德性還相關於自身的心態。獲得技藝是知，獲得德性是選擇。

五、從「種」上說，德性不是感受感情的能力而是對待感情的品質，不是被動的感情而是主動的選擇。

六、從屬差上來說，德性是選擇適度的那種品質。適度有相對於對象的和相對於我們自身的，德性選擇的是相對於我們自身的適度。

七、但是這一前提只有深入到具體的德性上，才有更大的確定性。在恐懼與信心、快樂與痛苦、財富與榮譽、怒氣與羞恥、言談與交往方面，都存在著過度、不及和適度。

八、過度與不及相互矛盾，它們也與適度的品質對立。

九、要想獲得適度，首先要避開那最與適度對立的極端，其次要弄清那把我們引向錯誤的東西並努力將自己拉向相反方向。

第三卷　行爲；具體的德性

行爲

一、行爲有出於意願的和違反意願的。凡行爲的始因在自身內的行爲都是出於意願的。

二、德性意味著選擇。選擇是出於意願的，但出於意願未必都是選擇。選擇不同於欲望、怒氣、希望與意見，意味著經過預先的考慮。

三、我們所考慮的只是我們力所能及而又並非永遠如此的事物，而且，是手段而不是目的。

四、希望則是對於目的的。好人所希望的善是他眞正希望的善，壞人所希望的善則是只對他才顯得善的東西。

五、惡與德性一樣是出於意願的，因爲，對一件事情做與不做都在我們能力之內。行爲的始因在我們自身。

具體的德性

六、勇敢是恐懼與信心方面的適度，是面對一個高尚的死時在恐懼方面的適度品質。

七、勇敢的人也對那些超出人的承受能力的事物感到恐懼，但他能以正確的方式，按照邏各斯的要求並爲著高尚之故恰當地對待這些事物。

八、有五種與勇敢相似的品質：公民的勇敢、經驗的勇敢、怒氣的勇敢、樂觀的勇敢、無知的勇敢。

九、勇敢本性上是痛苦的。它意味著承受痛苦，儘管其目的令人愉悅；而且，一個人越有德性，面對死亡就越痛苦。

十、節制是快樂與痛苦方面的適度。節制並非與一切快樂與痛苦相關，而只與肉體的尤其是觸覺上的快樂與痛苦相關。

十一、節制的人適度期望獲得那些適當而愉悅的事物，他不以不適當的事物爲快樂，對於這些事物中令人愉悅的事物也不會感到過度的快樂。

十二、放縱比怯懦更出於意願，然而放縱的品質卻不是出於意願。對快樂的欲望應當時時加以管教。

第四卷　具體的德性（續）

一、慷慨是小筆財物的給予方面的適度。慷慨的人以最好的方式使用其財物。在揮霍與吝嗇兩個極端中，吝嗇是更大的惡。

二、大方是大筆財物的花費方面的適度。大方的人的花費是重大的和適宜的，其結果也是重大的和適宜的。

三、大度是對重大榮譽的欲求方面的適度。大度的人自視重要也配得上那種重要性。大度的人最關注榮譽而又對之取適當的態度。

四、在對小榮譽的欲求上也有過度、不及和適度。愛榮譽者在欲求上過度，不愛榮譽者不及，適度的品質則無名稱。

五、溫和是怒氣方面的適度。溫和的人是以適當方式、就適當的事、持續適當的時間發怒的人，儘管他顯得偏向不及。

六、友善是社交方面的適度。友善的人既不隨意討好人，也不隨意使人痛苦，他的友好或施加的痛苦都出於高尚的目的。

七、誠實也是社交方面的適度，但相關於交往的眞實與虛僞。誠實的人拒絕虛僞，但是他可能對自己少說幾分。

八、機智是消遣性交談方面的適度。有品味地開玩笑的人被稱作機智的。機智的人只說和聽適合一個慷慨的人說和聽的東西。

九、羞恥不是德性，而是由壞行爲引起的一種感情。羞恥感可以幫助年輕人少犯錯誤。所以我們稱讚有羞恥感的年輕人。

第五卷　公正

一、公正有兩種意義：守法與平等。守法是總體上的公正，守法的公正不是德性的一部分，而涵蓋著德性的整個範圍。

二、具體的公正則與榮譽、財物等這類事物獲得上的平等或不平等相關。具體的公正又分爲分配的公正和私人交易的公正。

三、分配的公正是兩個人和兩份事物間幾何比例的平等，這種公正就在於成比例。

四、矯正的公正是對違反意願的交易結果進行糾正的公正。矯正的公正是算術比例的平等，矯正是使雙方交易之後所得相等於交易之前所具有的。

五、回報的公正是自願交易中的公正。它是聯繫城邦的紐帶。回報的公正是兩種產品依幾何比例關係的交換。必須預先建立此比例關係才能實現這種公正。

六、公正又可分爲政治的公正與家族的公正。只有在比例或算術上平等的人之間才有政治的公正。政治的公正是眞正的公正，家族的公正只是類比意義上的。

七、政治的公正有些是自然的，有些是約定的。

八、行公正與不公正都可能出於意願或違反意願。出於意願是公正的或不公正的行爲，否則就只是公正或不公正的事。

九、受公正尤其是不公正的對待是否也會出於意願？如出於意願僅意味著知道，一個傷害自己的人就可以說是出於意願受此對待；如它還意味著違反自己的希望，便不可作如是說。

十、公道既與公正同類，又不等同於後者。它優於法律的公正，是對法律的由於一般性而帶來缺陷的公正的糾正。

十一、所以，在本義上一個人不可能對自身行不公正。但是在人自身中有不同的部分且這一部分可能對另一部分不公正，這種轉義上則可以有對自身的不公正。

第六卷　理智德性

一、但是只懂得行爲要適度並不使人更聰明，還必須懂得何爲適度以及如何確定適度。所以還要懂得靈魂有邏各斯的部分的性質，這個部分又可分爲知識的部分和推理或考慮的部分。

二、努斯與欲求主導著人對實踐的眞的追求。靈魂邏各斯的知識的部分的目標在於眞。考慮的部分的目標在於正確。

三、靈魂以科學、技藝、明智、智慧、努斯五種品質把握此眞實。科學以不變的事物爲對象，是可傳授的、證明性的。

四、可變的事物是製作或實踐的對象。製作是使某事物生成，不同於實踐。技藝是與眞實的製作相關的、合乎邏各斯的品質。

五、明智是靈魂的推理部分的品質，是考慮總體上對於自身是善的和有益的事情的品質。明智在對象上不同於科學，在始因上不同於技藝。

六、努斯是靈魂把握關於不變事物的知識、關於可變事物的推理的起點的眞實性的品質。

七、智慧有具體的和總體的。總體的智慧是努斯與科學的結合，是對於最高等的題材的科學。

八、明智有關於城邦的和關於個人生活的，前者有立法學與政治學。但是通常所說的是後者。明智與努斯相反，相關於感覺的具體，所以獲得明智需要生活經驗。

九、明智包含好的考慮，好的考慮不是科學或判斷與意見的眞，它是對於達到一個好目的手段的正確的考慮。

十、明智也與理解相關，理解和明智都與變化而困難的事物相關，然而有所不同。明智發出命令而理解則只做判斷。

十一、明智也包含體諒。體諒是在與公道相關的事情上善於作出正確的區分的品質。理解與體諒都與終極的實踐事務相關。

十二、明智與智慧即使不產生結果，其自身也值得欲求。它們事實上產生一種結果，即幸福。明智與道德德性完善著活動。

十三、明智與德性不可分離，自然德性離開明智就不能成爲德性，離開了德性也不可能有明智。明智是它所屬靈魂的那個部分的德性。

第七卷　自制；快樂

自制

一、有六種品質：超越、德性、自制、不能自制、惡、獸性，要避開的是後三種。

二、自制問題上的疑難問題有：不能自制者是否有正確知識？是否自制者都不節制，節制者都不自制？自制是否意味著固執？不能自制是否比放縱更難改正？不能自制與哪些事物相關？

三、有知識有兩種意義：有知識且運用之，有知識但未運用。不能自制者的知識是殘缺的：他或者像醉漢那樣不能運用其知識，或者只運用大前提或小前提。

四、自制或不能自制與營養、性愛等必要的肉體快樂相關。財富、榮譽上的不能自制則只是限定意義上的不能自制。

五、出於殘障與習慣的獸性和病態不屬於惡，因而不屬於不能自制的範圍。它們只是在轉義上被稱爲不能自制。

六、怒氣上的不能自制不像欲望上的不能自制那樣可憎。自制與不能自制只是與肉體欲望和快樂相關的。

七、放縱的人比不能自制者更壞，因爲他沒有強烈欲望就做了可恥的事。自制比堅強更值得欲求，因爲戰勝快樂比忍受痛苦更困難。

八、不能自制者比放縱者容易改正，因爲他保持著德性的起點，不是出於選擇並且存有悔恨；放縱者則相反。

九、自制與固執相似但不同，自制者堅持正確並抵抗欲望，固執的人堅持一切，抵抗的是邏各斯而不是欲望。

十、一個人不可能明智而不能自制。明智不僅意味著知而且要實踐，不能自制者恰恰是知而行不及。

快樂

十一、對快樂有三種主要批判意見：所有的快樂都不是善；有些快樂是善，儘管多數不是；快樂是一種善但不是最高善。

十二、快樂是人的正常品質不受阻礙的實現活動。向正常品質回復的快樂不是正常的快樂。正常的快樂是善而不是惡。

十三、快樂是某種善，因爲快樂與痛苦相反，且痛苦是惡；獸類和人都追求快樂。如果快樂

十四、必要的肉體快樂不是惡，只有當過度時才是惡。肉體快樂特別被人們追求是因爲它能驅逐痛苦並且特別強烈，易於爲人們享受。過度的快樂與必要的快樂對立，而不是與痛苦對立。

第八卷　友愛

一、友愛是或近似一種德性。它不僅必要而且是高尚的。但友愛是源於相似性還是相反性？是所有人都會有朋友，還是壞人不會有朋友？友愛只有一種還是有多種？

二、有三種東西可愛：善、愉悅和用處。友愛需要互有、互知善意，並且這種善意是出於上述原因之一。

三、由此產生出三種友愛：善的或德性的、快樂的、有用的。快樂的和有用的友愛不是無利害的，因而是偶性的。善的友愛是因對方自身之故的、既善也愉悅和有用的、持久的。

四、善的友愛還是相似的。快樂的與有用的友愛也可以是相似的，且僅當相似時才能持續，一旦一方變化了，友愛便枯萎。善的友愛也不受離間，其他兩種友愛則不免受到離間。

五、做朋友也與有德性一樣有兩種意義。只有共同地生活才是在實際地做朋友。好人因彼此的善、愉悅和有用而願意共同生活。然而友愛不同於愛，愛是一種感情，友愛則是一種品質。

六、所以德性的朋友不能擁有很多，快樂的、有用的朋友則可以同時有許多。快樂的友愛更接近於善的友愛，不過這些都是就平等的友愛而言的。

七、另一類友愛包含著其中一方的優越地位，其中每一方從中尋求得到的都與另一方不同；但愛又需要以比例平等化，平等在友愛上首要的意義在於數量平等，雙方如差距過遠便不能繼續做朋友。

八、多數人由於愛榮譽，更願意被愛而不是去愛，但友愛更在於愛。善的友愛雙方能給對方以應得的愛，所以持久。

九、友愛與公正都依賴於共同體且相關的程度相同，共同體不同，友愛與公正也就不同。政治共同體是最高共同體，共同利益被視爲政治共同體的公正。

十、有三種政體：君主制、貴族制、資產制。相應地也有三種變體：僭主制、寡頭制、民主制；它們在家庭中都有其類似的形式。

十一、君主制和父子的友愛是善的，其公正在於成比例。貴族制和夫妻的友愛與公正是德性的；資產制和兄弟的友愛與公正是平等的。各種變體中，民主制下的友愛與公正最多。

十二、可以把家族的友愛與其他的友愛區分開；家族的友愛有多種，但都從父子的友愛派生。與子女對父母相比，父母對子女知之更深、視爲自身並愛得更長久。

十三、平等的友愛中抱怨主要存在於有用的友愛中，因爲友愛中的每一方都想多得。基於法律的那種友愛中抱怨相對少些。公正的原則在於盡力償還。

十四、不平等的友愛也有爭吵。分歧在於是依德性、貢獻還是需要來分配。公正的原則在於使不同的人多分得不同的東西，這種安排既重建平等又保全友愛。

第九卷　友愛（續）

一、不相似的友愛當透過比例而達到平等並得以保持。對高尚的服務應盡力回報，若給予是爲得報，就應回報其所配得的，如達不到一致，事先由接受者確定回報的數額就不僅必要而且公正。

二、不同回報要求中何者當優先難以確定。總的原則是先回報後施惠於人，但是這容許例外。一個人的要求不能始終高過別人，對每種人亦應以適合他們各自的方式回報。

三、如對方極大改變了，友愛當否終結？若是快樂的或有用的友愛，這無可厚非。若是善的友愛，則終結雖應當，但仍應爲過去時光故而有所關切。

四、對朋友的愛是自愛的延伸。友愛的特性存在於好人與他自身的關係中，而不存在於壞人與自身的關係中。好人對待朋友像另一個自身。

五、友愛包含善意，但善意還不是友愛。善意是友愛的起點，善意繼續發展，達到親密，就成爲友愛。然而不是有用的或快樂的友愛，因爲這些友愛不存在善意。

六、團結近似於友愛。團結是指全體公民基於共同利益爲實現共同的重大決定而努力，所以團結似乎就是政治的友愛。

七、進一步的問題。首先，何以施惠者更愛受惠者而不是相反？施惠者愛受惠者就如作者愛他的作品，施惠的行為中有高尚。感情總是屬於主動者，人們對辛苦得來的東西更珍愛。

八、其次，一個人是否當自愛？若自愛是指使自己多得錢財與榮譽，便不應當；若是指愛自身中最高貴的那個部分，便應當。好人應當是後一種意義上的自愛者。

九、第三，幸福的人是否需要朋友？幸福的人既然萬善具備就必定有朋友，他需要朋友來接受其善舉。人天生要過政治的生活。幸福在於活動，幸福的人需要好人朋友一起進行持續的活動。

十、第四，交友是否要適度限量？有用的和快樂的朋友，既不要沒有也不要過多。交好人朋友也當以能持續交往的最大數量為限。一個人不可能與太多朋友共同生活。

十一、第五，人在幸運時還是不幸時更需要朋友？在這兩種情況下我們都需要朋友。在不幸中我們更需要有用的朋友；在幸運中更需要有德性的朋友。

十二、共同生活是友愛的本質，它是友愛中最值得欲求的東西。每個人都在他最喜愛的活動中與朋友共同生活，共同生活使好人的友愛更好，使壞人的友愛更壞。

第十卷　快樂；幸福

快樂

一、快樂問題不應忽略，因爲快樂似乎與我們的本性最爲相合。有兩種對立的意見：有些人認爲快樂就是善；有些人則相反，認爲快樂完全是壞的。

二、歐多克索斯認爲，既然快樂爲一切生命物所追求，其反面痛苦爲一切生命物所躲避，其自身就值得欲求，且使其他的善更加善，它就是最高善。但是最後這條論據只能表明快樂是一種善。

三、持相反意見的人認爲，快樂不是一種性質，而且不是限定的、生成的，所以完全不是善。但是他們所說的是不正常的快樂，快樂有性質的不同，來源於高尚事物的快樂是自身就值得欲求的。

四、快樂不同於運動，它是某種整體的、完善的事物。快樂與感覺的完善的實現活動不可分離並完善著這種活動。

五、每種實現活動都有完善著它的特殊快樂；每種動物都有其特殊的快樂，不過在人類中，不同的人有完全不同的快樂。完善著好人的實現活動的快樂是眞正的快樂。

幸福

六、幸福不是品質，而是因其自身而值得欲求的、合乎德性的實現活動。幸福不在於消遣，消遣是一種休息，我們需要休息是爲了嚴肅的工作。越有德性的人，其活動就越是嚴肅。

七、若幸福是合乎德性的活動，它就是合乎我們自身中那個最好部分的德性的活動，即沉思，它是最完美的活動，但我們只有以自身中神性的東西才能過這種生活。努斯是神性的東西。

八、道德德性的實現活動只是第二好的。因爲道德德性是屬於人的。德性的實踐需要許多外在的東西，沉思則不需要。所以完善的幸福是某種沉思。智慧的人是最幸福的。

九、對德性只知道還不夠，還必須努力去獲得。德性以好品質爲前提，而好品質需在好法律下養成。這種教育可由公共制度或個人來實施，但懂得立法學才能更好地進行教育，所以我們還必須懂得立法學。

附錄二　關於亞里斯多德德性表

下面列出的德性表見於《歐台謨倫理學》第二卷（1220b37-a12）。

不及	德性	過度
麻木，ἀοργησία inrascibility， spiritlessness	溫和，πραότης gentleness， good-temper	惱怒，ὀργιλότης irascibility, passionateness
怯懦，δειλία cowardice	勇敢，ἀνδρεία courage	魯莽，θρασύτης rashness，andacity
驚恐，κατάπληξις shyness，bashfulness	羞恥，αἰδώς modesty，shame	無恥，ἀναισχυντία shamelessness
冷漠，ἀναισθησία insensibility	節制，σωφροσύνη temperance	放縱，ἀκολασία intemperance，profligacy
無名稱， ἀνώνυμον	義憤，νέμεσις indignation	妒忌，φθόνος envy
失，ζημία loss	公正，δίκαιο justice	得，κέρδος gain
吝嗇，ἀνελευθερία meanness，illiberality	慷慨，ἐλευθεριότης liberality	揮霍，ἀσωτία lavishness，prodigality
自貶，εἰρωνεία self-depreciation，irony	誠實，ἀλήθεια truthfulness，sincerity	自誇，ἀλαζονεία boastfulness

不及	德性	過度
恨，ἀπέχθεια peevishness、surliness	友愛，φιλία friendliness	奉承，κολακεία complaisance
固執，αὐθάδεια stubbornness	驕傲，σεμνότης proper pride	諂媚，ἀρεσκεία servility
柔弱，τρύφερότης softness、luxuriousness	堅強，καρτερία endurance	操勞，κακοπάθεια suffering hardworking
謙卑，μικροψυχία humility、smallness	大度，μεγαλοψυχία magnificence	虛榮，χαυνότης vanity
小氣，μικροπρέπεια niggardliness、 snobbiness、shabbiness	大方，μεγαλοπρέπεια magnanimity、greatness	鋪張，δαπανηρία vulgarity、tastelessness
單純，εὐήθεια simplicity	明智，φρόνησίς prudence	狡猾，πανουργία cunningness

我將這些德性條目及其過度與不及形式的希臘語詞彙和主要的英譯列在表內，以方便讀者理解。從《尼各馬可倫理學》的討論中我們不難看出，亞里斯多德在講授《尼各馬可倫理學》時使用著一份極其相似的德性表，甚至可能就是同一份德性表。相似的德性表還可以從《大倫理學》和《修辭學》中看到。在《修辭學》（1366b1-21）中，亞里斯多德提出了一份非

常簡明的德性表，與每種道德德性相應的只有一種最與它相反的惡的品質，或者是過度，或者是不及：

德性	相反者
公正	不公正
勇敢	怯懦
節制	放縱
大方	小氣
大度	謙卑
慷慨	吝嗇
溫和	〔未提及〕

《大倫理學》（1185b1-13，1190b9-1193a37）則提供了一份內容非常豐富的德性表，不僅明智、機智與智慧等明確作爲理智德性與道德德性相區分（儘管機智仍然與道德德性放在一道討論），而且對每種德性都盡可能區分過度與不及的形式：

不及	德性	過度
冷漠	節制	放縱

	公正	不公正
	勇敢（與自信和恐懼相關）	
呆板	機智	滑稽
麻木	溫和	慍怒
吝嗇	慷慨	揮霍
謙卑	大度	虛榮
小氣	大方	鋪張
幸災樂禍	義憤	妒忌
自傲	驕傲	諂媚
羞怯	羞恥	無恥
恨	友愛	奉承
自貶	誠實	自誇

從上面的引述來看，如果我們把《尼各馬可倫理學》第五卷至第七卷視爲與其他部分是屬於一個整體的，《歐台謨倫理學》德性表、《大倫理學》德性表與《尼各馬可倫理學》德性表的相似性便是顯而易見的。

不過縝密的研究顯示，《尼各馬可倫理學》德性表與《歐台謨倫理學》德性表仍然存在一些區別。烏茲（M. Woods）在所譯《亞里斯多德歐台謨倫理學》（克萊倫頓出版公司，一九八二年）「評注」（第一一五頁）中指出了兩者的下述區別：

1. 在《尼各馬可倫理學》中，亞里斯多德在不愛榮譽與過度愛榮譽兩種極端之間規範了一種適度品質，儘管沒有確定其名稱。
2. 在《尼各馬可倫理學》中，驕傲與友愛兩者未分，儘管奉承與諂媚是相互區分的。
3. 在《歐台謨倫理學》中明智被作爲兩種極端之間的適度品質，在《尼各馬可倫理學》中明智不再像道德德性那樣被表示是存在於哪兩種極端之間的，取代明智的是機智，這與《大倫理學》的做法相同。
4. 在《尼各馬可倫理學》中，堅強沒有出現在第二卷第七章的道德德性導言中，而是出現在第七卷第七章。我認爲還可以補充。
5. 在《尼各馬可倫理學》中，與機智相應的兩種極端品質是呆板和滑稽（這一點也與《大倫理學》的做法相同），而不是天眞和狡猾（像《歐台謨倫理學》那樣）。
6. 在《尼各馬可倫理學》中，羞怯與驚恐或恐懼作爲在羞恥上的不及，未加以區分。
7. 在《尼各馬可倫理學》中，義憤的不及形式暫時被確定爲幸災樂禍這一名稱。
8. 堅強的過度形式，亞里斯多德在第七卷中並未直接命名，不過他在其他地方也間或提到了操勞，儘管並沒有直接把它與堅強的過度形式聯繫起來。

依據這樣的分析，我們可以把《尼各馬可倫理學》實際使用的德性表復原如下：

不及	德性	過度
麻木	溫和	慍怒
怯懦	勇敢	魯莽
羞怯、驚恐、恐懼	羞恥	無恥
冷漠	節制	放縱
幸災樂禍	義憤	妒忌
失	公正	得
吝嗇	慷慨	揮霍
自貶	誠實	自誇
不愛榮譽	無名稱	好名
恨	友愛、驕傲	奉承
		諂媚
柔弱	堅強	操勞
謙卑	大度	虛榮
小氣	大方	鋪張
呆板	機智	狡猾

像明智與堅強在《歐台謨倫理學》和機智在《大倫理學》中一樣，在《尼各馬可倫理學》中，

機智與堅強是作爲理智德性討論的。不過，這一點沒有妨礙亞里斯多德考慮它們各自的不及和過度形式。或許，亞里斯多德是認爲，堅強與機智是與道德德性最相近的理智德性，所以還可以像道德德性那樣區分出與它們各自相應的兩種極端。而明智（以及特別與它相近的品質：理解和體諒）與智慧則無法區分相應的極端，而且事實上對於它們總是擁有得越多越好。

這份德性表仍然採取了《歐台謨倫理學》德性表的順序，以便於與該表加以比較。至於這三部倫理學著作在討論德性條目的順序上的異同，這裡不做討論，它超出了這個附錄本身的目的。

附錄三　《尼各馬可倫理學》的現代校訂、翻譯、注釋本書目

一

本書譯文與注釋所參照的現代中英文翻譯、注釋本包括：

▲《尼各馬可倫理學》第一卷第一、二章，第二卷第一、二、五、六章，第十卷第七章，北京大學外哲史教研室翻譯，載北京大學外哲史教研室編譯的《古希臘羅馬哲學》，新一版，商務印書館，一九六一年。

▲《尼各馬可倫理學》第一、二、三、六卷，佳冰、韓裕文翻譯，載周輔成編《西方倫理學名著選輯》（上卷），商務印書館，一九六四年。

▲《尼各馬可倫理學》，苗力田翻譯，中國社會科學出版社，一九九〇年。

▲《尼各馬可倫理學注釋》，斯圖爾特注釋，兩卷本，克萊倫頓出版公司，一八九二年〔*Notes on the Nicomachean Ethics of Aristotle* by J. A. Stewart, in two volums, Oxford, Clarendon, 1892〕。

▲《亞里斯多德倫理學》，伯尼特校訂並注釋，麥修恩公司，一八九九年〔*The Ethics of Aristotle, ed.* with notes by J. Bumet, London, Methuen&Co., 1899〕。

▲《亞里斯多德倫理學》，格蘭特撰文、校訂並注釋，兩卷本，朗曼斯與格林出版公司，一八八五年〔*The Ethics of Aristotle*, illustrated with essays and notes by Sir A. Grant, in two volumes, London, Longmans, 1885〕。

▲《亞里斯多德倫理學》，湯姆森翻譯，特里登尼克修訂、注釋並編制附錄，巴恩斯

撰寫「導言」並編制書目，企鵝書屋，一九七六年〔*The Ethics of Aristotle: The Nicomachean Ethics*, trans. by J. A. K. Thomson, rev. with notes and appendices by H.Tredennick, introduction and bibliography by J. Barnes, London, Penguin Books, 1976〕。

▲《亞里斯多德尼各馬可倫理學》，愛爾溫翻譯並注釋，第二版，哈奇特出版公司，一九九九年〔*Aristotle: Nicomachean Ethics*, trans.with notes by T. Irwin, 2nd ed., Indianapolis, Hachett Publishing Co., Inc., 1999〕。

▲《亞里斯多德尼各馬可倫理學》，奧斯特沃特翻譯、注釋並撰寫「導言」，鮑伯斯·梅瑞爾公司，一九六二年〔*Aristotle: Nicomachean Ethics*, trans.with introduction and notes by M.Ostwald, Indianapolis, Bobbs-Merrill Co., 1962〕。

▲《亞里斯多德尼各馬可倫理學》，拜沃特校訂，克萊倫頓出版公司，一八四七年〔*Aristotelis: Ethica Nicomachea*, adnotatione I. Bywater, Oxonii, E Typographeo Clarendoniano, 1847〕。

▲《亞里斯多德尼各馬可倫理學》，彼得斯翻譯並注釋，第五版，基根·保羅出版公司，一八九三年〔*The Nicomachean Ethics of Aristotle*, trans.by F. H. Peters, 5th ed., London, Kegan Paul, 1893〕。

▲《亞里斯多德尼各馬可倫理學》，克里斯普翻譯，劍橋大學出版社，二〇〇〇年〔*Aristotle: Nicomachean Ethics*, trans.and ed. by R. Crisp, Cambridge, Cambridge

University Press, 2000〕。

▲《亞里斯多德尼各馬可倫理學》，萊克漢姆校訂、翻譯並注釋，威廉・海恩曼公司，一九二六年〔*Aristotle: The Nicomachean Ethics*, trans. by H. Rackham, London, William Heinemans, 1926〕。

▲《亞里斯多德尼各馬可倫理學》，羅斯翻譯並撰寫「導言」，阿克瑞爾、厄姆森修訂，牛津大學出版社，平裝本，一九八〇年〔*Aristotle: The Nicomachean Ethics*, trans. with an introduction by D. Ross, rev. by J. L. Ackrill and J. O. Urmson, paperback ed., Oxford, Oxford University Press, 1980〕。

▲《亞里斯多德尼各馬可倫理學》，韋爾登翻譯並注釋，麥克米蘭公司，一九〇二年〔*The Nicomachean Ethics of Aristotle*, trans.with notes by J. E. C. Welldon, London, Macmillan, 1902〕。

▲《亞里斯多德〈尼各馬可倫理學〉第五卷》，傑克森翻譯並注釋，一八七九年版重印本，阿爾諾出版公司，一九七三年〔*The Fifth Book of the Nicomachean Ethics of Aristotle*, trans. by H.Jackson, Reprint of the 1879 edition, New York, Arno Press., 1973〕。

▲《亞里斯多德〈尼各馬可倫理學〉第六卷》，格林伍德翻譯並注釋，一九〇九年版重印本，阿爾諾出版公司，一九七三年〔*Aristotle Nicomachean Ethics*, Book Six, with essays, notes, and translation by L. H. G. Greenwood, Reprint of the 1909 edition, New York, Arno Press., 1973〕。

希臘語本文主要參照上述格蘭特校本、萊克漢姆（婁布希臘文本）校本，間或對照拜沃特校本。

二

關於《尼各馬可倫理學》主要現代校訂本同其手稿之現存古抄本[1]關係，我們可以從萊

---

1 亞里斯多德著作各主要現存古抄本，根據貝克爾（I. Bekker）校勘的《亞里斯多德全集》（一八三一年版）影印本（格魯伊特公司，一九七〇年）編者的整理，（該書「重印者序」），可依四個系列表列如下（抄本的名稱後面皆略去了「抄本」二字）：

A 烏爾屏 35	Aa 馬季安 208	Ab 勞倫丁 87-12	a 梵蒂岡 251
B 馬季安 201	Ba 梵蒂岡帕拉亭 162	Bb 勞倫丁 87-1	b 巴黎 1859
C 考斯林 330	Ca 勞倫丁 87-4	Cb 勞倫丁 87-26	c 巴黎 1861
D 考斯林 170	Da 梵蒂岡 262	Db 安布羅斯 F-113	d 勞倫丁 250
E 巴黎皇家 1853	Ea 梵蒂岡 506	Eb 馬季安 211	e 梵蒂岡 1025
F 勞倫丁 87-7	Fa 馬季安 207	Fb 巴黎 1876	f 馬季安 206
G 勞倫丁 87-6	Ga 馬季安 212	Gb 巴黎 1896	g 奧托鮑尼 152

H 梵蒂岡 1027	Ha 馬季安 214	Hb 巴黎 1901	h 巴羅奇 79
I 梵蒂岡 241	Ia 勞倫丁 57-33	Ib 考斯林 161	i 巴黎 2032
K 勞倫丁 87-24	Ka 馬季安附件 4-58	kb 勞倫丁 81-11	k 梵蒂岡 499
L 梵蒂岡 253	La 馬季安 263	Lb 巴黎 1854	l 巴黎 1860
M 烏爾屏 37	Ma 考斯林 173	Mb 馬季安 213	m 巴黎 1921
N 梵蒂岡 258	Na 馬季安 215	Nb 馬季安附件 4-53	n 烏爾屏 39
0 梵蒂岡 316	Oa 馬季安 216	Ob 理查德抄本	o 考斯林 166
P 梵蒂岡 1339	Pa 巴黎 2069	Pb 梵蒂岡 1342	p 考斯林 323
Q 馬季安 200	Qa 烏爾屏 38	Qb 勞倫丁 81-5	q 烏爾屏 76
R 巴黎 1102	Ra 梵蒂岡 1302	Rb 勞倫丁 81-6	r 烏爾屏 50
S 勞倫丁 81-1	Sa 勞倫丁 60-19	Sb 勞倫丁 81-21	s 帕拉亭 164
T 梵蒂岡 256	Ta 勞倫丁 86-3	Tb 烏爾屏 46	t 帕拉亭 295
U 梵蒂岡 260	Ua 奧托鮑尼 45	Ub 馬季安附件 4-3	u 克利斯蒂安皇家 124
V 梵蒂岡 266	Va 烏爾屏 108	Vb 帕拉事 160	v 勞倫丁 87-20
W 梵蒂岡 1026	Wa 烏爾屏 44	Wb 克利斯蒂安皇家 125	w 勞倫丁 87-15
X 安布羅斯 H-50	Xa 梵蒂岡 1283	Xb 梵蒂岡 342	x 馬季安 259
Y 梵蒂岡 261	Ya 巴黎 2036	Yb 梵蒂岡 1340	y
Z [illegible] WA 7	Za 勞倫丁 87-21	Zb 帕拉亭 23	z 巴黎 2277

上述抄本中，Lb 巴黎抄本（Parisiensis）第 1854 號，據吳壽彭翻譯的《政治學》「附錄四」注為萊比錫抄本〔Lipsiensis〕保羅堂藏本〔Bibliothecae Paulinae〕第一三三五號，但據貝克爾本影印本編者，萊比錫 1335 的系列代號是 Ls 而不是 Lb。除上述四個系列外，據貝克爾校本影印本編者，亞里斯多德著作還有更多的系列，這些系列可以從 Ac……Zc，Ad……Zd，一直排列至 As……Zs。這些抄本的失真程度大約更高些，所以很少會被引為根據。不過，這些其他系列的抄本中，有些也被校訂者們參考，例如

Ac 巴黎抄本 1741。

Bc 烏爾屏抄本 47。

Cc 坎塔布里抄本。

Dc 梵蒂岡帕拉亭抄本 165。

O1 牛津一號抄本 112。

O2 牛津二號抄本。

O3 牛津三號抄本。

P1 巴黎一號抄本 2023。

P2 巴黎二號考斯林抄本 161。

P3 巴黎三號抄本 2026。

P4 巴黎四號抄本 2025。

P5 巴黎五號抄本 1858。

克漢姆校譯的《亞里斯多德尼各馬可倫理學》「導言」、貝克爾（I. Bekker）校勘的《亞里斯多德全集》（*Aristotelis Opera*）（一八三一年版）影印本（格魯伊特公司，一九七〇年）的「重印者序」和「貝克爾之後的校訂、翻譯本概述」，以及吳壽彭翻譯的《政治學》「附錄四」（第五一三—五一五頁）中看到下述的聯繫。

▲貝克爾校訂本（1831）所依的古抄本為：

Kb，勞倫丁抄本（Laurentianus）第八一—一一號。

Lb，巴黎抄本（Parisiensis）第一八五四號。

Mb，馬季安抄本（Marcianus）第二一三號。

Ob，理查德抄本（Riccardianus）。

Ha，馬季安抄本第二一四號。

Nb，馬季安抄本附件第四—五三號。

但是貝克爾看重的是前四個抄本並常常忽略 Ha 和 Nb。

P6 巴黎六號抄本 1857，等等。

據吳壽彭，則還有

C4 勞倫丁加斯底里昂抄本 4。

H 漢密爾頓抄本，和

Harl. 哈羅抄本。

▲格蘭特校本（1857）所依者同貝克爾，並且比貝克爾更加忽略後兩個抄本。

▲萊姆索爾校本（1878）以貝克爾校本爲基礎。

▲傑克森編輯的《亞里斯多德〈尼各馬可倫理學〉第五卷》也以貝克爾校本爲基礎。

▲蘇斯密爾校本（1880）所依抄本除上述六抄本外，還包括：

Q，馬季安抄本第二〇〇號。

Pb，梵蒂岡抄本（Vaticanus）第一三四二號。

O1，牛津一號抄本（Oxoniensis），基督學院（Corpus Christi College）第一一二號。

O2，牛津二號抄本，所存處不詳。

O3，牛津三號抄本，所存處不詳。

P1，巴黎一號抄本（Parisiensis），法國藏書樓（Bibliothèque Nationale）藏書第二〇二三號。

P2，巴黎二號抄本，同上，考斯林藏本（Ms Coisliniani）第一六一號。

Paris 1417，巴黎抄本，法國藏書樓第一四一七號。

▲拜沃特校本（1894）所依者同貝克爾。

▲伯尼特校本（1900）兼取蘇斯密爾校本和拜沃特校本。

▲蘇斯密爾校本阿佩爾特（O. Apelt）修訂本，在蘇斯密爾校本基礎上作了一些修正。

▲萊克漢姆校本（1926）以貝克爾校本爲基礎，兼取蘇斯密爾校本、拜沃特校本和阿佩爾特修訂本。

▲德爾梅爾（F. Dirlmeier）（1958）校本亦兼取蘇斯密爾校本和拜沃特校本。

三

《尼各馬可倫理學》目前可見到的其他校本還有（依年代排列）：

▲布魯爾（J. S. Brewer）校本，一八三六年。

▲傑爾特（W. E. Jelt）校本，一八五六年。

▲羅傑斯（J. E. T. Rogers）校本，一八六五年。

▲摩爾（E. Moore）校本，一八七一年。

《尼各馬可倫理學》目前可見到的其他主要現代語翻譯、注釋本還有以下幾種（依首版年代排列）：

▲帕吉特（E. Pargiter）翻譯的《尼各馬可倫理學》〔*Of Morals to Nicomachus*〕，一七四五年。

▲吉利斯（J. Gillies）翻譯的《〈倫理學〉與〈政治學〉》〔*Ethica & Politica*〕一七九七、一八〇四、一八一三年；吉利斯翻譯《亞里斯多德倫理學》〔*Aristotle's Ethics*〕單行本，拉伯克百書文庫版，路特里奇父子公司，一八九三年。

▲泰勒（T. Taylor）翻譯的《尼各馬可倫理學》〔*Nicomachean Ethics*〕《亞里斯多德全集》版（九卷本），一八一二年；《〈倫理學〉、〈修辭學〉、〈詩學〉》〔*Ethica, Rhetorica*

& Poetica〕單行本，一八一八年；《尼各馬可倫理學》〔*Nicomachean Ethics*〕單行本，一八一九年。

▲柴斯（D. P. Chase）翻譯的《尼各馬可倫理學》〔*Nicomachean Ethics*〕，達頓公司，一八四七年；修訂版，一八六一年；路易斯（G. H. Lewes）撰寫導言的卡姆勞特古典叢書版，一八九〇年；米切爾（J. M. Mitchell）重編的新世界文庫版，一九〇六年、一九一〇年；史密斯（J. A. Smith）撰寫導言重印版，一九三四年。

▲高爾克（P. Gohlke）編輯、翻譯並注釋的《亞里斯多德尼各馬可倫理學》〔*Aristoteles: Nikomachische Ethik*〕，《亞里斯多德學術著作》〔*Aristoteles: Dielehrschrieften*〕版，斐迪南·薛寧出版公司，一八四七年；重印版，一九五六年。

▲布朗恩（R. M. Brown）翻譯、注釋並撰寫導言的《亞里斯多德尼各馬可倫理學》〔*The Nicomachean Ethics of Aristotle*〕，博恩古典文庫版，一八四八年、一八五三年。

▲威廉姆斯（R. Williams）翻譯的《亞里斯多德尼各馬可倫理學》〔*The Nicomachean Ethics of Aristotle*〕一八六九年、一八七六年。

▲柯克曼（J. H. Kirchmann）翻譯、編輯的《亞里斯多德尼各馬可倫理學》〔*Aristoteles: Nikomachische Ethik*〕，梅那公司，一八七六年。

▲哈奇（W. M. Hatch）等翻譯、哈奇編輯的《亞里斯多德尼各馬可倫理學》〔*The Nicomachean Ethics of Aristotle*〕一八七九年。

▲羅爾非斯（E. Rolfes）翻譯、撰寫導言並注釋的《亞里斯多德尼各馬可倫理學》

〔*Aristoteles: Nikomachische Ethik*〕，第二版〔以柯克曼譯本爲第一版〕，梅那公司，一九二一；比恩（G. Bien）編輯，第四版，一九八五年。

▲向達翻譯的《亞里斯多德倫理學》，上海商務印書館，一九三三年。

▲周奇姆（H. H. Joachim）注釋、評論的《亞里斯多德尼各馬可倫理學》〔*Aristotle: The Nicomachean Ethics*〕，里斯（D. A. Rees）編輯，克萊倫頓出版公司，一九五五年。

▲特里科特（J. Tricot）翻譯、撰寫導言並注釋的《亞里斯多德尼各馬可倫理學》〔*Aristoteles: Ethique a Nicomaque*〕，福爾林哲學文庫版，一九五九年。

▲阿珀斯托（H. G. Apostle）翻譯、評論的《亞里斯多德尼各馬可倫理學》〔*Aristotle: The Nicomachean Ethics*〕，雷德爾出版公司，一九八〇年。

▲戈蒂埃（R. Gauthier）、約里夫（J. Jolif）注釋的《亞里斯多德尼各馬可倫理學》〔*Aristote: L'Ethique à Nicomaque*〕，第二版（第一版年代不詳），四卷本，盧汶大學出版社，一九七〇年。

▲德爾梅爾（F. Dirlmeier）翻譯的《亞里斯多德尼各馬可倫理學》〔*Aristoteles: Nikomachische Ethik*〕，《亞里斯多德著作全集》第六卷，學術出版社，一九五八年、一九六〇年。

人名及著作索引

二畫

三畫

四畫

五畫

六畫

七畫

八畫

九畫

十畫

十一畫

十二畫

十三畫

十四畫

十五畫

十六畫

十八畫

十九畫

二十畫

亞里斯多德　年表

Aristotle, 384-322 BC

年代	記事
前三八四年	生於今希臘北部的斯塔吉拉（Stagira）。這個城市靠近馬其頓宮廷所在地貝拉（Pella）。亞里斯多德的父親老尼各馬可（Nicomachus）是馬其頓宮廷的御醫，母親是來自優卑亞島（Euboea）的僑民，在斯塔吉拉有房產。亞里斯多德也許在馬其頓宮廷中度過了童年。
前三六七年	旅行到雅典（Athens），就學於柏拉圖的學園。
前三四七年	柏拉圖去世後，也許是因為與馬其頓宮廷的親近關係，亞里斯多德離開雅典。在一位做了阿索斯（Assos）的僭主的柏拉圖主義者赫爾米亞斯（Hermias）的邀請下，亞里斯多德到了阿索斯，並娶了赫爾米亞斯的妹妹（一說養女）庇西阿絲（Pythias）為妻。與色諾克拉底（Xenocrates）和較早回到小亞細亞的另兩位柏拉圖主義者艾拉斯都（Erastus）和克里斯庫（Coriscus）共同發展了雅典學園的小亞細亞分部。《政治學》第七卷在此期間完成。開始對動物學的研究。
前三四五年	旅行到米蒂利尼（Mytilene），繼續動物學研究。
前三四二年	在馬其頓王腓力二世（Philip 二）的邀請下，旅行到貝拉，做亞歷山大（Alexander）的教師。《歐台謨倫理學》可能在這個時期完成。
前三四〇年	腓力南征希臘，亞歷山大為父王攝政，亞里斯多德回到故鄉斯塔吉拉休居。
前三三六年	腓力遇刺，亞歷山大繼位。
前三三五年	亞歷山大遠征亞洲，亞里斯多德的好友安提派特（Antipater）為亞歷山大攝政，兼管希臘軍務。短居斯塔吉拉之後，亞里斯多德回到雅典，在呂克昂（Lyceum）租借了一些健身房，建立了他自己的學園。 同年，庇西阿絲去世，留給亞里斯多德一個女兒小庇西阿絲（Pythias，jr.）。此後，亞里斯多德與一個奴隸海爾庇利絲（Herpyllis）共同生活，後者為他生育了一個兒子尼各馬可（Nicomachus, the son）。《尼各馬可倫理學》大約在這一時期完成。

年代	記事
前三二三年	在亞歷山大猝亡後，亞里斯多德被祭司歐呂麥冬（Eurymedon）控犯大不敬罪，理由是他為赫爾米亞斯寫的一首頌詩褻瀆神靈。亞里斯多德因此決定在判決前離開雅典，以免使雅典人「第二次對哲學犯罪」。他遷居他母親的故鄉哈爾基斯，那裡有他母親的一處房產。
前三二二年	由於長期消化不良和過度工作，逝世於哈爾基斯，享年六十三歲。

經典名著文庫 142

尼各馬可倫理學

The Nicomachean Ethics

作　　者 — 〔古希臘〕亞里斯多德 Aristotle
譯　　者 — 廖申白
發 行 人 — 楊榮川
總 經 理 — 楊士清
總 編 輯 — 楊秀麗
文庫策劃 — 楊榮川
本書主編 — 蘇美嬌
特約編輯 — 張碧娟
封面設計 — 姚孝慈
著者繪像 — 莊河源
出 版 者 — 五南圖書出版股份有限公司
地　　址 — 台北市大安區 106 和平東路二段 339 號 4 樓
電　　話 — 02-27055066（代表號）
傳　　真 — 02-27066100
劃撥帳號 — 01068953
戶　　名 — 五南圖書出版股份有限公司
網　　址 — https://www.wunan.com.tw
電子郵件 — wunan@wunan.com.tw
法律顧問 — 林勝安律師
出版日期 — 2021 年 5 月初版一刷
2023 年 3 月初版二刷
定　　價 — 600 元

國家圖書館出版品預行編目資料

尼各馬可倫理學 / 亞里斯多德 (Aristotle) 著；廖申白譯 . -- 初版 -- 臺北市：五南圖書出版股份有限公司，2021.05
面；公分 . --（經典名著文庫 142）
譯自：The Nicomachean Ethics
ISBN 978-986-522-406-6(平裝)

1. 倫理學

190　　109020970